돈 안쓰고 돈버는

# 래디컬마케팅

샘 힐 · 글렌 리프킨 지음
강 명 주 옮김

한국경제신문

# 옮긴이의 말

벌써 두 해 전이다. 선배의 소개로 이 책을 번역하게 되었다. 『경력으로 볼 때 일선에서 마케팅 실무가 있는 네가 적격이어서 추천했다』고 했다. 그리고 내가 좀 래디컬(?)하다고….

이 책을 처음 본 순간 제목부터가 예사롭지 않았다. 래디컬 마케팅? 학교에서, 그리고 직장에서 여러 종류의 마케팅 기법들을 들어보고 공부도 해봤지만 금시초문인 제목이었다. 호기심이 발동했다. 래디컬(radical), 직역하면 급진적인, 과격한…이런 뜻인데…. 하지만 이 책을 계속 읽어가는 동안 이것은 하나의 고유명사, 새로운 마케팅의 한 분야로 그대로 옮기는 것이 타당하다고 여겨졌다. 아마 이 책을 읽는 독자들도 똑같이 느끼시리라 확신한다.

또한 이 책은 마케팅 전문가(전통적인 마케터)만을 위한 책이 결코 아니라는 것도 알게 될 것이다. 이 책에서는 기존의 모든 마케팅 법칙과 상식을 파괴해서 성공한 사람들에 대해 이야기하고 있다. 남들이 모두 오른쪽으로 돌면 왼쪽으로 돌라고 권하면서 어려운 때일수록 돈 안 쓰고도 성공하는 방법을 가르쳐준다. 그리고 내로라

하는 마케팅 전문가들이 왜 성공을 하지 못했으며, 전통적인 마케팅 이론이 왜 도전을 받을 수밖에 없는지를 깨우쳐주고 있다. 따라서 이 책은 마케팅 전문가뿐만 아니라 오히려 우리 모두를 위한 성공 지침서라고 해도 과언은 아닐 것이다.

장사를 하든, 사업을 하든 사람들은 항상 부족한 자원 때문에 고민을 한다. 돈도 모자라고, 장소도 마땅치 않고, 경쟁은 심하고 등등. 이 책에서 그 해답을 구할 수 있다. 성공한 사람들을 보면 뭔가 다르다고들 한다. 하지만 어떻게, 왜 다른가에 대한 체계적인 설명이 없었다. 하지만 이 책은 여러 가지 다양한 업종에서 사례를 보여주면서 진지하게, 그리고 재미있게 그 답을 우리에게 안내해주고 있다. 그리고 성공을 위한 교훈적인「래디컬 마케팅의 10대 원칙」까지 정리해주고 있다. 아마 우리 주위에서 성공한 사람들을 떠올리면『과연 그래…』하고 자연스레 고개가 끄덕여질 것이다.

이 책에서 제시하고 있는 사례들을 보면, 기업체를 비롯해 록밴드, 게다가 미국 프로농구, 심지어 하버드 경영대학원까지도 래디컬 마케팅으로 성공을 거둔 사례로 분석했다. 예시된 기업체들도 다양하다. 은행, 모터사이클 회사, 사료회사, 공구회사, 항공사, 컴퓨터 회사, 맥주회사, 또 GM과 견주어 성공한 회사까지도 실례로 들었다. 기라성 같은 기존 회사들 틈바구니에서 후발 업체들이 한정된 자원과 어려움 속에서 어떻게 하면 성공할 수 있는지를 보여주고 있다. 정말 교훈적인 책이다.

이 책을 마무리하면서 책 제목으로 한참 동안 고심을 했다. 마케팅 공부하지 마라, 마케팅의 새물결, 마케팅 돈쓰지 마라, 위기를 기회로, 마케팅의 혁명, 마케팅 이젠 버려야 산다, 마케팅의 파괴, 미친 마케팅, 고객을 진심으로 사랑하는 마케팅, 마케팅의 이단아, 마케팅 뒤집기, 등등등…. 하지만 이 많은 뜻을 모두 내포하는 것이 바로 래디컬 마케팅이라는 것을 이 책을 읽는 독자들은 수긍할 것이다. 이 책을 번역하면서, 작가의 의도가 충분히 반영되도록 나의 실무경험을 바탕으로 최선의 노력을 기울였다. 개인적으로도 이 책은 나에게 용기와 희망을 주었으며, 스승이 돼주었다. 아마 앞으로도 계속 그럴 것이다.

끝으로 이 책이 한국의 마케팅을 이끌어갈 사람들, 우리 모두를 성공한 래디컬 마케터로 이끌어주는 길잡이가 되리라 믿는다. 그래서 다음에는 내가 번역자가 아닌, 우리나라 래디컬 마케터들을 소개하는 저자가 되기를 희망해본다.

이 책을 출판하기로 결정한 출판사의 안목에 찬사를 보내며 나를 래디컬하다고 혹평(?)했던 선배의 충고와 협조에 감사한다. 그리고 이 책이 나오기까지 애쓰신 모든 분들께 감사드린다. 특히 번역하는 동안 여러 날 밤 내 곁에서 투정부리다 잠들곤 했던 사랑하는 나의 딸 윤형이에게 이 책을 선물하고 싶다. 이 엄마가 좀 래디컬하단다….

2001년 /월
강 명 주

# 지은이의 말

우리는 전통적인 방법으로 훈련된 마케팅 분야의 전문가들이다.

전문가란 어떤 의미로는 기득권 유지에 더없이 큰 관심을 갖고 있는 사람을 말한다. 바로 그런 기득권자인 우리 자신이 전통의 파괴를 전제로 하고 있는 「래디컬 마케팅」에 관해 책을 쓴다는 것이 다소 뜻밖일 것이다. 더욱이 이 책은 이른바 전문가들에게 불변의 진리로 여겨졌던 여러 원리에 대해 의문을 제기하고 도선장을 냈던 반전통적 마케터들의 뛰어난 업적에 대해 논평하고 있다.

이 책은 어느 날 갑자기 떠오른 아이디어로 기획됐다. 1996년 내가 경영컨설팅사인 부즈앨런 & 해밀턴(Booz-Allen & Hamilton)의 마케팅 최고책임자로 있을 때의 일이다. 그 당시 유행하던 흰색 식탁보가 깔린 뉴욕의 어느 레스토랑에서 직감적으로 래디컬 마케팅에 대한 생각이 떠오른 것이다. 이 자리는 회사에 유리한 기사가 나오도록 하기 위해 몇몇 기자들과 점심을 하려고 마련한 터였다. 기자들과 접촉해본 사람들은 잘 알겠지만 언론인과 식사를 한다는 것은 본래 양측 모두에게 불편한 자리일 수밖에 없다. 기자라는 사람들은 회사의 사업 아이디어가 얼마나 혁신적인지에 대해서는 별로 관심이 없다. 컨설팅 회사를 위해 무료 광고에 출연하도록 요청하더라도 이를 꺼리지 않는 사람들이다. 그들이 원하는 것은 회사 고객들의 비리에 대한 얘기다. 하지만 그런 기밀은 절대 누설할 수 없는 것이다. 따라서 식사 자리는 마치 이성과 처음으로 블루스(slow-dancing)를 춰보는 10대처럼 실망스럽기 짝이 없었다.

미처 주문한 요리가 나오기도 전에 나는 준비해간 화젯거리를 다 말해버린 상태였고, 상대방 기자 또한 준비해온 질문을 모두 마친 것 같았다. 그 기자는 자신의 손톱을 만지작거리면서 지루하게 앉아 있었고, 나는 포크로 식탁보를 문질러대고 있었다. 회사의 홍보를 담당하는 내 처지에서는 이마에서 땀이 돋는 순간이었다. 어색한 침묵을 더 이상 견디지 못한 내 쪽에서 엉겁결에 이런 말이 튀어나왔다.

『저…「마케팅계의 명예의 전당」이라는 제목으로 기사를 써볼 수 있겠습니까? 세계 최고의 마케팅 전문가들에 대해서 말이죠.』

호기심어린 그의 표정을 보면서 나는 용기를 얻어 말을 이어갔다.

『나이키(Nike), 프록터 & 갬블(Procter & Gamble : P&G), 마돈나(Madonna), 아이엄스(Iams) 식품, 할리데이비슨(Harley-Davidson), NBA(The National Basketball Association), 프로비디언(Providian) 금융, 그레이트풀 데드(Grateful Dead)….』

내가 그레이트풀 데드까지 말했을 때 기자는 깜짝 놀라 『뭐라구요? 그레이트풀 데드가 P&G와 똑같이 거명된다는 말입니까? 그것 참 파격적이네요』하고 말했다.

그의 말을 나는 곧바로 능숙하게 대꾸하며 넘길 수 없었다. 물론 나는 그레이트풀 데드나 할리데이비슨이 비록 과격하긴 하지만, 마케팅의 성공 리스트에 반드시 포함되어야 한다는 생각을 평소부터

해오던 터였다. 하지만 내가 머뭇거리는 사이에 결국 그 기자는 손톱으로 다시 관심을 돌리고 말았다. 나도 더 이상 깊이 있는 토론을 펴지 못하고 조용히 회사로 돌아왔다.

그러나 며칠이 지나도 「마케팅계의 명예의 전당」에 관한 생각이 머리에서 떠나지 않았다. 마침내는 이름도 생소한 전직 구매 대리점 업자가 어떻게 해서 세계 최고의 마케팅 회사인 P&G와 나란히 최우수 마케팅 리스트에 오르게 되었는지 밝혀내는 데 온 정신을 빼앗기고 말았다. 나는 생각을 거듭하고 회사들을 탐구해가면서 P&G처럼 전통적인 마케팅 기법을 펼치는 회사뿐만 아니라 전혀 생각지도 못한, 실로 래디컬한 방법이 강력한 브랜드를 만들어낸다는 사실을 점차 알게 됐다. 그리고 내가 참가하는 각종 회의석상에서 동료들과 격론을 하면서 리스트에 새로운 이름을 추가하기도 하고, 삭제하기도 하면서 자료를 수집했다. 접촉하는 모든 회사에 대해 그들이 「얼마나 래디컬한지」에 대해 분석하기 시작했다. 언론인들과 만날 때에도 언제나 그 리스트를 보여주었다.

사실 〈스트래티지 & 비즈니스(Strategy & Business)〉지의 편집부장 조엘 커츠먼(Joel Kurtzman)이나 〈포천(Fortune)〉지 편집부국장 행크 길먼(Hank Gilman)이 아니었더라면 이것은 단순한 하나의 리스트로 끝났을지도 모른다. 베테랑 경제부 기자이자 결국에는 나와 공동저자가 된 글렌 리프킨(Glenn Rifkin)에게 그레이트풀 데드의 마케팅 전략에 대한 기사를 쓰라고 지시한 사람이 바로 커츠먼이었다. 길먼은 에린 데이비스(Erin Davies)라는 여기자를 시켜 리스트를 좀더 비중 있게 다뤄 글을 쓰도록 지시했다.

독자들의 반응은 대단했다. 그레이트풀 데드와 관련한 기사는 몇몇 주요 신문에 그대로 전재됐고, 런던에서 발행되는 〈파이낸셜 타임스(Financial Times)〉는 대형 특집기사를 쓰기에 이르렀다. 커츠먼에게는 전국 기업의 마케팅 담당자들로부터 앞서가는 통찰력을 보여줬다는 칭찬의 전화가 잇따랐다. 문제의 기사에 대한 열기 때문에 커츠먼은 자신의 잡지에 래디컬 마케팅에 대한 연재기사를 싣기로 했다.

그러나 진정으로 이 기사가 한낱 흥밋거리가 아니라는 확신을 심어준 것은 데이비스 기자로부터 걸려온 한 통의 전화였다. 데이비스 기자는 자신의 기사가 잡지에 실리기 일 주일 전에 홍콩에서 전화를 걸어왔다. 나는 아직 잠에 취해 있었다.

『도대체 어디서 이들 회사의 리스트를 구한 거죠?』

그녀는 수화기에 대고 큰소리를 질러댔다.

『이 리스트에 있는 회사들 하나하나가 전부 미친 듯이 성장하고 있고, 또 말도 안 되게 엄청난 수익을 올리고 있다구요!』

그 말을 듣고 나는 침대에서 벌떡 일어났다. 분명히 「래디컬 마케팅」은 점심식사용 화제 이상의 것이라는 생각이 들었다. 나 자신의 연구와 리프킨이 쓴 일련의 기사에 따르면 분명 래디컬이 옳았다. 〈포천〉의 분석기사 또한 이를 지지하는 내용이었다. 나 자신도 미처 깨닫지 못한 점들이 아직 많다는 게 명백했다. 그러나 나는 이 주제를 혼자 탐구해낼 만한 시간이나 언론인 자질이 없다는 사실을 잘 알고 있었다.

마케팅 분야에 대해 오랫동안 기사를 써온 리프킨 기자가 나만큼이나 같은 주제에 몰두하고 있었던 것은 정말 다행스러웠다. 결국 「우리」는 「래디컬하다」는 이 현상을 좀더 깊이 있게 파헤치기로 했다.

이들 래디컬한 마케팅 담당자들의 속내를 들여다보고 이들이 어떻게 행동했는지를 알아내기로 했다. 이렇게 해서 몇 년 간에 걸친 연구와 저술작업이 시작됐고, 그 동안 우리 두 사람은 미국과 영국을 오가면서 수백 명을 만나 인터뷰하고, 기존의 연구성과 중에서 래디컬한 마케팅적 요소를 골라내기 위해 산더미 같은 자료를 섭렵해야 했다. 이 책은 그러한 노력의 산실이다. 이 책에 실린 사례가 우리 저자들에게 그랬던 것처럼, 독자들에게도 통찰력으로 가득 찬 흥미로운 내용이 되기를 진심으로 바란다.

시카고에서
샘 힐

**차 례**

RADICAL MARKETING
돈 안 쓰고 돈 버는 래디컬 마케팅

# 제3장 그레이트풀 데드…로큰롤 브랜드 만들기

# 제4장 프로비디언 금융 회사…황금을 낳는 데이터 광맥을 찾아

# 제5장 할리데이비슨…귀청 떨어지는 굉음을 생활 속의 브랜드로

## 제6장 아이엠스…복음 전도를 마케팅 속으로, 업계 판도를 바꾸며

## 제7장 NBA…세계시장을 향한 슬램 덩크

## 제8장 스냅온 공구···딜러들로 이뤄진
### 기동 사단과 80년 전통의 브랜드 가치

## 제9장 버진 애틀랜틱 항공···불가능을 가능으로

## 제10장  EMC···거인 IBM과의 맞대결에서 승리하다

## 제11장  하버드 경영대학원···최고 학벌, 최고 강도의 래디컬 마케팅

# 제12장  보스턴 맥주···성공적인 마케팅 빚어내기

# 제13장  래디컬 마케팅의 교훈을 전통적 마케팅에 적용하기

# 래디컬 마케팅이란 무엇인가

팝 가수 마돈나는 래디컬 마케팅의 성공작이지만, 스파이스 걸스(Spice Girls)는 분명 아니다. 왜 그런가? 그레이트풀 데드는 래디컬 마케팅으로 분류되지만 키스(Kiss)나 밀리 바닐리([역주] Milli Vanilli : 1966년 5월 결성된 그룹으로 〈Girl you know it's True〉 등의 히트곡이 있다)는 아닌 이유는 무엇인가? 또 아마존(Amazon.com)은 래디컬한데, 마이크로소프트(Microsoft)가 그렇지 않은 이유는? 리복(Reebok)보다 나이키의 마케팅이 래디컬한 이유는 무엇이며, 마케팅과는 아무런 관련도 없는 것처럼 보이는 조직, 이를테면 하버드 경영대학원이 래디컬한 이유는 무엇인가? 그렇다면 노스웨스턴 경영대학원은 왜 빠졌는가? 지저분한 인상의 버드와이저(Budweiser) 맥주는 래디컬 마케팅으로 간주되는데, 젊은층 지향의 와일드한 광고를 펼치는 밀러(Miller) 맥주는 왜 전통적 마케팅으로 분류되는 것인가?

왜 구치(Gucci)는 맨해튼 한복판에 거대한 150m 높이의 야한 속옷(G-string) 광고물을 세워놓고도 래디컬 마케팅으로 분류되지 않는가? 고가의 셔츠와 침대 시트를 나란히 팔아 치우는 방법을 최초로 고안해낸 디자이너 랠프 로렌(Ralph Lauren)은 무엇 때문에 래디컬한 성향으로 분류되는가? 인포머셜(infomercial) 광고의 창안자인 마이클 레비(Michael Levey)는 왜 아닌가? 뒤퐁(Du Pont)은 3M이나 뉴트라스위트(Nutrasweet), 인텔(Intel)에 앞서 신개발 물질의 이름을 그대로 상표로 이용한다는 생각을 해냈는데도 왜 래디컬이 아닌가? 마찬가지로 P&G가 래디컬에서 제외되는 이유는 무엇인가? 사실 연속극 협찬과 같은 기발한 방법을 창안해 저 혼자 브랜드 시장을 쓸어버리겠다고 덤비는 회사라면 당연히 래디컬하다고 할 만하다. 이런 면에서 보자면 앞에서 열거한 회사들은 모두 지극히 혁신적이며 성공적인 마케팅을 구사해왔다. 모두가 방법론이나 형태에서 기존의 틀을 파괴한 것은 사실이지만, 그럼에도 불구하고 우리의 판단으로는 이들 중 아무도 래디컬 마케팅의 범주에 들지 못한다. 그렇다면 도대체 래디컬 마케팅으로 분류되려면 어떤 요건을 갖춰야 할까?

래디컬 마케터가 된다는 것은 혁신적이거나 성공적이라는 개념, 심지어 파격적이거나 정신나간 것 같다는 차원마저도 뛰어넘는 요소를 갖추어야 한다. 래디컬 마케터들은 그들이 시장을 평가하는 방법과 그들이 사용하는 기술, 그리고 시장접근 방식 모두에서 전통적인 마케팅 전문가들과 차이점이 있다. 우선 말할 수 있는 것은 그들 대부분이 그럴 듯하게 포장된, 이른바 「시장조사」라는 것을 근본적으로 불신한다는 점이다. 또 회사의 대표이사가 마케팅 기능을 이끌어가며, 사장과 팀을 이루어 일하는 담당자들은 열정적인 전도사들로 구성되어 있는 소수정예 부대라는 특징도 갖고 있다. 이들의 마케팅 전략은 기본적으로 밑바닥으로부터의 의사소통에 뿌리를 두고 있다. 이들은 군사 전략가들이 「외과적 공습 능력(surgical strike capability)」이라고 부르는 극히 선택적인 방법으로 광고를 한다. 즉 과녁을 정밀하게 조준한 후 집중적인 화력을 퍼붓는 것이다.

이와 대조적으로 전통적 마케팅 전문가들은 시장조사와 전문적 마케팅 부서, 그리고 광고에 기반을 둔 마케팅 전략에 크게 의존한다. 그런 면에서 P&G는 분명 전통적 마케팅 전문가다. P&G의 마케팅 책임자를 역임하고 지금은 마이크로소프트의 최고업무책임자(COO)로 재직하고 있는 밥 허볼드(Bob Herbold)는 〈파이낸셜 타임스(Financial Times)〉와의 인터뷰에서 이렇게 말했다. 『소비자 지향적 마케팅에서 중요한 것은 딱 한 가지, 텔레비전을 통해 상품의 이미지를 전달하는 것입니다.』

이 책의 제2장에서 다루겠지만, 이 모든 것을 종합할 때 래디컬 마케팅 전문가들이 사용하는 접근방법에는 열 가지의 중요한 차이점이 있다. 이는 미세하다기보다는 현저한 차이점들이며, 좀더 본질적인 차이라고 할 수 있다. 단순한 기술적인 차이는 좀더 깊은 차이점에서 자연스럽게 파생되는 것에 불과하다. 근본적 자이점은 래디컬 마케팅 전문가가 시장과 자신을 바라보는 방법에 있다. 요즘에는 비전이니 가치니 열정이니 하는 단어들이 사업상의 상투어가 돼버려 이런 단어를 쓰기가 망설여지지만, 그럼에도 불구하고 다음과 같은 점은 분명한 사실이다. 즉 우리가 전통적 마케팅 전문가를 만나고 나면 인상적이고 지적인 도전을 받았다는 생각을 하게 되지만, 래디컬 마케팅 전문가들을 만나고 나면 그들의 위엄 앞에 주눅이 들고 그들의 열정을 부럽다고 여기게 된다는 사실이다. 이처럼 강렬한 인상을 가라앉히고 나면, 다음과 같은 세 가지 사실을 깨닫게 된다.

첫째, 래디컬 마케터는 고객에게 말을 걸 때에도 전통적 마케터와 다르다. 전통적 마케팅 부서의 토론석상에서 자주 나타나는 오만한 태도, 그리고 소비자를 조작의 대상으로 조롱하는 듯한 말투는 찾아볼 수 없다. 그 대신에 따뜻함과 존경심이 깃들여 있는데, 이는 고객과의 허심탄회한 연대감으로 이어진다. 고객에게 말을 거는 방법 따위의 일은 신문화운동, 곧 뉴에이지(new-age)적인 사소한 표현이라고 치부할 수도 있겠지만, 여기에는 사실 긴장할 만한 의미가 담겨 있다. 래디컬 마케터는 시장을 너무도 잘 이해하고 있으며, 이같이 친근한 연대감이야말로 거대한 마케팅 부서들이 수백만 달러를 쏟아붓는 시장조사를 수행하지 않고도 우수한 마케팅 성과와 상품개발에 대한 통찰력을 낳게 해준다.

둘째, 래디컬 마케터는 장기적인 관점으로 바라본다. 장기적인 관점은 그날 그날의 재정적 결정 같은 단기적인 면뿐만 아니라, 고객과 대화할 때의 조심스런 말투라든가 제품의 질에 대한 집요한 집착 등 더 근본적인 분야에도 영향을 미친다.

셋째, 대부분의 래디컬 마케터는 동원할 수 있는 자원이 한정돼 있는 조건에서 출발한다. 언뜻 보기에도 이 점은 분명 불리하다. 하지만 한정된 자원과 고객에 대한 확신과 장기적으로 승부하겠다는 집착이 결합되면 마술 같은 결과, 다시 말해 혁신적인 돌파구가 생긴다. 모든 래디컬 마케터가 소규모인 것은 아니다. 오히려 대부분이 그 반대라고 할 수 있다. 그렇지만 대부분 그들 회사의 성장사에서 어떤 형태로든 자원의 부족을 경험했고, 그것을 극복하기 위한 혁신적인 과정을 하나의 전환점으로 삼았던 것도 사실이다.

래디컬 마케터에 대한 심도 있는 연구를 통해 저자들은, 그들의 성공 비결을 다음과 같은 세 가지 교훈 중에서 찾을 수 있다고 믿게 됐다. 즉 고객과 속을 터놓는 연대감, 목표에 대한 장기적 추구, 그리고 현재 갖고 있는 자원을 최대로 활용하겠다는 정신이다.

## 이 책을 활용하는 방법

마케팅만큼 마케팅 기법 자체보다 더 과잉 마케팅된 것도 사실 찾아보기 힘들다. 「일 대 일 마케팅」, 「스텔스(stealth) 마케팅」, 「관계 마케팅」, 「타깃 마케팅」, 「직접 마케팅」, 「간접 마케팅」, 「게릴라 마케팅」, 「고릴라 마케팅」 등등…. 마케팅 솔루션을 제공한다고 자처하는 저작들이 쏟아져 나오는 탓에 책꽂이가 신음을 낼 지경이다. 좋은 것도 많고 수준이 떨어지는 것도 있다. 이 책을 쓰면서 그런 책 모두에서 교훈을 얻고자 노력했다.

래디컬 마케터들을 평가하면서 엄정성과 지적 정직성을 견지하고자 애썼다. 래디컬 마케터들은 비록 모두가 경탄할 만한 성공을 경험했지만, 그들도 사업가인 만큼 경기의 순환이나 시장 이동 따위의 변화를 겪을 수밖에 없으며 초대형 경쟁자로부터 원치 않는 주목을 받게 되거나, 경영진의 잘못된 결정으로 흔들릴 때도 있다. 사실 이 책의 원고를 마무리하던 시점에도 몇몇 연구 대상 사례들은 경영상 압박을 받고 있었다. 이를테면 NBA는 선수 연봉을 둘러싼 분쟁으로 직장 폐쇄에 들어가 있는 상태였다.

래디컬 마케터는 이 세상 어느 것도 이유 없이 벌어지는 일은 없다고 생각한다. 그래서 급전직하의 몰락을 겪더라도 그다지 신경쓰지 않는다. 그러나 그들의 이야기를 우리의 논리에 꿰맞추거나 듣기 좋은 얘기로 미화하는 것은 피하고자 했다. 모든 사례를 가능한한 균형 잡힌 상태로 전달하고자 애썼다.

또 이 책이 일반 독자, 최고경영진, 그리고 마케팅 실무자에게 널리 쓸모 있도록 노력했다. 그러기 위해 래디컬 마케터들의 가장 두

드러진 특질을 담은 사례연구를 포함시키고, 이를 더 규모가 크고 복합적인 마케팅 조직체에 적용하는 방법을 논의하는 데 중점을 뒀다. 우리는 아무쪼록 이 책이, 아직까지 자신이 지닌 마케팅 역량을 최대한도까지 발휘해보지 못한 최고경영진들에게 읽히기를 바란다. 그리하여 활력을 얻은 임원들이 회의실에 모여들어 마케팅 전략을 새롭게 짜기를 원한다. 모든 계층의 전문 실무자들 또한 이 책에서 유용한 점을 발견하기를 바란다. 결국 우리 모두는 최소한 자기 자신의 브랜드를 관리하는 책임자들이다. 경쟁이 고도로 치열해지고 역동적으로 돌아가는 오늘날의 세상에서는 누구나 하루하루 자신을 마케팅하면서 살아가야 한다. 개인으로서 우리 대부분도 래디컬 마케터가 될 필요가 있다. 왜냐하면 우리는 늘 자기 자신을 선전할 직업적 훈련이나 자원은 부족해도 마음 속은 열의로 들끓고 있기 때문이다. 우리는 이 책이 차세대 래디컬 마케터들을 고무시키고 그들에게 쓸모 있는 책이 되길 바란다.

제1장에서는 래디컬 마케팅의 정의를 밝히고 그것을 전통적인 마케팅과 비교했다. 제2장에서는 래디컬 마케터들이 추구하고 스스로 창안해낸 열 가지 규칙을 제시했다. 비록 우리는 이것을 하나의 방법론적 지침으로 만드는 것은 피하고자 했지만, 래디컬 마케팅의 교훈은 너무나도 간단명료하고 합목적적이며, 성공의 의지를 가진 모든 조직에 적용할 수 있다. 그러므로 래디컬 마케팅에 대해 하나의 청사진을 그린다면, 이들 규칙이 그 디딤돌 구실을 할 수 있을 것이다. 제3장부터 제12장은 분석을 위해 엄선한 래디컬 마케터들에 대한 사례연구다. 그리고 마지막으로 제13장에서는 전통적 마케팅과 래디컬 마케팅의 비교(trad/rad), 즉 래디컬 마케팅 기법을 성공적으로 실행한 전통적 마케터들을 소개한다.

# 래디컬 마케터가 되려면

19 82년 클라이드 페슬러(Clyde Fessler)에게 회원 클럽을 하나 만들어 운영해보라는 요청이 있었다.

그는 그 때 할리데이비슨(Harley-Davidson) 모터사이클사의 광고판촉담당 과장이었다. 회사는 당시 거의 파산 직전으로 휘청거리고 있었다. 끈질긴 임원 열세 명이 회사를 살려보겠다고 모기업인 AMF로부터 경영권을 사들였다. 하지만 밀워키에 본사를 둔 이 모터사이클 제조업체는 수십 년 간에 걸친 일본산 제품의 공격과 모기업 AMF의 형편없는 의사결정 때문에 당시에 이르러서는 생명유지 장치에 의존해 어렵사리 숨을 이어가는 중환자와도 같은 형국이었다.

할리라는 브랜드는 한때 자유, 반항, 그리고 미국식 개성의 동의어로 통했으나, 오랜 기간 품질 저하와 격심한 경쟁, 시장 위축 때문에 큰 타격을 입었다. 미국에는 한때 모터사이클 제조업체가 200여 개나 있었지만, 마지막 명맥을 잇던 할리마저 곧 임종을 앞둔 양상이었다. 이 회사에는 구차한 생존전략을 벗어나 번영의 새시대로 성장할 기회가 더 이상 남아 있지 않았다. 만일 또 한 번의 시도가 실패로 끝난다면 회사는 더 이상 생존할 수 없었을 테니까….

페슬러는 회사 마케팅 전략 팀의 일원이었다. 스스로 인습타파자로 자처하고 위험을 마다하지 않는 스타일이었던 그는 할리를 인수한 새 경영진과 비슷한 성향을 지녔던 것이다. 최소한의 자원을 가진 채, 그리고 열악한 경제적 조건 속에서도 전략 팀은 할리 브랜드를 되살리는 일에 도전했다.

다른 업무도 많았지만, 페슬러는 당시 대표이사였던 본 빌스 (Vaughn Beals)로부터 공장이 직접 지원하는 할리 동호인 클럽을 시작해보라는 지시를 받았다. 이 때만 해도 회사로서는 불황을 타개하려고 애쓰고 있었다. 결국 우선순위가 크게 떨어지는 것으로 여겨졌던 이 일이 나중에는 할리의 결정적 마케팅 무기가 되었다.

페슬러는 그 이유를 알고 있었다. 할리의 과장이기 이전에 그는 할리의 소비자였다. 자기 자신이 턱수염을 기르고 가죽 옷을 걸친 모터사이클 마니아였으며, 다른 할리 애호가들과 어울려 질주를 즐겼다. 그 때문에 그는 할리를 타고 다니는 사람이 모터사이클을 얼마나 아끼는지 너무나 잘 알고 있었다.

비록 회사는 암울한 나날을 보내고 있었지만, 할리데이비슨은 하나의 모터사이클 이상의 의미를 갖고 있었다. 그것을 소유하는 자체가 하나의 생활방식을 의미했다. 그리고 할리는 「지옥의 천사들 (Hell's Angels)」이 당연히 선택하는 모터사이클이라는 1950년대적 이미지를 변치 않고 이어오고 있었다. 할리를 타는 사람이라면 당연히 맥주를 즐기고 검정색 가죽 재킷과 부츠를 갖추어야 하는 것이다. 그러면서도 그들은 정직하고 근면하며 법을 준수하는 시민으로 통했다. 물론 페슬러는 할리를 타는 사람들이 한데 모여 함께 질주하고, 모임을 갖고, 그렇게 해서 모터사이클과 인생에 대한 이야기를 나눈다는 것도 잘 알고 있었다. 이런 클럽이야말로 회사와 고객 간의 끈끈한 연대감을 재확립하는 데 아주 중요한 연결고리가 되는 것이다. 더욱이 전국의 할리족에게 공동체까지 제공할 수 있는 것이다.

페슬러는 이 클럽은 뭔가 달라야 한다는 생각을 했다. 회원들에게 어느 도시를 가든 할리를 빌려 탈 수 있는 특전을 베풀고, 수십 개의 지부를 둬 전국 어디에서나 자기 지역 모임에 참여할 수 있게 한다든지, 또는 자선모금 활동에 참여해 전국 규모의 행사로 후원하기로 했다. 그리고 그 이름을 HOG, 즉 「할리 오너 그룹(Harley Owners Group)」으로 지어 할리를 칭하는 또 하나의 대명사로 불리도록 했다. HOG라는 단어는 무법자 갱들이 길을 가득 차지한 채 굉음을 울리며 달리는 일부 부정적인 이미지를 연상시킬 수도 있다는 생각이 들었으나, 페슬러는 회원들에게 진정한 자부심을 불어넣을 수만 있다면 이렇듯 부정적인 면조차 긍정적인 요소로 바꿀 수 있다고 믿었다.

HOG가 공식 출범한 것은 1983년이었다. 페슬러는 전국의 판매상을 일일이 접촉해 한 도시나 지역마다 단 하나의 판매상만을 선정해 HOG 지부를 운영하게 했다. 출범 초기의 몇 가지 회칙은 회원 소식지를 통해 알렸는데, 나중에 이것이 클럽 잡지로 성장했다. 1984년 봄 페슬러와 빌스는 캘리포니아 가드니아에서 열린 제1회 HOG 대회에 참석했다. 드넓은 행사장에 모여든 참석자는 겨우 스물여덟 명뿐이었다. 페슬러는 속으로 눈물을 삼켜야만 했다. 그가 목표로 했던 것은 미국 전역에 걸친, 300개 이상의 지부에 10만 회원을 자랑하는 거대한 조직체였다. 시작단계라고 해도 너무 초라했다. 그러나 재정적인 압박에도 불구하고 할리는 이 클럽을 그대로 밀어붙였다. 할리의 다른 임원들도 이 클럽을 주저하지 않고 성원했다. 그리고 페슬러는 이른바 「꿈의 구장」 이론을 굳게 믿고 있었다. 즉 「지어놓기만 하면 올 사람은 오는 법」이라는….

그리고 거짓말처럼 사람들이 모이기 시작했다. 할리의 성공적인 기사회생을 가능하게 한 일련의 전략적이고 래디컬한 결정 중 이 클럽은 하나의 요소에 불과하다는 것도 명백해졌다. 그러나 할리데이비슨이 언제 그랬냐는 듯 예전보다 더 강력하고 성공적인 회사로 변모하면서 이 클럽 또한 페슬러가 상상한 최고의 모습 이상으로 번성했다.

정교하고 값비싼 광고 공세 없이도 할리는 이 클럽을 판매조직과 소식지, 포스터, 그리고 사람들의 입과 입을 통해 널리 알릴 수 있었다. 오늘날 HOG 회원은 무려 35만 명에 이르며, 전세계에 1,000여 개 가까운 지부가 결성돼 있다. 해마다 경주대회가 수백 번씩 열리며, 이 같은 집회를 통해 경건하고 충실한 할리 고객층의 기반과 틀이 닦여지는 것이다. HOG는 5년마다 한 번씩 할리데이비슨의 탄생을 축하하는 대형 파티를 개최한다. 이 행사는 전적으로 할리 직원과 HOG 회원 중 지원자들이 조직하여 운영한다.

HOG는 할리가 거둔 놀랄 만한 성공, 그리고 결정적으로 비전통적인 마케팅 위업의 한 예일 뿐이다. 그리고 할리는, 우리가 래디컬 마케팅이라고 부르는 것의 한 사례일 뿐이다. 간단히 말하자면 래디컬 마케터는 전문적 마케팅이라는 현대적 기계장치 없이 특출한 성공을 획득한 사람들을 말한다. 확실히 할리데이비슨은 오늘날 고수익을 누리는 회사로 자리잡고 있으며, 이제는 세련된 마케팅 조직과 광고의 노하우를 갖추고 있다. 하지만 1984년 할리데이비슨은 한정된 자원을 최대한의 한계까지 활용했던 것이다. 이 회사가 이처럼 정상에 서게 된 비결은 프록터 & 갬블(Procter & Gamble : P&G), 코카콜라(Coca-Cola), 월트 디즈니(Walt Disney) 같은 거대한 브랜드나 구사하는 전통적 마케팅 규범을 내던졌기 때문이다. 대다수 래디컬 마케터는 전통적 마케팅 거물들이 누리는 풍요한 자원과 자금에 늘 쪼달리고 있지만, 그들의 성공은 결코 우연이 아니다.

그들이 사용하는 몇 가지 기법, 즉 빈틈없는 브랜드 관리와 고객을 자기편으로 만들어내는 여러 효율적인 방법은 고전적인 마케팅 기법이다. 그러나 그것을 적용하는 방법적인 측면에서 파격적인 차이점이 존재하는 것이다.

## 래디컬 마케팅의 본질

래디컬 마케터들을 찾다 보니 좀 색다른 전문가 집단을 발견하게 되었다. 그들은 엔지니어, 록 스타, 법률가, 학자, 컨설턴트, 기술자들로서, 그들의 이력서는 직업적인 마케팅 담당자의 이력서와는 판이하다. 그들에게 유일한 공통점이 있다면, 그것은 지능이 높다는 점 정도라 할 수 있다. 또 다른 특질은 대부분 이선까지 공식적으로는 마케팅 분야에 발을 담근 적이 전혀 없다는 점이다. 이들은 모두가 어떤 의미에서는 스스로 혼자 마케팅 원칙을 창안해냈다. 이것은 우연만은 아니다. 공식적인 마케팅 교육 없이도 이들은 자신들이 속한 조직체를 성공적으로 이끌었으며, 이 과정에서 학자들이 주장하는 마케팅 이론이나 전통적인 지혜는 완전히 무시됐다.

이들 모두가 이유 있는 혁명전사들이었겠지만, 선택의 여지 없이 래디컬 마케터가 되었다. 광적인 집착에 가까운 꿈에 이끌리고, 비록 제한된 재원으로 어려움을 겪으면서도 자신의 제품에 대한 믿음 하나로 이들 래디컬 마케터는 전투에 임했고 승부수를 던졌다.

페슬러를 예로 들자면, 그에게는 몇백만 달러의 광고예산도 없었고, 막대한 분량의 시장조사 자료나 고객 리스트도 없었다. 하지만 그에게는 그보다 강력한 무기가 있었다. 할리 고객들의 정신세계에 대한 깊고 허심탄회한 이해가 바로 그것이다. 일본 경쟁기업들 때문에 만신창이가 된 할리는, 지난 1980년대 초 경쟁자의 논리대로 끌려가선 도저히 살아남을 수 없다는 것을 깨닫고 있었다고 페슬러는 말한다. 『우리가 결정한 것은 분명했어요』라며 그는 다음과 같이 이야기한다. 『경쟁자가 오른쪽으로 틀면 우린 왼쪽으로 나아갑니다. 이것이 우리 전략의 모든 것이고 지금도 그렇습니다.』

막대한 광고 공세와 돈이 드는 마케팅, 홍보활동을 의도적으로 회피하는 고통 속에서도 할리데이비슨은 단호하게 비전통적인 길을 밟아 활로를 개척해냈다. 품질과 전통, 그리고 고객과의 강력한 정서적 연대감에 초점을 맞춤으로써, 페슬러와 할리 경영진은 회사를 파산 위기에서 건져내 판매와 이익 신장 기록을 연거푸 경신하면서 탄탄한 반석에 올려놨다. 할리 모터사이클에 대한 수요는 언제나 공급을 훨씬 앞지르고 있다. 할리의 전환점은 문자 그대로 상대가 오른쪽으로 돌 때 왼쪽으로 돌았던 바로 그 시점이었다.

우리의 정의에 따르면 페슬러는 래디컬 마케터다. 프로비디언(Providian) 금융의 샤일레시 메타(Shailesh Mehta), 버진 애틀랜틱(Virgin Atlantic) 항공의 리처드 브랜슨(Richard Branson), 아이엄스(Iams) 식품의 클레이 매틸(Clay Mathile), NBA의 데이비드 스턴(David Stern), 보스턴 맥주(Boston Beer)의 짐 쿡(Jim Koch), 록그룹 그레이트풀 데드(Grateful Dead), 그리고 이 책에서 다루는 모든 사람들 역시 마찬가지다. 이들은 자신의 제품을 성공적으로 마케팅하고, 비전통적인 방법으로 브랜드를 구축해내는 능력을 보여준 사람들이다. 시장점유율, 주가, 이익률, 명성, 그리고 영광에 이르는 모든 일을 그렇게 이루어냈다. 전문적인 마케팅 영역에서는 보기 드문 일이다.

따라서 우리가 래디컬 마케팅에 대해 누구에게 이야기를 걸더라도, 이는 곧장 대통령 후보자 토론회 같은 격론으로 이어지게 될 것이 뻔하다. 벤 & 제리(역주 Ben & Jerry : 풍부한 크림 타입의 독특한 맛을 가진 아이스크림의 상표명. 또 이 회사는 환경문제 해결을 위해서도 앞장서고 있다) 또는 델 컴퓨터(Dell Computer), 그것도 아니라면 L. L. 빈(L. L. Bean)은 어떨까? 아니면 저 유명한 비니 베이비스(Beanie Babies)의 「티와이(Ty)」는? 사실 미국의 위대한 브랜드들을 모신 신전이 있다면, 그 안에는 다시 명예의 전당에 헌액될 만한 명석한 마케터들이 진을 치고 있다. 나이키(Nike)의 필 나이트(Phil Knight)부터 애플 컴퓨터(Apple Computer)의 스티븐 잡스(Steven Jobs)까지, 또 오프라 윈프리(Oprah Winfrey)에서 마돈나(Madonna)까지, 이들은 P&G의 마케팅 부서 출신도 아니고 마케팅 분야의 석사학위도 받지 않았다. 곧 돈 몇 푼 없이, 변변한 배경도 없이 오로지 제품에 대한 신념과 불굴의 의지만으로 성공가도를 달려온 인물들이다. 이들은 관습적인 지혜가 오른쪽으로 가라고 할 때, 아니 심지어 그냥 집으로 돌아가라고 할 때 모두 왼쪽으로 돌아갔던 사람들이다.

분명히 이 세상에는 모든 것이 다 가치가 있지만, 다른 모든 명예의 전당과 마찬가지로 이 책도 한계가 존재하기에 다음과 같이 대상을 엄선했다.

그레이트풀 데드 록밴드 그룹(The Grateful Dead)
프로비디언 금융 회사(Providian Financial)
할리데이비슨 모터사이클 회사(Harley-Davidson)

아이엄스사(The Iams company)

미국 프로 농구(The National Basketball Association : NBA)

스냅온 공구 회사(Snap-on Tools)

버진 애틀랜틱 항공사(Virgin Atlantic Airways)

EMC 코퍼레이션(EMC Corporation)

하버드 경영대학원(Harvard Business School)

보스턴 맥주 회사(Boston Beer Company)

## 뜻밖의 횡재 그 이상의 것

우리처럼 마케팅 분야의 자격증을 가진 전통적 마케팅 전문가들은 래디컬 마케터들의 성공을 우연히 마주친 인생의 횡재로 치부해버리고픈 유혹을 느끼게 된다. 또는 마지못해 인정하더라도 이들의 성공을 어쩌다 좋은 아이디어를 내 행운을 잡은 정도에 지나지 않는다고 폄하기도 한다. 하지만 그것은 잘못이다. 그리고 진정으로 우수한 전통적 마케터들이라면 래디컬 마케터들의 성공비결을 금방 깨닫게 된다. 디트로이트에서 뉴욕까지를 주름잡는 정상의 마케터들도 할리데이비슨의 접근방법에서 뭔가 배울 점이 있지 않을까 하고 밀워키를 찾는다. 금융 서비스 업계의 강자들도 프로비디언의 과학기술적인 마케팅 역량을 탐내긴 마찬가지다. 안호이저부시(Anheuser-Busch) 맥주는 품질에 대한 브랜드 광고를 모방함으로써 보스턴 맥주를 정말 기분 좋게 만들어줬다. 그리고 P&G 등 최고의 마케팅 조직에 종사하는 사람들도 록밴드 그레이트풀 데드의 브랜드 창출 능력에 하나같이 혀를 내둘렀다.

예를 들어 그레이트풀 데드는 30년이라는 기간에 걸쳐 대단히 성공적인 브랜드를 창조해냈다. 그러기 위해 이들은 일관성 있고 특징적인 음악을 내놨고, 이른바 데드헤즈(Deadheads)라고 불리는 광적인 팬들을 훌륭히 관리해냈다. 또 그들과의 강력한 인간적 관계를 최고로 활용했다. 아마 이 그룹의 일원 가운데 누구도 「데드헤즈 공화국」으로까지 불리는 팬 집단이 어떻게 해서 등장했으며, 이 광적인 팬들이 왜 밴드의 세계일주 연주에 줄곧 따라다니는지 제대로 설명하지 못할 것이다. 그러나 이 밴드는 자신의 가치를 잘 알고 있었고, 일련의 영감으로 가득 찬 마케팅 의사결정을 통해 그 가치를 적절히 활용했던 것이다. 그 결과 연 매출 1억 달러짜리 사업을 구축했다. 더욱 입이 벌어지는 사실은 그레이트풀 데드라는 밴드는 제리 가르시아(Jerry Garcia)가 사망한 1995년에 이미 해체됐는데도 불구하고 브랜드로 살아남아 여전히 막대한 매출을 올리고 있다는 점이다.

래디컬 마케터들은 그들이 잘 알고 있는 고객, 그리고 장기적으로 붙들어놓을 수 있는 고객층을 잘 찾아내는 경향이 있다. 또 한 명의 전설적 래디컬 마케터인 마돈나의 경우, 몇 년마다 한 번씩 그녀 자신과 경력을 완전히 새롭게 창조해내는 흔치 않은 능력을 갖고 있다. 이것이 그녀가 거둔 성공의 비결이다. 이 능력은 사실 그녀에게 충실한 팬 집단이 어떤 층인가를 파악해내는 이해력에 기인하고 있다. 또 팬들이 저마다의 삶 속에서 어떤 변화를 겪을 것인가를 예견해내는 뛰어난 능력에 기초하고 있다. 외설적인 디스코 댄서에서 가수로, 그런가 하면 〈돈 밝히는 여자(material girl)〉라는 노래에서부터 에비타(Evita) 역할까지, 또 가장 최근의 변신인 종교적인, 요가 수행자의 이미지에 이르기까지 마돈나는 의도적으로 자신을 재규정하면서도 그녀를 따르는 팬들을 그대로 지켜냈다. 동시에 매번 새로운 팬들을 끌어들였다. 그 때마다 마돈나는 히트곡 하나 내고 사라지는 팝스타를 뛰어넘는 경력을 쌓아왔으며, 국제적인 팝계의 우상으로 내구력 있는 브랜드를 만들어온 것이다.

흑인 뚱보 윈프리는 시카고 방송계의 이름 없는 모닝 토크쇼 진행자였으나, 이제는 미국에서도 손꼽히는 부와 영향력을 지닌 언론계 거물이 되었다. 이 역시 속을 탁 터놓고 정직하고 친근하게 다가가는 그녀만이 가진 시청자들과의 연대감이 그 비결이었다. 이 같은 방송은 과거 토크쇼에서는 결코 찾아볼 수 없었다. 윈프리는 배우, 프로듀서, 사업가로서 다방면에 재능이 있지만, 무엇보다도 고객층과의 결속이 얼마나 강력한 힘인지 잘 알고 있다. 그녀는 이 고객과의 결속을 하나의 브랜드로 형성해냈다. 그녀가 경영하는 시카고의 방송사 다이얼 하포 프로덕션(Dial Harpo Productions)에 전화를 걸면 윈프리가 친절하게 안내하는 음성 메시지를 들을 수 있다. 다른 연예인들이 짙은 화장과 홍보 전문가들이 쳐놓은 장막 뒤에서 안주하는 반면, 윈프리는 자신의 평생 골칫거리인 비만 문제를 토크쇼의 단골 주제로 꺼내놓고 있다. 그렇게 함으로써 주요 목표 시청자층인 여성들로부터 광범위한 공감을 얻어내고, 동시에 식이요법과 몸매가꾸기 시장에서 새로운 사업기회를 찾아내고 있다.

RADICAL MARKETING
## 전통적인 마케팅과 래디컬 마케팅

고전적이고 전통적인 마케터가 래디컬 마케터의 업적을 제대로 평가하더라도, 때때로 이 같은 교훈을 상황에 따라 변용할 수 있는, 뚜렷한 방법이 없는 경우가 많다. 사실 래디컬 마케팅을 이해하려면 래디컬 마케팅이 아닌 것을 이해하는 일이 중요하다. 그러기 위해서 전통적 마케팅의 특성을 살펴보기로 한다.

**크다** P&G, 필립 모리스(Philip Morris), 제너럴 모터스(General Motors : GM), 코카콜라, 월트 디즈니와 같은 부류가 실제로 보여줬듯이 마케팅은 강력하고 고도로 진화된 일종의 기술이다. 많은 경우 그것은 업계뿐만 아니라 한 나라의 문화 자체를 이끌어가기도 한다. 그렇게 하기 위해 이들 조직은 언제나 「대량」이라는 관점에서 사고한다. 거대한 구상과 거대한 광고비, 거대한 수용자 집단이 기본전제다. 1997년의 경우 미국 내 상위 50대 광고주들이 지출한 광고비는 거의 280억 달러에 이른다. P&G 한 곳만 해도 20억 달러 가까운 돈을 썼다. 안호이저부시는 1999년 슈퍼볼 경기 중계방송에 들어가는 30초짜리 광고 한 편당 무려 200만 달러를 지불하기로 계약했다. 이 금액은 한 해 전에 비하면 갑절에 이르는 규모였다. 펩시콜라(Pepsi Cola)가 사이다 캔과 병 색깔을 선명한 청색으로 바꾸기로 했던 1996년 이 회사는 해외시장에 5억 달러를 퍼부었고, 1997년에는 나라 안팎에서 모두 10억 달러를 썼다. 펩시는 디자인을 최종 확정하기까지 뉴올리언스와 디모인, 그리고 유럽 전역에서 테스트 마케팅을 전개했다. 이 모든 게 그저 사이다 캔의 디자인 하나를 바꾸기 위해 이루어졌다!

**복잡하다** 코카와 펩시의 콜라전쟁은 전통적인 마케팅이 무엇인지를 상징적으로 보여준다. 자기 회사의 방대한 마케팅 화력을 상대방을 향해 쏟아붓는 것, 마케팅 학설의 기본원리를 충실히 적용하는 것이다. 모든 것이 소비자의 주의를 끌어내는 데 목표를 두고 있다. 이것이야말로 전통적 마케팅의 장점과 단점을 그대로 보여주는 사례다. 젊은 보병들을 마케팅 부서의 각 계층에 고루 배치해놓은 상태에서 이들끼리 서로 회사의 자원을 차지하려고 다툼이 일어난다. 그것은 시장점유율을 다투는 전쟁이며 인구학적 전쟁이고, 매체광고와 방대한 시장조사 자료, 그리고 그럴 듯하지만 말도 안 되게 값비싼 광고제작물을 무기로 동원하는 전쟁이다.

**대규모 시장의 중심부를 겨냥한다**  전통적 마케터들에게 브랜드 관리, 광고, 시장조사 등은 일종의 기습작전 심리를 구성하는 요소들이다. 전통적인 거대 마케터들은 마케팅을 틈새 개념으로 보는 것이 아니라, 인구학적인 조합으로 매체광고를 사들이는 것으로 본다. 목요일 저녁 텔레비전을 보는 2,500만 가구의 25~40세 사이 백인 남성들을 겨냥해 〈사인펠드( 역주 Seinfeld : 뉴욕시에 사는 네 명의 친구가 나오는 TV 코미디 프로그램)〉 같은 시트콤에 6분을 투자한다. 이제 매체광고는 시카고 선물거래소에서 돼지고기나 콩을 선물로 거래하는 것과 같은 하나의 상품거래처럼 돼버렸다. 기술적 진보 덕분에 개인에 대한 직접 우편발송이나 인터넷 상거래 등 일 대 일 판매시장으로 빠르게 변모해가는 와중에도 직업적인 마케터들은 방대한 양의 자료를 사들인다. 그러고는 이것을 대구경 화포에 장전한 뒤 뭔가를 날려버리기를 바라며 막대한 돈을 지불한다. 존 워너메이커(John Wanamaker)는 이렇게 지적했다. 『내가 광고에 투자한 비용 가운데 절반은 낭비였음을 나는 알고 있다. 문제는 어느 쪽 절반인지 알 수 없다는 점이다.』

**소비자와 동떨어져 있다**  마케팅 조직이 커지면 커질수록 마케터는 소비자로부터 멀어진다. 조직의 관료주의 때문에 더욱 그렇게 된다. 크레스트(Crest) 치약 같은 막강한 브랜드가 점유율을 잃어가기 시작할 때 P&G 내부의 복잡한 관료조직은 민첩한 경쟁자뿐 아니라, 정보를 소비자에게 전달하는 매체를 다루는 데도 큰 장애물이 됐다. 지난 1997년 〈뉴욕 타임스(New York Times)〉지가 크레스트에 대한 기사를 쓰려고 인터뷰를 요청했을 때 P&G는 『인터뷰에 응하지 않는다』는 결론에 도달하는 데 무려 2주일을 소비했다. 대기업들은 때로 하나의 브랜드만을 위해 대단위 마케팅 조직을 차리곤 한다. 이런 조직의 젊은 마케터들은 정작 가까이 다가가야 할 소비자층으로부터 6,7단계 이상씩 분리돼 있게 마련이다. 『브랜드라는 것은 기업경영에서 매우 심대한 영향을 미치는 가치 있는 자산이다』라고 브랜드 전문 컨설팅 회사 인터브랜드(Interbrand)의 이사인 레이먼드 페리에(Raymond Perrier)가 〈파이낸셜 타임스(Financial Times)〉와의 회견에서 말한 적이 있다. 『200억 달러 값어치가 있는 브랜드를 약관의 마케팅 담당자에게 넘겨줄 사람은 아무도 없습니다. 그러나 실제로 전세계적으로 뻗어나가고자 열망하는 회사들이 대부분 그런 일을 저지르고 있습니다.』

**공식에 얽매인다** 마케터가 세상에 존재하는 한 마케팅 공식에 대한 탐색은 계속돼왔다. 모든 경영학석사(MBA)들은 매카시(McCarthy)가 설파한 이른바 4P, 즉 「promotion, price, product, place」를 줄줄 꿰고 있을 것이다. 마케팅이라는 세계를 간편한 덩어리로 쪼개는 마케팅 대가들의 주문 말이다. 신시내티나 뉴욕의 대기업에서 훈련받은 좀더 노련한 마케터라면 이보다 복합적인 공식을 사용할 테지만, 그것 또한 공식일 뿐이다. 이런 공식 중에 가장 흔한 것은 소비제품을 다루는 마케터들이 사용하는 것이다. 모든 마케팅 계획의 많은 부분들이 바로 이 단순한, 그러나 별로 성문화되지는 않은 공식에 입각해 수립된다. 즉 SOM=NPD+Promo+Adspend+ACV.[SOM은 share of market, NPD는 new product development 또는 product delta, ACV란 all commodity volume으로서 A. C. 닐슨 조사연구소(A. C. Neilson Company)가 조사해 축적해놓은 가중배분 값을 말한다]. 이 공식의 작동방식은 이렇다. 모든 마케팅의 최종 목표는 시장점유율이다. 시장점유율은 다음과 같은 네 가지로 결정된다. 빈번한 신제품 도입, 집중적 홍보(경품권, 두 개를 사면 하나는 덤으로 주기 등등), 강력한 광고, 광범위한 분배망. 물론 겉보기에는 이런 마케팅 계획에 오점이 없는 것처럼 보인다. 그러나 앞으로 보게 되겠지만, 래디컬 마케터는 이런 공식을 가능한 한 모든 방식으로 혁파해버리며, 어떤 공식도 사용하지 않는다.

앞에서 열거한 특징의 결과로서, 전통적 마케팅은 때로 쓸모가 없거나 낭비적인 것이 되고 만다. 그렇다고 전통적 마케팅이 늘 실패할 것이라는 얘기는 아니다. 학구적인 명석함과 정확성으로 갈고 닦인 전통적 마케팅은 매우 효과적일 수 있다.

경영대학원에서 선호하는 마케팅 교재인 《마케팅 관리론(Marketing Management)》의 저자 필립 코틀러(Philip Kotler)는 이렇게 말한다.

진정한 마케팅은 단순히 제조한 물건을 판매하는 기술이 아니라 무엇을 제조할 것인가를 알아내는 것이다! 이것은 고객의 욕구를 가려내고 이해하는 기술이자, 고객에게는 만족을 주고, 제조자와 주주에게는 이익을 선사하는 해결책을 만들어내는 기술이다. 시장의 혁신이란 제품의 혁신과 품질, 서비스를 통해 고객의 만족을 창출해냄으로써 얻어낼 수 있다. 만약 이러한 요소가 결여된다면, 아무리 막대한 양의 광고나 판촉·판매 활동을 하더라도 쓸모 없을 것이다.

최고의 전통적 마케터는 자신의 기술을 이런 식으로 이해하고 있으며 제법 성공적으로 실행에 옮긴다. 코카콜라가 세계에서 가장 인지도 높은 브랜드로 자리를 잡고, 모든 세대의 어린이들이 미키 마우스를 소중한 친구로 생각하는 것은 결코 우연이 아니다. 코카콜라나 월트 디즈니 같은 마케팅의 거인들은 마케팅에 대한 코틀러의 정의에 인용된 바로 그 특질로 정확하게 특징지워진다. 즉 고객의 욕구를 가려내고 이해하는 능력, 고객의 만족과 기업의 이윤을 동시에 창출하는 능력이 바로 그것이다.

래디컬 마케터도 알고 보면 코틀러의 정의에 따라 움직이는 것처럼 보이기도 한다. 즉 고객의 욕구를 알아내 그 욕구에 걸맞은 고품질의 해결책을 선사하는 것처럼 보인다. 그러나 래디컬 마케터는 훨씬 적은 비용에 훨씬 적은 자원을 쓰고도 동일한 결과 또는 더 엄청난 마케팅의 성공을 연출해낸다. 래디컬 마케터는 대개 고객층과 놀랄 만한 결속력을 맺고 있다. 그리고 카리스마적인 비전으로 가득 찬 지도자와 그 지도자를 본받아 결연한 각오로 무장한 노동자들이 래디컬 마케팅을 움직이는 힘으로 작용한다. 실상 어떤 래디컬 마케터는 판매와 수익이 수직상승하기 시작하면 그만 전통적 마케터로 변질되기도 한다. 예컨대 애플 컴퓨터는 자신의 래디컬한 뿌리를 망각하고 펩시콜라 출신의 존 스컬리(John Sculley)를 최고경영자로 맞이하는 악수를 뒀다. 나이키의 경우 자신의 래디컬한 뿌리를 잊지 않고 이어가는 방법을 발견해 여기에 전통적 마케팅 기법을 결합시키고 있다. 이처럼 각각의 모델마다 배워야 할 교훈이 나온다.

이 책의 「책머리에」에서 밝혔듯이, 래디컬 마케팅은 세 가지 특징을 지니고 있다.

### 1. 래디컬 마케터는 특정 목표 계층과 매우 강력한 내면의 결속력을 유지하고 있다.

이 내면의 허심탄회한 결속력 때문에 소비자층을 극도로 정밀하게 이해할 수 있는 것이다. 워낙 철저히 이해하다 보니 마케팅 업무를 수행하는 과정에서 시장조사라든가 브랜드 관리를 위한 상부조직 등 몇몇 복잡하고 비용이 많이 드는 단계를 생략할 수 있다.

이를테면 애완동물용 고급 사료업체인 아이엄스의 대표이사 매틸은 초창기 이미 아이엄스의 고객은 개와 고양이들이지 그 주인이 아니라는 결정을 내렸다. 건강한 애완동물, 촉촉한 콧잔등, 초롱초롱 빛나는 눈, 그리고 긴 수명은 여느 광고 공세보다도 제품판매를 촉진하는 요소다. 만약 수의사들이나 사육사들이 그 결과를 보게 되면 업계 내에 자연스레 소문이 퍼질 것이라고 그는 생각했다. 일종의 모험이었다. 그래서 매틸은 회사에 처음 입사한 1970년 한 해 동안 전국의 애완견 경연대회를 돌아다니며 사육사와 애완견 임자들에게 아이엄스의 공짜 샘플을 안겨주는 데 모든 시간을 바쳤다. 30주 동안 그런 경연대회장으로 샘플을 나른 것은 어린아이들을 포함한 그의 가족들이었다.

매틸은 기존의 대기업들이 내놓은 콩 위주의 싸구려 제품에 맞서 고급 제품과 고급 기업문화를 정착시켰다. 그는 애완견 주인들이 고급품을 사기 위해서는 기꺼이 높은 가격도 마다하지 않을 것이라는 점도 직관적으로 알고 있었다. 그는 이렇게 말했다.『우리의 주요 고객은 언제나 개와 고양이들이다. 우리의 제품은 업계 최고 품질이어야 한다.』매틸이 회사를 이끄는 동안 아이엄스의 매출액은 1982년 1,600만 달러에서 1997년 5억 달러로 늘었다.

스냅온 공구는 78년의 역사 동안 매체광고를 완벽하게 배제해왔다. 대신 오로지 핵심 고객층인 자동차 정비사들과 쌓아온 결속력에 의존해왔다. 이 결속력은 스냅온의 딜러들이 정비소마다 매주 정해진 시간에 시계처럼 정확하게 그 친숙한 스냅온 로고를 박은 밴 차량을 몰고 찾아가줬기 때문에 형성된 것이다. 스냅온은 매출액 17억 달러의 거대 우량기업으로 성장한 지난 1994년에야 처음으로 소비자광고를 조용히 내보냈다. 이는 회사에 대해 때때로 반감을 표시하는 소수의 고객들을 위한 광고였는데, 200만 달러를 투자했다. 안호이저부시 같은 기업은 슈퍼볼 게임 방영 때면 단 한 편의 30초 광고에 똑같은 액수를 퍼붓기도 하지만, 이 금액이야말로 스냅온으로선 광고예산의 거의 전액을 차지한 것이었다.

오랫동안 할리우드 영화들이 자동차 정비사들을 부정적인 이미지로 묘사해왔다는 생각에서 스냅온은 정비사를 매우 호의직인 관점에서 묘사한 인쇄매체 광고를 시리즈로 내기로 했다. 즉 자신의 일에 자부심을 갖고 있는 전문가로 그려낸 것이다.『자동차 기술자가 되려면 갖춰야 할 게 많다』는 문구를 내세워 시리즈 광고를 시작한 이후, 3년 동안 이 광고는 주요 잡지와 무역간행물에 계속 실렸다. 물론 스냅온은 광고를 내보내기 전에도 미국의 110만 정비사들이 두말 없이 선택하는 브랜드였다. 하지만 이 광고는 잊혀졌던 사회적 지위와 자존심을 되찾는 계기로 작용하면서 진정 정비사들의 심금을 울렸다. 그 결과 회사와 고객의 일체감은 더욱 확고부동한 것이 됐다. 요즘 스냅온 딜러들은 방문하는 정비소나 정비공장의 작업장 벽에서, 회사가 잡지에 낸 광고를 액자에 담아 걸어놓은 풍경을 심심찮게 목격한다고 보고하고 있다.

래디컬 마케터는 시장에 대해서도 속내를 터놓는 시각을 갖고 있다. 왜냐하면 그들은 시장과 똑같은 방식으로 바라보기 때문이다. 그들은 마케팅 기법의 체제 속에서 훈련받기보다는 시장 그 자체 안에서 훈련을 받았다는 것이 매우 중요한 차이점이다. 최근의 추세를 지켜보면, 전통적 마케터들은 점점 더 고객과 시장으로부터 멀어지고 있다. 미국 사회의 부유층 가정에서 성장해 연봉 12만 5,000달러를 받는 30대 백인 남성이 있다고 생각해보자. 그가 뉴저지 어딘가에 있는 화려한 회의실 한복판에 서서 마이애미에 사는 저소득층 70대 흑인 여성에게 요실금 환자용 물품을 팔기 위한 커뮤니케이션 전략을 발표하는, 그런 식의 광경을 목격한다면「더 멀어지고 있다」는 말에 쉽게 수긍이 갈 것이다. 그가 목표계층에 대해 이해하고 있는 것이라곤 고작해야 고도로 조합되고, 계량적 행동과학을 통한 조사분석, 그리고 매우 편협한 포커스 그룹(focus group)을 통해 얻은 몇몇 사실에 불과하다. 이런 예가 너무 지나친 과장인 것 같지만, 현실이 바로 그렇다.

강력한 브랜드를 지닌 기업체에서 일하는 전통적 마케터는 일반적으로 시장에 대한 정서적 이해보다는 지적 이해를 중시하며, 포커스 그룹과 조사연구, 광고물량에 지나치게 의존한다. 프로비디언 금융의 대표이사 메타는『포커스 그룹의 고객은 조사자에게 말한 것과는 달리 실제로 물품을 구입할 때는 다르게 행동하게 마련이다』라고 말한다. 코카콜라는 지난 1980년대 중반 신제품을 출시했을 때 그 교훈을 뼈저리게 체험했다. 조사대상 집단 고객들은 신제품의 맛을 보는 실험에서 새 콜라가 더 맛있다며 신제품을 사먹겠다고 답변했지만, 실제 결과는 달랐다. 그것은 조사자료가 마케터와 고객 사이를 가로막을 때 어떤 위험이 오는지를 보여주는 단적인 사례다.

펩시의 로저 엔리코(Roger Enrico)가 「이 달의 관리자 클럽(The Manager of the Month Club)」이라는 이름을 붙인, 초고속 승진을 열망하는 브랜드 관리자들은, 자신이 2~3년 내에 부장으로 진급하게 된다면 어차피 다시는 쳐다보지도 않게 될 상품에 대해 정서적 유대감을 갖지 않는 경향이 있다. 더욱이 대기업들이 속출하고 합병이 진행되면서, 마케터와 실제 소비자 사이의 관료적 간격은 더욱 확대되어가고 있다. 기업체들이 새로운 아이디어를 끌어올리는 파이프가 아니라 이를 사장시키는 무한궤도로 변질되면서 혁신과 혁신적 사고는 늪 속에 빠져버리는 것이다.

마케팅의 역사에서 실로 수천 가지 기법들이 개발돼왔지만, 이들 모두는 소비자의 행동과 관심을 읽어내고 이용하는 데 활동 목표를 두고 있다. 그러나 래디컬 마케터는 이 같은 관심을 억지로 이끌어 낼 필요가 없다. 왜냐하면 그들은 소비자와 똑같은 삶을 살고 있기 때문이다. 할리데이비슨의 페슬러에게 물어보거나 보스턴 맥주의 창업자인 쿡이 어느 잡지사와의 인터뷰에서 한 말을 들어보자.

그는 『마케팅 전문가들을 무시하자는 것은 아니다』라며 다음과 같이 말했다.

그들 가운데도 물론 정감 있고 지적이고 창의적인 사람들이 많다. 그들은 업계 최고의 두뇌들이기도 하다. 나는, 그들이 자신의 자리에서 벗어나 평소 그렇게 광고해대는 물건을 직접 팔아보길 원할 뿐이다. 술집 의자에 앉아 맥주를 고르는 소비자들에게 시장 같은 것은 존재하지도 않는다. 그리고 시장이 있을 수도 없다. 시장이란 상품판촉에 온갖 관심을 갖고 있는 담당자들 머리 속에서만 존재하는 것이다. 내게는 맥주와 맥주를 마시는 사람들만이 유일한 현실이다. 바에 앉아 맥주를 마시는 사람에게는 그가 여태껏 보아온 그 어떤 광고보다 바텐더의 말 한 마디가 훨씬 강력한 호소력을 갖는다. 만약 그 바텐더가 『제가 충고하자면, 샘 애덤스(Sam Adams)를 한번 드셔보세요. 거 정말 괜찮은 맥주죠』하고 말한다면 그 말은 5억 달러짜리 광고보다 강력한 것이다.

그의 회사가 내놓은 새뮤얼 애덤스 보스턴 라거(Samuel Adams Boston Lager) 맥주는 1984년 회사 창업 이후 국내 판매 실적 1위의 히트 상품이 됐다.

## 2. 래디컬 마케터는 이익실현보다는 성장과 확대에 더 초점을 맞춘다.

이들은 성장을 거듭해 더 많은 가치를 창출할 것이라는 자연스러운 낙관을 품고 시장에 뛰어든다. 실패는 아예 생각지도 않는다.
마케팅 계획은 전통적으로 시장조사, 인구학적 자료, 통계분석, 그리고 목표계층을 정하기 위한 시장의 세분화 등으로 이루어진다. 이런 조사는 때때로 외부 컨설팅 회사에 의뢰하기도 하는데, 이 때문에 숫자만 빽빽한 자료들을 의미 있는 문맥으로 종합해내지 못하고 제품과 고객 사이에 간격만 더 크게 벌려놓기도 한다. 쿡이나 매틸 같은 래디컬 마케터들은 자신들의 제품에 대한 신념이 너무나 강하기 때문에, 즉 새뮤얼 애덤스 맥주야말로 가장 맛좋은 최고급 맥주라는, 또 아이엄스 제품이야말로 개와 고양이의 건강에 좋은 최고의 먹이라는 신념이 너무나 강해서 실패는 처음부터 변수로 취급되지 않는다. 이 기업가들은 아이디어 하나로 출발한 경우가 많지만, 사업체를 일으키는 것은 시간이 걸리는 작업이며, 처음엔 이익보다 성장이 더 중요하다는 사실을 금방 깨닫는다. 쿡은 자신이 들었던 최고의 충고가 『쿡, 빨리 찾아오는 것 치고 좋은 일은 없어요』였다고 말하고 있다. 일견 대수롭지 않게 들리는 이 말은 고교시절 여자친구가 속삭여준 명언이었다. 그러나 그는 회사를 세울 때도 그것은 썩 괜찮은 충고라고 말한다.

쿡은 1984년에 새뮤얼 애덤스 맥주병을 말 그대로 술집에서 술집으로 들고 다니면서 바텐더들을 대상으로 브랜드를 알리러 다녔다. 그의 목표는 5년 안에 5,000배럴을 판매하는 것이었다. 그것은 당시 안호이저부시의 시간당 생산량에도 못 미치는 물량이었다. 하지만 그는 장기적 계획을 갖고 있었으며, 그것을 끝까지 밀고 나갔다.

그렇다고 마케팅 기법의 분석적 사고 자체를 일방적으로 부인하자는 게 아니다. 사실 어떤 래디컬 마케터는 더할 수 없이 분석적이다. 프로비디언 금융의 메타는 개인의 행동에 대한 자료를 일 대 일 마케팅 프로그램에 활용한 선구자다. 따라서 누가 진짜 고객이며, 누가 제품을 구매해주느냐를 이해해야 하는 대신에 잘못 규정된 시장에 대한 피상적 통계를 사용하는 문제점을 지적하려는 것이다.

래디컬 마케터는 전통적 마케터보다 한 가지 아이디어를 더 오래 밀고 나간다. 성공의 계기는 매우 다른 방식으로 나타난다는 사실을 그들은 본능적으로 알고 있다. 오늘날 전문적인 마케터들은 메시지를 정확하게 전달해야 한다는 점, 즉 그렇지 않으면 5초 안에 시청자의 리모컨은 다른 채널을 누르게 된다는 사실을 점점 더 크게 의식하고 있다. 그들은 마케팅에서 이른바 성배라고 불리는 시장점유율 확대는 갑자기 달아나버리기도 하는 일시적 현상이라는 것을 잘 이해하고 있다. 또 고객들은 장기적인 충실도나 특정 브랜드에 대한 심리적 신뢰보다는 가격인하나 판촉활동에 더 끌린다는 사실을 깨닫고 있다.

그러나 래디컬 마케터는 제품의 본질에 대해 더욱 깊은 감성적 연계를 갖기 때문에 직업적 브랜드 관리자보다 상품을 잘 이해하고 있다. NBA의 스턴은 광기가 죽끓듯 하는 프로농구 무대에서 한번도 평정을 잃은 적이 없다. 데니스 로드먼(Dennis Rodman)의 익살, 래트럴 스프루얼(Latrell Sprewell)의 폭력, 래리 버드(Larry Bird)나 매직 존슨(Magic Johnson), 심지어 마이클 조던(Michael Jordan) 같은 스타의 은퇴 앞에서도 그랬다. 제품은 바로 경기 그 자체이며, 경기란 역동적인 세력과 항상 변화무쌍하고, 그러면서도 선수들의 특이한 개성과 재능에 크게 좌우되는 특징이 있다는 것을 그는 잘 이해하고 있었다. NBA는 경기 그 자체를 놓고 장기적으로 투자하지, 특정 선수나 상황 하나하나에 투자하지 않는다. 그 결과 NBA의 인기는 전세계적으로 치솟고 있다.

그러한 장기적 투자는 품질과 고객 서비스를 결코 절충하지 않는다. 새로운 판로를 뚫기 위해 EMC는 몇백만 달러짜리 컴퓨터 저장장치를 공짜로 몇 달씩 임대해주고, 현장 기술자 수십 명을 고객측에 파견해서 작동상태를 확인하기도 했다. 버진 애틀랜틱 항공기가 몇 시간 늦게 런던 히드로 공항에 착륙한다면, 이 회사의 활동적인 회장 브랜슨이 몸소 공항 게이트에 나와 연착으로 인한 불편에 대해 고객들에게 직접 사죄하고, 무료항공권이나 버진 메가스토어(Virgin Megastore) 백화점의 상품권을 보상으로 나누어준다.

### 3. 래디컬 마케터는 매우 부족한 자원과 마케팅 예산으로 버텨나간다.

이 같은 자원의 제약은 그들로 하여금 더욱 집중력을 키우고, 새롭고 혁신적인 마케팅 아이디어를 양산하게 하는 원천이 되기도 한다. 고전적인 마케터는 이런 정신상태를 따라잡기 힘들다. 매스 마케팅, 즉 대중을 위주로 하는 관료적 기업조직에는 창의적 사고와 기업가적 행동을 유발하는 유연성이 결여돼 있다. 비대량화라는 구호에도 불구하고 고전적 마케터는 여전히 질보다 양을 강조한다. 전통적 마케팅 조직은 거대한 사고를 지향한다. 거대 소비자 제품 회사 내의 단일 브랜드 사업부문에는 10여 명의 직원이 있을 수 있는데, 이들 모두 한 가지 치약이나 감자 칩 같은 상품의 판촉을 책임지고 있다. 이런 조직에서는 몇 단계 아래의 과장이 혼자서도 7,500만 달러의 광고비를 지출할 수 있다.

보스턴 맥주를 창업한 쿡 회장은 새뮤얼 애덤스 맥주를 선보일 당시 단 한 푼의 광고비도 지출할 수 없었다. 사실 10여 년 간 그는 아무런 마케팅 부서조직도 갖지 못한 상태였다. 대신 그는 직접 판매와 밑바닥 홍보를 통해 맥주를 팔았다. 사장 자신이 술집에서 술집을 전전하며, 제발 메뉴에 자기 회사 맥주를 넣어달라고 때로는 조르고 때로는 어르면서 이 일을 해낸 것이다. 대기업들이 몇백만 달러를 시장조사에 퍼붓고 난 다음에야 제품 이름 하나를 지어내는 데 비해 쿡 회장은 모조 맥주병을 들고 일일이 술집을 찾아다니면서 고객들이 직접 고르도록 하는 방법으로 새뮤얼 애덤스라는 이름을 지었던 것이다.

하지만 거대한 경쟁자들의 광고 공세가 진행되는 상태에서 언제까지 이런 식으로 경쟁할 수 없다는 생각이 들자 그는 좀더 약은 홍보활동을 펴기 시작했다. 즉 자신의 회사에 대한 기사를 몇십 개 신문사와 잡지사에 뿌린 것이다. 광고비용은 한 푼도 없었기 때문에 그는 동원할 수 있는 얼마간의 돈을 회사의 인지도 제고에 전액 투자한 것이다. 이를테면 보스턴 맥주는 그야말로 맞춤식 메뉴 스탠드를 술집과 식당에 도입한 주인공이다. 레스토랑은 그들의 메뉴나 음료 목록을 보스턴 맥주에 보내고, 그 대신 새뮤얼 애덤스 로고가 박힌 카드와 메뉴 스탠드를 받았다. 오늘날 이 회사는 1년에 200만 종의 메뉴 카드를 생산하기에 이르렀다.

가용자원이 많은 경우도 마찬가지다. 자원이 확보되어 있는 기업에서조차 래디컬 마케터는 기존의 전문가들과는 사뭇 다른 방식으로 사고하고 행동한다. 1996년 할리데이비슨은 비록 이익은 많이 내고 있었지만, 광고에 단 1달러도 지출하지 않았다. 그들의 주장은 이렇다. 할리에 대한 수요는 너무 높아 공장에서 생산할 수 있는 할리 한대 한대가 이미 예약된 상태다. 무엇 때문에 광고에 지출할 필요가 있는가. 대신에 이 회사는 자금을 모아 생산을 늘리는 데 투입했다. 단기적으로는 값비싼 광고를 하지 않아도 시장에서 스스로 버텨나갈 수 있다는 확신이 작용했다.

그렇다고 래디컬 마케팅이 전통적 마케팅을 완전히 배제하는 것은 아니다. 그저 단순히 『모든 규칙을 다 깨뜨려라』라고 설교하는 것은 어리석은 과장일 뿐이다. 나이키는 초창기에 래디컬했지만, 오늘날에는 미국 내에서만 연간 1억 5,000만 달러를 광고비로 뿌리는 회사가 됐다. 그럼에도 불구하고 래디컬 마케터 정신과 신속한 대응을 고수하는 경영을 하고 있다. 나이키의 광고는 1980년대 초 최고의 스타 조던을 내세웠는데, 이는 미국에서 스포츠에 대해 감성적 화제를 일으키는 것이 무엇을 의미하는가에 대한 대표이사 나이트의 깊은 이해와 맞아떨어지는 것이었다. 「Just Do It」이라는 표어는 단순히 명석한 광고 문구가 아니었다. 그것은 나이트가 자기 제품에 대한 신뢰를 전달하는 언약과도 같았다. 그 점은 회사의 창립 초기, 즉 그의 마케팅 직원들이 육상 장거리 선수로 구성됐던 시절, 저 유명한 나이키 로고를 단돈 35달러를 주고 도안한 그 시절까지 거슬러 올라간다. 대량의 광고 물량을 거느린 오늘날까지 20년 넘게 나이키는 고객과의 유대감을 전혀 손상하지 않고 브랜드를 키위왔다.

래디컬 마케팅은 이와 같은 사례에서 보여주듯이 단지 규칙을 깨는 것 이상의 개념이다. 그것은 전혀 새로운 게임, 마케터 자신이 새로운 규칙을 제정해가는 게임이다. 때로는 현존하는 게임의 장 안에서 이 같은 일을 벌이기도 한다. 비록 그 스타일이나 원천은 매우 다양하게 나타나지만, 래디컬 마케팅은 보편적인 교훈을 제공한다. 마케팅 활동을 원활하게 하는 목적에 매우 잘 맞기 때문에 고학력자와 재력가들을 모여들게 만든다.

가슴 속에 한 가닥 꿈과 초기자본밖에 없는 기업가나 소규모 기업체를 운영하면서 성장을 도모하는 기업가에게 이 책의 진정한 가치는 명백하다. 래디컬 마케터들은 바로 그들과 같은 처지에서 출발했고 지금도 그것을 잊지 않고 있다. 래디컬 마케팅 기법은 〈포천 (Fortune)〉지 선정 500위 안에 드는 나이키나 안호이저부시 같은 대기업에도 똑같이 효과를 발휘한다는 것이 입증됐다. 그리고 여기에는 대형회사의 대표이사, 최고경영진, 마케팅 종사자들이 배워야 할 점이 많이 있다.

각 분야의 세계 최고수들로부터는 무언가 배울 점이 있게 마련이다. 그들의 전략이나 스타일이 아무리 서로 그럴 듯하지 않은 장소에서 진화해왔더라도, 이를테면 할리데이비슨이 경주대회를 개최한 사우스다코타 주든, 아니면 보스턴의 맥주집이든 관계없다. 그것이 메디슨가의 번듯한 회의실이어야 할 이유는 없다. 독자의 사업체가 이런 진화과정에서 어떤 단계에 있든, 영감으로 가득 찬 이들의 기법은 값어치를 따질 수 없는 도움이 될 것이다.

# 2

# 래디컬 마케팅의 본질

### 래디컬 마케팅의 10대 원칙

1. 최고경영자가 직접 뛰어라

2. 소수정예의 수평적인 마케팅 조직을 가져라

3. 현장에서 직접 고객과 만나라

4. 시장조사에 매달리지 마라

5. 열정과 믿음이 강한 전도사 같은 직원만 채용하라

6. 고객을 존중하고 사랑하라

7. 소비자 공동체를 창출하라

8. 마케팅 믹스를 바꿔라

9. 상식을 뛰어넘어라

10. 브랜드에 충실하라

래디컬 마케터들의 가장 큰 특징은,
이들이 얼마나 많은 일을 성취했느냐는 데 있지 않다.
이들의 진정한 강점은 서로 다른 요소들을 전략적으로
잘 결합하는 능력을 갖고 있다는 점이다.

래디컬 마케팅을 좀더 쉽게 이해하기 위해서는 래디컬 마케터들이 전개한 마케팅 활동과정을 살펴보는 것이 중요하다. 그들이 중시했던 소비자와의 허심탄회한 유대관계라든가, 사물을 보는 장기적인 시각, 그리고 그들이 늘 겪었던 자원의 제약을 어떻게 극복했는지 구체적으로 살펴보자. 이러한 분석은 래디컬 마케터들이 성공하기까지의 과정을 이해하는 데 유용한 수단이 될 것이다. 그러나 이들의 교훈을 자신의 상황에 적용하고자 하는 마케터들에게는 이런 방식이 썩 도움이 되지는 않을 것이다. 따라서 일상적인 마케팅 의사결정에서 실용적으로 활용할 수 있는 「처방적인 지침」의 필요성이 제기되는 것이며, 우리는 이것을 「래디컬 마케팅의 원칙」으로 부르고자 한다.

우리는 이들 사례를 면밀히 주시해왔으며, 여러 산업분야에 걸친 수많은 사람들과 함께 이들에 대해 거듭 탐구하고 토론해왔다. 우리는 래디컬 마케팅을 실시한 기업조직의 지도자들과 수없이 많은 대화를 갖는 한편, 이를 뒷받침할 자료를 업데이트하고 세부사항과 설명들을 추가해왔다. 이들을 래디컬하게 만든 요소를 이해하고자 전력투구했으며, 이들이 독특한 마케팅 기법을 실행하고 유지한 방식에 대해 이해하고자 했다. 우리의 결론은, 이들 찬란한 업적을 쌓은 기업들로부터 배울 점이 무수히 많지만, 대략 다음의 열 가지 특징이 특히 두드러진다는 것이다.

## 래디컬 마케팅의 10대 원칙

### 1. 최고경영자가 직접 뛰어라

오늘날 회사 대표이사들은 시간을 내달라고 아우성치는 갖가지 요구에 시달린다. 〈하버드 비즈니스 리뷰(Harvard Business Review)〉에서 〈포천〉에 이르기까지 주요 경영전문지들은 하나같이 대표이사들에게 회사기능의 일부분, 즉 직원들과의 의사소통에서부터 전략적 기획에 이르기까지 직접 개인적으로 관리하라고 충고하고 있다. 회사의 최고경영자가 직접 마케팅 활동을 이끌어가는 것이 어찌 보면 경영진의 귀중한 시간을 헛되이 낭비하는 것으로 비칠 수도 있지만, 이것은 결코 헛된 요구가 아니다.

최고경영자가 래디컬 마케터라면 그 대표이사는 결코, 어떤 경우에도 다른 사람에게 마케팅 기능을 수행하도록 임명하지 않는다. 더구나 오늘날과 같이 가상의 회사가 설립되는 시대에서 기업이란 주주 없이도 존재할 수 있고, 심지어 종업원 없이도 존속할 수 있다. 그러나 그 어떤 경우에도 고객 없이는 존재할 수 없다는 것을 그 누구보다 래디컬 마케터들은 잘 알고 있다.

래디컬 마케팅 조직체의 대표들은 거의가 다 마케팅 활동에 참여하고 있다. 또 참여의 수준은 전통적인 마케팅에서는 가히 상상도 못할 정도다. 할리데이비슨의 회장 리처드 티얼링크(Richard Teerlink)나 대표이사 제프 블루스타인(Jeff Bleustein) 같은 경영자들은 고객들과 어울려 모터사이클을 타고 질주하며, 동호인 경주대회에 참석하고, 제안을 직접 들으며 마케팅 계획에 반영한다. 아이엠스 식품의 매틸은 마케팅 활동에 아주 깊숙이 관여하고 있으며, 심지어 점심식사 중에 냅킨 위에 회사의 새 로고 디자인을 그려내기도 했다. 프로비디언 금융의 메타는 회사가 결산을 하는 자리에 정기적으로 쿠키와 우유를 들고 나타나서는 고객정보를 직접 확인해가면서 새로운 금융상품과 마케팅 아이디어를 내놓곤 한다. 버진 애틀랜틱 항공의 브랜슨은 회사가 새 노선에 취항할 때마다 1920년대식 조종사 옷을 차려입고 행사장에 나타난다.

전통적인 마케팅을 펼치는 조직에서는 회사대표가 마케팅에 참여한다고 해봐야 1년에 하루나 이틀쯤 수십 가지 신규 브랜드 전략을 검토해보는 정도가 고작이다.

래디컬 마케터에게 최고경영자는 회사의 실질적인 마케팅 담당임원이다.

## ２. 소수정예의 수평적인 마케팅 조직을 가져라

대표이사가 마케팅에 적극 관여할 의사가 있다면, 시장이 커지면서 마케팅 조직이 관료적으로 변하고 계층적으로 덩치를 불리지 못하도록 차단할 필요가 있다. 이는 말은 쉬워도 실행으로 옮기기는 매우 어렵다. 대부분의 조직체에서 계층구조가 형성되는 것은 자연스러운 과정이다. 조직체의 피라미드 구조가 덩치를 키우는 것은 우리가 언제나 보아온 방식이다. 부사장이 이사를 고용하고 이사가 과장을 고용하고 과장이 자기 부서원을 고용하고, 또 부서원은 보조원을 고용하는 식이다. 마케팅 부문에서는 실무에서 비롯하는 잡무가 끝없이 생겨나게 마련이기 때문에 피라미드 구조는 언제나 빠른 속도로 스스로의 몸집을 부풀리게 된다.

사실 마케팅 활동에서 완전히 손을 떼고 담당직원 단 한 명만 둔 후 고객과의 접촉 업무를 외부의 시장조사 회사에 의뢰할 수도 있을 것이다. 또 그렇게 해서 얻은 조사 자료를 통해 고객과의 끈을 어떻게든 이어둘 수 있지 않을까 생각해볼 수도 있다.

그런 생각이 상당히 유혹적인 것은 사실이다. 그러나 성공할 가능성은 거의 없다. 정보란 따끈따끈해야 제맛이 나는 요리와도 같다. 필터는 대개 별로 표가 나지 않지만, 그래서 더욱 위험한 것이기도 하다.

예전부터 해오던 「말 전하기 놀이」를 생각해보자. 그 놀이에 참여하는 사람들은 둥그렇게 둘러앉아 차례로 같은 메시지를 다음 사람에게 전달한다. 다시 자신에게 그 메시지가 돌아왔을 때 우리는 얼마나 턱없는 형태로 바뀌었는지 놀라지 않을 수 없다.

시장조사 자료라는 것은 손을 거치면 거칠수록 왜곡될 수밖에 없다. 전통적 마케팅을 신봉하는 대기업 내에서 소비자와 최고경영진의 의사결정 사이에 다섯 개 내지 열 개의 필터 계층이 존재하는 것도 그리 드문 일은 아니다. 정보는 이 복잡한 필터 과정을 거치면서 스스로를 왜곡시킨 다음 결국에는 판단까지 근본적으로 뒤바꿔놓는다.

그래서 보스턴 맥주의 쿡은 회사 초창기 10년 동안 고집스레 마케팅 부서 자체를 두지 않았던 것이며, 프로비디언 금융은 마케팅 부서를 다른 부서에 통합시켰던 것이다.

## 3. 현장에서 직접 고객과 만나라

단층적 구조의 조직마저 시간이 흐르면서 고객들과의 거리가 벌어지고, 가공된 정보와 시장조사 자료를 통해서만 간접적으로 고객을 만나게 된다. 래디컬 마케터에게는 고객과의 근접 정도가 절대적인 요체다. 래디컬 마케터는 간접자료보다 직접 수집한 자료를 선호한다. 조사 보고서를 읽는 것보다는 고객의 편지를 읽는다. 그들은 고객들이 고객 자신의 언어로 자신의 문제를 지적하는 것을 듣고자 한다. 나아가 고객들이 실제로 물건을 구매하는 곳으로 고객들을 찾아나선다.

이와는 대조적으로 전문적인 마케터를 자처하는 사람들은 고객에게 가장 가까이 가는 경우라고 해봤자 고작 시장조사를 위해 선정된 포커스 그룹의 선발된 잠재고객들에 주의를 기울일 뿐이며, 토의장소에 설치된 유리 뒤편에서 사전에 용의주도하게 준비된 그들의 형식적인 토론을 구경하는 정도일 뿐이다. 이런 포커스 그룹에 선정된 사람들은 보통 마케터가 조사를 계획하면서 염두에 둔 고객과는 거리가 먼 사람들일 가능성이 높다. 이런 유의 포커스 그룹 조사기법이 자주 사용되면서 정말 자격이 있는 자원자를 구하기가 점점 어려워지고 있다. 사실 유리 저편에 앉아 있는 사람들은 반쯤은 돈을 노린 전문가들인 경우가 많다. 그러나 마케팅 책임자들은 불행하게도 그나마 이런 식의 토론조차 지켜보지 않으며, 나중에 요약되어 올라오는 보고서만 쳐다볼 뿐이다.

그래서는 래디컬 마케터라고 할 수 없다. 보스턴 맥주의 쿡은 술집에서 직접 사람들과 어울린다. EMC는 회장 딕 이건(Dick Egan)과 대표이사 마이크 루트거스(Mike Ruettgers)를 비롯한 모든 임원들이 직접 고객들에게 전화를 걸고 집을 방문한다. 또 수시로 선물을 주면서 관리해야 할 고객 리스트를 지니고 다닌다. 그들은 고객의 회사 현장을 찾아다니느라 늘 이동 중이며, 1주일에 며칠은 고객과 저녁식사를 함께 한다. 아이엄스 식품의 매틸과 톰 맥리어드(Tom MacLeod)는 주말이면 애완동물 경연대회를 찾아다니는 데 보낸다. 그레이트풀 데드의 일원들은 그 어떤 록밴드보다도 연주여행을 자주 했으며, 라이브 공연의 성공에 온 신경을 쏟았다. 스턴은 농구경기가 열리면 귀빈석이 아니라 일반석에서 고객들의 반응을 살핀다. 위대한 마케팅이란 위대한 통찰력에서 나오고, 통찰력은 오로지 이해에서, 또 이해는 대상과의 친밀도에서 나온다.

래디컬 마케터에게 「면대면(face to face)」이란 하나의 기도문이다.

## ┗. 시장조사에 매달리지 마라

고객과 늘 가까이 있다는 것은 성공적인 마케팅을 위한 조건일 뿐만 아니라 산더미 같은 시장조사의 필요성을 제거해주는 역할을 하기도 한다. 사실 전통적 시장조사 기법에 대한 래디컬 마케터들의 반응은 전혀 필요없다는 거부반응에서부터 조심스런 회의론에 이르기까지 매우 다양하다.

래디컬 마케터들 중에서도 좀더 과격하다는 평가를 받는 쿡이나 메타 같은 소수의 사람들을 제외한 대부분의 래디컬 마케터들은 시장조사 그 자체가 잘못된 것이라고 말하지는 않는다. 즉 그들은 어떤 도구든 다 그렇지만, 시장조사의 가치란 그것을 어떻게 활용하느냐에 달려 있다고 말한다. 시장에 대한 기초적이고 직관적인 이해를 보조하는 목적으로 사용된다면 래디컬 마케터들도 시장조사의 보조가치를 느낄 것이다. 그러나 만약 그것이 고객에 대한 이해를 대체하는 수단으로 사용된다면, 이는 매우 위험한 발상이라고 할 만하다.

시장조사의 문제점은 알고 보면 매우 단순하다. 그것은 평균값을 다루는 기법이며, 따라서 마케터에게 평균적인 고객이 원하는 것이 무엇인지를 말해준다. 그러나 평균적인 고객이란 이 세상에 존재하지 않는다. 옛말에서도 이르듯이 『어떤 사람들은 냉홍차를 좋아하고, 어떤 사람은 뜨거운 홍차를 좋아하며, 미지근한 홍차를 찾는 사람도 없지는 않다.』

마케팅의 역사는 아메리칸 모터스(American Motors)가 출시했던 램블러(Rambler) 차종과 같은 실패들로 가득 차 있다. 그 문제의 차량은 바로 평균적인 고객의 욕구에 맞춰 고안된 제품이었다. 그런데 이 책을 읽는 독자 자신은 램블러라는 모델명을 들어보기라도 했는가? 바로 그게 문제점이다.

래디컬 마케터는 전통적 마케터와 다른 각도에서 시장조사를 활용한다. 래디컬 마케터는 아이디어를 구하기 위해서라면 직접 소비자에게 다가간다. 그리고 그런 아이디어를 시험해보고 싶어질 때도 소비자에게 직접 묻는다. 시장조사는 소비자를 이해하는 일을 보조하는 수단이지 결코 대체물은 아니다.

## 5. 열정과 믿음이 강한 전도사 같은 직원만 채용하라

최고경영자가 직접 관리하고 소수의 정예부대로 이루어진 마케팅 조직은 다음과 같은 한 가지 긍정적인 성과를 얻을 수 있다. 직원을 채용할 때 직원 개인의 마케팅 경력보다는 오히려 인간적인 자세, 그리고 순수한 재능에 더 중점을 두고 최고경영자가 직접 낙점하여 발탁한다는 점이다. 우리가 연구한 여러 회사의 마케터들은 마케터라기보다는 차라리 선교사들에 가까웠다. 그들 조직은 보통 지도자의 이미지대로 만들어진다. NBA의 본부는 스턴과 같이 농구 중흥을 위한 열정으로 가득한 농구광들로 구성돼 있다. 보스턴 맥주의 첫 직원은 쿡의 전 비서로, 그녀는 젊은데다 각 지역의 동네 술집들을 속속들이 알고 있었다. 또 자신의 사장만큼이나 제품에 대해 굳은 열정을 가진 사람이었다. 프로비디언은 인습을 타파하고 새로운 사업 기회를 찾고자 산더미 같은 자료 파헤치기를 마다하지 않는 계량분석가들을 고용했다. 그들 중 누구도 마케팅 분야에 대한 경력 비슷한 것도 거친 사람이 없었다. 하나같이 고객과 제품에 대한 열성당원 같은 정열을 소유하고 있었다. 차세대 래디컬 마케터를 채용할 때는 단지 그들의 기술과 경력만 평가하는 것은 아니다. 오히려 회사에 대한 사랑과 정열을 더욱 중시한다.

회사와 제품에 대한 열정은 신념이 뒷받침돼야 비로소 나타난다. 마케팅 분야의 전문가들조차 제품에 대한 확신이 없는 상태에서 성공적인 마케팅 활동을 전개하기란 매우 어려운 일이다.

그리 오래 된 일은 아니지만 한 자동차 회사에서의 회의 장면이 떠오른다. 이 날 회의는 회사가 매우 중시하는 한 모델의 판매부진을 타개하기 위한 전략회의였다. 사안의 중대성을 감안해 이 날 회의에는 회사 내부의 임원진은 물론이고, 이 회사의 컨설팅 회사와 마케팅 회사, 독립사업부의 사장들과 대리점주들까지 모두 참석했다.

회의가 시작되자 모두가 그 동안의 노고와 마케팅 활동에 대해 격려하는 말들을 주고받았고, 이 자동차가 얼마나 훌륭한 자동차인지 누군가가 장황하게 이야기하기도 했다. 시간이 흐를수록 이 자동차의 판매가 부진한 원인과 책임은 점차 고객들에게 돌아갔다. 고객들이 수준이 낮아 좋은 자동차를 알아보지 못한다는 것이었다. 『그러게 말이야』 하고 맞장구치는 소리도 여기저기서 들려왔다. 여기에 찬물을 끼얹은 것은 사장이었다. 『자, 좋습니다. 이제 저한테 그 누구라도 진실을 말해주시길 바랍니다. 만약 여러분들이 이 회사 직원이 아니라면 어떤 차를 몰고 싶습니까?』 용감한 직원 하나가 대답을 하자 또 다른 사람이 답했고, 그렇게 그 방 안에 있던 20여 명이 모두 답변을 했다. 열세 명은 BMW라고 답했고, 나머지는 페라리(Ferrarit)나 사브(Saab), 그 밖의 다른 스포츠 카 종류를 말했다. 그 중에 단 한 사람, 홍보담당 과장만이 회사의 제품을 사겠다고 말했다. 그러나 억지로 꾸민 대답일 뿐 그의 눈빛엔 별로 신빙성이 없었다. 조금 더 압력을 가하자, 그 자리에 참석한 40대나 50대들은 문제의 모델이 나이 지긋한 사람들을 위한 것이지 중년층인 자신들에게는 맞지 않는다고 입을 모았다.

그 회사의 마케팅 활동은 별로 성공적이지 못했다. 판매실적은 점점 줄어들고 있었다. 우리가 보기에 가장 의심스러운 점은, 조직원들이 모두 그 자동차에 대해 가식적인 열정을 보인다는 점이었다. 또 회사가 그 자동차에 대한 확신을 갖고 고객을 진정으로 사랑하는 사람들을 찾아내 마케팅 일선에 배치할 때까지 그들은 계속 가식적일 것이라는 점이었다. 마케팅은 연애할 때의 감정과 같은 것이어서 억지로 정열을 꾸며대는 것은 거의 불가능하다.

## 6. 고객을 존중하고 사랑하라

아이엄스 식품의 매틸은 〈포브스(Forbes)〉지와의 인터뷰에서 이렇게 말했다.『누가 우리 회사 제품을 사는지 저는 잘 압니다. 바로 우리 같은 사람들이죠.』그레이트풀 데드의 필 레시(Phil Lesh)는 〈뉴욕 타임스〉와의 회견에서 자신들의 팬클럽인 데드헤즈에 대해 이렇게 말했다.『우리는 그들이고 그들은 우리죠.』하버드 경영대학원 학장 킴 B. 클라크(Kim B. Clark)는 그 곳 졸업생들에 대해 이렇게 말했다.『그들은 우리가 보유한 최고의 판촉요원들입니다.』우리의 연구 전반에 걸쳐 끊임없이 제기된 주제는, 래디컬 마케터들이 고객들에 대해 품고 있는 애정과 존경심이었다.

더욱이 이 책에서 다루는 모든 래디컬 마케터들은 그들의 고객을 개인적으로 존중하고 있는 것으로 보인다. 고객을 숫자로 표현하거나 단지 하나의 동질집단으로 바라보는 함정에 빠질 위험은 언제나 존재한다. 스냅온은 고객이 100만 명 이상이나 되는데도 그들을 마치 100만 명의 개인을 대하듯 대접한다. 이렇듯 고객을 통계숫자가 아니라 인간으로 보는 태도야말로 대단히 중요하다.

대부분의 대형 브랜드에서조차 상대적으로 작은 개인들의 그룹이 늘 성공의 열쇠임이 분명하지만, 이는 언제나 쉽게 잊혀지게 마련이다. 《모든 소비자가 다 평등하게 태어난 것은 아니다(All Consumers Are Not Created Equal)》의 저자인 가스 홀버그(Garth Hallberg)가 계산한 바에 따르면, 1억 가구 이상의 고객을 보유한 대형 요구르트 회사에서 가장 충실한 100만 명의 가구가 전체 이익의 절반 이상에 기여하고 있는 것으로 나타났다. 래디컬 마케터는 이 점을 잘 알고 있으며, 그에 합당하게 고객을 대접한다.

스냅온이 정비사들의 기술을 찬양하는 내용의 감사 캠페인 광고를 냈을 때 이것은 단순히 시장점유율을 높이기 위한 작전이 아니었다. 그것은 마케팅이라기보다는 옛 친구에게서 날아온 진실한 편지와도 같았으며, 사실 고객들에게 그처럼 받아들여졌다. 그레이트풀 데드가 팬들에게 자신들의 공연을 녹화 · 촬영하기 좋게 편의시설까지 마련해주자 음반영상 산업계는 돈받고 해줄 일을 공짜로 해주는 미친 짓이라고 손가락질을 해댔다. 그러나 팬들에게 비디오 촬영을 허용하고, 나아가 상업적 목적이 아니라면 자유롭게 이를 나눠갖도록 허용함으로써 그레이트풀 데드는 팬클럽 데드헤즈에게 자신들의 감사를 표시했던 것이다. 이는 결국 몇 곱절의 입장수입 효과로 되돌아왔다.

컨설팅사에서 근무했던 한 동료는 다음과 같이 가슴에 와닿도록 잘 요약해주었다.『고객으로부터 걸려온 전화 한 통 한 통이 모두 신의 선물이다.』어떤 전화든, 심지어 불평불만까지도 그에게는 고객의 정직한 피드백을 파악할 수 있는 기회였다. 래디컬 마케터라면 그와 같은 견해와 자세를 갖고 있어야 한다.

## ﹂7. 소비자 공동체를 창출하라

래디컬 마케터는 고객으로 하여금 자신과 회사를 하나의 공동체로 생각하도록 적극적으로 유도한다. 그리고 브랜드를 그 공동체를 이루는 끈으로 생각해주도록 유도한다. 이런 개념을 HOG를 조직해낸 할리데이비슨이나 데드헤즈를 이끌고 다니는 그레이트풀 데드, 그리고 독특한 딜러망을 보유한 스냅온보다 잘 구현해낸 회사는 거의 없다. 공동체라는 개념은 마치 정열과도 같이 우선 진실해야 한다. 보스턴에서 세계 최대 규모의 할리데이비슨 판매섬을 운영하고 있는 마크 오닐(Mark O' Neil)은 자신의 고객들을 가족이라고 부른다. 그가 중시하는 것은 거금 2만 달러를 쾌척해서 맞춤 생산된 모터사이클과 그에 따른 의상과 각종 부수장비를 구입하는, 말하자면 「인스턴트 라이프 스타일」을 사들일 수 있는 부자 고객뿐만이 아니다. 그보다는 매주 아이들과 함께 매장을 찾아와 자신의 오토바이에 붙이기 위해 조그마한 크롬 장식물 하나씩을 사가는 고객들이 더 중요하다는 것이다.

공동체의 일원이 된 사람들은 자신이 그 일원임을 자랑스럽게 알리고 싶어한다. 그 방편으로 회사 로고가 박힌 티셔츠를 걸치거나 야구모자, 또는 반지를 끼기도 하고 빨간색 연장통을 진열해놓거나 범퍼에 스티커를 붙이거나 심지어 문신을 하기도 한다. 실로 이 문신이라는 의례는 한 공동체가 성공적인지 여부를 가름하는 다소 극단적이지만 매우 쓸모 있는 바로미터이기도 하다. 문신이란 것은 고통을 수반하며 영구적인 것이어서 공동체에의 헌신성을 강력하게 대변한다. 할리데이비슨의 직원이나 고객들은 다들 문신을 즐긴다. 사실 할리데이비슨은 최근 연례 보고서의 2개 면에 걸쳐 문신의 브랜드 가치로서의 중요성에 대해 논평한 바 있다. 할리데이비슨 고객들만 이렇게 극성스러운 게 아니다. 데드헤즈들은 적청백색의 해골과 번갯불 형상 또는 장미와 해골 형상을 공동체의 상징으로 삼는다. 또 버진 애틀랜틱의 상징인 V자와 나이키의 상징인 「쉬익」 소리를 내며 날아갈 듯한 로고 등이 다 그런 기능을 한다. 이들보다 점잖은 브랜드도 그 고객들이 자랑스럽게 달고 다니는 상징물 하나씩은 있다.

래디컬 마케터는 이벤트 개최하기를 좋아한다. 연주회, 축제, 모터사이클 경주대회, 동창회, 세미나, 동네 야구대회 등등. 이런 이벤트는 애완동물 가게의 식탁에 둘러앉은 여섯 명 단위 행사일 수도 있지만, 모터사이클 5만 대가 굉음을 내며 밀워키의 94번 주간 고속도로를 질주하는 장관을 연출할 수도 있다. 그러한 모임은 한 공동체를 창조하는 데 빼놓을 수 없는 요소다. 래디컬 마케터는 또한 의상이나 자동차 스티커, 각종 명예 배지를 제작해서 고객들을 하나의 특수단체의 일원으로 만들어주려고 노력한다.

### ▐ 8. 마케팅 믹스를 바꿔라

래디컬 마케팅과 전통적 마케팅의 차이점 가운데서도 마케팅 믹스만큼 논란을 일으킨 것도 없다. 즉 얼마만큼의 돈이 광고에 쓰여야 하는지, 정밀한 고도의 마케팅 커뮤니케이션을 위해서는 또 얼마나 돈을 배분해야 하는지 결정하는 것 등이 바로 마케팅 믹스의 문제다.

래디컬 마케터는 수시로 마케팅 활동을 수행하기 때문에 많은 돈과 노력과 시간을 고객과의 커뮤니케이션에 투자한다. 그러나 그들은 광고에 들일 돈은 별로 없다. 사실 프로비디언 금융의 경우 마케팅 예산이란 것도 아예 존재하지 않는다. 그런 예산을 배정하는 것은 지출할 필요가 전혀 없는 경우에도 꼭 돈을 쓰게끔 만드는 일종의 「자격」이나 「권리」처럼 작용한다는 게 그들의 주장이다. 물론 이와 반대의 경우도 흔해서 마케팅 예산은 마케터가 돈을 쓰고 싶어도 쓰지 못하게 묶어놓는 상한선으로도 작용할 것이다.

래디컬 마케터가 광고를 활용한다면 그것은 한 마디로 단발성 광고로 그치는 경우다. 이른바 「외과적 집중타격 광고(surgical strike advertising)」라고 불리는 그런 종류다. 이와 반대로 전통적 마케터는 「광고 폭격(adblast)」, 즉 막대한 화력과 엄청난 물량으로 지속적인 광고 공세를 펴는 전형을 보인다. 「광고 폭격」의 궁극적인 전쟁터는 물론 슈퍼볼이다. 1999년 슈퍼볼 중계방송에 광고를 하려면 30초당 200만 달러를 지불해야 했다. 그리고 나서도 다음 날 아침 조간 〈USA 투데이(USA Today)〉나 〈뉴욕 타임스〉에 실리는 시청률 조사에서 자신의 광고가 어느 정도의 성적을 거뒀는지 기다려야 했다. 그런 방식의 광고는 젊은 브랜드 관리자나 창의성으로 가득 찬 대행사에겐 재미가 있을지 모르지만, 효과가 있는지는 의심스럽다.

래디컬 마케터는 이보다는 좀더 일 대 일 지향적인 커뮤니케이션 수단을 사용하는 경향이 있다. 우편이나 웹 페이지로부터 동네 광고전단, 동네 야구대회 후원 같은 방법을 활용한다. 일 대 일 마케팅의 목표는 대화다. 쿡은 술집에서 술집으로 옮겨 다니면서 바텐더들을 구워삶는 것이 신문에 광고를 싣는 것보다 훨씬 힘들었지만, 효과는 지극히 만족스러웠다고 말한다.

그렇다고 전통적 마케터가 광고만을 사용한다는 얘기는 아니며, 반대로 래디컬 마케터가 광고를 전혀 활용하지 않는다는 것도 아니다. 실제로는 양쪽 모두 두 가지를 적절히 조합해서 활용하고 있다. 극렬한 래디컬 마케터로서 전통적 광고를 공공연히 비난하는 보스턴 맥주조차 요즘엔 멋지게 제작된 새뮤얼 애덤스 맥주 광고를 텔레비전에 낸다. 그리고 전통적 마케터는 느리긴 하지만 점차 대규모의 무분별한 대형 광고를 자제하고, 대신 고도로 세분화된 개인적 계층을 대상으로 광고를 하고 있다.

크래프트(Kraft)와 TCI를 예로 들면, 최근 이들은 『최첨단의 미시마케팅 광고조직을 만들겠다는 내용의 계약을 체결했다. 이를 통해 정밀조준된 메시지를 가구 단위로 세분화된 고객에게 전달하겠다』고 발표했다. 이를 알기 쉽게 풀어서 얘기하자면 10대 자녀가 있는 가정은 여드름 치료제 광고를 받아볼 것이고, 노인들이 있는 가정에는 입주간호사 광고가 들어간다는 뜻이다. 놀랍게도 〈월 스트리트 저널(Wall Street Journal)〉에도 인용됐던, 『우리는 우리 스스로에게서 텔레비전에 대한 집착을 제거했습니다』라는 얘기를 한 사람이 광고대행업계의 거인 DDB 니덤(DDB Needham)의 대표이며, 그것도 맥도날드(McDonald) 광고를 개인적으로 책임지고 있는 카이스 라인하드(Keith Reinhard) 같은 인물이었다는 것이다. 마케팅 업계는 정말 변화무쌍한 세계다.

그럼에도 불구하고 차이점은 언제나 존재한다. 전통적 마케팅의 근간은 대규모 광고의 효과와 경제성을 신봉하는 데 있다. 광고의 두 가지 기본요소는 도달성과 빈도다. 가능한 한 더 많은 사람에게 메시지가 도달한다면 그 중 누군가는 제품을 구입하리라는 것이다. 이는 고객을 과녁으로, 인간이 아닌 과녁으로 생각하는 경향을 부채질하고 있다. 최근 어느 매체비평 잡지에 실린 광고에는 과녁판이 그려진 포장용지에 그야말로 소비자들이 둘둘 싸인 채 트럭에서 하역되는 장면이 묘사돼 있었다.

이처럼 무차별적인 접근방법은 근본적인 면에서 볼 때 래디컬한 방식과는 차이가 있다. 래디컬 마케터들은 거대한 계층집단에 도달하고자 노력하지 않는다. 그들은 제품에 충성스러운 고객으로 구성된 핵심집단을 규정하고, 이들에 기초해 사업을 이어가고 마케팅 커뮤니케이션을 디자인한다. 그들은 그 집단과 대화를 한다. 그들은 자신의 시장을 「38~52세 사이의 10대 자녀가 딸린 주부」하는 식의 인구학적 용어로 정의하지 않는다. 그 대신 행동과 필요라는 용어로 정의한다. 이를테면 고양이를 사랑하는 고객 또는 위험도 높은 수익증권을 찾는 고객이라는 식으로 표현한다.

전통적 마케터에게 일 대 일 마케팅은 광고의 보조수단이다. 반면 래디컬 마케터에게는 광고 그 자체가 부가적인 수단이다.

## ㅁ. 상식을 뛰어넘어라

점점 세분화하고, 이른바 「비대량화」하는 시장에서 비용이 많이 들어가는 마케팅 전략이 이치에 맞는지는 확신할 수 없다. 그러나 소규모 기업이 그 같은 방식으로 마케팅을 하는 것은 그르다고 단언할 수 있다. 다윗(David)은 골리앗(Goliath)과 싸우기는 했지만, 그와 레슬링을 하겠다고 덤비지는 않았다. 한정된 자원을 가진 작은 회사가 거대 세력과 맞서 이기는 방법은 싸우는 방식을 바꾸는 것뿐이다. 자신의 회사가 현재 채택하고 있는 경영방식이 과연 기존의 방식과 다른지를 확인하는 가장 좋은 방법은 마케팅 전문가에게 물어보는 것이다. 그 전문가가 만약 『말도 안 되는 그런 일을 하고 있느냐』고 말한다면, 역설적으로 당신은 의심할 여지 없이 올바른 길을 걷고 있는 것이다.

버진 애틀랜틱 항공의 미주 본부장인 데이비드 테이트(David Tait)는 『만약 당신이 진정 브랜슨의 두 눈이 빛나는 것을 보고 싶으면, 그에게 그런 일은 불가능하다고 말해주면 된다』고 말하기도 했다. 그의 모든 동료들은 이 야심만만한 브랜슨에게 대서양에는 더 이상 항공사가 필요하지 않다고 말렸다. 그보다 앞서 이를 시도했다가 실패한 프레디 레이커(Freddie Laker) 경의 전철을 밟는 것이라는 지적도 했다. 버진 애틀랜틱의 경우에도 그랬고, 다른 사업부문에서도 브랜슨은 언제나 불가능하다고 여겨졌던 일을 고수익 산업으로 바꿔놓았다.

젊은 시절의 쿡은 잘 나가는 회사 보스턴 컨설팅 그룹(Boston Consulting Group)의 제조업 담당 컨설턴트로서, 연봉이 여섯 자릿수가 넘는 유능한 직원이었다. 그랬던 그가 이런 여건을 박차고 갑자기 맥주 양조업에 뛰어든 것은 마케팅 측면에서 보자면 미친 짓이나 다름없는 결정이었다. 필립 모리스(Philip Morris)가 밀러(Miller) 주조를 인수해 퍼듀 대학의 J. M. 코너(J. M. Connor)가 말한 이른바 「맥주전쟁」에 불을 댕긴 다음, 최소한 1970년대 이후 수천, 수만의 군소 양조업자들이 맥주 양조업에서 성공하기는 절대 불가능하다는 점을 실증해보였다. 필립 모리스의 전략은 광고에 엄청난 물량을 투자해 최단시간 내에 외형을 불리고, 그렇게 함으로써 스스로 다시 물량공세를 펼치고, 다시 덩치를 키워 또 물량공세를 펴는 파상공세였다. 처음에는 맥주산업에 뒤늦게 뛰어든 후발주자로서의 초기비용을 감안하고도 괄목할 만한 수익을 냈다. 이 전쟁은 이후 20

년 넘게 계속됐다. 버드와이저(Budweiser)는 이에 맞서 똑같은 전략을 구사할 수 있는 몇 안 되는 경쟁자였는데, 즉각 강력한 반격에 나섰다. 다른 회사들은 이들을 따라오지 못했다. 포연이 걷히고 나니 300개 이상의 지방 군소업체가 쓰러진 것으로 집계되던 시절이었다. 바로 그 때 쿡은 뛰어든 것이다.

그러나 쿡의 결정은 이건의 작은 회사 EMC가 IBM에 정면도전한 것에 비하면 미친 짓도, 불가능한 일도 아니었다. 스턴이 빈사상태에 빠진 NBA를 회생시키겠다고 달려든 것도, 매틸이 랠스턴 퓨리나(Ralston Purina)라는 거대기업을 상대하기로 작정한 것도 모두 마찬가지다. 이 책에서 다루는 모든 마케터들은 어느 시점에서는 다들 미친 짓을 하는 것으로 낙인이 찍혔고, 불가능한 일을 왜 사서 하느냐는 핀잔을 들었다. 그들은 거기에 기가 꺾이기보다는 오히려 그것을 자양분으로 삼아 힘을 키웠다.

래디컬 마케터들은 참으로 비상식적인 것의 효용을 숭상하고 전통적인 지혜에 반감을 표시한다. 그들의 눈은 이런 말을 들을 때 가장 반짝인다.『아, 글쎄 모든 사람이 다 이번 일은 이렇게 해야 한다고 말하잖아….』그들은 이 말을 들으면서 바로 그 순간 다른 방법을 고안해내는 사람들이다.

그들은 모든 분야에 걸쳐 규칙을 파괴하는 사람들이다. 광고에서 제품개발, 판촉, 가격전략, 그리고 판매망에서 규칙을 파괴한다. 이를테면 전통적인 분배공식은 다다익선이며, 분배망이 광범위할수록 좋다고 말한다. 코카콜라의 더그 이베스터(Doug Ivester)는 이렇게 말했다고 한다.『나의 목표는 이 지구상의 모든 인류가 어디에서건 팔을 뻗기만 하면 코카콜라에 손이 닿게 하는 것이다.』그렇게 허황된 애기도 아니라는 생각이 드는 게 사실이다. 전통적 마케터에게 콜라를 파는 가게 앞에 또 하나의 콜라 판매기가 있는 게 하나도 이상할 것이 없다. 다다익선이니까.

그러나 래디컬 마케터들은 이런 공식을 따르지 않는다. 사실 대부분의 경우 이들은 분배망을 제품에 대한 충실도와 헌신성을 창출하기 위한 방편으로 활용한다. 아이엄스, 그레이트풀 데드, 스냅온, 하버드 경영대학원, 할리데이비슨 등은 자신들의 제품을 대량 분배망에 올려놓는 것을 의도적으로 피했다. 옳지 않을뿐더러 성실하지 못하다고 생각했기 때문이다.

아마도 그 이유는 래디컬 마케터들은 정식 마케팅 교육을 받지 않았으므로 비상식을 곧잘 실전에 응용하는 능력이 있기 때문일 것이다. 정식 교육훈련을 받은 사람에게는 매우 어려운 일임에 틀림없다. 얼마 전에도 내 동료들 중 한 명이 샌프란시스코의 어느 창업자 한테서 전화를 받았다. 소규모 기업의 대표라는 그 사람은 이제 막 나름대로 마케팅 계획을 세워놓은 참이었는데, 그것을 이사회 앞에 내놓기 전에 반응을 알고 싶었던 것이다. 그 계획을 들어보는 데는 거의 한 시간이 소요됐다. 그리 나쁜 계획은 아니었다. 그리고 궁극적으로는 우리가 처음 제안했던 것보다 훌륭한 것으로 판명됐다. 하지만 그 대표라는 사람은 무척 예의바르고 싹싹한 반면, 대화 내용에는 별로 만족하지 못하고 있었다. 그는 마침내 퉁명스럽게 반박하고 나섰다. 『하지만 저는 대답을 듣고 싶다는 말입니다. 그 계획에 끼워 넣을 숫자가 있나 봐달라는 겁니다.』경영대학원의 분석적이고 열정적인 분위기 속에서 교육받은 모든 경영자와 마찬가지로 그는 단순한 공식을 요구하고 있었던 것이다.

사실 경영 일선에서 널리 쓰이고, 또 나름대로 효과도 있는 공식이 하나 있긴 있다. 무지막지한 비용과 자원을 투입해 문제를 완전히 압도해버리는 전략이 그것이다. 그러나 그 공식은 효과는 있겠지만 엄청난 출혈을 감수해야 한다.

# 10. 브랜드에 충실하라

래디컬 마케터는 브랜드 그 자체에 지나칠 정도로 충실하고 품질에 집착한다. 아이엄스 식품은 개먹이에 들어가는 원료를 값싼 것으로 대체하기를 거부하다 한때 파산 직전에까지 몰렸다. 그레이트풀 데드는 공연장비를 현지에서 조달하기보다는 자신들의 장비를 세계 어디로든 실어 날랐다. 다른 록밴드들이 입장료를 천문학적으로 인상했는데도, 그들은 그런 시류를 거부했다. 할리데이비슨은 광고예산을 전면 백지화하고 가용자원을 전부 생산설비 투자와 품질향상에 투입했다. EMC는 장비에 자동 센서를 탑재해 결함을 미리 감지했고, 고객에게 발생한 결함을 해결하기 위해 그야말로 서비스 엔지니어 군단을 현장으로 출동시키곤 했다. 고객은 무슨 문제가 발생했는지도 모르고 지나치기 일쑤였다. 하버드 경영대학원은 최고경영자 과정을 신설하는 대신 몇백만 달러를 기부하겠다는 특정 회사의 제의를 교수진의 연구에 도움이 되지 않는다는 이유로 거부했다.

래디컬 마케터들은 오늘 품실을 낮추느니 차라리 내일 파산을 맞겠다고 고집한다. 품질에 대해 번지르한 말을 하거나 직원들에게 품질관리제도를 도입해주는 일, 또는 품질전문 컨설턴트를 고용하거나 그리하여 「데밍 상(역주 Deming Prize : 1951년 제정되었으며 개인에게 수여하는 데밍 본상과 기업에게 수여하는 데밍 실시상, 데밍 사업소상이 있다)」 지원서의 요건을 갖추는 것은 그리 어렵지 않은 일이다. 그러나 래디컬 마케터들은 누구나 회사를 경영하면서 다들 한때 품질을 고집하다 회사를 날릴 뻔한 경험을 갖고 있다. 품질에 관한 한 아무리 작은 거짓말을 해도 이것이 쌓이고 쌓여 언젠가는 백일하에 드러나게 된다는 것을 이들은 잘 알고 있다.

래디컬 마케팅은 그러나 브랜드 가치를 품질에만 국한시키는 것은 아니다. 더욱 중요한 것은 브랜드를 끝까지 사수한다는 점이다. 전통적 마케팅에서는 소비자의 욕구를 조사해서 이를 반영시키는 방향으로 브랜드 이미지를 수정하는 이른바 리포지셔닝(repositioning)이 널리 행해진다. 그러나 만약 리포지셔닝이 성공을 거두지 못하거나 도중에 브랜드 관리자가 교체돼 다른 방향으로 또 바뀌면 브랜드 이미지가 계속 변화해 나중에는 정체성 위기까지 초래하곤 한다. 제록스(Xerox)는 원래「복사기 회사」라는 이미지를 갖고 있었지만, 스스로「서류회사」라고 자처하고 나서더니 요즘에는 다시「지식기업」이라고 한다. 브랜드의 확장은 일을 더 골치 아프게 만들 수 있다. 자꾸만 더 많은 고객을 따라다니다 보면 브랜드는 점점 생기를 잃고 이것도 저것도 아닌 것이 돼 차별성마저 없어진다. 시보레(「역주」Chevrolet : 미국 GM에서 만든 패밀리 카의 일종) 트럭과 GMC 트럭은 서로 분명한 포지셔닝 전략을 갖고 시작된 제품 라인임에도 불구하고, 구별이 잘 안 되고 겹쳐져 보인다.

기존 고객에 대한 마케팅은 훌륭한 장사수완이라 할 만하다. 브랜드나 제품을 확대해 새 고객을 끌어들이려 하기보다, 래디컬 마케터들은 현재 잘 알고 있는 소비자 공동체에 더 나은 서비스를 제공하기 위한 제품을 개발하는 데 집중한다. 그레이트풀 데드는 그 공동체를 통해 공연만 판매하는 게 아니다. CD, 의상, 음식도 판매한다. 버진 애틀랜틱은 레코드에서 여행에 이르기까지 온갖 것을 판매한다. 전통적 마케터는 하나의 제품 범주를 고수하면서 새 고객을 찾아나서는 경향이 있다. 이와 달리 래디컬 마케터는 하나의 고객집단을 고수하면서 새 제품을 찾아나선다.

래디컬 마케터들의 가장 큰 특징은, 단지 이들이 얼마나 많은 일을 성취했느냐는 데 있지 않다. 물론 이들이 세계적인 성공을 거둔 것은 분명하다. 그러나 이들의 진정한 강점은 서로 다른 요소들을 전략적으로 잘 결합하는 능력을 갖고 있다는 점이다. 거대한 마케팅 용병군단을 거느리기보다 소수의 열성당원 몇몇을 갖고 있는 경영자라면 소비자 공동체를 만들어내고, 브랜드에 대한 충실성을 지켜내기란 그리 어렵지 않을 것이다. 열성적인 소수정예의 정병들을 확보한다면 비용이 많이 드는 시장조사 따위는 할 필요가 없을 것이다. 시장조사를 안 하겠다고 마음먹은 래디컬 마케터들은 도리 없이 사무실을 박차고 나와 소비자와 직접 접촉하지 않을 수 없다. 그렇게 일은 풀려가는 것이다.

앞으로 전개될 사례들은 과거 40년 동안의 경영활동 과정에서 만난 가장 빼어난 열 개의 브랜드에 대한 이야기다. 여러분은 이 책을 읽으면서 래디컬의 규칙이 여러 산업에서, 그리고 다양한 기업 규모와 경쟁상황에서 실제로 적용되는 모습을 볼 수 있을 것이다. 우리는 독자들 스스로 래디컬하게 사고하는 방법을 이해하고, 자신의 제품과 서비스, 브랜드에 대한 래디컬한 마케팅을 수행하기 바란다.

# 그레이트풀 데드

로큰롤 브랜드 만들기

브랜드린 제품 이상의 무엇이다.

브랜드는 소비자와의 관계다.

위대한 브랜드는 단일하고 명료하며,

사람들을 가만 두지 않게 하는

메시지와 상징을 지니고 있다.

래디컬 마케팅은 그 본질상 대규모이건 소규모이건 간에, 다양한 산업 전반에 걸쳐 어떤 조직체에나 적용될 수 있다. 때로는 전혀 예상치도 않았던 곳에서 성공사례가 발견되기도 한다. 예를 들면 그레이트풀 데드라는 록밴드는 본보기가 되는 어떤 기업과도 비교할 수 없는 것처럼 보인다. 록밴드라는 것, 게다가 이미 활동을 중단한 밴드로부터 브랜드 창출과 마케팅에 대한 교훈을 찾을 만한 요소는 거의 없어 보인다.

그럼에도 불구하고 그레이트풀 데드는 30년 간 록계의 우상으로 군림해오면서 비전통적인 방식의 브랜드 구축방법을 구사한 조직이다. 그리고 그룹이 해산한 뒤에도 불구하고 브랜드의 생명력이 이어지고 있다. 지난 1995년 밴드의 음악적·정신적 리더였던 가르시아가 쉰세 살의 나이로 사망한 사건은 한 밴드의, 그리고 한 시대의 종언을 의미하는 일이었다. 그러나 가르시아의 사망 이후에도 브랜드는 더욱 번성하고 더 강하게 성장했다. 그 밴드의 오랜 법인명인 그레이트풀 데드 프로덕션의 광범위하고 래디컬한 마케팅 전략에 힘입어, 팬들의 식지 않는 열망에 그 밴드는 아직도 살아 있는 것이다.

음악을 판매하는 방식에서 얻은 교훈을 향수나 자동차의 판매 등 어디에나 적용할 수 있다는 점에서 그레이트풀 데드는 주목받아 마땅한 래디컬 마케터다. 초창기에는 1960년대의 시대적 배경인 환각적인 음악세계에서부터 출발해 점차 자신만의 독특한 영역을 개척한 밴드로 성장해갔다. 그레이트풀 데드는 뜻하지 않은 행운과 의식 있는 최고의 연습으로 얻은 경영의사 결정을 통해 전통적으로 고집해오던 음악산업의 인습 앞에 영향력 있는 모델이 된 것이다. 이렇게 해서 할리데이비슨에서 나타난 것과 같이 대단히 성공적이고 누구나 쉽게 인지되는 브랜드와 데드헤즈라고 불리는 엄청난 규모의 추종자들로 구성된 팬클럽을 구축했다. 이는 가히 종교단체와 같은 광신적인 집단으로 나타났다.

오늘날, 비록 공연 수입이 중단된 상태임에도 불구하고 그레이트풀 데드라는 브랜드는 생명력을 지속하고 있다. 그레이트풀 데드는 여러 가지 측면에서 모두가 부러워할 만한 지위를 누리고 있다. 고수익성에 부채는 전혀 없으며 창립 34년이 지난 지금까지도 창업자들이 소유하고 운영하는 민간기업 그레이트풀 데드 프로덕션은 오늘날의 역동적인 기업환경에서도 결코 흔히 볼 수 없는 존재다. 건전한 재무상태와 소유권의 일관성은 이 밴드의 리더십과 결합해 앞으로도 사업전망을 계속 밝게 해주고 있다.

### 고객에 대한 가치 제공

밴드의 남은 멤버들과 그들의 사업 조언자들은 최고의 브랜드란 마돈나나 NBA처럼 스스로를 거듭 혁신할 수 있고, 어찌 보면 반드시 그렇게 해야 하며, 사람들이 단순히 가게문을 닫고 집에 가는 작은 사업체 같은 곳에서도 번영을 이루게 하는 것이라고 이해한다. 펩시나 맥도날드 같은 거대기업의 전통적 마케터들은 수억 달러를 그들의 브랜드를 혁신하는 데 쏟아 부을 수 있으며, 그런 방식으로 브랜드가 진부해지는 것을 방지한다.

그레이트풀 데드는 리더 가르시아의 사망과 함께 음악의 중심과 자신들을 이끌었던 천재성을 상실했다. 그러나 자신의 고객인 팬들에 대한 가치 제공은 전혀 위축되지 않았다. 그 반대로 남은 멤버들과 조직 구성원들은 브랜드를 혁신시키고 더욱 번성시키는 방법을 찾았다.

캘리포니아 노바토에 약 1만 제곱미터 규모의 본사를 갖고 있는 그레이트풀 데드 프로덕션은 무명의 그레이트풀 데드에서 록 음악계의 L. L. 빈과 같은 존재로 성장했다. 이 곳에서 잡지와 상품 카탈로그를 전세계 팬클럽 회원 15만 명에게 발송하고, 회원들은 골프공에서 CD, 유아복에서 치약에 이르는 500여 종의 물품 중 자신이 구입할 물건을 선택한다.

밴드의 무대복장이었던 물들인 티셔츠를 제복으로 입은 직원들이 하루에 포장해 발송하는 소포의 물량은 1,000여 개, 이렇게 올린 매출은 1998년 한 해 800만 달러를 넘었다. 그래도 이 금액은 음반회사와 각종 라이선스 사업 등 전체 그레이트풀 데드 연관산업의 연간 매출 6,000만 달러의 일부분에 불과하다. 그레이트풀 데드 프로덕션은 자체 개발한 상품 판매와 라이선싱 등으로 연간 2,000만 달러를 넘는 수익을 올린다.

그레이트풀 데드는 30여 년의 활동기간 동안 연 80일 이상 강행군한 연주여행 스케줄과 이를 관리할 유능한 직원 발탁을 통해 재능이 뛰어난 팀을 지속적으로 관리하여 마케팅과 판촉, 음악 이벤트 사업에 누구도 필적할 수 없는 전문적 능력을 지니게 되었다. 밴드를 해산할 당시에도 직원을 해고하지 않고 오히려 그들이 오랜 기간 충성스럽게 쌓아온 전문적 식견을 이용해 새로운 수익사업체를 조직해냈다. 이들 인적 자원을 바탕으로 그레이트풀 데드 프로덕션은 그들의 마케팅 서비스 능력과 전문성을 살려 해산한 그룹 멤버들이 결성하여 만든 록그룹은 물론, 보니 레잇(Bonnie Raitt), 집시 킹스(Gipsy Kings), 맥스웰(Maxwell) 같은 아티스트들의 공연 흥행 업무사업에서 매점사업, 연주여행 관리사업까지 새로운 사업부를 만들게 되었다. 심지어 오클랜드 레이더스(Oakland Raiders) 미식 축구팀 같은 스포츠 구단 운영사업에도 뛰어들었다.

그레이트풀 데드의 전속 음반사였던 그레이트풀 데드 레코드사는 밴드가 남긴 수천 번의 공연실황 테이프를 편집해 CD와 비디오 테이프를 끊임없이 발매하고 있다. 이 음반사는 사업영역을 더 넓혀서 올먼 브러더스(Allman Brothers)나 데이비드 크로스비(David Crosby), 그레이엄 내시(Graham Nash)와 같은 아티스트들의 음반도 내고 있다. 그레이트풀 데드 프로덕션은 가르시아가 생전에 유행시킨 목걸이와 장신구 등 가르시아의 유산에 대해서도 라이선싱 사업을 벌이고 있다.

이러한 사업 가운데 1977년 발매 앨범의 제목을 딴 테라핀 스테이션(Terrapin Station)이라는 그레이트풀 데드 전당을 건립하는 사업도 포함돼 있으며, 이를 위한 예산은 6,000만 달러에 이른다. 기념관 위치는 밴드가 처음 결성됐던 샌프란시스코 시내가 될 예정이다. 〈뉴욕 타임스〉는 이에 대해 「데드헤즈의 디즈니랜드」라는 별명을 붙이기도 했지만, 남은 멤버들은 테라핀 스테이션이 결코 주제공원이나 플래닛 할리우드 같은 음식점이 되지는 않을 것이라고 강조하고 있다.

약 2만 제곱미터에 이르는 이 기념관에는 복합 공연장과 박물관, 연구 센터, 공원, 댄스 홀, 그리고 데드헤즈를 위한 대형 집회장이 들어설 예정이며, 특정 밴드를 위한 기념물로는 가장 큰 규모가 될 것이다. 이 곳이 문을 여는 2000년 중에는 방문객이 연간 100만 명에 이를 것으로 추산된다. 마치 메카를 찾은 이슬람 순례자들처럼 종교적 열정으로 가득 찬 데드헤즐들은 그레이트풀 데드를 추모하는 전당에 줄지어 모여들 것이다.

더 이상 존재하지 않는 밴드 치고는 대단치 않은가. 더욱이 활동 당시 한번도 넘버원 히트 싱글이나 앨범을 내지 못한, 따라서 매우 협소한 대상에게만 호소력을 발휘했던 그 밴드가 이 정도 성과를 올렸다니 더욱 인상적이다.

그레이트풀 데드는 최고의 래디컬 마케팅을 대표하는 존재다. 왜냐하면 그들은 자신들의 독특하고 일관성 있는 음악에 대한 헌신, 장기적인 안목으로 신중하게 관리·유지된 고객들을 통해 형성된 간단하면서도 가치 있는 사업 제안으로 P&G 등 전통적 마케터와 달리 대량광고나 판촉활동을 결코 하지 않았기 때문이다. 그들은 단지 틈새시장 안으로 깊이 파고 들어갔다. 그리고 그렇게 하는 동안 가장 전통적인 마케터로부터도 찬사를 받기에 이른 것이다.

P&G의 홍보부장 엘리자베스 무어(Elizabeth Moore)는 이들에 대해 다음과 같이 말한다. 『그레이트풀 데드는 하나의 이미지, 브랜드 재산을 갖고 그들의 고객들로부터 신뢰를 받고 있습니다. 그들은 소비자의 진정한 욕구를 채워줬으며, 결코 시류에 편승하는 식의 상품을 내놓지 않았습니다. 시장에는 우리가 팔려고 하는 상품과 평행선을 이루는 상품들이 분명히 있습니다.』 하지만 그 평행선도 상대방의 마케팅 기법에 따라 무너지고 만다.

위대한 래디컬 마케터들처럼 그레이트풀 데드 역시 현란한 요령은 외면하고 단일 요소 하나로 지속 가능한 발전을 하는 데 초점을 두었다. 그런데 이런 점은 대규모 조직체에서조차 흔히 무시되고 마는 마케팅의 성분증명서라고 할 것이다. 그 본질에서 그레이트풀 데드의 이야기는 틈새시장 마케팅 범주를 뛰어넘어 실체화된 연구 사례감이다.

밴드가 처음 결성된 그 날부터 그레이트풀 데드는 자신의 상품이 무엇이 돼야 하는지, 자신들의 청중은 어떤 사람들인지에 대해 분명히 인식하고 있었다. 그러나 멤버들 모두 큰돈을 벌어들이고 이 돈이 가져다 주는 라이프 스타일을 향유하는 동안에도 결코 돈을 제일의 목표로 삼지는 않았으며, 손익계산을 좇아 자신들의 제품을 결정하지도 않았다. 음악이야말로 언제나 그들을 이끌어가는 요인이었으며, 모든 결정과 전략의 기관사이자 촉매제였다.

음악적으로 점차 성장해가면서도 그레이트풀 데드는 자신들의 브랜드에 충실하게 일관성을 견지했다. 그들은 고객집단을 하나 선정해 그들에게 가까이 다가갔고, 거기에서 더 가지를 뻗지는 않았다. 다른 록밴드 제퍼슨 에어플레인(Jefferson Airplane)은 제퍼슨 스타십(Jefferson Starship)으로 이름을 바꿔 주류음악으로 팝 차트의 상위 진출을 노리는 밴드로 변신했다. 얼마 지나지 않아 이 밴드는 망각 속으로 묻히고 말았다. 그레이트풀 데드는 결코 그들의 음악을 바꾸지 않았으며, 이 점은 의도적인 계획에 따른 행동이었다. 그들은 결코 주류를 타지 않았다. 주류 쪽으로 접근하지 않음으로써 그들은 그렇게 했던 밴드들보다 훨씬 더 많은 음반판매와 이익을 누렸다.

원래 음악적 뿌리는 이른바 「섹스와 마약과 로큰롤의 시대」의 반물질주의와 반문화운동에 두고 있었지만, 밴드의 몇몇 멤버들은 인기를 통해 엄청난 수입을 챙길 수 있다는 점을 알아차린 노련한 사업가가 되었다. 밴드는 1973년에 법인으로 등록을 했고, 당시 멤버들은 공동대표와 이사회 이사들로 선임되어 진지하게 사업가로 변모했다. 멤버들에게는 동일한 지분이 분배됐고, 그룹의 모든 구매와 경영에 관한 의사결정에서 평등한 투표권을 행사했다. 법인화 이후 결행한 첫번째 조치는 만약 멤버들 가운데 누군가가 사망하거나 탈퇴할 경우 그가 갖고 있던 지분을 모두 법인 소유로 환수해 중앙집권적 통제권을 유지하고 그들의 사업을 분쟁 없이 지속한 것이다.

보헤미안적 방랑벽을 지니고 있던 가르시아는 비록 돈에는 관심이 없었지만, 밴드는 돈이 가져다 주는 힘과 브랜드의 영향력에 대해 잘 이해하고 있었다. 가르시아를 포함한 모든 멤버들은 밴드가 벌어들이는 물질적 보상의 의미를 실감하게 됐으며, 사업의 모든 면을 직접 관장하면 또 다른 수입 이상의 것을 가져다 준다고 이해하게 됐다. 그들은 그렇게 함으로써 음악에서부터 연주회 입장권과 디셔츠 판매에 이르기까지 모든 품질을 통제할 수 있게 됐다. 무엇보다 중요한 것은 밴드와 고객 사이의 관계가 더욱 굳건해진 것이다.

실제로 이 밴드의 외모는 다소 보잘것 없었다. 또 그들의 자연스러운 이미지가 천재적인 사업가의 통찰력과 일치하지도 않았다. 입장권 가격에 상한선을 도입하고 음반활동보다 공연활동에 중점을 두기로 하는 등의 의사결정은 전통적인 음악산업의 상식에 도전하는 것이었지만, 고객의 헌신적인 지지와 브랜드 확장에 심오한 영향을 미쳤다.

래디컬 마케터들은 사업 초창기부터 자연스레 사업가적 기지를 발휘한 것은 아니다. 하지만 사업을 이해하는 속도는 그 누구보다 빨랐다. 그레이트풀 데드는 1960년대 중반 캘리포니아 주의 샌프란시스코 일대에서 출현한 성공적인 밴드 수십 개 중 하나였을 뿐이다. 그들의 음악은 제퍼슨 에어플레인, 제니스 조플린(Janis Joplin) 형제들과 지주회사, 그리고 크리던스 클리어워터 리바이벌(Creedence Clearwater Revival : CCR) 등과 마찬가지로 당시 미국의 불안한 젊은이들 사이에 싹트기 시작한 환각제 LSD에 고취되어 만들어낸 실험적 음악의 중심세력이 됐다. 이들 음악은 당시 팝 차트를 휩쓸던 비틀스(Beatles)의 깔끔한 음악으로부터 새로운 전환점을 제시하는 것이기도 했다. 마치 할리데이비슨의 모터사이클처럼 그레이트풀 데드 또한 표현의 자유를 최고의 가치로 숭상하며, 어떤 규칙도 적용되지 않는 래디컬의 장점을 대표하는 세력이었다. 아마도 우드스톡이나 히피 운동을 누구보다 몸으로 잘 구현해낸 이들이 바로 그레이트풀 데드일 것이다.

그레이트풀 데드 역시 초기 사업수완은 미약했다. 당시 1960년대의 환각적인 애시드록(acid rock)으로 흥분하던 시대에는 산업 전체가 막 탄생하려고 꿈틀거리고, 경영이론이나 규칙이 형성되는 시기였다. 환각제가 만연하고 성적 실험이 성행하며, 반문화적인 수사체가 판을 치는 시대였다. 정장 차림의 음악 에이전트와 음반기획자들은 결코 환영받는 존재가 아니었으며, 어딜 가도 사업 얘기는 들어보기 힘들었다. 초창기에 신중하지 못한 한 매니저는 그레이트풀 데드가 그 당시 갖고 있던 전재산에 가까운 10만 달러를 은행에서 빼돌리기도 했다. 『말할 필요도 없이 우리는 처음 여러 해 동안 사업이 뭔지도 모르고 경영을 했습니다.』밴드의 멤버 밥 웨어(Bob Weir)는 1996년 로버트 그린필드(Robert Greenfield)의 책 《다크 스타(Dark Star)》에서 이렇게 말했다. 『오직 하느님만이 우리가 홀린 돈이 얼마인지 알고 있을 것입니다.』

1960년대부터 1970년대 초에 이르기까지 줄곧 워너 브러더스(Warner Brothers)와 음반 계약을 체결했음에도 불구하고 돈에 쪼들렸다. 밴드 멤버와 부원들은 1주일에 125달러씩밖에는 벌지 못했다. 그러나 진정한 관심의 대상은 돈이 아니라 창조적 자유와 인습을 깨는 생활방식, 그리고 실험삼아 복용해보는 환각제 등이었다. 수많은 밴드가 이런 열악한 환경 속에 하나둘씩 꺼져나갔는데도 그레이트풀 데드는 살아남았다. 이렇게 살아남았다는 것은 그들의 음악에 대한 헌신과 그들을 사랑하는 고객에 대한 보답이었으며, 그들의 타고난 선천적 마케팅 감각을 보여주는 것이라고 할 수 있다.

밴드는 샌프란시스코 시내 헤이트 애시베리( 역주 Haight-Ashbury : 1960년 이후 히피족들이 정착하기 시작한 지역)의 보잘것 없는 단층 주거지역에서 정기적으로 모여 음악을 구상하고, 전략회의까지도 의논했다. 다른 래디컬 마케터와 마찬가지로 자금부족은 창의력을 잃게 하기보다는 오히려 상품에 대한 깊은 신뢰에 불을 붙였다.

1970년대에 그레이트풀 데드는 할 캔트(Hal Kant)라는 뉴욕 출신 변호사를 그레이트풀 데드의 법적 대표로 고용했다. 캔트는 멤버들과의 수많은 말다툼 끝에 음악뿐만 아니라 거기에 수반된 예술적 작업과 다른 재산들도 모두 지적 재산권으로 보호해야 한다는 점을 인식시키는 데 성공했다. 캔트는 그들이 법인화하는 작업을 도왔으며, 그리하여 그레이트풀 데드는 마침내 상호와 영업권, 지적 재산권을 가진 법인체가 됐다.『그들은 빼어나게 똑똑한 친구들이었어요.』캔트 변호사는 회고한다.『그들은 자신들의 관심이 무엇인지 알고 있었고, 누구도 수동적인 사람은 없었습니다. 모두가 동의할 때까지 대화를 중단하지 않았고, 한 명이라도 어떤 일을 하고 싶지 않다면 그것을 하지 않았습니다.』

그러나 한 가지만은 결코 굴복하지 않았는데, 그것은 바로 음악에 대한 배려와 헌신이었다.『모든 결정은 음악 그 자체에 두고 내려졌습니다.』밴드의 홍보담당자 데니스 맥널리(Dennis McNally)는 주장한다.『그런 결정이 나중에도 훌륭한 사업적 의사결정으로 나타났습니다.』

자연스러움은 밴드의 최대 강점이었다. 그레이트풀 데드 프로덕션의 대표이사 피터 매퀘이드(Peter McQuaid)는 그레이트풀 데드가 청중들과 놀라울 정도의 깊은 신뢰를 통해 브랜드를 구축했다고 말한다.『그룹은 한번도 스스로를 포장하지 않았습니다. 그들은 공연이 벌어지는 그 날 그 순간에 충실했습니다.』

맥널리가 그러했듯이, 일부에서는 그레이트풀 데드의 성공을 단지「30년에 걸쳐 인기를 끌고도 남을 충분한 매력과 세련됨을 갖춘 한 천재와 다섯 명의 매우 훌륭한 음악인들」이 합류하여 얻은 우연한 성과로 치부할 수도 있을 것이다. 그러나 좀더 가까이 들여다보면 그레이트풀 데드가 사실은 몇 가지 마케팅의 기본원칙을 충실히 따랐음을 알 수 있다. 즉 브랜드 통제, 확실한 브랜드 이미지 창출, 잘 정의된 사업 제안 들이 그것이다. 더군다나 이 세상을 래디컬 마케터들의 시각으로 본다면, 이 모든 원칙은 여러분들에게도 재현될 수 있다.

## 일심동체의 관계

대부분의 마케팅 전문가들이 동의하듯이, 브랜드란 제품 이상의 것이다. 브랜드는 소비자와의 관계다. 위대한 브랜드는 단일하고 명료하며, 본능적으로 사람을 가만두지 않게 하는 메시지나 상징을 지니고 있다.

그레이트풀 데드에게 그 메시지는 자신들의 음악과 생활방식, 특히 쉬지 않고 라이브로 즉석에서 연주하는 열정으로 개발된 공동체와 생활방식에서 형성됐다. 그렇게 함으로써 멤버들은 회사의 공동대표이사들로서 마케팅 활동을 소유한 것이다. 그들은 홍보회사에 이 일을 처리하게 하거나, 관료조직의 하부조직에 맡긴 적이 없다. 다른 어떤 록밴드보다도 많은 팬들을 거느림으로써 그레이트풀 데드는 고객층과의 긴밀한 유대감을 창출해냈고, 이를 통해 막대한 이익과 연결시켰다.

다른 래디컬 마케터들과 마찬가지로 이들은 자신들만의 고객을 확보하고 있었다. 『밴드와 데드헤즈의 관계는 같이 커가야 합니다. 왜냐하면 우리가 바로 고객이고 고객이 바로 우리 자신이기 때문입니다.』 밴드의 베이스 주자이자 사업적 지도자였던 레시는 1998년 〈뉴욕 타임스〉와의 회견에서 말했다.

그레이트풀 데드는 또한 여느 래디컬 마케터처럼 한정된 자원과 전략으로 출발했다. 그들이 가진 것이라고는 그들이 전적으로 확신하고 있는 음악이라는 상품과 그 음악을 청중들과 공유하겠다는 열정뿐이었다. 여러 면에서 보더라도 등식은 간단했고, 실패는 선택이 될 수 없었다. 수천 개의 록밴드들이 미처 스타가 되어보지도 못하고 사라진다는 사실은 그레이트풀 데드에게는 전혀 관심 밖이었다. 그들은 단지 연주를 하고 싶었다. 그 과정에서 그들은 성공의 열쇠가 된 래디컬 마케팅을 실천했던 것이다.

- 그들은 고객에 대한 애정과 존경심을 보여줬다.
- 그들은 가장 중요한 사람, 고객들과 대면접촉에 많은 시간을 투자했다.
- 그들은 비상식적인 생각을 경멸하기보다 높이 평가했다.
- 그들은 고객과의 공동체를 창출했다.
- 그들은 브랜드에 진실했으며 그 완성도를 고수했다.

### 고객과 직원을 사랑하고 존중하라

자연스러움과 반항기는 때때로 인구통계적으로 가장 중요한 세대인 18~24세 사이의 청년들에게 강한 소구력을 갖는 위대한 밴드임을 보증하는 인증서와도 같다. 나이키나 캘빈 클라인(Calvin Klein)은 방대하고도 성공적인 프랜차이즈망을 구축해놓고 마케팅 개념을 가장 먼 변방까지 강력히 밀어붙였다. 이들 거대 회사의 운동화나 팬티 패션이 주의 깊게 고안해낸 값비싼 자연스러움이라면, 그레이트풀 데드는 청중들에 대한 장기적인 장악력으로 특징지워지는 진정 강력하고 정서적인 경험을 제공했다. 몇십 년이 지났어도 그레이트풀 데드의 팬들은 물들인 티셔츠를 서로 교환하고 라이브 공연의 귀중한 기념물로 간직한다. 이러한 헌신성이야말로 밴드와 그 고객층 사이에 강력하고 긴밀한 유대감으로 직결되는 것이다.

가르시아의 음악적 천재성은 밴드의 음악적 색깔을 결정했으며, 청중과의 관계에서 변수가 되기도 했다. 《다크 스타》에 실린 인터뷰에서 《뻐꾸기 둥지 위로 날아간 새(One Flew Over the Cuckoo's

Nest)》의 저자이며 초창기 데드헤즈의 일원이기도 했던 켄 키지 (Ken Kesey)는 가르시아와 청중과의 일체감을 이렇게 설명했다. 『그는 자신이 청중과의 관계 속에 있다는 것을 잘 알고 있었습니다. 그는 그들을 상대로 연주를 했던 것이 아니라 그들과 함께 연주를 했습니다.』

이 같은 양방향적인 에너지 교류는 때때로 폴크스바겐 (Volkswagen)사의 딱정벌레(Beetle) 모델이나 낸터킷 넥타 (Nantucket Nectar) 같은 대히트 상품으로 터져나오기도 한다. 그러나 그러한 관계를 30년 이상 지속해오는 것은 상품과 청중에 대한 서비스를 향상시키려는 부단한 헌신 없이는 불가능하다. 고객에 대한 애정과 존경심은 브랜드의 속성에 행동으로 체화돼야 하는 것이지 말로만 끝나선 곤란하다.

이를테면 롤링 스톤스(Rolling Stones) 같은 전설적 밴드는 기업체의 후원 속에 연주여행을 하면서 공연입장료를 100달러 이상 천문학적으로 인상했다. 이에 비해 그레이트풀 데드는 초지일관 어떤 경우에도 자신의 상품에 대한 통제권을 포기하지 않았으며, 입장료를 30달러로 동결시켰던 것이다.

1983년에는 암표상들에게 기회를 주지 않고 더 많은 팬들에게 공평한 기회가 돌아가도록 하기 위해 밴드 스스로 우편으로 입장권을 주문받는 시스템을 가동하기 시작했다. 그 결과 꼭 극성스런 학생 팬들처럼 길바닥에서 눌러앉아 밤을 새지 않더라도 입장권을 구할 수 있게 됐다.

관심은 고용된 직원들에게까지 확대됐다. 그레이트풀 데드 프로덕션은 전성기 시절 정규직원이 80명이나 되었고, 이 중에는 공연여행이 없는 기간에도 보수를 받는 연주여행 전담직원도 있었다. 수입이 천문학적으로 늘어나기 시작하면서 직원들에게도 그 몫이 분배됐다. 위대한 여느 래디컬 마케터와 마찬가지로 그레이트풀 데드는 회사의 상품에 대한 열정을 공유하고, 결국 이를 소비자에게 설명해줄 직원들이 얼마나 중요한 존재인지 잘 알고 있었다.

맥널리처럼 밴드와 함께 움직이는 정규직원들은 10만 달러 이상의 연봉을 받았다. 그리고 그레이트풀 데드는 이들에게 후한 이익의 배분과 퇴직급여, 의료 혜택을 제공한 최초의 밴드였다. 탁아 혜택이 일반기업에서조차 아직 일반화되지 않을 때였는데, 그레이트풀 데드는 반드시 공연장 뒤쪽에 밴드의 직원이나 청중의 어린 자녀들이 안전하게 뛰놀 수 있는 공간을 갖추곤 했다.

『한 마디로 이직이란 찾아볼 수 없었어요.』맥널리는 말했다. 『그리고 결근도 찾아볼 수 없었지요.』실제로 직원들 가운데 최고참인 램 로드(Ram Rod)는 무려 30년 동안 밴드와 함께 일했다. 이 같은 장기간의 충성도는 마치 구조조정 바람이 불기 전의 IBM이나 AT&T를 회상해보면 성공적인 회사의 공통적인 특질임을 알 수 있다. 직원들에 대한 헌신은 여타 록 음악업계에선 찾아볼 수 없는 것이었다. 대부분의 밴드는 연주여행 기간 중에 직원을 고용하고 나서 곧바로 해고하는 것이 보통이었다. 그러나 그레이트풀 데드는 많은 시간 연주여행을 하는 처지였고, 고용의 일관성을 기함으로써 밴드의 활동기간 내내 빈틈없는 여행 준비가 가능했다. 이로 인해 가장 덕을 본 것은 물론 팬들이었다.

공연을 최상의 품질로 유지하기 위해 그레이트풀 데드는 그들이 자랑하는 이른바 「소리의 장벽(Wall of Sound)」이라고 불리는 자체 사운드 시스템에 수백만 달러를 투자했다. 이것은 아마도 음악계에서 가장 진보된 대규모 공연용 시스템이었던 것으로 추정된다. 또 그레이트풀 데드는 끊임없는 공연여행을 위해 이러한 장비를 신속하고 안전하게 이동시킬 수 있는 교통수단에 그보다 더 많은 재원을 투자하기도 했다.

## 고객과 직접 만나라

그레이트풀 데드는 무수한 라이브 공연을 소화해냈으며, 이 과정에서 음반업계의 기존 통념을 뒤바꿔놨다. 먼저 앨범을 녹음한 뒤이를 선전하기 위해 연주 투어를 하고, 라디오 방송국을 돌며 DJ들과 수다를 떨던 당시의 관행과 달리 이들은 정반대의 견해를 갖고 있었다. 이들은 수많은 청중 앞에서 가능하면 오래, 자주 라이브로 연주를 했다. 그레이트풀 데드는 해마다 네 차례 지역별 연주여행을 했으며, 이는 그들의 팬들에게 마치 성지로 빨려들어가게 하는 매혹이었다. 그들은 해마다 200만 장의 입장권을 팔아치웠고 전세계적으로 80여 차례가 넘는 연주회를 가졌다. 이 정도라면 현존하는 그 어떤 인기 록밴드보다 훨씬 많은 작업량인 셈이다.

그리고 그들의 연주는 진실했다. 대부분의 록 콘서트는 계약서 내용에서 연주시간을 제한하고 있기 때문에 길어야 두 시간 정도였다. 반면 그들은 네 시간짜리 연주회 형식을 개척해냈고, 장소를 임대한 기관들이 이러한 장시간의 공연을 미리 잘 준비할 수 있도록 아예 흥행주관사와의 계약서에 공연 소요시간을 최소한 네 시간이라고 명시해놓기도 했다. 즉 기업의 대표가 직접 네 시간이나 또는 그 이상 날마다 고객과 함께 시간을 보냈으며, 그 결과 고객으로부터 엄청난 신뢰와 지지를 얻게 됐다.

사실 전체적으로 놓고 보면 그레이트풀 데드의 앨범 판매량은 몇백만 장에 이르고 수입도 엄청나지만, 음반 판매는 그들의 장기가 아니었다. 그레이트풀 데드는 스튜디오에서 녹음한 음악은 라이브에서와 같은 자연스러움과 에너지가 결여돼 있다고 믿었던 것이다.

그들은 결코 특정 연주회를 특정 앨범 발매와 연관시키지 않았다. 그 결과 MTV 세대로부터는 철저히 외면당해왔고, 이 점 때문에 더욱 부랑자 같은 고유의 이미지가 확고해졌다. 이들의 노래 중에도 물론 〈Truckin'〉이나 〈Friend of the Devil〉, 〈Dark Star〉, 〈Uncle John's Band〉처럼 잘 알려진 노래가 음반으로 제작되기도 했지만, 스튜디오 녹음은 그저 보완적 차원에 불과했다. 그레이트풀 데드는 단 하나의 공인된 메가히트를 기록했는데, 그것은 그들의 활동시기 후반부였던 1987년 〈In the Dark〉 앨범과 여기에서 잘려나온 싱글 〈Touch of Grey〉가 그것이다. 그러나 이것마저도 인기 순위 1에는 가까이 가지 못했다.

## 상식을 뛰어넘어라

가르시아와 그의 밴드 동료 웨어, 레시, 미키 하트(Mickey Hart), 빌 크로이츠만(Bill Kreutzmann)의 특징은 상품의 독특함, 그리고 그 독특한 상품을 전통적인 음악 산업계의 모든 통념을 넘어 기꺼이 고수했다는 점이다. 이 점에서는 그들이 음악계의 선구자였다. 이 책에 열거된 모든 래디컬 마케터, 즉 아이엄스 애완용 사료, 스냅온 공구, 그리고 새뮤얼 애덤스 맥주처럼 그레이트풀 데드는 그 독특함을 자신의 장점으로 개발했고, 또한 거기에 기반한 풍부한 시장을 구축해냈다.

비록 그들의 음악은 록, 재즈, R&B, 저그 밴드, 컨트리, 그리고 포크까지 포함된 색다른 스타일의 음악이었지만, 그레이트풀 데드는 본질적으로 그들 자신의 장르를 창조해냈다. 누가 들어도 즉각 그레이프풀 데드의 음악임을 알아볼 수 있으면서도 아무도 쉽게 모방할 수 없는 음악을 만들었다. 그들의 사운드에는 일관성이 있었으며, 이 일관성은 30년 동안 지속됐다. 초창기 그레이트풀 데드의 후원자였던 빌 그레이엄(Bill Graham)은 이렇게 말했다. 『그레이트풀 데드는 자신들이 하는 일에서 최고는 아닙니다. 하지만 그들이 하고 있는 일은 오로지 그들만이 합니다.』

그레이트풀 데드는 모던 재즈에서 두드러지는 즉흥적 스타일을 수용했다. 공연 전에 미리 계획을 짜서 리허설을 하는 일은 없었다. 모든 노래가 자유롭게 한없이 전개되다가 그 때까지 연주한 것을 거꾸로 되짚어오는 일도 많았다. 사전에 준비하는 곡은 두세 곡 정도였으며 나머지는 나오는 대로 연주하는 식이었다. 『바로 그것이 기쁨이었어요.』 맥널리는 말한다. 『그들은 어떤 노래를 막 시작하자마자 갑자기 중단하고서, 「아니 아니, 이 노래가 아니야」 그러죠. 마치 음악 친구들하고 지금 이야기하는 것 같아요.』

『음악적으로도 물론 황홀합니다.』 전국에 방송되는 라디오 프로그램 〈그레이트풀 데드 아워(Grateful Dead Hour)〉의 진행자이며, 이 밴드에 대해 세 권의 책을 쓴 데이비드 갠스(David Gans)는 이렇게 덧붙인다. 『나를 맨 처음 빠져들게 한 것도 바로 실시간으로 진행되는 즉흥성의 경험이었죠. 그들이 무대에 올리는 재료와 구조는 너무 황홀했고, 게다가 그렇게 틀에 박힌 구조 속에서 빠져나와 구조가 없는 자유로운 곳으로 날아 올라갔습니다. 우리 모두는 거기에 따라 함께 방랑을 했던 겁니다.』

갠스는 이 점을 야구의 매력에 비유한다. 하나의 구조 안에 내재하는 즉흥성. 야구에서는 누구나 선수와 게임 규칙을 알고 있고, 게임에 들어가면 어떤 일이 벌어지는지도 다 예상할 수 있다. 그런데도 그 고정된 듯한 구조물 안에서는 늘 색다른 일이 벌어진다. 『그들의 음악은 그런 면에서 최상이었습니다. 공연장에 가 있는 것이 최고의 보상이었죠』라고 갠스는 말한다.

근본적으로 그레이트풀 데드는 단순히 음악을 판매한 것이 아니었다. 그들은 독특한 자연스러운 경험, 마치 나이키나 할리데이비슨이 제품과 함께 라이프 스타일을 판매하듯이 그 경험을 판매한 것이다. 음악 자체가 즉흥성이 강했기 때문에 그들의 노래도 라이브 공연 도중 예전과 다른 방향으로 자주 탈바꿈하곤 했다. 공연은 매번 모두 독특한 별개의 이벤트였으며, 똑같은 노래가 몇 주나 몇 년씩 연주되는 일은 없었다. 비록 상식과 음악 산업계의 오랜 지혜는 그게 틀렸다고 말하지만, 그레이트풀 데드는 결코 자신들의 공연원칙에서 벗어나본 적이 없었다.

누구나 인정하는 그레이트풀 데드 팬이며, 데드헤즈의 일원이었던 폴 샌티넬리(Paul Santinelli)는 현재 첨단산업 분야의 제품 관리자가 되어 캘리포니아 서니베일에 살고 있다. 그는 자신이 고안한 용어를 빌려 그레이트풀 데드를 이른바 진흙덩이 마케팅의 선구자로 평가한다.『진흙을 한 줌 떠서 그것을 벽에 던져보세요. 그리고 벽에 달라붙은 진흙을 갖고 어떤 모양을 만들어봐요. 그레이트풀 데드는 언제나 아이디어를 재검토했습니다. 그들은 사고의 출발점으로 되돌아가거나 실수를 결코 두려워하지 않았습니다.』실로, 고객들과 불가능을 가능하게 하는 여정에 같이 참여하려는 의지는 엄청난 마케팅 메시지로 작용했다.

P&G의 무어는 이처럼 상품을 끊임없이 재검토하고 새롭게 재구성하는 능력을「비연속적 변화」라고 이름붙였다.

『그레이트풀 데드는 음악계의 유행을 따르는 것을 굳이 걱정하지 않았습니다. 다만 그들은 그렇게 하는 데 있어서도 자기들만의 유행을 창조했죠. 그것이 비연속적 변화의 전부입니다』라고 무어는 말한다. 타이드(Tide)사의 가루비누든 그레이트풀 데드의 음악이든 이런 종류의 뛰어난 상품은 엄청나게 장기적으로 소비자가 애호할 수밖에 없다고 그녀는 덧붙인다.

고객의 충성심은 전통적인 경영상식에서 벗어나더라도 결과적으로 소비자를 존중하는 전략적 결정에서 우러나온다. 이를테면 1980년대 그레이트풀 데드는 전통적 인습을 거부하고 팬들에게 공연을 비디오로 녹화해도 좋다고 허용했다. 불법복제된 비디오와 음반이 아티스트와 음반사의 이익을 침해한다고 생각하는 음악 산업계의 기존 시각에서 보면 가히 이단이나 마찬가지인 결정이었다. 그러나 다른 래디컬 마케터들과 마찬가지로 그레이트풀 데드는 자신의 고객을 진정으로 존중하고 있었다. 가르시아는 이렇게 말했다.『우리 연주가 끝나면 그것은 여러분 것입니다.』그들은 팬들에게 자신들의 명예를 지켜달라고 설득했다. 데드헤즈는 테이프를 소장하거나 서로 교환할 수는 있지만, 영리를 목적으로 판권이 있는 상품을 판매할 수는 없었다. 밴드의 전속 변호사였던 캔트는 이러한 명예규약을 지키지 않는 사람들을 추적해 법적 대응을 하는 데 많은 비용을 썼다고 말한다. 그러나 대부분의 팬들은 밴드의 뜻을 지지했다.

인터넷이 등장한 이후에는 이런 테이프를 소장한 사람들의 가상 공동체가 엄청나게 성장했다. 데드헤즈는 이제 몇백 개의 웹사이트를 스스로 구축해서 서로의 경험을 다시 새롭게 공유할 수 있게 됐다.

그레이트풀 데드는 이러한 녹화나 녹음이 음반 판매에 악영향을 미치지 않을 것이라고 생각했다. 사실 그들은 1981~87년까지는 스튜디오에서 새 앨범을 녹음하지도 않았다. 이렇듯 과감한 공개 정책은 질레트(Gillette)사가 면도날을 팔기 위해 저가형 면도기를 무료로 나눠주는 것과 같은 성격으로, 일종의 그레이트풀 데드 문화의 형성을 가져왔으며 브랜드를 더욱 확장시켰다. 테이프를 많이 소장한 팬들은 그들 세계에서는 대가로 군림했으며, 공연을 녹화·

녹음하려는 사람들 덕분에 입장 수입은 더욱 늘어났다.

위대한 브랜드에는 언제나 마음 깊은 곳에서 우러나는 헌신적인 핵심 고객층이 있게 마련이며, 그레이트풀 데드의 경우에는 바로 테이프 광들이 그들이었다. 그레이트풀 데드는 심지어 다른 청중에게 방해가 되지 않도록 사운드 시스템 뒤편에 촬영구역을 설치해주기도 했다. 덧붙여 인터넷 덕분에 시장은 전세계적으로 확산됐으며, 이 밴드를 숭배하는 테이프광들의 거대한 네트워크가 형성됐다. 샌티넬리는 자신과 한 친구가 무려 1,600시간 분량에 해당하는 테이프를 모았으며, 이를 위해 2만 달러어치의 컴퓨터 장비와 5,000 달러짜리 디지털 오디오 장비를 구입했다고 말했다.

그러나 테이프는 시작에 불과했다. 그야말로 특이한 성격의 공연을 펼치는 그레이트풀 데드는 자신들의 이미지에 신비스러움을 풍기는 분위기까지 형성했다. 열성적인 데드헤즈는 모든 공연의 연대기를 기록했다. 공연장에서 수첩을 들고 어떤 노래가 어떤 순서로 연주됐는지, 그 날의 연주는 어떠했는지 등을 하나하나 기록했다. 뉘앙스의 차이, 심지어 가르시아가 가사나 멜로디 중 빠뜨린 부분까지 전부 기록했다. 샌티넬리 같은 팬들은 몇 주일씩 이런 기록들을 펼쳐놓고 과연 그레이트풀 데드가 이번 공연에서는 어떤 곡목을 선보일 것인가를 지난 해 또는 20년 전의 기록과 비교해 미리 점쳐보곤 한다. 『「1979년 이후 한번도 연주하지 않은 초기작 〈Saint Stephen〉일까?」 불안감에 저는 헤어나지 못하고 있었습니다. 공연을 할 때마다, 장소가 바뀔 때마다 공연의 역학관계가 바뀌었으니까요』라고 샌티넬리는 말한다. 밖에서 보면 위대한 밴드는 어처구니없는 열광을 자아낸다. 그러나 바로 이들 광적인 팬, 그것이 모터사이클 광이든 애완동물 광이든 록 음악 팬이든 간에, 이들이야말로 브랜드를 전파시키는 중요한 전도사들이다. 회사 로고를 새긴

문신이나 주식투자 또는 테이프 수집이 그 증거다.

밴드의 비상식은 건전한 전략적 경영의사결정으로 이어졌다. 여느 그룹과 달리 그레이트풀 데드는 공연 기획자에게 거액의 선금을 요구하지 않았다. 대신 그들은 스스로 위험을 감수하고 업계 평균 두 배의 로열티를 받았다. 이것이 나중에 장기적으로는 밴드에게 크나큰 돈벌이가 되었다.

그레이트풀 데드는 궁지에 빠진 공연 기획자를 그대로 두지 않았다. 악천후로 공연이 취소되거나 마침 대형 행사가 겹쳐 입장객이 격감할 경우 반드시 주최측에 또 다른 공연날짜를 잡아주곤 했다.

## 고객과 공동체를 창출하다

위대한 브랜드는 하나의 공동체와 소속감을 만들어내는데, 그레이트풀 데드보다 이것을 더 잘 한 이는 거의 없다. 그레이트풀 데드 팬은 하나의 가상국가였고, 그것은 그들의 일상생활에까지 그대로 반영됐다. 이것은 바로 마케팅 전문가들이 하나같이 꿈꾸는 이상이었다. 그리고 그레이트풀 데드는 초창기부터 이 공동체를 활용할 생각을 해낸 노련함을 보였다. 전통적 경영학자들이 미처 그런 개념을 생각해내기도 전에 그레이트풀 데드는 오늘날의 데이터베이스 마케팅 개척자가 되었다.

열성적인 데드헤즈이며 그레이트풀 데드 음반사의 창립자 중 하나인 스티브 브라운(Steve Brown)은 데드헤즈 데이터베이스의 태동은 1970년대 초였다고 회고한다. 이 밴드에 대해 블레어 잭슨(Blair Jackson)이 1992년에 쓴 책(《Goin' Down the Road》)에서 브라운은 이렇게 말했다.

이 때를 전후해서 우리는 모든 데드헤즈를 좀더 직접적으로 연결해보기로 결정했다. 1971년 LP 앨범 〈Skull and the Roses〉를 내면서 시작한 「데드 프리크스 유나이트(Dead Freaks Unite)」라는 이 캠페인은 엄청난 성공을 거뒀다. 모두 3만 명의 우편 목록을 작성할 수 있었다. 소식지를 우편으로 발송하는 것은 데드헤즈 사이에 효과적인 통신수단이 될 것이라고 생각했다. 〈Wake of the Flood〉 앨범 발매 이후에는 회원을 더욱 늘리기 위해 밴드가 공연을 하는 장소에 그레이트풀 데드 음반사의 회원등록 창구를 함께 따라다니게 했다. 이 작전이 적중해 1974년 한 해 공연에서 또 다른 5만 명이 추가로 등록했다.

이렇듯 공연은 공동체 탄생의 구심점이 되었다. 공연이 열리는 장소마다 가히 하나의 도시가 생겨나듯 했으며, 공연 자체는 이제 팬클럽 데드헤즈에겐 그레이트풀 데드로 인해 경험할 수 있는 일부분일 뿐이었다.

매사추세츠 주 프래밍엄의 한 회사에서 영업이사로 재직하고 있는 서른여섯 살의 제이 노박(Jay Novack)은 열성적인 데드헤즈다. 『하나의 공동체라고 느꼈고, 우리 모두가 다 함께 참여하고 있다고 느꼈다』고 노박은 말한다. 『다른 밴드라면 3만 청중이 찾는 대규모 공연에서 그런 경험을 제공할 수 없습니다. 그레이트풀 데드의 경우에는 보스턴 가든에서 1주일 동안 열린 여섯 번의 공연에 매일밤 똑같은 사람이 모여 똑같은 복장을 하고 똑같은 이야기를 나누게 됩니다. 저를 끌어당기는 그 무엇이 있었는데, 그것은 한 공동체라는 느낌 바로 그것이었습니다.』

노스캐롤라이나 대학 사회학 교수 레베카 애덤스(Rebecca Adams)는 《데드헤즈 : 공동체, 영성체, 우정(Deadheads : Community, Spirituality, and Friendship)》이라는 책을 집필하고 있는데, 『그레이트풀 데드의 공연은 변신의 기회와 영적인 체험이 되도록 기획됐습니다』라고 말한다. 『그들의 연주는 팬들에게 오락 이상의 것이었습니다. 팬과 밴드와 청중들 사이에 유대감을 만들어냈죠. 공연장은 비슷한 수많은 사람들끼리 이 같은 경험을 하는 곳이었으며, 이 때문에 엄청난 공동체 의식과 단결감이 생겨난 것이죠.』

이 공동체 내에서는 이성적인 성인 수만 명이 그들의 영혼과 돈을 이 밴드에 대한 숭배의식에 바치는 현상이 30년 넘게 지속돼왔다. 그 숭배의식은 종교적 열광 또는 하나의 종파에서나 볼 수 있는 수준이었다. 이들을 통해 평생 친구들이 생겨나고 지구 차원의 네트워크가 형성됐으며, 이것이야말로 마케팅을 하는 사람들이 부러워하는 것이다. 머리를 잘 빗어넘긴 베이비 붐 세대 주식중개인, 법률가, 의사, 학자들은 이제 스스럼없이 가르시아 스타일의 넥타이를 매거나 그레이트풀 데드의 문양이 찍힌 커피 잔을 이사회 회의에 들고 간다. 또 1960~80년대의 그레이트풀 데드 공연에서 느껴본 환각제로 몽롱했던 추억을 화제 삼아 이야기꽃을 피운다. 이들의 2세들, 심지어 3세대까지도 이 밴드에 대한 숭배를 계속하고 있다.

혹자는 궤변론적 스타일이라고도 하지만, 그레이트풀 데드의 음악은 절충주의 스타일이었기 때문에 그들의 팬은 주로 고학력의 지성인 계층이었다. 이들 초창기 데드헤즈는, 나이가 들어 데드헤즈였다고 자인한 앨 고어(Al Gore) 전 부통령, 패트릭 레히(Patrick Leahy) 전 상원의원, 공화당 소속으로 매사추세츠 주지사를 지낸 윌리엄 웰드(William Weld)처럼 고위직이나 고소득 직종에 자리잡게 됐다. 그리고 해가 갈수록 이들 정치인, 법률가, 의사, 학자, 기업가들은 소득이 늘어났고, 따라서 즐겁게 그레이트풀 데드 공연 입장권과 상품을 구입한 것이다.

극성 팬들 가운데는 문자 그대로 몇 년 동안 수백 회의 공연에 모조리 참여하는 층도 있었다. 이들은 밴드가 장소를 옮길 때마다 따라다니면서 노숙하면서도 모든 공연의 입장권을 구입하고, 그레이트풀 데드 관련 상품을 구입하고, 무대 장치가 예전과 어떻게 달라졌는지, 또 연주 곡들의 미세한 분위기 차이와 연주 순서 등을 예전에 기록해둔 목록과 비교하느라 많은 시간을 바쳤다.

이러한 애정과 헌신은 밴드에게는 돈벌이가 되는 재정보상으로 바뀌었고, 곧 밴드 주위에는 무수한 위성 사업체가 속출했다. 그레이트풀 데드는 최고 수입을 올리는 밴드로 성장했고, 해마다 전국 순회공연 입장료 수입만으로도 평균 5,000만~7,500만 달러를 기록했다.

그레이트풀 데드가 공연을 하는 연주회장이나 운동장의 주차장에는 상인들이 이동식 상점을 차려놓고 티셔츠와 베기부리토(역주 veggie burritos : 채소와 고기 치즈를 얹은 빵) 등을 팔게 해 추가로 엄청난 수입을 올렸다. 1990년대 초 그레이트풀 데드는 노련한 전문 경영인 매퀘이드를 영입해 이런 부대 사업을 전부 그레이트풀 데드 상사라는 단일 기치 아래 통합하기로 결정했다. 그레이트풀 데드 관련 상품의 매출은 현재 연간 6,000만 달러에 이르며, 수익의 30%가 밴드의 몫으로 돌아간다. 이는 예전에는 만져보지도 못했던 액수다.

하버드 경영대학원의 마케팅 교수였으며 현재 컨설턴트로 활동하고 있는 벤슨 P. 섀피로(Benson P. Shapiro)는 구매자가 물건을 취득했을 때나 소유하고 있을 때까지는 즐거움이 곧 브랜드를 창출해내는 열쇠라고 말한다. 이는 어떤 집단에 참여하거나 소속하는 것과 연관성이 있다. 섀피로는 말한다. 『집단에 소속하는 것은 매우 깊은 자아 만족과 즐거움을 준다. 데드헤즈가 어떤 사람들인지 보

라. 그들은 1960년대 격렬한 시위에 앞장섰던 사람들이며, 지금은 월 스트리트의 법률가들이 돼 있다. 그들은 때때로 스스로의 만족감을 위해 민권 관련 사건을 무료 변론한다. 그러나 데드헤즈가 되는 것이 그들에게는 오히려 더 중요한 일이다. 인생에 의미를 주는 일이기 때문이다.』

애덤스는 밴드가 공연 때마다 매일 밤 다른 음악을 연주하는데, 그레이트풀 데드의 즉흥적인 음악이 데드헤즈 공동체의 초석이 되는 작용을 했다고 믿는다. 대개의 공연은 아티스트가 음반에 담았던 음악을 최대한 비슷하게 연주할 것이라는 기대를 전제로 한다. 그리고 매일 밤 거의 비슷한 곡목이 연주된다. 따라서 팬들로선 그런 공연을 한 번 이상 볼 이유가 없다. 그레이트풀 데드는 이런 형식을 의도적으로 피하고 실제로 한번도 똑같은 공연을 하지 않기 때문에 팬들에게 공연을 보고 또 봐야 할 이유를 주었다. 그래서 같은 사람을 계속해서 보게 되었다. 이런 식으로 밴드는 데드헤즈에게 서로 알고 지내야 할 이유가 되는 많은 의사결정을 내렸다.

그레이트풀 데드는 이러한 팬들의 열성에서 또 다른 마케팅 기회를 포착했다. 이들은 자신늘의 공연과 연주목록을 하나의 방대한 데이터베이스로 만들어 데드베이스라는 이름을 붙여 인쇄물이나 디스켓으로 제공하기에 이르렀다.

이 모든 것이 어우러져 공연 입장권을 구매해야겠다는 절박감으로 바뀌도록 한 것이다. 밴드 멤버들이 나이가 들고, 특히 리더인 가르시아가 나태한 생활과 약물 때문에 연주도 신통찮게 하고 가사를 잊거나 심지어 정신이 나간 상태처럼 보이더라도 밴드 전체로선 전혀 매력을 상실하지 않았다. 노박은 『비록 가르시아가 모든 것을 망쳐 월요일 공연이 그에게 끔찍했음에도 다음 날인 화요일 공연에서는 또 모든 이의 눈가에 눈물이 고이게 하는 아름다운 노래를 불

렀습니다. 한두 차례 공연을 망쳤다고 느껴도 그 다음 날의 공연은
또 다른 공연이기에 여러분도 놓치길 원치 않았을 겁니다』라고 말
한다.

새피로는 브랜드의 위상을 유지하는 능력은 결정적으로 중요한
것이므로, 주의 깊게 관리해야 한다고 말한다. 『너무 흔해도 가치가
없어집니다. 그레이트풀 데드는 레코드나 CD가 자신들의 이미지를
격하시키거나 길에서 쉽게 구하는 평범한 것으로 전락하지 않도록
확실히 해뒀던 것입니다. 「나는 있고, 너는 없다」라고 느끼게 하는
것, 그것이 매우 중요합니다.』

그레이트풀 데드의 상품과 카탈로그, 그리고 데드의 소유품들은
모두 소매상을 통해 판매가 되므로 우둔한 상업주의라는 공격을 받
기도 하지만, 밴드의 매력을 꺾지는 못했다. 새피로는 『우둔한 상업
주의라기보다는 「연대감, 소속감」 그 이상의 것이었습니다』라고 덧
붙인다.

## 브랜드를 살려 상품범위를 넓혀라

그레이트풀 데드는 래디컬 마케터답게 브랜드 손상 없이, 브랜드
를 확대해내는 명석하고도 혁신적인 방법을 생각해냈다. 테라핀 스
테이션을 건립하고 있는 현재 시점에서 되돌아가 밴드가 한창 인기
몰이를 하던 초창기까지 거슬러 올라가보면, 그들은 브랜드를 희석
시키지 않고 확대하는 초인적인 요령을 갖고 있었다. 한 예로 1972
년 그레이트풀 데드는 자신의 음반사를 설립한 최초의 밴드 중 하
나가 됐는데, 당시로선 매우 파격적인 개념이었다. 그러나 이것이
야말로 그들이 품질을 관리하고 음악 정신을 이어가는 방법이었다.

또 그레이트풀 데드는 티셔츠와 포스터, 밴드의 로고가 박힌 스티

커 같은 관련상품의 판매에 착수한 최초의 밴드 중 하나였다. 1970
년대 초부터 드러머 크로이츠만의 부인 서실라(Sussila)는 판매를
목적으로 그레이트풀 데드의 티셔츠를 만들기 시작했다. 그녀는 그
사업을 다시 록 음악 기획업자였던 빌 그레이엄에게 넘겼고, 그는
이를 자신의 윈터랜드 프로덕션(Winterland Productions)에 통합해
서 결국 엄청난 수익을 올리는 사업으로 발전시켰다. 빌 그레이엄
의 회사는, 밴드에 판매 로열티를 주면서 18년 동안 그레이트풀 데
드 관련상품에 대한 독점권을 가졌다. 1992년 밴드는 이 사업을 다
시 조직 내부로 복귀시켜 브랜드 보전에 대한 통제권을 되찾고 스
스로 수익을 증대시킬 때가 됐다고 결정했다.

밴드 멤버들은 연주회장 주변에 경찰을 배치하는 조치를 못마땅
하게 여겨왔다. 그들은 오랫동안 저작권만 지켜진다면 사업가 기질
이 있는 팬들이 수입을 올리는 것을 기꺼이 허용하고, 이들이 연주
회장 주변 주차장에서 장사하는 것을 허용했다. 그러나 결국 그들
도 매번 연주할 때마다 25만 달러에 이르는 잠재적 수입을 그냥 날
려버리고 있다는 것을 인정하게 됐다. 그들은 모든 장사를 금지시
키는 대신 래디컬한 결정을 내놨다. 최고 품질의 상품을 가져오는
상인은 합법적인 동업자로 만들었던 것이다.

매쿼이드는『그 상인들은 진정으로 밴드와 음악에 대한 존경심을
품고 있었다. 이런 사람들과 관계를 맺는 것은 회사 내의 한 매니저
밑에 아티스트를 만드는 것보다 훨씬 만족스러웠다』고 말한다.

예컨대 그레그 버뱅크(Greg Burbank)는 1980년대 중반 당시 스
물한 살 된 대학 중퇴생으로 그레이트풀 데드의 공연장 주변에서
티셔츠를 팔고 있었다. 어느 날 밤 그레이트풀 데드 직원 한 명이
그와 그의 동료의 등을 툭 건드렸다. 그는 두 사람에게 들어와서 밴
드 대표와 얘기해보라고 청했다.『그들은 상표 위조로 우리를 고소하

기는커녕 오히려 같이 일하게 해줬습니다』라고 버뱅크는 회상한다.

오늘날 로드아일랜드 링컨 소재 리퀴드 블루(Liquid Blue)는 미국 내에서 그레이트풀 데드의 관련상품을 취급하는 최대 판매업소 가운데 하나가 됐다. 이 회사는 해마다 400만 달러어치의 그레이트풀 데드 제품을 전국 소매점에 판매한다. 『그레이트풀 데드는 언제나 질 좋은 제품을 생산합니다. 그들은 언제나 최상의 상품, 최상의 연주를 강조합니다. 상품의 질이 음악의 질과 맞아떨어져야 한다며 아주 단호했습니다』라고 버뱅크는 말한다.

매퀘이드의 지도 아래 그레이트풀 데드 상사는 승승장구했다. 분기마다 발행되는 그레이트풀 데드 카탈로그와 팬클럽 소식지는 몇십만 명의 데드헤즈에게 브랜드를 전달할 뿐 아니라 밴드와 고객 사이에 직접적인 연결을 제공했다. 비록 일부 나이 든 히피들은 불평을 하지만, 대부분의 데드헤즈는 그레이트풀 데드의 반문화운동적인 뿌리와 지금의 상업주의 사이에서 갈등을 느끼지 않는다. 그레이트풀 데드는 판매하는 것처럼 보이지 않게 판매하는 방법을 발견했다.

예를 들어 가르시아가 사망하자 회사의 수신자 부담 전화로 끊임없이 전화가 왔고, 상품 판매액은 이후 6개월 동안 25%나 치솟았다. 처음 몇 주 동안은 하루에 전화가 1만 5,000통씩 쇄도했다. 이때 발행된 카탈로그에서 밴드는 가르시아에 대한 추도사와 함께 이렇게 말했다.『데드헤즈는 위로받으며, 감정을 불러일으키고, 그 옛날 좋은 시절을 떠올리게 해주는 그 무언가, 그 어떤 것들, 음악, 유품, 부적, 강력한 것을 갖고 싶은 넘치는 열망을 표시해왔습니다. 우리만이 그런 것들을 여러분에게 드릴 수 있는 특권을 갖고 있습니다.』

래디컬 마케터답게 브랜드를 확장하는 데 자신의 돈을 들이지도 않았다. 뜻밖이지만 인상적으로 뛰어든 시장에서, 그레이트풀 데드는 1967년에는 생각할 수조차 없는 보편적인 인정을 받았다. 그레이트풀 데드 관련상품이 마약거래상뿐만 아니라 나이먼 마커스(Neiman Marcus)나 디즈니랜드의 수많은 상점에서 정식 라이선스 아래 판매되기 시작했다. 심지어 1980년대 후반 벤 & 제리 아이스크림(Ben & Jerry's Ice Cream) 체인은 리드 기타리스트 가르시아의 이름을 딴「체리 가르시아」라는 신제품을 발매해 그 회사의 인기 있는 제품 중 하나가 되었다. 그러나 불행히도 이 회사는 그레이트풀 데드측에 이름을 사용해도 좋다는 허락을 받지 않았으며, 이 때문에 법정 공방까지 갔다. 하지만 결국 가르시아에게 일정액의 로열티를 주기로 합의가 이뤄졌다. 정작 가르시아 자신은 심한 당뇨병 때문에 자신의 이름이 들어간 이 아이스크림을 맛볼 수 없는 처지였지만, 『적어도 자동차 기름은 아니겠지요』라는 유머로 만족감을 표시했다.

「해골과 장미(the Skull and Roses)」, 「춤추는 곰(Dancing Bears)」 같은 그레이트풀 데드의 다양한 로고는 무알코올 와인에서 유아복에 이르기까지 무수한 상품에 찍혀 있다. 원래 이들 일부 로고는 약물관련 상품에서 영감을 받은 것이다. 예를 들어 춤추는 곰이란 환각제를 복용하는 데 쓰는 종이를 의미했다. 그러나 이런 본래의 의미는 오래 전에 잊혀지고 아이러니컬하게도 지금은 미국 사회의 주류문화로 편입됐다. 애덤스에 따르면 그레이트풀 데드식 티셔츠는 하도 흔해져 그들의 음악을 한번도 들은 적이 없는 사람도 걸치고 다닐 정도다. 『춤추는 곰 티셔츠는 어디에서나 볼 수 있습니다. 많은 사람들은 그들이 입고 있는 옷의 내용을 모릅니다. 사람들은 단지 그 곰이 귀엽게 생겨서 입는 것이죠. 그런데 정작 진짜 데드헤즈는 그런 티셔츠를 더 이상 입지 않아요.』

그러나 그레이트풀 데드 프로덕션은 브랜드의 완전성을 신중하게 키워왔기 때문에 이런 과잉현상에 핵심고객들의 흥미를 잃게 하지는 않았다. 실상 그들은 상품이 인기를 끄는 것에 대해 재미와 만족을 느끼고 있었으며, 묘하고 신비스러움이 없어지는 것도 아니므로 묵시적인 허락의 도장을 찍어주고 있었다.

그 동안에 데드헤즈는 마음대로 쓸 만큼의 수입을 갖게 됐으며, 물건을 구매하게 되었다. 매쿼이드는 회사가 설립된 이후 매출이 줄곧 해마다 25%씩 성장했다고 말한다. 1998년에는 우편판매만도 800만 달러에 이른다고 한다. 그리고 그는 가르시아의 사망과 밴드의 해체 이후 사업의 역학관계가 변했다는 것을 인정한다. 막대한 공연수입을 대체하기란 어려운 일이다. 하지만 매쿼이드는 상품판매가 전보다 더 잘 되고 있고, 곧 베이비 붐 세대들이 가장 몰리는 노드스트롬 등에 새로 판로를 개척하면서 브랜드를 확대할 계획이다.

## 『나는 살아남을 것이다』

밴드가 없어진 지금 어떻게 될 것인가? 라이브 공연에 의존하던 밴드가 더 이상 존재하지 않으니 그레이트풀 데드는 이름 그대로 죽은 것인가? 그러나 매쿼이드는 그레이트풀 데드의 브랜드가 무한정 생존할 것이며, 여전히 엄청난 성장 잠재력을 지니고 있다고 믿는다. 그는 데드헤즈가 입장권 구입에 쓴 돈을 이제는 상품과 음반 구입에 쓸 것이라고 지적한다.

그레이트풀 데드는 음반이 앞으로의 결정적 요소임을 미리 인식하고, 일찌감치 지난 30여 년에 걸쳐 무수한 공연과 스튜디오 장면을 녹음해두는 예지력을 지니고 있었다. 그 결과 무려 2,500여 개의 녹음 테이프를 기록보관소에 정리해놓고 있다. 이 테이프들은 최신 방화설비가 갖춰진 지하금고에 보관돼 있으며, 그 동안 밴드 멤버와 기술자들이 사용할 것을 결정하기 위해 열심히 연구해왔다. 이들의 계획은 좋은 재료가 있는 한 음반발매를 계속한다는 것이다. 브랜드 가치와 고객유지의 중요성을 잘 터득하고 있는 그레이트풀 데드는 질이 떨어지는 제품을 내놓지 않았다. 테라핀 스테이션도 사실 이러한 핵심 가치 사업안에 충실한 기반을 두고 계획된 사업이다.

『우리가 가진 자료와 우리에 대한 관심이 사라지기 전에 옛 라이브 공연을 판으로 단순히 찍어내겠다는 것이 아닙니다.』그레이트풀 데드의 베이스 연주자이자 사업 책임자인 베이시스트 레시가 테라핀 스테이션에 대해 〈뉴욕 타임스〉에 한 말이다. 『음악만큼 우리 공연에 큰 유인요소는 동료의식과 사람들이 그 곳에 서로 같이 있는 공동체였습니다. 우리의 음악적·문화적 작업을 담아낼 수 있는 장소를 만들고 싶었고, 그 곳에서 사람들이 모여 새로운 음악을 들을 수 있게 하고 싶었습니다.』

그리고 보관된 그 테이프 자료 덕분에 밴드는 실제로 그 곳에 없더라도 여러 가지 형태로 나타날 수 있었다. 실로 그들의 음악은 여러 세대로 계속 이어졌다. 데드헤즈의 자손과 심지어 손자들이 벌써 그들의 용돈을 소비하고 있다. 장난감 중 그레이트풀 데드의 빈 베어(Bean Bear)는 비니 베이비스에 이어 두번째 매출을 기록하는 인기 장난감이다. 비니 베이비스에 물들인 티셔츠 차림의 곰인형을 만들어 이름도 「가르시아」로 지었다.

남은 밴드 멤버들은 모두 각기 다른 그룹을 결성해 따로따로 활동을 시작했다. 아마도 이들의 공연활동 또한 그레이트풀 데드의 상품과 음반 판매에 도움이 될 것이다. 존 레논(John Lennon), 엘비스 프레슬리(Elvis Presley), 버디 할리(Buddy Holly), 지미 헨드릭스(Jimi Hendrix) 같은 요절한 록 스타들의 신비로운 성전에 가르시아의 이름이 분명 추가될 것이므로, 음반과 상품의 판매는 당연히 이어질 것이다.

그레이트풀 데드는 단순한 록 밴드가 아니라 하나의 사회제도를 만들었다고 섀피로는 지적한다. 그리고 이 제도가 너무 멀리 뻗어나가지 않도록 하는 예지도 지녔다고 말한다.『브랜드들이 얼마나 사람을 사로잡는지 놀랍습니다. 사람들을 꽉 붙잡아놓습니다.』

다른 래디컬 마케터와 마찬가지로 그레이트풀 데드도 스스로 거듭났다. 그레이트풀 데드 음반사는 독자적으로 CD를 제작·발매하고 있으며, 팬들에게 좀더 가까이 다가가려는 끊임없는 노력으로 CD를 좀더 좋은 가격에 판매할 수 있었다. 예를 들면 더블 CD 한 세트가 15달러다. 그러면서도 수익은 더 높이고 있다. 그레이트풀 데드와 그 연관 사업체들이 만들어낸 영업권에 자극받은 다른 음악가들도 이 밴드가 30년 간의 고된 작업 끝에 성취해낸 브랜드 개발의 비결을 탐구하고 있다.

가르시아는 생전에 뛰어난 아티스트이기도 했지만, 자신이 직접 디자인을 도안한 고급 넥타이를 판매함으로써 자기 자신의 개인적인 브랜드를 확대하는 수완을 보이기도 했다. 그 넥타이는 현재 미국에서 가장 잘 팔리는 상품 중 하나가 됐다. 미국 대통령도 그 넥타이를 맨 적이 있다고 한다. 가르시아와는 별도로 성공적인 새로운 상품 라인인 그레이트풀 데드의 넥타이와 실크 의류, 신발, 통넓은 팬티는 히트 상품이 됐다.『티셔츠도 중요하지만 더 이상 핵심 제품군은 아닐 것입니다. 좀더 오래 되고 정교한 시장이 형성될 것이고, 이사회에 참석한 사람들은 이제 그 옛날의 그레이트풀 데드 넥타이를 매고 참석할 것이고 오직 옛 데드헤즈만이 그것을 알아차리겠지요. 참 묘할 것입니다』라고 매퀘이드는 말한다.

이런 맥락으로 보아 매퀘이드는 앞으로 하나의 라이프스타일 브랜드로 구축해갈 생각이다. 노드스트롬 같은 대형 매장에서 최고급 수건 세트도 판매할 계획이다. 비록 그레이트풀 데드를 직접적으로 연상시키지는 않더라도 밴드의 옛 팬들에게는 지대한 인상을 줄 것이다.

그리고 그는 해외로의 추가적인 마케팅 기회를 이미 내다보고 있었다. 그레이트풀 데드는 주로 미국 내에서 활동했지만 해외에서도 엄청난 매력을 발휘했다. 일본에서는 그레이트풀 데드에 대한 관심이 대단하며, 거대한 시장을 발견할 수 있을 것으로 매퀘이드는 기대하고 있다.

버뱅크는 새로운 제품이 그레이트풀 데드를 성장하게 할 것이라고 말한다. 시간이 갈수록 오히려 헨드릭스나 도어스(Doors)처럼 가장 인기 있는 상품이 될 것이라고 지적한다.『헨드릭스는 죽기 전 4~5년밖에는 공연활동을 하지 못했습니다. 그레이트풀 데드는 그러나 몇백만 명의 마음을 울렸습니다. 그런데다 지금도 그레이트풀 데드가 썩 괜찮다고 생각하는 열네살 된 어린이들이 있습니다. 그레이트풀 데드호라는 기관차는 지난 30여 년 동안 계속 달려왔습니다. 앞으로도 갑자기 멈추는 일은 없을 것입니다.』

『이 브랜드는 아직도 살아 움직이고 있습니다. 모든 징후가 우리 앞에 펼쳐질 멋지고 건강한 성장을 약속해줍니다』라고 매퀘이드는 덧붙인다.

# 프로비디언 금융 회사

### 황금을 낳는 데이터 광맥을 찾아

고객의 다양한 대출계좌를 하나로
통합하고, 고객의 욕구에 따라
맞춤계좌로 만들어주는 능력이야말로
프로비디언의 가장 강력한 경쟁무기다.

래디컬 마케터의 공통점 중 하나는 마케팅에 대한 교육이나 전문 경력을 쌓은 사람이 거의 없다는 점이다. 실제로는 이론적인 노하우나 일을 해가는 방식에 대한 선입견이 없다는 점이 오히려 그들로 하여금 브랜드를 마케팅하는 데 성공을 거두게 한 것이다. 신선하고 때때로 래디컬한 아이디어를 냄으로써 그들은 조용히 마케팅의 원칙을 재창출하고 있다.

샌프란시스코에 있는 금융 서비스 회사 프로비디언 금융의 회장이며 대표이사인 메타는 이 같은 사고와 행동의 자유를 누구보다 훌륭히 구현했다.

메타가 은행업과 금융 서비스업에 투신하기까지의 경로는 그가 래디컬 마케팅에 이르게 된 과정만큼이나 우회적이다. 숙련된 엔지니어이면서 학구열에 불타던 메타는 양적인 분석을 좋아했는데, 그의 주무대 또한 창구 뒤쪽의 업무였다. 즉 그는 고객에 대한 정보의 보고라고 할 수 있는 데이터를 담고 있는 컴퓨터 시스템과 그 운영에 관심을 가졌다. 보통 회사들은 이런 데이터를 하찮게 여긴다.

메타는 데이터의 마이더스 대왕이라고 할 만하다. 그의 손은 통계 수치와 고객의 신용정보를 황금으로 바꿔버린다. 다른 래디컬 마케터와 마찬가지로 그는 전통적인 광고나 브랜드 관리기법은 전부 무시한다. 대신 그는 고객의 정밀한 행동에 대한 분석에 토대를 두고 강력한 직접 마케팅 조직을 구축했다. 그의 표현을 빌리면「공학적 접근방법에 따른 직접 마케팅(engineering approach to direct marketing)」이라고 한다. 프로비디언 금융이 한 일은 사실 비밀이라고 볼 수도 없는 것이었다. 이 회사는 경쟁사들이 생각조차 않는 엄청난 땀을 흘렸을 뿐이다.

메타의 기본공식은 간단하다. 전망이 있는 고객층을 찾아 경쟁자에 앞서 그들과 친숙해져 고객으로 만들어라. 그들이 대출금을 제때 갚도록 하라. 그리고 고객에게 끊임없이 부가가치를 안겨줘라.

프로비디언 금융은 첫눈에 래디컬 마케터처럼 보이지는 않는다. 분석에 초점을 맞추는 기업인 만큼 열정 같은 요소는 별로 두드러지지 않을 것 같다. 그러나 프로비디언 금융이 그들의 분석도구를 통해 고객과 유대감을 창출한 과정, 그리고 직원들이 그것을 어떻게 이해하고 있는지를 주의 깊게 들여다보면 이 회사가 얼마나 래디컬한지 자명해진다.

프로비디언 금융을 래디컬하게 만든 것은 그 마케팅 활동을 컴퓨터 운용부서가 주도하며, 데이터 모델링이나 피드백 순환 같은 공학적 개념에 기초해 구축됐다는 점이다. 여기에서부터 모든 제품과 마케팅 관련 의사결정이 흘러나왔다. 최고경영진은 부단히 데이터를 검토하고, 마케팅 영업부서원들과 더불어 적정 이윤을 보장하는 가격대가 어디쯤인지 확인하고, 잘못된 위험을 감수하는 일을 피하려고 노력한다. 이렇게 해서 프로비디언의 마케팅 담당자들은 고객들에게 더 좋은 조건을 제시할 수 있다. 왜냐하면 컴퓨터 시스템을 담당하는 부서가 이런 조건을 충족시킬 수 있기 때문이다.

이러한 틀 안에서 보면 프로비디언 금융은 제2장에서 묘사한 래디컬 마케터의 원형이나 마찬가지다. 회사의 대표인 메타가 직접 마케팅 활동을 관장한다. 그는 포커스 그룹이니 시장조사니 하는 전통적 마케팅 기법을 피하고, 대신 고객과 일 대 일 접촉을 선호한다. 그는 비전통적 사고방식을 환영하고, 전통적 광고에는 한 푼도 쓰지 않는다. 프로비디언 금융에는 전통적 의미의 마케팅 예산은 전혀 존재하지 않는다. 종업원들은 선교사처럼 일한다. 회장인 메타만큼이나 양적인 분석에 매혹된 사람들이다. 그리고 다른 사람이 뛰어들기를 피하는 시장에서 사업을 시작했다는 점, 또 불가능을 사업기회로 여긴다는 점에서 그렇다.

## 감내할 수 있는 선까지만 투자한다

프로비디언은 해마다 사전에 검증을 거친 목표계층에 신용카드 가입을 권유하는 수억 통의 DM을 발송한다. 예상 고객이 회신하면 그에 대한 상세한 신용조사를 실시하고, 고객담당 직원 725명 가운데 한 명을 지정해 그 고객과 직접 통화를 시킨다. 프로비디언의 양적 분석은 손실을 예측할 수 있는 복합적인 전산 모델을 사용하며, 개인의 현재 재정 상태가 경제환경 변화에 따라 어떤 영향을 받는가를 예측한다. 컴퓨터는 회사가 가입자에게 제시해야 할 신용한도를 산출해내며, 회사가 수령할 이자율의 하한선을 제시해준다. 이러한 데이터로 프로비디언은 위험을 최대한 감수하면서도 꽤 괜찮은 수입을 올린다.

고객담당 직원의 단말기 화면에는 고객의 과거 신용정보가 모두

표시되는데, 이 자료는 신용정보 업무를 담당하는 3개 부서가 수집한 것들이다. 바로 이 자료를 놓고 마케팅 과정은 진행된다. 프로비디언 금융의 목표는 「공유된 지갑(share of wallet)」들을 가능한 한 많이 끌어들이는 것이다. 즉 고객이 만약 10여 개의 다른 은행 신용카드를 갖고 있다면, 프로비디언은 이를 자신의 계좌 하나로 통합해주기를 바라는 것이다.

이렇듯 결정적인 자료로 무장하고 있기 때문에 프로비디언 금융은 계약을 체결하는 자리에서 신용카드 약정에 필요한 모든 사항을 결정할 수 있다. 래디컬 마케터답게 고객에게 마음에서 우러나오는 유대감을 제공한다. 즉 고객 하나하나에게 개인적인 재정상태에 안성맞춤식의 신용카드를 발급해준다.

어떤 고객은 연회비 없이 항공사 마일리지와 연계되는 카드를 필요로 할 것이고, 또 다른 고객은 신용한도가 높은 카드를 원할 것이다. 대부분의 고객은 단순한 것을 선호하며, 그저 돈을 쓰는 데 신경을 덜 쓰기만을 바랄 뿐이다.

프로비디언 금융은 자신의 고객층을 잘 알고 있다. 이 회사는 높은 금리를 물더라도 대출금을 많이 쓰는 고객을 대상으로 하며, 신용카드를 단지 편리함 때문에 사용하거나 매달 사용액 전부를 결제하는 모범 고객을 오히려 멀리한다. 프로비디언이 이상적인 고객으로 치는 층은 중산층의 주택소유자로서 연간 수입이 3만에서 7만 5,000달러 사이인 계층이다. 이들은 예산에 민감하고 현금흐름을 중시하는 사람들이다. 대부분 저축액은 그리 많지 않아 신용카드를 돈 빌리는 수단으로 사용한다. 이들은 또 대출금은 모두 갚겠다는 사람이다.

메타는 사용한도 이상으로 돈을 써버려 돈을 더 빌려줄 은행을 찾는 데 곤란을 겪는 사람들의 사정을 잘 알고 있다. 그래서 그의 회사는 이성적으로 최대한이라고 생각하는 신용한도를 부여하고, 이 자율과 수수료를 그러한 위험의 대가로 징수한다. 메타는 또한 돈이란 것이 정서적인 문제라는 것도 잘 알고 있다. 이런 고객들은 고소득층은 아니지만, 2류 시민으로 대접받기를 싫어하기 때문에 프로비디언은 이들에게도 골드 카드나 플래티넘 카드를 보유할 기회를 주고 있다. 이런 고급 카드가 가져다 주는 혜택과 신분상의 지위를 열망하는 고객들은 더 높은 가격을 기꺼이 치른다.

『사람들은 정서적 욕구를 지니고 있고 신분 · 지위에 매우 예민하다. 사람들은 식당에서 골드 카드를 꺼내놓고 싶어하고, 백만장자처럼 대접받고 싶어한다』고 메타는 말한다. 메타는 이 같은 지혜를 심리학 교과서에서 배운 것이 아니라 자신만의 데이터 분석활동에서 얻어냈다. 모든 것을 계량화해서 주의 깊게 그 결과를 분석하면 일정한 유형이 발견되며, 심지어 행동 유형까지 관찰할 수 있다. 그리고 금융업계에서 메타보다 이러한 유형을 잘 이해한 사람은 없었다.

## 마케팅의 틀에서 벗어나라

프로비디언은 큰 보험회사 내의 한 부서로 출발했다. 메타는 실제로 하찮은 후선 부서에서 꾸준하게 유형까지 판독하는 능력을 갈고 닦으면서 자신만의 분석논리를 고안해냈다. 결국 그는 인근 캘리포니아 주 플레즌턴에 첨단 사무실을 차리기에 이르렀다. 래디컬 마케터답게 그는 나중에 프로비디언으로 스카우트할지도 모를 우수하고 명석한 리스크 매니저와 계량분석가, 컴퓨터 운용 엔지니어들을 채용했다. 그리고 이들 주변에, 마케팅을 별개의 기능으로 분할하는 것이 아니라 모든 업무부서에 통합된 형태의 무경계 조직의 기본모형을 만들었다.

대개의 금융기관에서 마케팅은 신용관리부서와 끊임없이 다투게 마련이다. 마케팅은 더 많은 신용을 발생시키고자 하지만, 신용관리부서는 더 많은 통제를 원하기 때문이다. 프로비디언에서는 마케팅이나 신용부서나 똑같은 업무기능을 담당한다. 모든 것은 컴퓨터 운용에 기초를 두며 수학과 통계학, 계량분석에 해박한 지식이 없으면 마케팅 담당자는 프로비디언에서 생존할 수 없다. 모든 직원이 신용을 판매한다는 한 가지 목표에 집중하기 때문에 직종 간의 한계란 존재하지 않는다.

메타에 따르면 그의 회사는 브랜드나 상품을 판매하는 것이 아니라 고객 서비스를 판매한다. 전통적인 브랜드 매니저는 프로비디언의 단선적 마케팅 조직에서는 길을 잃고 말 것이다. 프로비디언의 마케터들은 브랜드 개발계획을 세우거나 광고대행사와 회의를 하는 데 시간을 쓰지 않는다. 그들은 분석적인 능력을 갖추고 있으며, 회사의 시스템을 이용해 고객의 행동에 대한 폭넓은 분석을 하는 데 숙련돼 있다. 따라서 그들과 고객층 사이에는 통역사가 필요없다.

직원들이 스스로 기업가가 되도록 장려하며, 훌륭한 아이디어는 회사로부터 인정받고 승진하는 데 유리한 요소가 되었다. 이런 장려정책 속에 전통적 마케터가 경탄할 만한 수익성 있는 아이디어가 직원들로부터 쏟아져 나온다. 이를테면 고객들이 진짜 골드카드를 사용하고 있다는 느낌이 들게 황금색 특수 도료를 사용하자는 안, 고객들이 더 많은 현금을 빌려가도록 카드 대금청구서에 현금대출 신청서를 동봉해서 보내자는 안, 거래액수가 많은 고객 중 특정 직원을 「개인용 은행원」으로 지정해서 대출금과 신용카드를 관리하기 용이한 하나의 계좌로 통합시켜주자는 안 등이다.

## 수익을 위한 분석

메타의 고위경영진은 자신들의 공식에 마술이 없다고 주장한다. 회사 설립 당시부터 프로비디언은 경영에서 컴퓨터화된 분석도구와 소프트웨어를 선호하는 개량 모델을 도입했으며, 이를 통해 고객 하나하나의 지출 패턴과 수익성을 추적하고, 그에 따라 가격과 서비스 수준을 결정했다는 것이다. 그래서 추가로 만든 것이 엄중한 지출 통제와 원리금 회수규정이었는데, 이것은 경영방식이 성공을 거둘 수 있게 한 중대한 규정이었다.

믿기 어렵겠지만 실제로 그랬다. 그리고 효과를 발휘했다.

프로비디언의 사령탑에 앉은 지 불과 10년 만에 메타는 자산 1억 달러에 순이익 100만 달러에 불과한 무명의 소규모 신용카드 발급 회사를 금융 서비스 업계의 최강자로 키워냈다. 자산규모는 120억 달러, 고객 수는 600만 명, 그리고 당기순이익은 3억 달러에 이른다. 비록 최근 인수합병된 시티그룹(Citigroup)과 뱅크 아메리카(Bank America) 같은 거대기업과 비교하면 상대적으로 규모가 작아보이게 됐지만, 그래도 프로비디언은 연간 시장규모 8,000억 달러의 미국 신용카드 업계에서 누구나 부러워할 만한 대상으로 확고히 자리를 잡았다. 대량광고나 브랜드 구축을 멀리했기에 프로비디언은 기업자산을 고스란히 고객가치를 창출하기 위해 투자할 수 있었다. 단순히 신용만 제공하는 게 아니라 다른 데서는 얻을 수 없는 맞춤신용 서비스를 제공한다.

회사 규모는 작지만 프로비디언은 수익률로 따지면 늘 업계 상위 그룹에 속해왔다. 모기업은 보험회사에서 분리한 이후 1997년 기업을 공개했다. 그리고 1년 만에 회사의 주식은 갑절로 치솟아 액면가의 1,000%에 팔리고 있다. 따라서 월 스트리트의 연인, 즉 인수합병이 판치는 금융업계에서 프로비디언은 합병 상대자로 각광을 받고 있다.

진정한 래디컬 마케터답게 프로비디언 금융은 이 모든 성과를 정식 마케팅 부서 없이, 전통적 브랜드 광고에 돈을 쓰지 않고, 특히 인지도가 높고 왕성한 판촉을 하는 브랜드들이 도사린 시장에 뛰어들어 자기 자신의 브랜드를 만들지 않고도 성취했다. 메타는 신용카드에는 브랜드 충성도 같은 개념이 존재하지 않는다고 주장한다. 고객은 자신의 비자카드가 시티은행(Citicorp)이 발급한 것이든 웰스 파고(Wells Fargo) 은행이 발급한 것이든 전혀 신경쓰지 않는다. 비자카드 스스로가 연간 수억 달러를 광고비에 쓰는데 무엇 때문에 프로비디언이 광고를 할 필요가 있느냐는 것이다. 프로비디언은 기분 좋게 그들 등 위에 탈 수 있었다.

그리고 가장 중요하고도 가장 래디컬한 것은 이러한 마케팅 전략을 관료화된 마케팅 조직의 하부로 넘기지 않고 바로 메타 자신이 주도했다는 점이다. 전통적 마케터에게는 메타의 생각 대부분이 저주와도 같겠지만 메타 자신은 아무래도 좋았다. 그는 대중매체와도 거의 회견한 적이 없으며, 회의에서 발언한 적도 별로 없다. 왜냐하면 그는 경쟁자들의 레이더망에서 벗어나 조용히 있기를 원했으며, 자신만이 발견한 금광을 남들이 눈치채게 하고 싶지 않았기 때문이다.

## 은행이 외면한 사람들을 은행 고객으로

신용을 상품으로 하고 위험을 관리해 수익으로 만드는 게 목표인 회사에서 메타는 시티은행이나 체이스 맨해튼(Chase Manhattan),

또는 MBNA 등이 무시한 새로운 시장을 파고들기 시작했다. 래디컬 마케터답게 프로비디언 금융은 현존하는 시장을 주의 깊게 살핌으로써 새로운 시장을 발견했다. 기존 신용카드 업계보다 카드 발급 승인율을 늘리기 위해 시도했던 일련의 실험과정에서 풍부한 수입원을 찾아낸 것이다.

메타는 대단히 현실지향적인 사업가로서, 악성부채나 수수료 미납, 연체 따위에는 별로 관심이 없었다. 그러나 시간이 가면서 고객들이 왜 프로비디언의 가입 권유를 거부하는지 연구하는 과정에서 그와 고위경영진은 시장의 하부층이 제멋대로 신용공여에서 차단되고 있다는 사실을 끊임없이 확인하게 됐다. 전통적인 신용관리의 공식은 하한선을 그어 그 이상인 사람만 대상으로 삼는다는 것을 발견했다. 그러나 프로비디언의 래디컬한 문화 속에 살고 있는 분석가이자 마케터인 직원들은 계속해서 그 이유에 대해 질문을 던졌다. 결국 메타는 이들 잠재고객을 배제하는 것은 잘못이라는 결정을 내렸다.

메타와 참모들은 새로운 분석 연산방식을 개발, 전통적인 대출요건에는 미치지 못하지만 법규상의 한계선보다는 위에 있는 고객들을 찾아냈다. 그리고 회사가 안심하고 이들 고객을 상대로 마케팅할 수 있는 모델을 만들어냈다. 자격요건 중에는 이를테면 고객이 신용카드를 개설할 때 일종의 담보로 최고 1,000달러까지 저축계좌를 개설하도록 한 것도 있다.

프로비디언은 이렇게 해서 이들 고위험 고객, 은행업계의 은어로 「은행거래를 못 하는 사람(unbanked)」으로 불리는 계층, 또 전통적 용어로 「신용불량거래자」로 불리는 계층을 목표로 삼게 됐다. 이들 중에는 미국에 입국해서 처음으로 대출을 하려는 이민자, 과거 한때 불의의 파산으로 생긴 신용상의 오점을 씻고 새로 은행거래를 하려는 전문직 종사자 등이 포함된다. 프로비디언은 다른 회사에서는 신용공여를 꺼리는 이들 2,500만 가구를 상대로 매우 수익성 높은 사업을 만들어낸 것이다. 이를 통해 프로비디언은 업계를 장악하고 해마다 기록적인 성장을 달성했다. 저축예금을 질권 설정한 「담보부 신용카드」발급사업은 단연 최대 규모로서, 고객 수만 100만 명이 넘는다.

프로비디언 금융은 이제 거대하고도 충성심 강한 고객층을 거느리고 있다. 여신금융이 주류를 이루는 경쟁력 높은 시장에서 프로비디언은 은행에서 버림받은 고객을 신용 있는 고객으로 바꿔놓았으며, 경쟁사들이 그들에게 적극적으로 경쟁하도록 만든 위업은 대단하다. 고객을 회사에 충성스럽게 붙들어둠으로써 프로비디언 금융은 다른 래디컬 마케터처럼 가치를 따질 수 없는 중요한 고객 공동체를 창출했다.

이 회사는 또한 대중 앞에 나서기를 꺼리는 메타를 미국 내에서 손꼽히는 고액연봉 경영자로 만들어놓았을뿐더러 래디컬 마케터의 반열에 오르게 해주었다. 그는 산업분석가들로부터 「천재」로 불리는 것은 물론, 토머스 에디슨(Thomas Edison)이나 헨리 포드(Henry Ford)와 맥을 같이하는 돌파력 사고를 가졌다는 찬사를 듣는다. 이렇게 마케팅의 귀재로 찬사를 받는다는 사실은, 그가 은행업에 이르게 된 경로를 알게 되면 더욱 놀라게 된다.

## 남다른 시각으로 바라보라

메타는 마흔아홉 살로, 원래 인도 봄베이 다이아몬드 상인의 가정에서 태어났다. 인도 최고의 명문 봄베이 공대에서 기계공학을 공부한 뒤 클리블랜드에 있는 케이스 웨스턴 리저브 대학의 석사과정으로 유학을 왔다. 전과목 A학점의 수재였던 메타는 곧 계량분석(operations research : OR)과 컴퓨터공학으로 석사 · 박사학위를 취득했다. 그의 수학과 공학적 재능을 탐낸 벨 연구소(Bell Labs)와 다른 명문 기업들이 그를 스카우트하려고 무진 애를 썼지만, 그는 일찌감치 공학도에게 잘 어울리지 않을 듯한 분야에 종사하기로 예정되어 있었다.

케이스 웨스턴 리저브 대학 재학 중 메타는 당시 오하이오 주 최대 은행이었던 클리블랜드 트러스트(Cleveland Trust)의 연구 프로젝트를 수행할 기회를 얻었다. 그 은행은 배달체계에 문제가 생겼다고 생각하고 그 문제를 해결해줄 대학원생을 물색하던 중이었다. 그 때가 1973년으로서, 당시 아랍 세계의 석유 공급중단이 최고조에 이르고 있었다. 그 은행은 까다롭고 복잡한 배송체계를 분석해 달라고 했다. 이 은행은 쿠야호가 카운티 한 곳에만도 지점을 여든 세 개나 갖고 있었고, 매일매일 운전기사 열세 명이 고객의 청구서 수천 매가 담긴 우편물을 나르기 위해 이리저리 움직이고 있었다. 은행측이 원한 것은, 가솔린 값은 치솟고 있는데 이 운선사들이 최적으로 운용되고 있는가, 즉 이동경로를 줄이고 치솟는 가솔린 값을 아낄 수 있는 비용절감 방법을 찾는 것이었다.

연구비는 시간당 7달러였다. 메타는 계량분석을 전공하는 위치에서는 더 바랄 수 없이 완벽한 일거리라고 생각했다. 메타에게는 다른 사람에게는 보이지 않는 해결책을 찾아내는 비범성이 있었다. 이를테면 대학원 시절 그는 이미 100년째 풀리지 않아 가르치는 교수조차 해답이 없다고 생각하던 그래프 이론상의 난제를 풀어낸 적이 있었다. 여기에 경탄한 교수는 만약 메타가 이수 학점만 취득하면 박사학위 논문은 그 문제를 풀어낸 것으로 대체하겠다고 약속했다.

클리블랜드 트러스트에서 은행 문제를 연구하면서 메타는 진짜 문제는 가솔린 몇 리터 아끼는 게 아니고, 고객의 수표를 은행계좌로 연결시켜 입금시키기까지의 공백기간이 문제라는 점을 알게 됐다. 지점에서는 하루에도 몇천 건의 수표를 우편으로 접수했다. 목표는 이들 수표를 가능한 한 빨리 처리해 공백을 줄이는 것이었다. 연방준비은행의 클리블랜드 지점에 일찍 넘긴 수표는 하루치 이자를 더 붙일 수 있었다. 그 은행은 하루에 1억 달러어치 타지방 수표를 처리했다. 메타는 수표 수속절차의 지연 때문에 은행이 100만 달러당 200달러를 날리고 있다는 결론을 내렸다.

메타에게는 상황이 명백하게 보였다. 데이터를 분석해본 결과 일부 교외의 지점들은 우편물 수가 현저히 적었고 도심에 있는 지점들보다 수표 취급 건수도 적었다.

그는 각 지점에서 처리하는 수표의 수에 따라 새로운 우편물 수취 배송 일정을 짰다. 메타가 만들어낸 배송 루트는 연방준비은행 지점에 최대한 많은 수표를 배달하는 데 초점을 맞췄다. 은행이 대량의 수표를 신속하게 모아놓으면 수송기간을 줄이는 것만으로도 상당한 이익이 남는 것이었다.

그의 연구를 감독하던 사람들은 물론 은행가였기 때문에 그의 제안에 충격을 받으면서도 매우 기뻐했다. 메타는 이같이 숨겨진 사실을 밝혀낸 것이 매우 즐거웠다. 자료를 분석할 시간만 있으면 금방 눈에 띄는 일이었다. 그러나 1970년대의 은행들은 후선업무 외에 컴퓨터를 사용한 계량적 정보로 전략적인 이득을 취하는 데는 서글플 정도로 매우 서툴렀다. 은행은 즉각 그에게 정규직을 제안했고 메타는 이를 받아들였다. 메타는 「이거 쉽구만」 하고 생각했다. 제조업 분야에서 분석훈련을 받은 그는 은행의 동료들을 훨씬 앞질러가고 있었다. 그는 「여기라면 내가 천재가 될 수 있겠다」 생각하고 은행에 입사했다.

이후 메타는 그 은행의 후선업무 시스템을 13년 동안 관리했다. 이 과정에서 은행업계의 운영에 대해 엄청난 지식을 축적했으며, 이것이 프로비디언 금융이 성공을 거둔 밑거름이 된 것이다. 그는 1986년 당시 「퍼스트 디퍼지트 코퍼레이션(First Deposit Corporation)」이라는 이름으로 불리던 프로비디언 금융에 합류하게 되었다. 직위는 최고업무책임자(CEO)라는 임원으로 2~3년 안에 대표이사로 승진시켜주는 조건이었다.

모기업은 당시 「캐피털 홀딩(Capital Holding)」이라고 불린 보험회사였고, 프로비디언 금융은 그 중 한 사업부로서 또 다른 금융업계의 천재 앤드류 카(Andrew Kahr)가 설립한 신용카드 발급 사업체였다. 카는 메릴 린치(Merrill Lynch)사의 혁신적인 현금관리계좌 상품을 처음 고안한 주인공이었다. 그 금융상품은 고객의 당좌와 저축예금, 비자카드 등을 모두 하나의 월간 거래원장에 담아서 관리해주는 것이었는데, 첨단기술을 소비자 금융분야에 적용한 혁신적인 상품으로 이후 금융계 전체에서 널리 모방됐다.

프로비디언에서도 카는 혁신을 계속해 매출액의 1%를 수수료로 떼는 대신 연회비를 폐지한 최초의 비자카드를 등장시켰다. 그 카드는 21.9%라는 높은 금리를 채택했으며, 발급시 의무적으로 현금 1,000달러를 현금 서비스나 예금 등의 형식으로 빌리도록 하는 것이었다. 그런데도 현금 서비스가 필요한 고객에게는 매력이 있는 것이었다. 당장 카드가 필요했다는 점에서 금리나 여타 조건에는 크게 개의치 않는 고객들이 있었다.

그는 또 다른 최초의 상품도 만들어냈는데, 이것 또한 나중에 카드업계에 일반화됐다. 즉 잔액의 2%만 지불하면 되는 리볼빙 카드였다. 신용카드업은 이익이 가장 많이 남는 업종인데, 이런 종류의 신용카드는 더욱더 수익이 높았다.

그러나 이런 혁신에도 불구하고 메타가 입사할 무렵 프로비디언 금융은 달팽이 같은 속도로 성장하고 있었다. 이 소규모 회사는 직원 수 80명에 자산 규모 1억 달러로서 간신히 수지를 맞추는 수준이었다.

그럼에도 불구하고 메타는 대단한 잠재력을 봤다. 소비자 금융산업은 활발한 변화를 겪는 와중에 있었다. 예전의 재래식 사고방식에서 하이테크가 주도하는 패러다임으로 급격히 바뀌고 있었다. 이같은 환경은 프로비디언 금융같이 새로 진입한 기업에는 큰 이점이었다. 무엇보다도 메타는 직원들의 지적 재능에 감명을 받았다. 그는 금융기관의 수익성이 점점 더 지적 자산에 좌우될 것이라는 신념을 갖고 있었다. 명석한 사람들은 많은 돈을 투자해야 했지만 그만큼 뛰어난 아이디어를 제공하고 후선업무를 효율적으로 운영하고 계량화할 수 있는 이익을 찾아낼 수 있었다. 그 때문에 결국 회사로선 이익이었다.

그러나 그런 지적 자산도 메타가 마케팅 계획과 그것을 실행할 방법을 제시하지 못하면 허사가 됐을 것이다. 래디컬 마케터답게 그는 위대한 아이디어와 위대한 계획을 지녔지만, 한정된 자원을 가진 사람의 혁신적인 눈으로 경쟁적인 환경을 내다봤다. 아메리칸 익스프레스(American Express)나 시티은행은 장구한 세월 동안 구축된 최고의 브랜드였으나, 그에게는 그런 메가 브랜드를 구축할 시간이 없다고 생각했다. 뱅크아메리카, 뱅크원(BancOne) 등은 프로비디언 금융으로선 감히 대적할 꿈도 꿀 수 없을 정도로 수많은 지점망을 전국에 갖추고 있었다.

「그런 장점이 없다면 어떻게 경쟁할 것인가?」 메타는 자신에게 물었다. 「단지 상품을 혁신시키는 사람이라 해서 문제가 해결되지는 않는다. 혁신적인 상품은 경쟁력을 갖되 오래 가지 못한다. 아메리칸 익스프레스가 가장 먼저 플래티넘 카드로 히트를 쳤지만, 지금은 60여 개 회사에서 플래티넘을 발급하고 있다. 그렇다면 대체 우리의 장점은 어디에 있나?」

## 후선부서에서의 우유와 과자

그 해답을 찾으려고 메타는 자신의 뿌리인 후선부서로 눈을 돌렸다. 대학원을 떠난 지 이미 10여 년이 지났지만, 여전히 은행 후선부서 분야의 개선은 없었다. 은행의 시스템 운영은 산더미 같은 종이에 파묻혀버렸고, 후선부서는 고졸자들로 채워져 있었다. MBA들은 대출업무나 재무분야에 배치돼 있었다. 후선부서는 말하자면 컴퓨터 회사들이 하드웨어와 소프트웨어를 밀어넣어 놓고 은행의 정보기술담당 임원들이 그 시스템을 알아서 조립하라고 내팽개쳐두는 컴퓨터 회사만의 왕국이었다.

대부분의 은행가가 지저분하고 하찮은 일이라고 여겼던 것을 메타는 아직 누구도 눈길을 주지 않은 유용한 데이터의 광맥으로 봤다. 그는 바로 그 컴퓨터와 디스크 드라이브 속에서 자신의 무기를 찾아낼 수 있다고 믿었다. 「실행하다 보면 위험도 찾아올 것이다. 하지만 제대로 한다면 남들이 모방하기는 더 어려울 것 아닌가.」

다른 래디컬 마케터처럼 그는 좋은 품질이 좋은 결과를 낳는다고 믿었다. 그는 업계 최상의 후선부서를 구성하기로 마음먹었다. 최첨단 장비를 갖추고 최고의 명석한 사람들로 진용을 짜기로 했다. 그는 뱅크아메리카의 시스템과 위험관리 업무를 12년 동안이나 맡아온 데이비드 B. 스미스(David B. Smith)를 채용했고, 스미스는 플레즌턴에 있는 프로비디언 금융의 후선부서를 만들어냈다.

경쟁사들이 구식 장비로 후선부서를 통제하고 심지어 후선부서 비용을 축소시키는 데 부심한 반면, 메타는 후선부서를 자신의 주요 투자대상으로 생각하고 이를 구축하는 데 자원을 쏟아 부었다. 그 자신이 1주일에 이틀은 샌프란시스코의 본사를 떠나 그 곳을 찾아 간부진과 함께 계량분석가들이 쏟아내는 자료를 직접 검토했다. 『그 곳에서 내가 지탱할 수 있는 무기가 생겨난 것이다』라고 메타는 말한다.

플레즌턴을 방문한 사람은 업무현장뿐 아니라 메타의 열정에 더 큰 감명을 받게 된다. 로스앤젤레스에 있는 제퍼리스 & 컴퍼니(Jefferies & Company)의 분석가 샬로트 체임벌린(Charlotte Chamberlain)은 『메타가 가장 좋아하는 것은 과자와 우유를 들고 그 곳에 찾아와서는 오후 내내 머물면서 최근 파산을 당한 30건의 사례에 대한 자료를 들고 그렇게 된 원인을 분석하는 것이었다. 데이터의 세계에서 쓸모없는 것은 없다. 그것을 파내 제련하면 이익은 계속 생겨난다』고 말한다.

스미스에 따르면 플레즌턴 사무소의 핵심업무는 행동분석 실험이다. 프로비디언 금융의 고객담당들은 1주일에 적어도 2만 명에서 7만 명의 고객과 대화한다. 만약 회사가 5,000만 건의 우편물을 보내려 한다면 먼저 5만 명에게 조금씩 차이가 나는 가입조건이나 혜택을 담은 우편물을 시험용으로 발송한다. 회신이 오면 전부 테스트 센터에서 취합해 정밀조사한다. 프로비디언 금융은 이런 방식으로 가격을 정하고 신용한도를 정했기 때문에 높은 회신율을 보이는 것이다. 스미스에 따르면 사실 담보형 신용카드를 포함해 프로비디언의 상품 대부분은 바로 이렇듯 민첩한 기동연습을 통해 생겨났다.

상품보다 고위험 시장에 더욱 집중하는 전략을 통해 프로비디언 금융은 고객에 대한 최초의 가설을 거듭 실험해서 경쟁력 있는 상품으로 다듬는다. 가령 한 명의 잠재고객을 전화로 설득할 경우, 프로비디언 금융은 그 통화내용을 세밀히 재검토해 어떤 부분이 효과가 있었는지 추적한다. 통화가 성공적이지 못했다면 고객이 전화를 끊어버린 순간 담당직원이 어떤 단어를 말하고 있었는지까지 모니터한다.

고객과의 상호작용에 대한 세밀한 분석작업에 집착하는 것은 래디컬 마케팅의 고유한 특성과도 같다. 프로비디언 금융은 포커스 그룹이나 외부의 시장조사에 의존하기보다는 이런 종류의 분석을 통해 사무실에서 벗어나 고객에게 다가갔다. 기본적으로 메타는 아이엠스 식품의 매틸이나 할리데이비슨의 티얼링크, 보스턴 맥주의 쿡과 똑같은 방법을 실행했다. 고객과 친밀성을 유지해야 한다는 근본 과제는 마케팅이나 광고로 절대 대체할 수 없다. 7만 통의 전화는 대부분 일방적으로 끊길지 모르지만, 그것은 고객과의 친밀성을 가져다 주는 원천이 된다.

회사 내부에도 비슷한 영향을 미친다. 『신빙성 있는 방법으로 시험하고 그 결과를 보고할 수 있는 수소와 직원을 갖고 있다면 실행을 미덕으로 하는 문화가 조성됩니다.』스미스의 말이다. 그는 또 이렇게 덧붙인다. 『규모가 큰 회사에서는 마케팅 부서가 괜찮은 아이디어를 낼 경우 신용관리부서에서 「그게 왜 괜찮지 않은지」 입증하기 위해 온갖 이유를 대곤 합니다. 그러나 실험자료를 토대로 「여기에 양질의 신용이 있고 수익성이 있다」고 들이대면 문제는 그 아이디어가 괜찮은 것인가 여부의 판단에서 얼마나 빨리 실행할 것이냐로 변합니다.』

바로 이 지휘통제소에서 프로비디언은 다른 대부분의 기업경영인들이 그저 부러워하기만 하는 성과를 달성했다. 그것은 바로 방대한 고객층과의 인간적인 연결이 가져다 준 것이었다. 프로비디언의 고위경영진은 모두가 직접 나서서 데이터 분석과 소비자와의 대화에 깊이 관여하고 있다. 심지어 그들은 전화상담원들의 대화문구까지도 작성해준다.

## 전통적 마케팅 이론을 무시하라

세스 바라드(Seth Barad)는 프로비디언의 담보부 신용카드 사업을 책임지는 부사장이다. 아메리칸 익스프레스에서 8년 동안 일했으며, 국제적 컨설팅 회사인 베인 & 컴퍼니(Bain & Company)에서도 8년을 일했다. 그 기간 중 그는 조직에서 고객의 목소리를 듣는 게 얼마나 중요한가, 또 조직을 단층화하는 것이 얼마나 중요한가를 강조하는 얘기를 귀에 못이 박히게 들었다. 그러나 실제로 그런 개념을 수용하는 기업은 거의 없는데도 프로비디언은 기업문화와 사업방식이 바로 그러한 원칙에 의거해 운영되고 있었다.

조직에서의 위계질서는 최소한으로 유지하고, 부서 간에는 협력체제가 바탕이 되고 있다. 바라드에 따르면, 고객의 목소리를 듣는 일은 최고위층에서 직접 처리한다. 금요일 아침 회의를 예로 들면 최고경영진은 고객들이 터뜨리는 불만사항을 하나하나 검토한다. 그 목표는 직접 응답을 하는 것이 아니다. 그런 일은 다른 사람들이 담당한다. 목표는 배울 점을 찾아내는 것이다. 잘못 돌아가고 있는 시안, 제품의 결함으로부터 배우는 것이다. 고위경영진은 정규적으로 파산 사례를 꺼내들고 그 데이터를 분석해서 원인을 찾아본다. 이를테면 이혼의 경우 장래에 파산 가능성을 높여주는 요소가 될 수 있다. 그런 사례가 발생할 경우 프로비디언의 고객 서비스 담당은 해당 계좌를 면밀히 모니터하고 고객과 접촉해 위험을 줄일 수 있는 방법을 찾아나선다.

이런 통찰력은 몇백 건의 파일을 조사해 어떤 경향을 찾아내고, 세부사항을 전부 숙지하는 간부들이 있어야만 가능하다고 바라드는 말한다. 대부분의 경쟁사들은 그와 달리 외부의 조사기관에 용역을 줘 시장조사를 실시하고, 그 다음에는 불필요한 포커스 그룹을 불러들인다. 그런 조사는 새 상품을 도입하기 위해, 현재의 고객층을 유지하기 위해, 브랜드를 구축하기 위해, 그리고 점유율을 높이기 위해 대중매체 광고로 반드시 이어진다. 마케팅에서 이런 식의 점유율 확보는 마치 어부들이 유망을 치는 것과도 같다. 비효율적인 데다 비용은 엄청나게 들며, 무엇보다 프로비디언의 마케팅 문화와는 전혀 어울리지 않는다.

메타가 기존의 전통적 마케팅 수단에 결함이 있다고 믿는 것은 그리 놀라운 일도 아니다. 그는 인구통계학이란 고객의 구매행동을 측정하고 예측하는 기준으로는 전혀 적절치 않다고 주장한다. 그는 성별이나 연령, 소득수준, 지역까지 완전히 똑같은 두 개의 인구학적 그룹이 구매에서는 전혀 다른 욕구나 행동을 보일 수 있다고 말한다. 따라서 포커스 그룹이란 원초적으로 행동분석하기에는 부적절한 것이다.

프로비디언에 합류한 초창기에 메타는 시티뱅크와 필립 모리스, 뱅크 오프 아메리카(Bank of America)에서 경력을 쌓은 전문적인 마케팅 매니저를 채용했다. 그 매니저는 금융계좌에 대한 소비자의 행동을 이해하기 위해 포커스 그룹이 필요하다고 주장했다. 언제나 그렇듯이 다양한 인구통계학적 분포에 따라 선정된 소비자들을 한 방에 모아놓고 질문을 하자 사전에 심사숙고한 답변들이 나왔다. 당연히 발급조건과 금리가 가장 유리한 곳에 가입하겠다고 말했던 것이다. 그러나 래디컬 마케터인 메타는 그런 답변의 진실성에 의심이 갔다. 그는 자신이 직접 준비한 보너스 질문을 던졌다. 현재 어떤 계좌를 사용하고 있느냐는 질문이었다. 그에 대한 답변으로 나온 계좌 대부분은 그의 기억으로는, 거의가 조금 전 그들이 고려해보겠다고 말한 금리보다 훨씬 높았다. 당시 시장에는 그들이 이용하던 계좌보다 훨씬 금리가 낮은 금융상품도 있었다. 그런데 왜 그들은 그리로 옮기지 않았단 말인가?

『포커스 그룹에 속한 사람들은 말과 행동이 다른 경향이 있다.』 메타는 이렇게 설명한다. 『그들은 포커스 그룹 안에 있으면 서로 간의 묵시적 압력 때문에 이성적으로 변하는 경향이 있다. 그러나 그들이 실제 구매를 할 때는 전혀 비합리적인 방법으로 구매한다. 실제로 데이터를 분석해보면 그들이 「구입할」 물건이 아니라 진짜로 「구입하는」 물건을 알 수 있다.』

메타는 또한 대출상품의 시장파악과 제품개발에 사용되는 전통적 모델에 결함이 있음을 알게 됐다. 경쟁기업들은 미리 상품을 정해놓고, 그 개발된 상품에 맞춰 포커스 그룹을 선정하고, 그 상품개발을 정당화하기 위해 시장조사를 실시한다는 것이다. 포커스 그룹을 아예 무시하기로 한 메타는 먼저 시장을 파악한 뒤 거기에 맞는 상품과 소비자가 실제로 원하는 상품을 공급하기로 했다.

메타는 『우리는 서비스 판매업을 합니다』라고 말한다. 『우리의 초점은 현금을 고객에게 전하는 가장 효율적이고도 수익성 있는 방법이 무엇이냐를 묻는 것이죠. 모든 사람이 다 저금리나 부대특혜를 찾는 것은 아닙니다. 어떤 고객은 항공사 마일리지보다 현금 리베이트에 더 매력을 느낄 것이고, 또 다른 고객은 「마일리지를 주세요」라고 말합니다.』 메타는 이런 요소를 이해하고 있었기에 수익성 높은 사업을 만들었고, 틈새 기회를 만들어냈다. 이를테면 그는 낮은 가격이라는 것은 정의하기에 따라서는 사람마다 다를 수 있다고 본다. 즉 어떤 사람은 9% 금리라면 낮은 것으로 보는 반면, 어떤 이는 12%도 매우 낮다고 여긴다. 그렇다면 상품의 가격대를 어떻게 결정할 것인가?

경쟁사들은 가격에 몹시 집착하지만, 진실은 고객들이 은행원보다 훨씬 덜 민감하다. 『2,000달러를 대출했을 경우 금리 9%와 12%의 이자 차액은 1주일에 1.5달러로 스타벅스(역주 Starbuck's : 미국 전역에 자사 레스토랑을 갖추고 양질의 커피와 케이크를 제공하는 커피 회사) 커피 한 잔 값도 안 됩니다』라고 메타는 말한다. 『그러나 은행원에게는 엄청 크지만 고객에게는 불쾌한 정도죠. 「가게에서 1.5달러를 아끼느니 차라리 카드를 갖고 여러 혜택을 누리겠어요」라고 말합니다.』 바로 그 똑같은 고객이 포거스 그룹 안에 들어가기만 하면 여러 사람 중에 있다 보니 자기도 합리적으로 보이고 싶어 대부분 9%짜리 카드를 선호한다고 말하는 것이다.

실제로 프로비디언이 발견한 것은, 고객이 무엇보다 단순한 것을 가장 선호한다는 것이다. 메타는 말한다. 『우리는 늘 시간에 쪼들리고 있습니다. 소득에 따라 구분한 모든 계층에서 하나같이 모두 시간은 고귀한 것이었습니다. 돈이 많은 사람들은 「돈 쓸」 시간이 필요하고, 다른 사람들은 「돈 벌」 시간이 필요합니다. 고객들은 이렇게 말하곤 하죠. 「인생이 좀더 단순해지고, 자유로운 시간을 가질 수만 있다면 돈을 좀더 지급할 용의가 있어요.」』

고객의 다양한 대출계좌를 하나로 통합할 수도 있고, 그것을 고객의 욕구에 따라 특정 형태의 맞춤계좌로 만들어줄 수 있는 능력이야말로 메타가 지닌 가장 강력한 경쟁무기다.

그리고 프로비디언이 그러한 고위험 시장을 목표로 한다는 사실이 일부 업계 분석가들의 사례연구 대상으로 떠오르자, 메타는 진정한 래디컬 마케터답게 단지 기회를 넓혔을 뿐이라고 주장했다.

메타에 따르면 프로비디언의 결손율은 거대 은행들과 거의 비슷하다고 한다. 그러나 그보다 중요한 것은 프로비디언이 순수하게 결손율 측면이 아니라 위험과 잘 조화된 수입을 관리하고 있다는 점이다. 프로비디언은 다달이 카드 잔액을 착실히 변제하는 편리한 고객을 피함으로써 어떤 카드회사보다 높은 수익을 올리고 있으며, 다른 기업들이 두려워하는 시장에서 편안하게 장사를 하고 있다. 『여신금융에서는 위험을 감수하지 않으면 돈을 벌 수 없는 법입니다』라고 메타는 말한다.

## 마케팅 예산을 금지하라

전통적 마케터는 프로비디언의 마케팅 예산이나 표계산에 따라 산출된 예산배분에 대한 굳은 편견을 보면 황당해할 것이다. 래디컬 마케터는 그러나 마케팅 예산에 대한 전통 이론에 방해받지 않는다. 바라드에 따르면, 그런 것은 은행이나 대형 금융기관에서나 예의상 필요한 것이며, 안 써도 될 것을 쓰게 만드는 자격일 뿐 프로비디언 같은 래디컬 마케터가 추구하는 창의성 및 기업가 정신과는 거리가 먼 것이었다.

바라드는 『아메리칸 익스프레스의 골드카드 보상 프로그램 담당자라면 새 고객을 끌어들이고 마케팅하기 위해 연초에 2,000만 달러를 예산으로 받을 수 있을 겁니다. 대부분의 전통적 마케팅 회사에서는 그러한 2,000만 달러는 하나의 권리이자 자격이죠. 즉 한 개인에게 그만한 액수를 써도 좋다는 권한을 주는 것입니다』라고 말한다.

그런 임무는 회계연도나 분기 초기에 목표로 삼은 결과에 기초를 두고 있다. 이를테면 카드 산업의 경우 회사의 성공을 가리는 잣대는 소비자가 지갑 속에 갖고 있는 카드의 매수다. 기업 분석가들은 그것을 재정적 성공을 측정하는 바로미터로 삼는다. 얼마나 돈을 벌었는지는 아예 관심 밖이다. 그래서 아메리칸 익스프레스는 해마다 4분기에 이르면 골드카드 발급 목표를 세우며, 그 회사의 마케팅 담당자들은 오로지 발급 숫자에만 초점을 맞춘다. 배우자들에게 무료로 나눠주는 카드나 아무런 이익도 창출하지 못하는 판촉 차원의 카드도 숫자에 포함시키면서 말이다.

　　바라드에 따르면, 프로비디언에서는 회사의 컴퓨터 모델이 지원하는 공학적 정신 덕분에 그 초점을 바꿨다. 우편물을 얼마나 보낼 것이며, 그 안에 어떤 내용을 담을 것인가에 대한 의사결정이 날마다 또는 주간, 월간 단위로 끊임없이 이뤄진다. 바라드가 당초 예상보다 많은 돈을 쓰더라도 전혀 비판할 것이 못된다. 그는 『현명한 경제적 가치를 낳는 결정을 내리고 있다면 문제가 될 게 없습니다』라고 말한다. 『큰 회사에서는 만약 제가 2,000만 달러의 예산 중 1,900만 달러만 사용하면 영웅으로 취급될 것입니다. 그러나 여기선 이런 질문을 받게 될 것입니다. 「1,900만 달러를 더 주면 얼마나 더 성과를 낼 수 있겠나?」』

　　그래서 프로비디언은 연초에 DM 숫자 자체를 목표로 삼지 않는다. 대신에 정례회의에서 바라드와 그의 부서원들이 현재의 데이터를 분석해 회신율과 가입률, 자본수익률 따위를 조사해서 카드의 순현가와 예상수익률을 내놓고, 그런 다음에야 그 주의 우편작업이 어느 정도 규모가 될지를 결정한다.

　　잘 다듬어지고 면밀히 조사되는 환경에서 마케터는 항목이 설명되고 예산이 편성되는 마케팅 접근방법에서 벗어날 수 있다. 먼저 광고를 하고 보자는 식의 전통적 마케팅과 달리, 프로비디언은 전에 내린 의사결정을 다시 한번 되돌아보고 잘 된 점과 잘못된 점을 배우기 위한 실험을 하는 데 시간을 투자한다.

공학도들은 이를 피드백 순환이라 부른다.『지난 4월에 내린 결정으로 되돌아가서 그것이 비록 엉터리 결정이었다 하더라도 거기에서 교훈을 찾아내자』는 것이 바라드의 생각이다.『진정 나쁜 실험은 그것으로부터 배울 점이 없는 실험입니다. 대부분의 실험은 곧장 뛰어난 제품으로 연결되지 않죠. 하지만 그렇게 함으로써 하지 말아야 할 일이 무언지 터득하게 되고 미래의 많은 골칫거리에서 벗어날 수도 있습니다.』

게다가 프로비디언은 다른 경쟁업체에 비해 회사의 비용구조와 비용과 수입의 균형을 맞추는 방법을 제대로 파악하고 있다. 마케팅 담당자들은 자신들이 순수한 금융상품을 만들어내고 있다는 점을 잘 알고 있다. 그들은 또한 시티은행이 그 압도적인 덩치와 규모의 경제를 이용해 자신들보다 더 싼 카드를 만들어낼 수 있다는 것도 알고 있다.

그러나 바라드가 지적했듯이 프로비디언은 자신의 틈새시장에 집중하고, 그 문화와 컴퓨터를 사용해 자기 자신의 무기로 만들어냈다.『큰 회사들은 의사결정을 내리는 데 거대한 문화적 장벽을 지니고 있습니다』라고 그는 말한다. 아메리칸 익스프레스나 시티은행 같은 큰 회사들은 개별 브랜드나 상품 주위에 방대한 마케팅 부서를 설치하며, 핵심 고객층에서부터 예닐곱 층으로 덮여 있는 젊은 마케터에게 회사의 귀중한 자산을 맡겨버린다.

그리고 가장 중요한 것은, 대기업은 프로비디언의 시장에 발을 들여놓을 만큼 래디컬한 시각을 갖지 못한다. 어떤 기업은 단순히 회사 이미지 때문에 이 시장에 들어서지 못한다. 또는 진입장벽이 프로비디언의 복합적 기술과 데이터 수집능력 등으로 말미암아 기대했던 것보다 높다는 것을 발견한다.

그 핵심시장에 아주 깊게 몰두함으로써 프로비디언은 한꺼번에 너무 많은 시장에 간여해 집중력이 흐트러진 경쟁사들과 맞서 상당히 유리한 고지에 서 있다. 더욱이 프로비디언은 지난 10여 년 동안 실험 모델을 정밀하게 가다듬어왔을 뿐만 아니라, 이제는 신용정보 회사들로부터는 자료를 사들일 수 없는 위험관리 측정과 위험평가 방법을 발견하게 됐다. 대부분의 경쟁사들은 이런 고위험도의 세분시장에서 수익을 내는 방법을 배우기 위해 감히 시간과 정력을 바칠 의지가 없다. 『이것은 시행착오를 통해 배우는 수밖에 없습니다』라고 바라드는 말한다.

인수합병이 판치는 금융산업의 현실에서 프로비디언이 독립된 회사로 계속 성장할 수 있느냐가 메타가 풀어야 할 가장 어려운 시험이다. 메타는 의도적으로 자신을 감추고자 노력한다. 『나는 내 아이디어가 늘 신선했으면 좋겠고, 남들이 그것을 쉽게 얻지 못했으면 좋겠습니다.』

최고의 아이디어가 금방 전용되고 모방되는 산업에서 프로비디인은 자신의 래디컬한 뿌리를 고수했을 뿐 아니라, 젊고 재능 있는 직원들에게 동기를 부여하고 충성심으로 가득 차게 만드는 독특한 기업문화를 지켜왔기 때문에 업계의 선두에 설 수 있었다. 『저는 지적재산에 큰 가치를 둡니다. 똑똑한 사람들, 우리와 같은 부서의 경쟁사 사람들보다 똑똑한 사람들만 있으면 성공할 가능성은 훨씬 높습니다』라고 메타는 말한다.

특히 그 사람이 회사의 대표라면 더욱 그렇다.

# 할리데이비슨

귀청 떨어지는 굉음을 생활 속의 브랜드로

할리데이비슨이 저지를 수 있는
최악의 실수는 다른 기업들처럼
행동하는 것이다. 탐욕과 오만,
자기만족은 경쟁사가 아닌
우리를 먼저 쓰러뜨릴 것이다.

『상대가 오른쪽으로 돌면 왼쪽으로 돌아라.
— 클라이드 페슬러

ㅂ 랜드에 대한 공동체를 창출해내는 것이 래디컬 마케팅이라
면, 이 회사보다 더 확실히 그것을 보여주는 곳도 없다.
1998년 6월 13일, 할리데이비슨의 창립 95주년을 기념하는
행사의 하나로, 귀청 떨어질 듯한 굉음 속에 검정 가죽옷과 번쩍거
리는 크롬 장식을 단 5만 명의 할리데이비슨 모터사이클들이, 주간
고속도로 94번을 따라 동쪽으로 질수해 밀워기 시내로 밀러들있다.
이 같은 광경은 규모 면에서도 놀라울 뿐만 아니라 정서적 측면에서
도 강력한 메시지를 전달하는 효과가 있었다. 할리데이비슨을 소유하
는 이라면 누구나 매우 특별한 공동체의 일원이 된다는 메시지다.

할리데이비슨은 5년마다 회사 창립기념 행사를 주최하며, 행사를
할 때마다 그 이전의 규모를 능가해왔다. 창립 95주년 당시에는 할
리 소유자들을 전국의 5개 도시로부터 출발해 본사가 있는 밀워키
로 모이는 크로스 컨트리 경주로 초청했다. 「집으로 찾아오라.」 이
것이 회사가 던진 메시지였다. 곧 할리데이비슨 판매망과 회사가
공식 지원하는 동호회 HOG를 통해 할리데이비슨 애호가들은 가족

행사로 여겨지는 행사에 반드시 참여해야 한다는 말이 퍼져나갔다. 밀워키에서 160km나 떨어진 호텔마저 1년 전부터 예약이 끝난 상태였으며, 퍼레이드에 참여하도록 허락받은 5만 명을 포함해 할리데이비슨 소유자 12만 5,000명이 시내로 들어섰다. 밀워키 시 당국도 고장을 빛낸 회사를 위해 주말 내내 축하행사를 베풀었다.

할리데이비슨의 임원들 또한 래디컬 마케터였기 때문에, 그들은 정장에 넥타이 차림으로 시내의 귀빈석에 앉아 기다리고 있지만은 않았다. 티얼링크 회장에서 대표이사 블루스타인에 이르는 모든 간부경영진과 수백 명의 직원들도 처음 창설된 5개 도시에서 출발해 자신들의 할리데이비슨을 타고 밀워키 시내로 질주해 들어왔던 것이다. 경영진과 중간간부들, 그리고 5,500명의 직원들 중 대다수는 모터사이클을 만들어 파는 것이 아니라, 그들 자신 또한 소비자라는 점에서 회사의 브랜드와 일심동체의 유대감을 갖고 있다. 그들은 자신들의 상품이 단순한 모터사이클이 아니라 라이프스타일을 상징하는 물건이며, 예술적 가치를 지닌 작품, 그리고 광범위하고 독특한 공동체로 이어주는 정서적 끈이라는 사실을 잘 알고 있다.

할리데이비슨이 창조해온 것은 래디컬 마케팅의 원형이 되는 본보기다. 이 회사가 지난 1980년대 중반의 잿더미에서 기사회생해 월 스트리트의 총아, 미국 정신의 상징이 되기까지의 얘기는 수많은 서적을 통해 소개되었다. 그러나 그 핵심을 보면, 할리데이비슨은 생명력이 긴 브랜드에 대한 심층적 이해와 신뢰, 그리고 고난 앞에서도 그 브랜드를 명석하게 관리해온 이야기다.

할리데이비슨은 단순히 브랜드 가치를 기반으로 매우 명료하고 단호하게 관리해왔다. 이 점은 롤렉스 시계에서 페라리 스포츠카에 이르는 최고의 브랜드에서 공통적으로 나타나는 특징이다. 즉 최고를 대신할 수 있는 것은 없다는 것이다. 유행은 변하고 신분상징은

빛이 바래고, 시장을 주도하던 회사도 쇠퇴하는 법이다. 그러나 래디컬 마케터들은 경쟁사와 똑같이 행동하는 것을 거부하기 때문에 번영을 이어가는 것이다. 마치 헨리 데이비드 소로(Henry David Thoreau)의 색다른 북처럼, 북소리가 어떤 박자이건, 아무리 멀리서 들려오더라도 그들은 귀에 들리는 음악소리에 맞추어 걸어오는 것이다.

외국 업체들이 지난 몇십 년 동안 날렵하고 빠른, 미래형 디자인으로 이익을 올리는 동안에도 할리데이비슨은 물려받은 자신의 전통적인 디자인 재산을 더 굳게 고수했다. 1940~50년대의 것을 그대로 이어받은 세련된 당구용 큐는 창업자의 손자이며 디자인 부서의 책임자인 윌리 G. 데이비슨(Willie G. Davidson)이 디자인한 작품인데, 할리데이비슨 감정사들 사이에서 록 뮤직 스타용품의 전설로 꼽힌다. 과거에 대한 긴밀한 끈이 다시 회사가 앞으로 나아가야할 이정표가 된 것이다. 그는 언제나 여행을 하면서 고객의 의견을 듣고, 할리데이비슨 소유자들과 함께 질주하면서 그들의 생각을 경영에 반영하고 있다.

독특한 스타일과 튀는 굉음소리, 자유와 반항심, 억센 미국석 개인주의를 상징하는 할리데이비슨 모터사이클의 매력과 신비스러움에 대해서는 구구한 설명이 있지만, 그 호소력을 단순히 설명하기란 불가능하다. 할리데이비슨 경영진은, 그들 자신이 그 신비한 매력을 정의하려고 시도한 적이 없다고 말한다. 『신비로움에 대해 정의를 내리면, 그것은 더 이상의 매력을 잃게 됩니다』라고 블루스타인 대표이사는 말한다. 그는 할리데이비슨의 매력은 인간정신 깊숙이 내재해 있는 자유에 대한 갈망, 그리고 인간 본성의 한 부분인 모험심이라고 믿는다. 『이런 것은 결코 뉴욕 매디슨가에서 인위적으로 창조될 수 없습니다.』

그러나 회사 자체적으로는 물론, 다른 사람들도 잘 채택하여 활용할 수 있다. 매디슨가 사람들은 아마도 할리데이비스가 너무 멋있기 때문에 자동차나 의류, 심지어 뉴욕 증권거래소와 같이 다른 상품의 광고 화면에 자주 이용되고, 그에 따라 몇백만 달러짜리 광고를 공짜로 하고 있다고 생각할 것이다. 할리데이비슨 마케팅 부서에는 모터사이클을 다른 회사의 광고에 쓰게 해달라는 요청이 한 달에 적어도 다섯 건 이상 접수된다. 1997년 슈퍼볼 경기의 경우 다른 회사들은 100만 달러를 주고 30초짜리 광고를 냈지만, 하프타임 쇼가 진행될 때 운동장에는 할리데이비슨 모터사이클 100대가 놓여 있었다. 그렇지만 이를 위해 할리데이비슨은 돈 한 푼 쓰지 않았다. 그리고 각계 유명인사들은 마케팅 담당 부사장 조안 비슈만(Joanne Bischmann)에게 자신들을 할리데이비스의 공식 광고에 써달라고 끊임없는 요청을 하고 있다. 그러나 그녀는 이러한 요청에 대해 전국적으로 방송되는 텔레비전 광고도 없고, 인쇄매체 광고나 약간 하고 있을 뿐이라고 점잖게 거절한다.

모터사이클 하나를 놓고 벌어지는 이런 소란의 핵심은 무엇인가? 경영진은 할리데이비슨을 타는 사람들과 제품 사이의 정서적 결속력을 면밀히 연구한 다음, 할리데이비슨의 신비성을 높이고 그 결속력을 더욱 단단하게 하기 위해 디자인과 제조공정, 그리고 오토바이 마케팅 활동 등 모든 관점에서 나타나는 변수들을 엄격히 따랐다. 일례로 할리데이비슨은 오토바이가 발산하는 아주 시끄러운 소리를 연방 특허청에 상표등록 출원을 했다. 차별이 되는「부르릉 부르릉」하는 육중하고 둔탁한 굉음은 할리데이비슨이 특허권을 갖고 있는 V-트윈 엔진에서 나오는 소리다. 이 회사는 이미 외형을 모방하고 있는 경쟁사들이 소리마저 흉내낼 것이라고 생각했다. 경영진은 엔진 설계나 차체 디자인만큼이나 소리도 독특한 상품 속성이라고 말한다. NBC 방송이 삼색 로고 저작권을 보호받고 MGM이 사자의 포효를 보호받는데, 왜 할리의 엔진 소리는 안 된다는 건가?

많은 사람들에게 할리데이비슨의 굉음은 전형적인 소음공해다. 그러나 할리데이비슨 애호가들에게 그것은 짝짓기를 유혹하는 소리다. 그리고 래디컬 마케터의 브랜드 구축의 완벽한 사례다. 래디컬 마케터답게 할리데이비슨은 부정적인 이미지를 긍정적인 모습으로 변모시킴으로써 회사를 완전히 거듭나게 했다.

모터사이클을 모는 갱단의 전형인 위협적인 면모에서 벗어나 저명한 자선재단과 협력하는 세계적 동호인 클럽을 만들어냈다. 또 도로 질주대회에서 경험하는 끈끈한 결속력을 만끽하게 해주고, 데이토나 해변과 노스다코타 주의 스터지스 같은 장소에서 연례 오토바이 집회를 열기도 한다.

외국 경쟁사들의 공격적인 진출에 맞서기 위해 할리데이비슨은 대량수요가 없는데도 불구하고 더욱더 굳게 자신의 품질기준을 고수하고, 상품을 둘러싼 광범위한 공동체감을 구축했다. 또 핵심적인 후원자들, 즉 직원과 판매망, 고객을 더욱 견고히 하기 위해 애쓰고 있다.

이런 방법으로 할리데이비슨은 연령과 성, 소득수준, 교육 정도, 인종, 그리고 정치적 성향이라는 일련의 만만찮은 장벽을 넘나드는 브랜드로 출현한 것이다. 할리데이비슨 외에 어떤 상품이 「지옥의 천사들」 단원과 재계의 거두인 고 말콤 포브스(Malcolm Forbes) 같은 이질적인 사람으로부터 똑같이 열렬한 충성심을 다짐받을 수 있단 말인가. 포브스는 생전에 점심식사 시간이 되면 자신의 할리데이비슨을 타고 월 스트리트를 질주하곤 했다.

할리데이비슨 브랜드는 얼마나 강력할까? 숫자는 인상적인 이야기를 전해주지만, 그것이 모든 것을 대변하지는 않는다. 1985년 거의 파산할 뻔했던 할리데이비슨은 1997년에 전년 대비 21%나 성장한 18억 달러의 매출을 올려 12년 연속 기록적인 판매실적과 수익을 냈다고 발표했다. 이 회사는 1년 전보다 11.4% 늘어난 13만 2,000대를 판매했으며, 판매상들은 만약 회사의 생산능력만 충분했다면 그보다 두 배쯤은 더 팔 수 있었다고 말한다.

래디컬 마케터답게 할리데이비슨의 마케팅 공적은 막대한 광고비 지출에 의존한 것이 아니었다. 1997년 광고 지출액은 겨우 100만 달러에 불과했으며, 놀랍게도 이는 전년에 한 푼도 쓰지 않은 광고 비용보다 100만 달러 더 증가한 것이다. 이에 비해 도요타(Toyota)는 캠리(Camry) 차종 하나만을 선전하는 데 1억 달러 가까이 썼다.

할리데이비슨은 고객의 관심을 끌기 위해 광고에 엄청난 돈을 쓰지 않는다. 왜냐하면 그렇게 할 필요가 없기 때문이다. 판매상들이 언제나 1년 이상 밀려 있는 구매 대기자 목록을 펴보일 정도로 수요는 지금 현재도 대단하다. 이 회사의 회장 부인 또한 남편의 생일선물로 제때에 새 모터사이클을 선물하기 위해 1년 전에 예약을 해야 했다고 한다.

이 모든 것 덕분에 주가도 부러움을 살 만한 수준으로 끌어 올렸다. 회사가 빈사상태에서 기업공개를 했던 1986년 1만 달러를 투자한 사람은 1997년 말 31만 2,500달러를 보유하게 됐다. 직원과 고객 대부분은 주주이기도 하다.

그러나 진정 할리데이비슨의 래디컬 특성은 이 책의 제2장에서

밝힌 대로 회사 대표가 직접 마케팅 기능을 책임지고, 브랜드를 그
대로 사수하면서 고객의 공동체를 창출했기 때문이다.

## 공동체의 매혹

할리데이비슨의 역사는 무척 오래 되고 화려한 시기도 많았다. 그
중 오랫동안 할리데이비슨을 꿈꿔온 베이비붐 세대가 사회적으로
성장해 자신들의 꿈을 이룰 수 있는 소득을 올리면서, 최근 15년 동
안 진정한 황금시대를 구가했다. 어느 날 갑자기, 할리데이비슨의
상품은 대부분의 할리데이비슨 역사 동안 주고객층이었던 과거 노
동자 계층의 전유물에서 탈피했다. 회사가 일단 회생하고 가격이
치솟는 과정에서 고객의 인구특성도 변화했다.

할리데이비슨 소유자들의 평균 연령과 소득이 높아졌다. 그리고
전국의 할리데이비슨 집회에는 갑자기 변호사와 증권인수업자, 그
리고 기업체 대표들로 북적거렸고, 이들은 팔꿈치를 비비며 머리를
뒤로 묶은 모터사이클 광들과 함께 어울리기 시작했다. 여기에 제
이 레노(Jay Leno), 아널드 슈워제네거(Arnold Schwarzenegger),
빌리 조엘(Billy Joel) 같은 유명인이 함께 함으로써 그 위상을 더 높
였다. 다른 래디컬 마케터들과 마찬가지로, 할리데이비슨은 공동체
를 만들기만 한 것이 아니라 한 걸음 더 나아가 거기에 중요한 성
분, 즉 공통 관심사를 주입시켰다.

일요일 아침 코네티컷 주 댄베리의 마커스 목장에서 열리는 모터
사이클 모임에 참석한 평범한 군중을 보면 도대체 누가 기업 경영
자인지 배관공인지 구별할 길이 없다. 거기에 모인 사람들 또한 이
력서나 사회적 지위를 견주기보다 다른 사람이 가진 모터사이클을

칭송하거나 옛 집회 얘기를 하는 데 열중한다. 기업을 경영하는 사람들에게는 모터사이클 타기야말로 효과적인 스트레스 해소책이 되고 있다. 이는 정신집중을 요하면서도 일상의 굴레를 벗는 필요한 휴식을 제공해주는 탁월한 경험인 것이다.

하버드 대학 졸업생으로서 컨설턴트이자 할리데이비슨광인 레지나 버스턴(Regina Burston)은 캘리포니아 주 샌앤젤모에 살고 있는데, 모터사이클은 위험을 감수하고 싶어하는 사업가들의 성향과 맞아떨어지기 때문에 사업에 열성인 사람들이 특히 좋아한다고 말한다. 그녀는 『모터사이클 타기는 위험한 일이며, 태양과 바람 속으로 튀어나가는 일이죠. 원초적이고 관능적입니다』라고 덧붙인다.

물론 일부 완고한 핵심 할리데이비슨광들은 이런 러비스(Rubbies)족, 즉 돈 많고(rich) 도시물 먹은(urban) 바이커(biker)들을 달가워하지 않는다. 그리고 할리데이비슨이 이들 돈 많은 관중들에게 영혼을 판 게 아니냐고 의문을 제기한다. 그러나 할리데이비슨의 경영진은 새로운 고객집단을 수용하는 것이 매우 중요하다고 봤으며, 그렇게 하려면 원래의 메시지를 지켜주는 것이 가장 바람직하다는 사실을 알고 있었다. 『우리는 재미를 마케팅합니다.』 티얼링크의 말이다. 『우리는 특정 집단을 마케팅하는 것이 아닙니다. 할리데이비슨 가족은 상상할 수 있는 모든 직업에 종사하는 사람들이 모인 매우 다양한 집단입니다. 세상이 할리데이비슨 소유자들처럼 잘 어울린다면 환상적일 것입니다.』

## 열정적인 선교사를 채용하기

다른 래디컬 마케터들처럼 할리데이비슨은 마케팅 조직을 축소하고 일직선화했다. 비슈만 부사장은 열두 명으로 구성된 자기 부서에서는 지난 4년 이래 신입사원을 뽑은 적이 없다고 한다.『우리는 외로운 집단이에요.』그녀는 웃으며 말한다. 그러면서도 할리데이비슨은 95주년 창립행사 같은 대형 행사를 전적으로 회사의 힘만으로 치러낸다. 대부분의 대기업은 그런 행사의 경우 외부의 이벤트 전문업체에 외주를 주지만, 할리데이비슨은 사내 직원들 중 자원봉사자 여든 명으로 이루어진 위원회를 구성하여 3년 동안 행사를 준비했다.

래디컬 마케터는 직원들을 신중하게 뽑는다. 또 직원들에게서도 고객들과 똑같은 일심동체의 유대관계를 일으킨다. 결국 이들은 브랜드를 전파하는 정열적인 선교사로 변신한다. 할리데이비슨 직원들은 누구나 브랜드의 명성을 유지하는 것을 자신의 책무로 여기기 때문에 회사는 결국 1995년에 브랜드 관리부서의 문을 닫았다. 할리데이비슨 직원들은 제품안내서에 나오는 가죽 의류의 모델이 될 뿐 아니라 공장 견학을 안내하기도 하고, HOG 집회에서 질주하거나 조립공정에서 할리데이비슨 티셔츠를 입는다. 비슈만은 말한다. 『우리는 브랜드 부서가 필요 없있습니다. 모두기 브랜드 관리자니까요.』

할리데이비슨과 같은 제조업체에서, 그것도 철저한 유니언숍 제도를 운영하는 환경에서 노사 단결력이 이처럼 밀접한 것은 놀랄 만하다. 비록 할리데이비슨을 소유하는 것이 입사 조건은 아니지만, 신입사원들은 이미 회사와 제품에 대한 열정을 지닌 상태에서 입사한다. 그렇지 않은 사람도 아주 빨리 그런 정열에 불이 붙는다. 거의 모든 이력서 표지에는 자신의 친척 누군가가 이 회사에서 일하고 있다든가, 회사와 할리데이비슨 공동체에 대한 유대감이 매우 깊다는 내용을 적어보낸다. 사실 직원들의 근로계약 항목 중에는 회사가 주최하는 행사와 집회에 반드시 참석해야 한다는 조항이 있으나, 직원들은 이를 불평하기보다는 서로 먼저 차지하려고 안달할 정도다. 고객들은 할리데이비슨 공장 노동자를 만나면 자지러진다. 실제로 해마다 6만 명이 펜실베이니아 요크에 있는 조립공장을 견학하며, 밀워키에 있는 엔진 공장에도 2만 5,000명 정도가 방문한다. 직원들은 자부심 있게 견학 안내원이 된다.

비슈만은 『이러한 느낌이 빛을 바래면 브랜드에 대한 믿음도 빛을 잃게 마련이죠. 고객이 우리에게서 그런 느낌을 받지 않는다면, 고객도 그렇게 느끼지 않을 겁니다』라고 말한다.

## 사무실에서 벗어나기

할리데이비슨 간부 경영진들은 고객과의 밀접한 접근을 확보하기 위해 포커스 그룹이나 시장조사와 자료들을 멀리한다. 그들은 고객과 함께 질주한다. 1997년 티얼링크의 뒤를 이어 대표이사에 취임한 23년 간의 할리데이비슨 베테랑 블루스타인은 창립 95주년 행사 때 요크 공장에서부터 밀워키까지 공동 질주를 진두지휘했다. 그러나 임원들은 회사가 주최한 행사에서 그저 달리기만 하는 것이 아니다. 숙련된 회계사 티얼링크가 가죽옷을 차려 입고 3월에 플로리다에서 열리는 「데이토나 바이크 위크」 행사에 참석하거나, 노스다코타 스터지스에서 열리는 모터사이클 집회에 참석해버리면 그를 찾는다는 것은 거의 불가능하다. 그 자신이 바로 고객이기에 고객 속에서 그를 찾아내기란 《월리를 찾아라(Where's Waldo?)》라는 그림책에서 월리를 찾아내는 것만큼이나 매우 어려운 일이다.

사실 다른 래디컬 마케터와 마찬가지로 티얼링크 자신도 소비자들이 제품에 대해 갖고 있는 정서적 유대감을 갖고 있다. 회사에서 열리는 아침회의에 출근하면서 다른 직원이나 고객과 마찬가지로 자신의 헤리티지 스프링어(Heritage Springer) 모터사이클을 타고 110km쯤을 달려갈 수 있는 그런 사람이다. 그리고 그가 가장 기분이 좋은 때는 할리데이비슨을 두 대 이상 보유한 진정한 할리데이비슨 광을 만나 모터사이클에 대해 얘기를 나눌 때다.

매사추세츠 케임브리지 소재 BBN의 대표이사이자 전에 IBM 마케팅 담당임원을 맡기도 했던 조지 콘래즈(George Conrades)는 할리데이비슨을 세 대나 보유한 할리데이비슨 광이다. 그는 IBM에서 일하던 시절 회사의 고객이었던 할리데이비슨을 알게 됐다. 콘래즈는 평생 모터사이클을 즐겨온 사람이었지만, 티얼링크와 할리데이비슨 임원들과 함께 질주를 즐긴 뒤에야 비로소 할리데이비슨의 주식을 매입했다. 콘래즈는 할리데이비슨 임원들이 고객에 대해 가장 잘 이해하고 있으며, 고객과의 관계를 위해 그가 알고 있는 어느 누구보다 열심히 일한다고 말한다.

1980년대 말 콘래즈는 동료 IBM 임원인 마이클 암스트롱(Michael Armstrong)을 할리데이비슨의 세계로 소개했으며, 암스트롱도 금방 빠져들었다. 1990년 티얼링크의 초청을 받은 콘래즈와 암스트롱은 밀워키를 방문해 할리데이비슨 공장을 견학하고, 임원진들과 어울려 그들이 내준 할리데이비슨 모터사이클을 타보게 됐다. 이들 경영진 모두 480km쯤 떨어진 미네소타 주 로체스터에 있는 IBM 공장을 견학하는 길에 올랐다. 고객과 회사 간의 전형적인 회의는 아니었지만, 이는 깊은 인상을 주기에 충분했다.

지금은 AT&T의 대표로 있는 암스트롱은 그 모임에서 카타르시스를 느꼈다고 말한다. 『그렇게 무리를 지어 작은 마을에 들어서면 할리데이비슨만의 독특한 굉음 때문에 「우리가 여기 있다」고 모든 사

람에게 말하는 듯했어요. 모든 사람이 우리를 돌아봤고, 그 얼굴에
는 미소가 떠올랐죠. 저도 「저런 것을 타봤으면」하는 그들의 생각
을 금방 읽을 수 있었습니다.』

## 할리데이비슨이 오늘날에 이르기까지

다른 위대한 래디컬 마케터와 마찬가지로 할리데이비슨은 오랜
기간 여러 차례 스스로 거듭났다. 사실 할리데이비슨은 오래 된 생
산 라인을 갖춘 제조업체로선 이뤄내기 어려운 성과를 달성해냈다.
즉 오랜 역사로부터 긍정적이고 결정적인 요소만을 계승하고, 세상
으로 하여금 나머지 울적한 사업이야기들을 모두 잊게 만든 것이
다. 할리데이비슨은 근본적으로 새로운 회사다. 특히 1980년 초 이
후에는 가장 극적인 방식으로 재창사를 이뤄냈다. 그럼에도 불구하
고 할리데이비슨은 여전히 오래 된 역사에서 비롯되는 신비감을 유
지하고 있으며, 임원들은 이것을 명예훈장처럼 달고 다니며 자사의
전통을 중요한 마케팅 도구로 휘두르고 있다.

할리데이비슨도 알고 보면 1981년 새로운 경영진이 인수해 회사
를 성공적인 사례연구로 만들기 전까지 진정한 래디컬 마케터는 아
니었다. 역사가 깊고 전통이 오랜 회사들도 래디컬 마케터가 될 수
있다는 증거가 있다면, 그것은 바로 할리데이비슨이다.

초창기 내내 할리데이비슨은 튼튼한 모터사이클이라는 명성을 쌓
아올렸으며, 그 때문에 취미 애호가와 경주 참가자 모두로부터 환
영을 받았다. 제2차 세계대전 시절 할리데이비슨은 군용 차량으로
납품됐으며, 전쟁 이후에는 귀환병들 덕분에 인기 브랜드로 사회
전체에 확산되었다.

아이러니컬한 것은, 경찰과 새로 등장한 모터사이클 갱단 모두 할리데이비슨 제품을 선호해 양쪽을 다 마케팅해야 했기 때문에 몇 년 동안 골머리를 앓아야 했던 것이다. 할리데이비슨 디자이너들은 특유의 스타일과 묵직한 크롬, 그리고 오토바이를 치장하는 다양한 장식으로 하나의 표준을 만들어갔다. 이 기간에 또한 훔친 차를 분해해 처분하는 「촙숍(chop shop)」 산업이 판을 치기 시작했다. 소규모였지만 광적인 폭주족인 이들은 훔친 모터사이클을 분해해 속도를 내기 위해 최소한의 기본형만을 갖춘 채, 아무도 알아주지 않는 심미적인 외양을 만들었다. 이들 불법업자는 언론에서 HOG라고 불리면서 원치 않는 부정적 이미지를 형성하기 시작했다.

미국인들에게 모터사이클은 더 이상 세계대전 이전에 쓰였던 것처럼 하나의 단순한 교통수단이 아니었다. 모터사이클은 오히려 옛 서부개척시대 말의 대체물, 즉 자유와 반항과 개성에 대한 향수를 불러일으키는 존재였다. 그리고 거대하고 강력하며 시끄러운 할리데이비슨은 새롭게 확산되는 애호가들 사이에서 고전적인 모터사이클의 전형이 되었다.

1947년 7월 4일, 캘리포니아 홀리스터에서 개최된 전미 모터사이클협회의 독립기념일 기념행사에서는 온 나라를 자극하면서, 이후 몇십 년 동안 미국 사회에서 할리데이비슨의 이미지를 결정한 사건이 일어나고 말았다. 모터사이클을 탄 500여 명의 술취한 사람들이 캘리포니아 북부의 한 작은 마을로 쏟아져 들어가 유리창을 깨고 상점과 술집을 잿더미로 만들어놨으며, 지역주민들을 공포의 도가니로 몰아넣었다. 경찰과 주방위군 50명이 투입돼서야 사태가 진정됐다. 몇몇 사람들이 다치고 많은 사람들이 체포되었다. 〈라이프(Life)〉지의 사진기자가 마침 이런 「불량배」 중 한 명이 술에 취한 상태에서 빈 맥주병더미 위로 분해된 할리데이비슨을 타고 질주하는 순간을 촬영했다. 그는 양손에 맥주병을 들고 사진기자에게 고함을 질러댔다. 이 사진은 이 인기 잡지의 표지에 실렸고, 할리데이비슨으로선 얼굴이 화끈거릴 일이었다.

이 사건은 전국적인 관심사가 됐으며, 언론의 초점이 됐다. 그리고 1954년에는 홀리스터 사건을 무대로 젊고 건방진 모습의 말론 브랜도(Marlon Brando)가 주연한 영화 〈거친 사람들(The Wild Ones)〉이 개봉돼 대 히트작이 됐다. 전국 각지에 「지옥의 천사들」을 비롯한 모터사이클 갱단이 극성을 부리기 시작했다. 그들이 가장 선호하는 게 할리데이비슨이었다. 대부분의 모터사이클 광들이 아무리 담배와 맥주를 즐기는 노동자들이라고 해도 그들은 갱단이나 말썽꾼이 아니었다. 그러나 아주 짧은 기간에 가죽옷을 걸친 라이더들의 모습은 즉각 경계의 대상이 되어갔으며 악명은 더욱 굳어져 갔다. 1969년에 나온 영화 〈이지 라이더(Easy Rider)〉는 마약상 두 명이 할리데이비슨을 타고 미국을 횡단하는 내용이었는데, 할리데이비슨의 「못된 자식(Bad Boy)」 이미지를 더욱 부각시켰다.

할리데이비슨은 그러나 이러한 부정적인 정형에도 불구하고 열성 팬들을 위해 튼튼하고 강력한 모터사이클을 만든다는 본래의 가치 제공에서 한번도 멀어지지 않았다. 더욱이 경영진은 이러한 무법자 이미지가 오히려 할리데이비슨에 대한 매력으로 작용한다는 사실을 깨닫지 않을 수 없었다.

「못된」 이미지는 오히려 할리데이비슨의 브랜드가 반항적인 계층의 남성 고객에게 예리하게 파고들도록 작용했다. 『할리데이비슨은 미국인이 꿈꾸는 많은 것을 상징하는 물건입니다』라고 전 하버드 경영대학원 교수이자 컨설턴트인 새피로는 말한다. 『좀 버릇없지만 착한, 그러면서도 갖고 싶은 매력적인 이미지를 가진 브랜드죠.』 이것이야말로 래디컬 마케터의 완벽한 윤곽이다.

1950년대 말에 이르자 할리데이비슨은 대형 여행용 모터사이클 시장과 경찰 납품시장의 대부분을 점령했다. 그러나 자동차의 황금시대가 도래하면서 미국의 모터사이클 수요는 전반적으로 격감하고 있었다.

사실 1960년대 중반에 이르른 시점에서 볼 때 할리데이비슨은 그전에 성업 중이던 214개 모터사이클 업체 중 마지막까지 살아남은 존재였다. 형편없는 가족 경영과 갑자기 밀려든 값싸고 품질 좋은 혼다(Honda), 가와사키(Kawasaki), 스즈키(Suzuki), 야마하(Yamaha) 등의 일본 모터사이클 제품 때문에 할리데이비슨은 파산 직전의 아찔한 순간까지 몰렸다. 회사는 1969년 아메리칸 머신 & 파운드리 컴퍼니(American Machine and Foundry Company : AMF)에 2,100만 달러에 인수되면서 살아남았다.

RADICAL MARKETING

## 브랜드 살리기

하지만 AMF는 그저 할리데이비슨을 그전과 똑같은 싱태로 만들어놨을 뿐이었다. AMF는 명예를 걸고 설비와 제조부문에 몇백만 달러를 쏟아 부었다. 1973년 할리데이비슨은 연간 3만 7,000대를 생산해 1억 2,200만 달러의 매출액을 올렸다. 그러나 AMF는 생산은 과잉상태로 몰고 가면서 동시에 품질은 떨어뜨리고 말았다. 할리데이비슨은 그렇지 않아도 기름이 줄줄 새고 때로는 엔진이 과열된다는 악명을 얻던 터였다. 따라서 할리데이비슨의 모양새와 그것을 타고 질주하는 기분을 사랑하고, 주말 내내 차고에서 온몸이 기름에 범벅이 되는 것도 마다하지 않는 열성 팬들로부터도 외면당하기 시작했다.

1970년대 말, AMF는 여기에 한 술 더 떠서 할리데이비슨이라는 상호 대신 자신의 상호로 바꾸는 무리수를 뒀다. 매출은 뚝 떨어졌고 AMF는 할리데이비슨을 인수할 회사를 찾아나섰다. 그런 식의 오만과 브랜드에 대한 이해 결여는 할리데이비슨 경영진에 결정타를 날렸다. 1981년 대표이사 빌스는 블루스타인 등 열두 명의 임원을 끌어들여 외부의 재정 지원을 받고 회사를 AMF로부터 인수하게 되었다. 불경기가 기승을 부리고 높은 이율로 비틀거리던 당시의 시장 역학구조를 고려해볼 때 이는 파격적인 결정이었다. 그러나 다른 래디컬 마케터처럼, 빌스와 그의 팀원들은 제품을 깊이 신뢰했기에 브랜드를 살리기 위해 기꺼이 자택까지 담보로 내놨다. 이처럼 래디컬 마케터는 불가능을 단지 기회로 볼 뿐이다. 그들은 회사가 확실히 구제불능 상황에 있었는데도, 할리데이비슨을 구제하면서 위대한 사업기회로 만들어놓은 것이다.

회사 인수과정에서 7,000만 달러의 부채를 짊어진데다 심각한 불경기와 일본 제품의 공격에 직면한 할리데이비슨은 이후 몇 년 동안 생명유지 장치에 의존하는 형편이었다. 할리데이비슨은 1981년과 1982년 5,000만 달러의 결손을 기록했으며, 1983년에 이르러 또다시 파산위기에 몰렸다. 회사는 일본업체들이 덤핑을 하고 있다고 맹렬히 비난하면서 의회와 로널드 레이건(Ronald Reagan) 전 대통령에게 일본 제품에 대한 관세를 강화하라고 압력을 가했다. 그러면서도 아이러니컬하게 할리데이비슨 경영진들은 당시 다른 미국인 경영자들과 마찬가지로 일본업체를 시찰하고 그들이 자랑하는 생산기법, 예컨대 적시재고관리(just-in-time : JIT)와 품질주기관리체계 등을 배워 와 빈사상태에 빠진 회사에 적용시켰다.

빌스는 나중에 〈뉴욕 타임스〉와의 회견에서 몇 년 간 일본을 비난하는 동안에 진짜 문제는 회사 내부에 있음을 인정했다. 그는 말했다.『문제는 그들이 아니라 우리였다는 것을 깨달았습니다.』

그렇게 오랫동안 퇴색된 브랜드를 원상복귀시킨다는 것은 쉽지 않은 일이다. 그러나 할리데이비슨의 위상은 견뎌내고 있었으며, 1980년대의 반일 열풍 속에서 할리데이비슨은 미국의 회복과 사업 활력소를 나타내는 표상이 되어갔다. 비록 패잔병이긴 하나 정상의 자리를 되찾을 수 있는 후보가 되었다. 미국 경제의 국수주의적 조류의 시대적인 이점을 최대한 활용하면서, 할리데이비슨 경영 팀은 기회를 꽉 붙잡기 위해 래디컬 마케팅에 노력을 기울였다.

엄청난 품질관리를 통한 제조과정 개선으로 할리데이비슨은 드디어 그들로부터 떠난 할리데이비슨 광들을 되찾기 시작했다. 자본을 확충하기 위해 1986년 기업을 공개하자 월 스트리트에서 큰 환영을 받았다. 할리데이비슨의 주식은 오랜 세월 남몰래 할리데이비슨 소유자가 되고 싶은 꿈을 꿔온 화이트칼라 임원들이 가장 선호하는 거래종목이 됐다.

빌스에 이어 대표이사로 취임한 티얼링크는 다른 래디컬 마케터들과 마찬가지로 할리데이비슨이라는 제품은 80년이 넘는 기간 동안 할리데이비슨과 관련된 행복한 추억을 가진 수십만의 헌신적인 핵심 고객층이 있기에 생존해왔다는 점을 늘 인식하고 있었다. 그는 또한 600여 판매 딜러들의 네트워크 가치도 잘 알고 있었다. 예를 들어 오하이오 주 컬럼버스에 있는 A. D. 패로(A. D. Farrow) 같은 딜러는 1912년에 할리데이비슨을 최초로 판매한 이래 회사의 재정적인 위기시절에도 변함 없이 거래관계를 유지해왔다. 티얼링크는 또한 할리데이비슨 소유자들이 자신의 모터사이클을 너무도 아끼고 신제품을 구입하는 것마저 망설일 정도로 애정이 있었기 때문에 회사가 가장 어려운 시절에도 살아남을 수 있었음을 잘 알고 있었다. 그러한 브랜드 충성도는 보기 드물지만 강력하고 쉽게 전염되는 것이다.

밀워키 본사와 제조공장 직원들은 대부분 장기 근속한 베테랑들로, 회사의 장기 생존에 대한 정서적 약속을 보여줬다. 티얼링크 대표는 이러한 「높은 수준의 본질적 동기유발」은 모두 대대로 물려받은 전통으로부터 나온 것이라고 말한다. 『우리는 잘 나갈 때도, 힘들 때도 있었습니다. 회사의 전통과 직원들, 그리고 고객들에게 둔감해지고 수준 이하의 제품을 만들었을 때, 우리의 시장점유율은 박살이 났습니다.』

할리데이비슨이 재창사를 위해 만든 청사진은 브랜드를 다시 채택하여 갈고 닦으려는 래디컬 마케터의 선언서를 그대로 옮겨놓은 것 같다. 그 청사진에 포함된 내용은 다음과 같다.

- 완벽한 정밀검사
- 회사 특유의 디자인과 스타일에 재전념
- 할리데이비슨 공동체 조성 지원
- 브랜드 완성도에 전념
- 성공을 위한 위치 확립

RADICAL MARKETING

## 정상 궤도에 올려놓기

1977년 광고와 판촉부장으로 할리데이비슨에 입사한 페슬러는 1980년대 초 마케팅 전략 팀의 일원으로 배치돼 할리데이비슨의 손상당한 이미지에 새 얼굴을 찾아주라는 임무를 부여받았다. 페슬러는 지금도 1981년 미니애폴리스에 있는 카마이클 린치(Carmichael Lynch)라는 새 광고대행사와 가진 나흘 동안의 전략회의를 기억하고 있다. 혼다, 가와사키, 야마하, 스즈키 같은 일본 경쟁업체가 초점이었다.

『거대한 종이 한 장에 일본 제품과 우리 제품의 차이점에 대한 비교목록을 적어나갔습니다』라고 그는 말한다. 『온갖 장점과 단점을 적어보았습니다.』일본제품은 전세계적이고 장기적인 전략계획에 따라 엄청난 광고를 했으며, 세계시장을 무대로 대단히 다양한 제품군을 지니고 있었다. 그들은 18개월이나 24개월 안에 새로운 아이디어를 제품화했다.

『할리데이비슨은 긍정적인 이미지와 부정적 이미지를 동시에 지니고 있었어요』라며 그는 말을 잇는다. 『우리에겐 물려받은 유업과 전통이 있고 신비감이 있었습니다. 그래서 「이런 것들로 어떻게 저런 거인들과 경쟁한다지?」하고 우리는 말했습니다. 우리는 그들의 5년 전 상태를 회고해봤고 앞으로 5년 간 그들이 어디로 갈 것인지, 그리고 새 엔진, 새 차체, 새 서스펜션 장치, 하이테크 등을 알아볼 수 있었습니다. 그래서 우리는 그들의 대체품목이 되기로 했습니다. 「그들이 오른쪽으로 가면 왼쪽으로 가자. 대체상품이 돼자. 그래서 그들이 할 수 없는 것을 만들자」고 결정했습니다. 그리고 그것이 이후 우리가 해온, 그리고 아직도 계속하고 있는 모든 것의 전략이 되었습니다.』

RADICAL MARKETING

## 다시 좋은 품질로 돌아가기

AMF의 계열사로 있는 동안 할리데이비슨의 품질은 형편없이 떨어져 모터사이클 사회에서 심한 조롱을 받았다. 『할리데이비슨을 사라. 최고를 사는 것이다. 1.5km쯤은 타고 간 다음 나머지는 걸어갈 수 있다!』라는 우스갯소리가 그 당시 인기를 얻었다. 1970년대 중반 캘리포니아 고속도로 순찰대는 할리데이비슨 모터사이클이 덜 덜거리고 기름이 새어나와 도로에 흩날리자 더 이상 타지 않겠다고 나섰다. 할리데이비슨은 품질검사의 최종 책임을 공장이 아닌 딜러에게 뒤집어씌우는 제도를 도입해 사정은 더 악화됐다.

브랜드를 소생시키기 위해 할리데이비슨은 제조공정 장비를 전부 새로 교체했다.『품질이야말로 우리가 생존하는 방법입니다.』할리데이비슨의 밀워키 엔진 플랜트 공장장이며 부사장인 켄 서튼(Ken Sutton)은 말한다. 사실 할리데이비슨의 기사회생에서 품질은 가장 결정적인 요소였다. 본사 직원을 감원하고 생산기법을 리엔지니어링하고 최고급 엔진을 재설계하고 제조했으며, 일련의 일본식 제조과정과 품질관리기법을 도입했다. 할리데이비슨은 생존의식을 브랜드의 공격적인 회생으로 연결시켜나갔다. 그 결과, 오늘날에는 수요가 너무 많아 생산량이 그 수요를 제때에 따라잡기 힘들게 됐다.

1990년대 중반에 이 회사는 생산량을 늘리기 위해 2억 달러를 투자했다. 그리고 캔자스스티에 있는 새 공장은 1998년 초부터 제품을 출고하기 시작했다. 할리데이비슨의 목표는 창립 100주년인 2003년까지 연간 규모를 20만 대로 늘리는 것이다. 그러나 회사의 명예를 걸고 생산 속도를 높이기 위해 품질을 낮추는 일은 없을 것이라고 한다.

망각이라는 마술 지팡이로 여러 차례 세례를 받았음에도 불구하고, 경영진은 불경기시대의 편집적인 정신을 지닌 최고의 래디컬 마케터로서 고전에 꾸준히 집착해왔다. 성급히 수익을 올리려고 모든 것을 희생시키기보다는 성장을 위해 인지할 수 있는 적절한 요소들에 초점을 두고 노력한다면 실패는 없다.

『고객들이 오랫동안 출고를 기다려야 한다는 것은 유감입니다.』

티얼링크 대표는 말한다. 『그러나 우리는 의도적으로 출고 대수를 낮춰잡고 있습니다. 고객들에게 이런 말씀을 드리곤 합니다. 「1970~80년대의 그 품질로 돌아가기를 바라시나요?」 그러면 고객들은 기뻐하지는 않지만 이해해줍니다.』

　다른 래디컬 마케터와 마찬가지로 할리데이비슨은 1981년의 인수 이후 자원이 별로 없었다. 그래서 품질을 높이고 비용을 낮추기 위해 비전통적인 경영방침을 도입했다. 1983년 혁신적인 에볼류선형 엔진을 도입하면서 회사는 고질적인 연료 유출현상을 해결하고 배기 가스를 줄였으며, 출력을 높이는 등 엔진과 그 밖의 부속에 대해 광범위한 기술변화를 유도해왔다. 『우리는 할리데이비슨을 유출(Harley leak)시키지 않고 할리데이비슨다운 모습(Harley look)을 유지해왔습니다』라고 한 임원은 말했다.

　모터사이클은 시장수요를 예측해 생산하는 것이 아니라 철저히 딜러의 주문을 토대로 만들어진다. 모든 모터사이클에는 공장을 나서기 전에 딜러의 송장(送狀)번호가 매겨진다. 수요가 이렇게 쇄도하다 보니 공장 내에도 완제품은 사진 촬영용으로 각 모델당 한 대씩 20여 대밖에 없다. 이것은 일본식 적시 재고관리기법을 채택한 것으로, 방대한 양의 부품을 미리 쌓아둘 필요가 없는 방법이다. 부품을 항상 신품으로 조립 라인에 흘려보내기 때문에 재고비용도 안 들고 품질에도 도움이 된다.

　할리데이비슨에서 봉급을 받는 직원들은 회사에 금전적 기여뿐 아니라 품질보증에 기여를 해도 보너스를 받는다. 즉 반품이 적으면 보너스도 많이 받는 것이다. 시간제 근로자에게도 비슷한 보상제도가 적용된다. 그들의 분기별 상여금 액수는 미리 노사가 합의한 품질기준을 달성했느냐에 달려 있다.

　할리데이비슨의 품질 경쟁력은 충성심 높은 직원들에게서 나온다. 그들 중 절반은 20년 이상 근속한 베테랑이거나 회사의 파산위기를 함께 넘겼던 사람들이다. 밀워키 시내 캐피톨 드라이브에 있는 이 회사의 엔진 공장을 방문해보면 종업원들의 이 같은 태도를 생생하게 볼 수 있다. 공장 주차장에는 종업원들이 타고 출퇴근하는 몇백 대의 번쩍거리는 할리데이비슨들로 가득 차 있다. 서튼에 따르면 이 공장 1,100여 명의 직원 가운데 40%는 할리데이비슨을 타고 다닌다고 한다. 근처 어디엔가 몰래 혼다나 가와사키 모터사이클을 대놓는 직원에게는 재앙이 닥칠 것이다. 공장 내에서 모든 직원들은 전혀 의무사항이 아닌데도 하나같이 할리데이비슨 티셔츠나 그 밖의 회사 로고가 박힌 옷을 걸친다. 이것은 자존심의 문제다. 비슈만에 따르면 밀워키에서는 할리데이비슨에서 일하는 것이 하나의 「명예훈장」이라고 한다.

그리고 비록 숫자로 데이터를 제시할 수는 없지만, 단편적인 증거들로 미뤄볼 때 할리데이비슨 직원들은 여느 회사 직원들에 비해 몸 어딘가에 회사 로고를 문신으로 새기는 경우가 많다고 한다. 이 점에서는 고객들도 마찬가지다. 할리데이비슨 경영진은 사회적으로 아직 논란의 여지가 있는 이 풍습을 꺼리기는커녕, 회사의 연례 회계보고서에 이런 사실을 공개적으로 자랑한다.

그리고 최고의 래디컬 마케터답게 고객과의 일심동체적인 유대감은 직원들 사이에 널리 퍼져 있다. 품질에 영향을 미치는 결정을 내려야 할 경우 직원들은 고객 처지에서 생각하는 데 어떤 어려움도 느끼지 않는다. 그들 자신이 대부분 고객이기 때문이다. 『이 공장의 구호는 이것입니다. 「내 모터사이클에 달지 않을 거라면 다른 사람들 모터사이클에도 달지 않을 것이다」』라고 서튼은 말한다.

이에 대한 보상은 눈부신 것이었다. 할리데이비슨은 이전보다 훨씬 작동하기 쉽고 유지·보수하기 쉽게 변했다. 1980년대 중반에 이르자 캘리포니아 고속도로 순찰대는 다시 할리데이비슨으로 돌아왔고, 이 모터사이클은 다시 한번 전 미국의 경찰력이 가장 선호하는 모델이 되었다.

할리데이비슨 브랜드를 의류·액세서리·장난감·게임기 등의 프랜차이즈 사업으로 확장하는 데 있어서도 품질이 가장 중요한 요소였다. 보스턴의 경영컨설턴트인 크리스토퍼 하트(Christopher Hart)는 『가장 중요한 문제는 브랜드를 얼마나 다양한 상품으로 확장시키느냐가 아니라 잘못 만들어지고 가격만 높은 상품에 사용되는 것입니다. 그것은 믿음에 대한 배반입니다. 고객들이 할리데이비슨 제품을 갖고 있든 안 갖고 있든 간에, 할리데이비슨 사람들이라고 스스로 인정한다면 그들은 회사의 신뢰뿐 아니라 결속력을 이미 창조한 것입니다. 저질의 비싼 쓰레기들은 그런 결속력을 약화시키고 회사의 이미지를 실추시킵니다』라고 말한다.

이를 위해 라이선싱 담당부서는 브랜드 사용을 허가하는 데 극도로 신중하며, 엄격한 품질과 경영평가를 통해 품종을 선정한다고 할리데이비슨의 마케팅 담당 부사장 비슈만은 말한다. 『우리는 어언 100년의 역사를 갖고 있으며, 우리가 앞으로 100년을 다시 이어가지 못하도록 망쳐놓을 장본인이 되려는 자는 아무도 없습니다.』

## 부러움을 사는 디자인으로 태어나기

래디컬 마케팅의 신조 중 하나는 브랜드를 그대로 유지하는 것이다. 할리데이비슨만큼 브랜드에 헌신하는 회사도 없을 것이다. 그레이트풀 데드가 자신들의 음악에 대해 그랬던 것처럼 할리데이비슨은 자신들의 제품 디자인에 대해 그랬다. 할리데이비슨의 디자인은 다른 분야의 산업 디자이너들도 부러워하는 대상으로 강력한 브랜드의 기반이 되었다. 런던의 빅토리아 앨버트 미술관이 개최한 세계 디자인 전람회에서 가장 미국적인 디자인으로 선정된 것이 할리데이비슨이었다. 할리데이비슨은 또한 뉴욕 구겐하임 미술관의 인기 전시품이었다.

회사의 독특한 유산을 살려, 할리데이비슨은 나무상자 안에 1947년에 포장된 것처럼 보이는 모터사이클을 생산하는데, 포장을 풀어보면 오늘날 아직 사용하지도 않은 신품이다. 페슬러에 따르면 지난 1990년대 초 새로운 미래형 디자인을 내부적으로 실험해보기도 했다. 그러나 고객도 딜러도 직원들도 이를 좋아하지 않았다. 할리데이비슨은 그래서 1970년대 이후 미국시장으로 수입된 일본과 독일, 이탈리아 제품처럼 날렵하고 속도감 있는 스포츠 바이크를 선호하는 경향에 부응하기 위해, 또한 이렇듯 성장하는 시장에서 시장점유율을 높이기 위해 미국의 소규모 스포츠 바이크 생산업체인 뷰얼(Buell)사를 인수했다.

그리하여 할리데이비슨은 지난 1940~50년대의 고전적이고 전통적인 스타일을 고수하기로 확고한 선택을 했다. 왜냐하면 그런 스타일은 모터사이클 애호가가 느끼기에 「바이크란 바로 이렇게 생겨야 한다」고 생각하는 모습이었기 때문이다. 여기에 현란한 가스 탱크와 특허품이기도 한 V-트윈 엔진, 번쩍거리는 크롬 장식, 그리고 소유자의 취향대로 개조하고 부속품을 붙이도록 장려하는 그것이다. 『할리데이비슨은 성인들의 바비 인형입니다. 자신의 취향대로 옷을 입히는 것이 진짜 재미죠』라고 콘래즈는 말한다.

심지어 제품들 중에 엘렉트라 글라이드(Electra Glide), 하이드라 글라이드(Hydra Glide), 배드 보이, 로드 킹(Road King), 소프테일(Softail) 같은 모델 명칭은 할리데이비슨 애호가의 다리에서 힘이

풀리게 하는 의미를 담고 있다. 도대체 이것이 타고 다닐 물건인지 거실에 조각 작품으로 전시해야 하는 것인지 알아보기 힘들었다.

일본 업체들은 모방을 장기로 하는 특유의 마케팅 실력을 살려서 1979년에 이미 할리데이비슨 스타일의 여행용 모터사이클을 미국 시장에 선보이겠다는 결정을 내린 바 있다. 고품질·저가의 제품이면 승산이 있다고 믿고, 일본 업체들은 정식으로 이 시장에 앞다퉈 뛰어들었다. 그리고 그들은 지난 20년 동안 시장의 절반을 차지하는 성공을 거뒀다. 그러나 그 절반이라는 점유율을 너덧 개 업체가 나눠먹고 있다는 게 중요하다. 할리데이비슨의 시장점유율 성장은 경쟁자들로 인해 좌우된 것이 아니라 자신의 생산 역량에 좌우돼 왔다.

매사추세츠 에버렛에서 40년째 할리데이비슨 딜러를 해온 사이클크래프트(Cycle-Craft)사의 마케팅 부장 마크 오닐(Mark O'Neil)은 처음으로 구매하는 사람들은 경쟁적인 가격제안이나 당장 소유할 수 있는지를 기준으로 제품을 선택하지만, 시장을 잘 알고 있는 고객들은 경쟁사를 비웃고 만다고 한다. 「시도는 좋지만 결과는 최악.」 이것이 그들의 반응이라고 오닐은 밀한다. 그는 심지어 바이크 초보자 눈에도 그 차이는 너무나 분명하다고 강변한다. 『할리데이비슨의 전통은 매우 오랜 세월 형성된 것입니다. 아무나 갑자기 나타나서 단지 「우리도 그게 있어요」라고 말할 수는 없습니다.』

일관성 있는 디자인은 브랜드를 지속하는 데 결정적인 요소다. 특히 디자인의 뿌리는 윌리 G. 데이비슨인데, 이는 회사의 사활에 관한 전통으로 이어지고 있다. 그를 아끼는 고객과 직원들은 「윌리 G.」라고 부른다. 그는 예순여섯 살이라는 적지 않은 나이임에도 불구하고 검정 가죽옷과 베레모를 걸친 채 1년 내내 할리데이비슨 고객들을 만나러 다닌다. 고객들은 그의 주위로 몰려들어 사인을 요청하고 기념사진을 찍는다. 래디컬 마케터는 고객을 사랑하고 존중한다. 할리데이비슨의 경우 윌리 G.가 그것을 몸으로 보여주고 있다. 그는 고객의 의견에 진정으로 귀를 기울인다. 실제로 그는 고객들의 의견을 바탕으로 1940년대 하이드라 글라이드 모델의 아름다움과 고귀함을 모방한 1997년형 소프테일 같은 새로운 유형을 디자인하기도 했다.

〈파이낸셜 월드(Financial World)〉지에 따르면 이 회사가 재정적 위기에 봉착해 설계상의 혁신에 돈을 대지 못했을 때 윌리 G.의 노련한 손길을 거친 도색과 장식물 덕분에 새로운 제품이 계속 시장에 나올 수 있었다고 한다. 바이커들이 자신의 바이크를 새로 꾸미는 데 돈을 들이기 시작하자 윌리 G.는 공장 출고 당시부터 마치 수제품처럼 보이는 디자인을 선보였다. 할리데이비슨에 즐비한 다른 래디컬 마케터들과 마찬가지로 윌리 G.는 고객과의 친밀함과 활기찬 전통계승으로부터 마술과 같은 비법이 나온다고 믿는다.『그것은 결코 쉬운 일이 아닙니다.』그는 〈파이낸셜 월드〉와의 인터뷰에서 이렇게 말했다.『우리는 한번도 우리가 누군지 그 발자취를 잃어본 적이 없다고 생각합니다. 우리는 온 세상이 좋아하는 우리만의 자아를 확립했습니다. 그것은 하룻밤 새 이뤄진 게 아닙니다. 무려 90년 넘게 걸렸습니다. 그것을 신성하게 가슴에 새기고 있습니다.』윌리 G.의 세 아들 또한 회사의 디자인 분야에서 일하고 있으며, 데이비슨가의 다음 세대들은 그 전통을 그대로 이어갈 것이다.

## 고객과의 공동체 결성은 필수

훌륭한 브랜드 위상은 브랜드가 형성한 공동체의식으로 나타난다는 것을 래디컬 마케터는 잘 알고 있다. 금세기 초부터 할리데이비슨은, 바이커들이란 한데 모여 자신들의 취미에 대한 정열을 서로 나누고 싶어하는 본능적 욕구가 있다는 사실을 이미 깨닫고 있었다.

할리데이비슨의 광고판촉부장이었던 페슬러는 빌스의 제안에 따라 그 본능과 욕구를 공식화하는 과업에 나서게 됐다. 여느 래디컬 마케터처럼, 페슬러 역시 부정적인 것을 긍정적인 것으로 바꿀 수 있는 기회를 찾음으로써 그 과업을 실행해나갔다.

비록 그 누구도 이름에 대한 정확한 기원을 기억하지는 못하지만, 할리데이비슨은 언제부턴가 「돼지(hog)」라고 불리었다. 그것이 함축하는 의미는 부정적인 것이었다. 무법 갱단이 타고 질주하는, 몸집이 크고 시끄럽고 길을 꽉 메우는 모터사이클로 비쳐져 왔다. 페슬러는 바로 이 부정적인 전형을 정반대로 이용해 1983년 HOG를 결성했으며, 기발한 아이디어로 열렬한 찬사를 받았다. HOG는 집회를 주최하고 행사를 조직하며, 특별한 판촉품을 제공하고 회사와 할리데이비슨 소유자들을 가까운 친분관계로 묶어주는 조직이었다.

페슬러는 내심 HOG 운영에서 또 하나의 의도를 품고 있었다. 그는 과거 1947년 캘리포니아 홀리스터 사건으로 만들어진 영화 〈거친 사람들〉에서 보여준 이미지가 오랜 기간 할리데이비슨의 또 다른 전형이 되었으며, 이 영화 장면에서 할리데이비슨의 부정적인 면이 전 미국인에게 각인되었다는 사실을 알고 있었다. 여러 대의 할리데이비슨이 집단으로 어떤 마을에 들어오는 장면과 굉음은 지금까지도 사악한 모터사이클 갱단이 나타났다는 의미로 받아들여지고 있다. 그래서 페슬러는 유명한 자선기관인 미국 근육영양결핍증 재단인 MD(Muscular Dystrophy)와 HOG를 제휴시키려고 무진 애를 썼다. HOG 클럽의 현수막 아래, 이제 바이커들은 자선행사를 위해 질주할 수 있게 됐으며, 지난 15년 동안 이렇게 해서 MD 연구소를 위해 모금한 금액은 2,500만 달러에 달한다. 지금도 HOG 회원들은 해마다 9월이면 열리는 제리 루이스 텔레톤(Jerry Lewis Telethon) 자선행사에서 네번째로 돈을 많이 내는 집단이 됐다.

1984년 캘리포니아에서 HOG 경주대회가 최초로 열렸을 때 참석자는 겨우 스물넷이었다. 오늘날 HOG 회원은 36만 5,000명에 이르며, 전세계에 걸쳐 940개 지부가 있다. 9월에 오리건 주 포틀랜드에서 메인 주 포틀랜드까지 달리는 「포세 런(Posse Run)」을 포함해 해마다 HOG 주최 경주행사는 몇백 건의 집회를 후원한다.

정서적 일체감을 마케팅하는 회사로서도 놀랄 만큼 이러한 집회들은 허물없는 정신적 유대감을 유발하고, 때때로 골수 할리데이비슨 애호가들도 깜짝 놀랄 만한 가족의식과 헌신을 불러일으킨다. 티얼링크는 1993년 회사 설립 95주년 기념행사의 기억을 이렇게 소개한다. 몇만 명의 할리데이비슨 라이더들이 구경꾼 수천 명의 환호 속에 3열 종대로 밀워키 시내로 질주해 들어왔다. 그러고는 건장한 사람 하나가 티얼링크에게 다가와 그를 위로 번쩍 안아올리더니 두 눈을 바라보며 이렇게 말했다는 것이다. 『고맙소!』 티얼링크는 물었다. 『고맙다니요? 뭐가요?』 그 남자는 이렇게 말했다. 『이런 퍼레이드를 만들어줘서요. 내가 베트남에서 돌아올 때도 이런 환영 퍼레이드는 받아보지 못했다오.』

할리데이비슨은 또한 오랜 경험을 통해 자신의 제품을 구매하는 사람들은 결국 이 엘리트 그룹의 진정한 일원이 된다는 것을 알고 있었다. 대부분의 초보자들은 처음에는 타는 방법을 배우기 위해 일본산 모터사이클을 구입한다. 그러나 그들은 이내 할리데이비슨 중고품으로 바꾸며, 결국에는 신모델 할리데이비슨을 구입하게 된다는 것이다. 페슬러는 이러한 유형 속에서 마케팅 기회를 보았다. 1980년대 말 그는 할리데이비슨 딜러들과 회합을 갖고 무료시승 캠

페인(Ride Free)을 벌였다. 초보자용 모델인 할리데이비슨 스포츠
터스(Harley Sportsters)를 구입하는 고객에게 1년 뒤에 이보다 큰
모델로 바꿀 경우 당시 3,395달러였던 스포츠터스 구입비 전액을 새
로 살 상품가격에 보상해준다는 것이었다.

오늘날 할리데이비슨의 가격은 결코 저렴하지 않다. 6,500달러에
서 1만 7,000달러에 팔린다. 그러나 수요가 워낙 많기 때문에, 소장
하고 있던 기간만큼 시세가격이 높아져 중고값이 오히려 신품가격
이상으로 매겨진다. 심지어 어느 딜러는 할리데이비슨 한 대를 팔
았는데, 그 고객은 가게 문 밖에서 기다리고 있던 어떤 사람에게 바
로 되팔았고, 차액으로 2,000달러를 그 자리에서 벌었다는 것이다.

때로 할리데이비슨 소유자들은 최초 구입비보다 이를 꾸미는 데
돈을 더 들인다는 사실과 맞물려서, 모터사이클 치장과 연관된 부
품과 액세서리 같은 부품시장 규모도 엄청나다. 래디컬 마케터는
끊임없이 마케팅 믹스를 재검토한다. 할리데이비슨의 경우 이미 부
품과 액세서리 부문이 성공적인데도 그 분야의 노력을 또 기울이고
있다.

## 브랜드 완성하기

래디컬 마케터들은 브랜드의 가치를 희석하지 않고도 그 영역을
확대하는 방법을 발견한다. 할리데이비슨의 라이선싱 담당부서는
어떤 상품이 과연 할리데이비슨 브랜드를 달 자격이 있는지를 매우
엄격하게 선정한다. 지난 15년 동안 할리데이비슨은 방패와 빗장무
늬 회사 로고를 몇백 종의 상품에 라이선스했다. 이 중에는 기차 세
트, 크리스마스용 장식물, 미술교재, 시계, 그리고 라이터 등이 있

다. 할리데이비슨의 이름과 로고는 그 위상이 대단하기에 맨해튼의 유명 카페를 장식하는 데 쓰이거나 유럽의 로레알(L'Oréal) 향수 선전에 쓰이기도 하고, 심지어 할리데이비슨 가죽옷을 입힌 한정판 바비 인형이 나오기도 했다. 할리데이비슨은 심지어 회사 내의 이글마크 금융 서비스 사업부를 통해 할리데이비슨 비자카드를 발급하기도 했다. 이 카드는 골드도 아니고 플래티넘도 아닌 「크롬」카드인데, 가입자에겐 자신의 할리데이비슨 사진을 카드에 새겨 넣을 수 있는 혜택을 부여한다.

하드록 카페를 모방해 문을 연 할리데이비슨 카페는 맨해튼 중심가의 명소가 되었고, 1997년에는 라스베이거스에도 새로 문을 열었다. 할리데이비슨 판매점은 전국의 쇼핑 몰에서 환영하는 업소다. 페슬러는 고객들을 계속 끌어들이기 위해 할리데이비슨 상품은 내구성이 있고 최상의 품질을 유지해야 한다고 주장한다. 예를 들면 할리데이비슨이 브랜드를 라이선싱한 라이터는 일회용이 아니라 지포 라이터 제품이었다.

할리데이비슨 경영진은 라이선싱과 관련해 브랜드를 이익만 위해 활용한 것과 고객의 일체감을 촉진하는 두 가지 사이에서 대체로 성공을 거둬왔지만, 담배에 라이선스한 것과 같은 실수도 저질렀음을 인정한다. 그래도 이 회사의 이름을 새기게 되는 라이선스 사업에서 견지해온 분명한 세 가지 전략이 있다. 즉 ① 고객이 실제로 필요로 하는 물품에 라이선스한다. 예를 들면 가죽 재킷, 부츠와 같이 모터사이클을 타는 데 필요한 기능성 복장 등이다. ② 브랜드에 대한 일반 대중의 관심을 높일 수 있는 품목을 제공한다. ③ 미래 고객과의 관계를 형성하기 위한 방법으로 어린이용 장남감 등을 라이선스한다.

할리데이비슨이 브랜드를 마구 팔아넘기고 있으며, 로고를 너무 많은 상품에 갖다붙이고 있다는 비판도 있다. 그러나 지지자들은 아직도 브랜드의 파워가 소진되려면 멀었다고 믿고 있으며, 이 회사가 본디 사업을 포기하지 않는 한 브랜드 확장이 오히려 특유의 신비함을 강화할 것이라고 믿는다. 래디컬 마케터는 브랜드란 끊임없이 진화하지 않으면 소멸한다는 사실을 명심하고 있다. 할리데이비슨처럼 비싼 물건을 다양한 사회적·경제적 계층을 넘나들며 판매해야 하는 회사는 이 제품을 소유할 수 없는 계층도 브랜드에 접근할 수 있도록 하는 방법을 찾아내야 한다. 실제로 할리데이비슨 공동체라는 신비로운 광채는 가게의 계산대 앞에서 할리데이비슨 티셔츠를 걸친 사람을 발견하거나 할리데이비슨 버클이 있는 혁대를 찬 택시 기사를 만나는 것으로도 경험할 수 있다. 그런 사람들과 대화가 시작되고 경험을 공유하면 일체감과 브랜드가 동시에 확장된다.

비슈만은 마텔(Mattel)이나 케너(Kenner) 같은 사람들이 만든 할리데이비슨 장난감은 특히 할리데이비슨에 대한 열광을 어린 대중에게 확장시키는 탁월한 방법이라고 덧붙인다. 회사의 고객층이 나이가 들어가고 있다는 점은 마케팅해볼 만한 중요한 도전요소이기 때문이다. 그녀는 할리데이비슨 바비 인형을 가리키며 되묻는다. 『세 살바기 어린애에게 할리데이비슨을 경험하게 하는 데 이보다 더 좋은 방법이 있을까?』

할리데이비슨은 물론 모터사이클 업체이지 장난감이나 의류업체가 아니기 때문에 라이선싱 계약이 필수다. 많은 래디컬 마케터처럼 할리데이비슨은 자신의 라이선싱 프로그램을 월트 디즈니 방식처럼 서로 이어 결합시켰다. 브랜드의 핵심 속성으로부터 그다지 멀리 떨어지지 않으면서도 부가가치를 어디에서 낼 수 있었을까? 비슈만은 모터사이클이 그 모든 논의의 중심에 있다고 말한다. 할리데이비슨은 엄청난 라이선싱 요청이 들어오기 때문에 스스로 계약에 착수하는 경우는 별로 없다. 계약 여부를 결정하는 주된 요소는 과연 그 상품이나 서비스가 고객을 다시 모터사이클로 돌려보내느냐의 여부다. 몇 년 전부터 퍼져나온 할리데이비슨을 주제로 한 놀이공원이 세워질 것이라는 소문에 대해 비슈만은, 그런 공원이 조성되려면 눈으로 보고 손으로 느낄 수 있는, 즉 할리데이비슨을 타고 질주하는 확 트인 큰 도로 같은 장소가 고려돼야만 한다고 말한다.

페슬러는 또한 할리데이비슨 애호가들이 검정색 가죽옷과 검정 티셔츠를 걸치고 다니면 무법 바이커 이미지를 영속화하는 데 도움이 되리라는 것을 깨달았다. 그러나 그 때까지 시장에 나온 것은 제한된 종류의 검정색 의류뿐이었다. 할리데이비슨은 회사의 로고를 청바지와 티셔츠, 야구모자, 그리고 신발류에 라이선싱하기 시작했는데, 이들은 시어스(Sears)나 JC 페니(JC Penney) 같은 유명 백화점을 통해 판매될 것이다. 『우리의 이름이 가치가 있기 때문에 라이선스를 한 것입니다. 사람들은 돈을 내고 사서 입는 거죠.』

1986년 페슬러는 공식적으로 할리데이비슨 오토바이 의류사업에 착수했고, 이것은 나중에 모터사이클을 타는 사람들 복장의 모든 것이 되었다. 제품 카탈로그와 딜러 망을 통해 이 회사는 검정 가죽 재킷에서 유아복, 프랑스풍의 여성 속옷까지 모든 것을 마케팅한다. 라이딩(riding) 의류는 억세고 질긴 스타일이며, 꼭 바이커들뿐 아니라 비행기 조종사와 자동차광들을 겨냥한 것이기도 하다. 『힘과 자유, 개성을 나타내는 옷차림을 좋아하는 사람들을 위한 것』이라고 페슬러는 말한다.

1988년 외형 2,000만 달러였던 사업이 1996년에 이르면서 세계적으로 할리데이비슨 관련 의류 700만 점이 팔려 매출액이 1억 달러로 성장했다. 『사람들은 할리데이비슨의 로고를 좋아했고, 이것은 우리의 이미지 개선에 도움이 되었습니다.』 페슬러는 부정적인 것을 긍정적인 것으로 바꾼 것에 대해 그렇게 말한다.

그러나 사람들은 윤활유와 형광등 불빛으로 가득 차 있는, 다소 꺼리는 분위기를 자아내는 모터사이클 대리점에서 그런 옷을 구입하는 데 불편해했다. 대부분의 딜러들이 패션 상품을 팔기에 부적절한 매장을 가진 점에 착안해 블루스타인은 딜러 매장을 새로 디자인하자고 제안했다. 할리데이비슨 본사가 인테리어 디자인 비용을 대고 공사비는 딜러가 대는 방식으로, 전국의 딜러들을 상품 진열에 알맞게 전부 새로 탈바꿈시켰다. 물론 600여 딜러 가운데 불평하는 측도 있었지만, 효과는 거의 즉각 나타났다. 대부분의 딜러들은 2년 안에 투자비를 회수했으며 이러한 변화를 환영하게 됐다. 딜러 가운데 하나인 사이클 크래프트의 오닐은 수요를 따라잡기 위해, 이렇게밖에 할 수 없었다고 말한다.

그는 『우리의 사업규모는 해마다 늘어만 갔습니다. 10년 전에 시작했을 때는 상품이라고 해봤자 기껏 재킷과 부츠, 장갑이 전부였죠. 지금은 통신판매 규모가 수순히 커가고 있어요. 기차 세트 장난감, 팝콘 제조기, 커피 메이커 등이 있습니다. 할리데이비슨 로고만 찍으면 다들 사갑니다』라고 말한다.

### 열성적인 판매 대리점을 밀어주기

할리데이비슨은 가장 어려웠던 시절에도 딜러들과 긴밀한 유대관계를 유지해왔다. 다른 래디컬 마케터와 마찬가지로 할리데이비슨은 소매상의 위력을 잘 이해했으며, 딜러들을 가족의 일원으로 생각해왔다. 미국 내에 600여 개(전세계적으로는 1,000여 개)를 헤아리는 이들 딜러는 대개 몇십 년 동안 거래를 이어왔고, 제2세대, 심지어 제3세대에까지 가업으로 이어지고 있다. 할리데이비슨은 비록 생산능력이 부족해 어려움을 겪고 있긴 하지만, 해외부문의 확대를 구상하고 있다. 1997년 가을 이 회사는 사우디아라비아에 최초의 대리점을 열었는데, 배정받은 물량이 개업한 지 며칠 만에 모두 매진됐다.

이 회사는 디자인에서 마케팅에 이르기까지 모든 측면에서 딜러들이 제기하는 의견에 크게 의존하고 있다. 할리데이비슨은 분기마다 딜러 가운데 선출된 열 명으로 구성된 고문단 회의를 열며, 7월에는 딜러들과 연차총회를 개최한다. 이 총회에는 고위경영진이 전부 참석하여 신모델에 대해 사전검토하고 문제점을 제기한다.

할리데이비슨은 또 고객 서비스 기술자를 위한 기본교육도 제공한다. 이것은 할리데이비슨의 엔진과 기계장치들이 갈수록 첨단화하고 있기 때문에 매우 중요한 일 가운데 하나다. 6년 전부터는 해마다 할리데이비슨 대학이라는 딜러 교육과정을 개설하기 시작했다. 딜러들은 사흘 동안 「사업을 경영하는 방법」과 「사업체를 상속하는 방법」 등의 과정을 이수한다.

이 밖에도 비디오 영상물, 안내책자와 같은 교재를 끊임없이 제공하며, 딜러들이 해당지역의 시장에서 사용할 수 있는 광고물도 지원한다. 할리데이비슨이 소비자를 대상으로 발행하는 〈디 인수지애스트(The Enthusiast)〉와 〈호그 테일(Hog Tales)〉 등의 잡지도 이들 딜러망을 통해 배포된다. 게다가 특별한 이벤트를 치르는 딜러가 있으면 회사 소유의 이동식 할리데이비슨 박물관을 보내주기도 한다.

딜러들은 그 대신 그 지역의 HOG 연락소 역할을 수행하거나 경주대회, 대여 프로그램, 전국적인 판촉행사를 지원한다. 비슈만은

『우리는 딜러들에게 의존합니다. 그들과 늘 연락을 주고받고 있어요. 그들이야말로 고객을 상대하는 사람들입니다』라고 말한다.

컨설턴트 크리스 하트(Chris Hart)에 따르면 할리데이비슨은, 1980년대 중반 재창사를 위해 노력하던 그 어려운 시기에 회사를 구하려고 나온 사람들은 바로 딜러라는 사실을 잘 인식하고 있다. AMF로부터 경영권을 인수하던 그 무렵에는『할리데이비슨의 품질이 너무도 형편없었으며, 이를 수리하는 것도 딜러들에게 의존했습니다』라고 하트는 말한다. 『그들은 전쟁과도 같은 그 시절을 함께 헤쳐나갔으며, 나중에 이에 대해 회사측에 보상을 요구하지도 않았습니다.』

딜러들은 또한 생산이 수요를 따라주지 못해 어려움에 빠져 있는데, 그러한 공급부족 현상은 아직도 풀리지 않고 있다. 할리데이비슨은 딜러에게 판매가격을 강제할 수는 없다. 다만 권장 소비자가격을 제시할 뿐이다.

어떤 딜러들은 인도 기간이 18개월이나 걸리는 점을 악용해 무려 5,000달러나 올려받기도 한다. 그러나 대부분의 딜러들은 고객과의 관계를 유지하기 위해 권장가격을 지키는 편이나. 비슈만은 지난 1990년대 초에는 상황이 훨씬 좋지 않았다고 말한다. 어떤 모델은 2~3년까지 대기해야 했고, 딜러들은 이를 구입할 고객에게 보여줄 전시용 제품도 없었다고 한다.

1996년 이 회사는 모든 가용자원을 생산량을 증대시키는 데 투입했다. 심지어 1996년도 광고예산마저 전액 삭감했다. 할리데이비슨은 해마다 생산량을 10~15% 늘려왔으며, 1998년에는 공장 두 곳을 새로 증설했다. 그런데도 수요는 이를 앞지르고 있다. 비슈만은 경쟁사의 유혹에 고객이 눈을 돌릴 수 있기 때문에 할리데이비슨으로선 이 같은 공급부족이 결코 달갑지 않다고 강조한다.

그녀는 『할리데이비슨을 사기 힘들다고 해서 신비감이 더해지는 게 아닙니다. 그것은 단지 우리가 빨리 탈출해야 할 장애물일 뿐입니다』라고 주장한다.

물론, 딜러들은 모터사이클 판매보다는 부속과 액세서리 판매에서 더 큰 돈을 번다. 따라서 공급부족 때문에 불만을 제기하는 딜러는 별로 없다. 이들의 관계는 오래 됐고 심층적이며 공생적이다. 할리데이비슨은 딜러들이야말로 고객을 회사로 끌어들이는 연결고리라는 것을 알고 있다.

실제로 많은 할리데이비슨 보유자에게 그 지역의 딜러 대리점은 제2의 집이자 만남의 장소다. 『저는 날마다 확실한 몇몇 사람들이 들어오는 것을 보고 시계를 맞춥니다』라고 사이클 크래프트의 오닐은 말한다.

## 계속 래디컬로 남기

할리데이비슨은 위대한 브랜드가 그러하듯이, 성공은 경쟁자들에게 매력적인 과녁이 된다는 사실을 발견했다. 외국 경쟁업체들은 할리데이비슨의 약점이 생산 지연에 있다는 것을 알아차리고, 이 돈벌이가 되는 중량급 크루저(cruiser) 시장을 차지하기 위해 줄지어 뛰어들었다.

마케팅 전문가들은 이들 경쟁업체가 크루저급 시장의 판도를 바꿀 수도 있다고 경고한다. 즉 골수 할리데이비슨 광들을 제쳐놓고 다른 소비자들에게 쓸 만한 제품을 선보여 추진력 있게 밀고 나가 할리데이비슨을 추월하는 방법을 발견할지도 모른다는 것이다. 만약 그들이 꼭 할리데이비슨이 아니어도 좋다는 라이더들을 찾아낸다면 그들도 나름대로 공동체를 구축할 수 있을 것이다. 그래도 할리데이비슨의 대표이사 블루스타인은 요지부동이다. 그는 제품이야 모방할 수 있을지 몰라도 모터사이클 자체에서부터 의류와 집회, 관련상품에 이르는 할리데이비슨이 주는 라이프스타일과 총체적인 경험을 만들어내는 것은 전혀 별개의 문제라고 말한다. 『전체적인 경험을 제공하는 것이 열쇠라는 것을 깨달았습니다. 그리고 그것은 결코 모방이 쉽지 않을 것입니다.』

래디컬 마케터가 다 그렇듯이, 이런 용기야말로 할리데이비슨의 가장 위대한 장점이다. 즉 그들을 지금의 위치로 끌어올린 공식을 고수하려는 용기, 또한 경쟁자가 주도하는 싸움에 뛰어들기 위해 거기에서 이탈하지 않는 용기다. 『할리데이비슨이 저지를 수 있는 최악은 다른 사람들처럼 행동하는 것입니다.』 할리데이비슨광 콘래즈는 말한다. 할리데이비슨은 그 브랜드를 문화 전반에 깊숙이 각인시켰고 고객을 상대로 모터사이클 업계뿐 아니라 자동차 업계에서도 유례가 없는 밀접한 관계를 형성해왔다고 그는 말한다. 『할리데이비슨은 고객과의 친밀도에 관한 한 놀라운 성적을 올려왔습니다. 자신들이 그토록 잘 알고 있는 고객들로부터 멀리 벗어난다면 많은 것을 잃을 것입니다.』

사업 확장을 위해 할리데이비슨은 바이커 전문지뿐 아니라 〈롤링스톤(Rolling Stone)〉, 〈스포츠 일러스트레이티드(Sports Illustrated)〉, 〈플레이보이(Playboy)〉, 〈포퓰러 사이언스(Popular Science)〉 등의 대중 잡지에 광고를 싣기 시작했다. 그러나 할리데이비슨은 정확한 대상을 상대로 효율 위주의 광고를 펼치기 때문에 광고 예산은 혼다나 야마하 같은 거대 경쟁업체와는 비교가 안 될 정도로 미미하다.

티얼링크 회장이나 블루스타인 대표이사 등 경영진이 보기에 성공을 위협하는 위기는 언제나 존재하고 있다. 『탐욕과 오만, 자기만족은 경쟁사보다 먼저 우리를 쓰러뜨릴 것이다』라고 티얼링크는 말한다. 할리데이비슨 본사에 걸려 있는 표어는 『남들이 우리가 잘 한다라고 말한 만큼 우리는 잘 하고 있지 않다』다. 진정한 래디컬 마케터답다.

그러나 래디컬 마케팅에 관해서라면 할리데이비슨은 이미 래디컬 마케터만큼 잘 하고 있다.

# 6

# 아이엄스

## 복음 전도를 마케팅 속으로, 업계 판도를 바꾸며

자신의 미덕을 광고하지 않고도
아이엄스는 도덕성을 투자이익으로
바꿔놓았으며, 이를 기업문화의
초석으로 확고히 다져놨다.

**자**신의 상품이 록 음악이든 작업공구이든 간에 래디컬 마케터는 거의 열렬한 종교적 확신을 갖고 자신의 제품을 믿는다. 아이엄스 컴퍼니 회장 매틸도 예외가 아니다. 매틸은 애완동물 사료를, 마치 아이엄스가 「세상의 개와 고양이들을 구원하러 이 세상에 내려왔다」는 깊은 신념을 가진 열광적인 선교사처럼 판매한다.

래디컬 마케터는 전통적 마케터가 사용하는 엄청난 광고예산이나 전략적인 브랜드 관리를 통하지 않고도 자신들의 제품에 대한 열성을 시장에 반영하는 방법을 알고 있다. 일찍이 1950년대에 고급 개와 고양이 사료시장을 개척한 아이엄스는 그야말로 연간 100억 달러 규모의 애완동물 사료시장의 판도를 바꿔놨다.

1980년대에 이르기까지 애완동물을 기르는 사람들은 대부분 독차우(Dog Chow)나 9-라이브스(9-Lives) 같은 사료를 슈퍼마켓에서 구입했다. 아이엄스는 동물에게도 영양식이 필요하다는 복음을 전하면서 이제는 애완동물점이나 사료 전문점에 들러 슈퍼마켓에

나오는 브랜드보다 두세 곱절 비싸더라도 산뜻한 포장의 아이엄스 사료, 또는 이국적인 이름의 자매품 유카누바(Eukanuba)를 사야만 한다는 사실을 믿게끔 만들었다. 또 점점 그렇게 믿는 사람의 숫자도 늘어났다. 고급 사료시장은 이제 전체 애완동물식품 시장 100억 달러 가운데 20억 달러의 비중으로 성장했다. 그리고 버지니아 주 리치먼드 소재 데이븐포트(Davenport) 회사에서 해마다 발간하는 산업경향조사서 〈맥스웰 리포트(Maxwell Report)〉에 따르면 1997년의 경우 전체 사료시장의 성장률은 7%를 기록했는데, 그것은 대부분 고급 브랜드로 인해 달성되었다고 한다.

아이엄스는 진정한 일반시민들 사이에서 입에서 입으로 전해지는 마케팅 전략으로 오늘날 미국 내에서 일곱번째로 큰 애완용 동물사료회사로 성장했다. 1980년대 중반 이 회사는 전국적인 브랜드가 되었는데, 그 때 아이엄스의 연간 광고비는 1만 2,000달러에 불과했다. 그것도 월간지 〈독 월드(Dog World)〉에 단 한 번 실은 광고비였다. 아이엄스는 오하이오 주 데이턴에 본사가 있는 개인기업으로, 1982년만 해도 1,600만 달러의 미미한 외형을 기록한 지방 브랜드였다. 그러나 1997년에 이르러선 매출액 5억 달러를 올리고 있다. 또 세계 70개국으로 수출되고 있으며, 전세계적으로 250억 달러 규모인 애완동물 사료시장에서 가장 빠른 성장세를 보이고 있는 회사다.

데이턴에 있는 현대식 본사 건물에서부터 오하이오 루이스버그에 있는 대학 캠퍼스 같은 연구개발센터에 이르기까지 아이엄스는 최고급 제품개발과 생산, 유통, 그리고 고객 서비스의 귀감이 되고 있다. 아이엄스가 번성한 데에는 여러 가지 이유가 있는데, 그 성공의 뿌리는 단순한 래디컬 개념을 도입했던 회사 창업자 폴 아이엄스(Paul Iams)와 그것을 자리잡게 한 매틸로부터 시작되었다. 즉 사람들은 사랑하는 애완동물에게 좋다는 것이 확실하다면 기꺼이 고급 사료를 구입하리라는 것이다.

래디컬 마케터가 그렇듯이 아이엄스 또한 회사 대표가 직접 마케팅 기능을 가졌기에 성공할 수 있었다. 또 브랜드를 둘러싸고 하나의 공동체를 창출해냈으며, 브랜드 그대로의 가치를 고수했고, 무엇보다도 고객인 이 세상의 개와 고양이들에게 애정과 존경심을 품고 있었다.

## 깜찍하게 보일 생각 말고 영양가 있는 것을 팔아라

매디슨가의 광고인들이 저녁식사로 고기죽을 먹고 싶어하는 개와 고양이가 대화하는 식의 의인화된 창작세계를 펼치는 동안, 아이엄스는 그런 깜찍한 광고는 의도적으로 삼가고 대신 동물의 영양상태를 판단의 잣대로 만들었다. 기르는 임자나 애완동물점 주인이나 수의사들로 하여금 동물들의 윤기 나는 털과 탄탄한 근육, 맑은 눈동자, 그리고 원기왕성한 모습을 보여주면 자연 소문이 날 것이었다. 동물을 사랑하는 사람은 기꺼이 높은 프리미엄을 지불하더라도 최고의 음식을 사줄 것이 틀림없었다.

이 교훈은 매틸에게 분명했다.『제가 일찍이 배운 것은 제품이야말로 왕이라는 것입니다. 훌륭한 제품을 갖고도 여러 가지 실수를 할 수 있어요…. 원치 않아도 말이죠. 그러나 만약 훌륭한 상품이 있고 그것들을 잠재우지만 않는다면, 나머지 문제들은 제대로 풀릴 수 있습니다.』

다른 래디컬 마케터의 경우와 마찬가지로, 이제 아이엄스의 성공은 텔레비전 광고와 시장조사 같은 전통적인 마케팅 기법을 도입할 수 있을 만한 수익성을 올리게 해주었다. 하지만 그런 분야에서 아이엄스의 지출은 경쟁사인 랠스턴퓨리나에 비해 극히 미미하다. 아이엄스는 사실, 슈퍼마켓 브랜드에 합류하라는 끊임없는 압력을 뿌리치고 마케팅과 유통망을 훌륭하게 견지하면서 고객들과 밀접한 관계를 유지하고 있다는 데 큰 자부심을 갖고 있다.

아이엄스의 사장 맥리어드는 전형적인 마케팅 전문가의 이력서를 갖고 있다. P&G에서 잠시 일했으며 펩시에서 9년, 사라 리(Sara Lee) 제과에서 7년 간 대표이사로 있었다. 그는 전통적 마케팅 환경에서 탈출해 고객 하나하나를 직접 상대하는「진정한 판매」를 할 수 있는 기회가 아이엄스에 합류하게 된 매력이 되었다고 말한다. 1990년 그렇게 입사한 뒤, 맥리어드는 매틸과 마찬가지로 비전통적 마케팅의 지지자가 되었다.

『하버드 대학 출신 MBA나 P&G 출신 한두 명을 채용해 광고예산 5,000만 달러를 안겨주고 사치&사치(Saatchi&Saatchi) 대행사를 찾아가는 것은 너무나 쉬운 일입니다. 그리고 그게 지금까지의 마케팅 전략이었습니다. 누구나 할 수 있는 일이죠. 그러나 개 사육장을 찾아 신발에 온통 개똥을 묻혀가면서 그 곳 주인에게 거래선을 아이엄스로 바꿔달라고 얘기하는 것은 아무나 할 수 있는 일이 아닙니다. 매우 힘든 일이에요』라고 맥리어드는 말한다.

『경쟁사들이 듣기 좋게 말하자면, 그들은 텔레비전 광고예산, 하버드 대학 졸업생을 훨씬 선호하죠. 고객을 한 번에 하나씩 확보하는 일이 훨씬 어렵습니다. 사실 그것은 하나의 진입장벽이니까요.』

이것은 별로 놀라운 일도 아니지만, 아이엄스는 곧 경쟁자들의 후각을 자극했다. 거대 경쟁사 랠스턴퓨리나는 1985년 이 회사를 아예 인수합병하고자 했다. 그러나 매틸이 거부했다. 랠스턴퓨리나는 이후 고급시장 자체에 매우 공격적으로 뛰어들었다. 고급 사료시장에서 아이엄스의 주요 경쟁자였던 힐스 사이언스 다이어트(Hill's Science Diet : 1997년 외형 9억 달러, 점유율 8%)는 1976년에 콜게이트팜올리브(Colgate-Palmolive)사에 인수되었고, 이후 아이엄스는 랠스턴퓨리나와 네슬레(Nestlé), 하인즈(H. J. Heinz), M&M/마스(M&M/Mars) 같은 거대 식품회사들과 소비자용품 대기업이 득실거리는 시장에서 유일한 독자행보를 하는 기업으로 남았다.

큰 경쟁사든 작은 경쟁사든 모두가 비타협적인 품질력과 비전통적인 마케팅으로 이뤄낸 아이엄스의 성과를 부러운 눈초리로 바라보고 있다. 그들 경쟁사는 연간 광고비로 4,000만~9,000만 달러를 투입하는데, 그 광고 내용이 자사 제품을 아이엄스 제품과 견주는 것 일색이다. 그 때문에 아이엄스는 가만히 앉아 몇백만 달러어치의 광고효과를 보고 있다.

『그 회사는 고객과 시장에 대해 정통합니다. 그리고 그들의 품질은 상당히 훌륭하지만, 동물들에게 영양가 있는 음식을 제공한다는 고정관념을 만들었다는 것이 더 훌륭합니다.』한 경쟁사의 마케팅 담당 부사장이 말하는 아이엄스에 대한 평가다.


## 인습을 타파하는 지혜

이 모든 것은 끊임없이 창업거리를 찾아 헤매던 야심만만한 스물아홉 살의 매틸이 1970년 아이엄스에 합류한 당시에만 해도 하나의 공상에 불과했다. 아이엄스의 창업자 폴 아이엄스는 비록 세계적 수준의 동물영향학자였으며 고급 사료시장을 개척한 선구자이긴 하지만, 회사를 인수한 것은 매틸이었다. 매틸은 1982년 아이엄스를 인수해 회사의 운명을 결정하는 위치에 서게 되었으며, 이후 회사의 폭발적인 성장을 이끄는 선봉장이 되었다.

매틸은 빼어난 래디컬 마케터이면서, 동시에 자신의 제품을 굳게 확신한 나머지 실패 같은 것은 아예 쳐다보지도 않는 타고난 지도자다. 실제로 아이엠스가 파산 직전에 몰린 1975년 다른 일자리를 찾기보다 경영권의 절반을 폴 아이엠스로부터 사들인 게 매틸이었다. 래디컬 마케터는 선교사 같은 직원들을 찾아 채용하는데, 이 경우에 매틸은 폴 아이엠스가 찾아낸 정열적인 선교사였다.

매틸은 오하이오 주 볼링그린 근처의 농촌 출신이다. 그는 평생 동물을 사랑하고 동물이 잘 되기를 바라는 사람이었다. 그렇지만 원래 그는 동물 사료회사에 취직할 의도가 전혀 없었다. 우연히 한 친구의 제의로 아이엠스를 방문했는데, 거기에서 회사의 창업자를 만났던 것이다.

당시 매틸은 캠벨 수프(Campbell Soup)사의 구매 대리점을 하고 있었는데, 별로 마음에 드는 일자리가 아니었다. 그러던 차에 친구의 부탁을 받고 면접을 위해 데이턴까지 찾아간 것이다. 그러나 매틸에게는 회사로부터 별다른 인상을 받지 못했다. 『저는 정말 그 친구가 농담을 하는 줄 알았어요. 회사는 작았고 직원은 다섯 명뿐이었죠. 공장에선 악취가 진동했고, 제품은 썩 훌륭해보이지 않았으며, 포장조차 괴상망측했습니다.』

그러나 왕년에 P&G에서 영업사원으로 뛰기도 했던 아이엠스는 회사를 도와 운영해줄 사람을 찾고 있었으며, 조용히 숨겨둔 카드를 내놨다. P&G에서 비누특산품을 판매하던 시절부터 아이엠스는 고객을 설득하는 방법을 터득하고 있었다. 그는 매틸에게 집에 가서 써보라며 개 사료를 가방 가득 들려주었다. 매틸에게는 그 때 기르던 개가 없었기 때문에, 아버지의 농장에 들러 퀴니라는 이름의 기력이 쇠잔한 개에게 주라고 그 사료를 아버지에게 드렸다. 『아버지는 공짜라면 뭐든지 먹이던 분이었죠.』

한 달 뒤 다시 부친의 농장을 찾을 때까지 아이엄스 생각은 까맣게 잊고 있었다. 그가 농장에 들어서자 마침 개 집에서 퀴니가 튀어나왔다. 퀴니는 그야말로 털에 윤기가 흐르고 눈망울이 맑아졌으며 강아지다운 원기로 충만해 있었다. 『마치 개 모델 같았어요. 아버지께 새로운 개를 얻으셨느냐고 물었습니다. 그랬더니 아버지께선 「그게 아니고 네가 가져다 준 사료 덕분이다」라고 말씀하시더군요.』

매틸은 홍미를 느꼈다. 무엇이 퀴니를 한 달 사이에 저렇게 바꿔놓은 것일까, 궁금해졌다. 그는 아이엄스에 대해 조사하기 시작했다. 고객들에게 물어보고 원료 공급업체에도 물어봤다. 그랬더니 대답은 한결같았다. 폴 아이엄스는 동물의 영양에 관한 한 천재라는 것이었다. 아이엄스는 동물사료에 함유된 아미노산과 단백질에 집착하여 열성적으로 연구해왔으며, 그 결과 스스로 생각하기에 거의 완벽한 개 사료를 개발해 「아이엄스 999」라는 이름을 붙인 인물이었다.

매틸과 달리 폴 아이엄스는 원대한 꿈은 없었다. 1950년대에 아이엄스는 그 지역에서 개 사료회사를 차리려고 분투하고 있었으며, 그러다가 밍크 사료 보조제를 파는 사업으로 수입을 늘릴 기회를 맞았다. 당시 밍크 사육업은 막 떠오르는 분야였으며, 업자들은 모피의 질을 좌우하는 밍크의 털을 개선하고자 영양가 있는 사료를 애타게 찾고 있었다.

아이엄스는 고지방·고단백의 영양 보조제를 만들어냈는데, 실제로 효과가 있었다. 곧 밍크 사료로 괜찮은 수입을 올리게 됐다. 아이엄스는 고객 농장에서 윤기 나는 털과 탱탱한 근육의 감시견들이 유난히 튼튼하고 건강하다는 사실을 발견했다. 열다섯 살이나 먹은 개들이 마치 강아지처럼 깡충거리며 뛰어놀고 있었다. 농장주들은 밍크 사료를 개에게도 똑같이 먹였다고 말했다.

아이엄스의 머리 속에서는 빛이 반짝였고, 고지방·고단백 개 사료 개발에 나섰다. 업계에서는 당시 개 사료에는 지방 10%, 단백질 25%를 넘겨선 안 된다는 게 정설이었다. 그러나 문제의 감시견들은 20~25%의 지방과 40%의 단백질 사료를 먹고도 그렇게 튼튼하게 잘 자란 것이다.

이후 10년 간 아이엄스는 원료 구성물을 바꿔가면서 연구를 지속했고, 결국 아이엄스의 프리미엄 개 사료 제품군의 첫번째 시제품을 만들어냈다. 그는 당시 업계에서 많이 쓰던 식물성 단백질보다는 동물성 단백질을 고집했다. 개와 고양이는 결국 육식동물이며 고기를 먹어야 잘 자란다는 논리였다.

먹고 버린 쓰레기나 내장 따위의 부산물을 원료로 하는 산업에서 개 사료 포장 속에는 가끔 의심스러운 내용물이 들어 있기도 했고, 맛이래야 개나 고양이 입에 간신히 맞는 정도였다. 아이엄스는 최고급 원료를 고집했고, 주요 거래처 한 곳으로부터 저질 원료를 받았다가 크게 데인 다음부터는 엄격한 품질관리체제를 도입했다. 이것은 이후 아이엄스 기업문화의 확고한 보증서가 됐다.

이처럼 고품질 원료에 대한 고집 때문에 아이엄스 제품은 시장의 표준 가격보다 훨씬 비싸다. 원가 면에서 품질 수준이 가장 근접한 경쟁사와 비교해봐도 1톤당 100달러 정도 더 비싼 원료를 쓴다. 그럼에도 불구하고 아이엄스는 비록 작지만 충실한 고객층을 거느리고 있다. 1970년에 이르러 폴 아이엄스는 쉰네 살이 됐으며, 회사는 오하이오와 인디애나, 켄터키 주에 걸쳐 현금이 잘 들어오는 사업으로 성장했다. 그러나 그는 지쳤고 누군가가 일상적인 관리업무를 대신해주기를 바라게 됐다.

190  돈안쓰고 돈버는 래디컬 마케팅

## 복음 전도를 마케팅 속으로

매틸은 이 때 부친의 농장에서 직접 사료의 효능을 목격한 상태였기 때문에 마음이 흔들리고 있었다. 그는 아이엄스로 다시 찾아가 취업 얘기를 꺼냈다. 퀴니의 변신이 심금을 울렸다. 그는 『그 개를 보고 떠올린 것은 이 세상의 모든 개가 털에 윤기가 흐르는 모습이었어요. 그 개들이 얼마나 오래 살지는 알 수 없지만, 좋은 사료를 먹인다면 사는 동안 더 행복할 거라고 장담합니다』라고 말한다.

아이엄스 입사는 매틸을 래디컬 마케터로 변신시켰다. 자원은 적고 생산과 분매망은 한정돼 있는 상태에서 매틸은 품질의 중요성은 말할 필요도 없는 문제이지만, 그것이 전부가 아니라는 사실을 곧 터득했다. 뛰어난 품질은 수많은 잘못을 덮어주지만, 그것도 제대로 마케팅을 했을 때 얘기였다. 그 사료가 아무리 훌륭할지라도 사람들이 알아주지 않으면 소용이 없었다. 창업자 폴 아이엄스는 개 사료를 개선하는 데 들인 관심만큼 마케팅에 관심을 기울이지는 않았다. 매틸은 그러나 개 주인들——나중에는 고양이 주인들——이 자신이 본 것과 똑같은 효능을 보게 되면 사업이 기하급수적으로 성장할 것을 믿어 의심치 않았다.

입사한 즉시 매틸은 래디컬 마케팅의 중요한 규칙을 실행하기 시작했다. 그는 주말마다 애완견 경연대회를 방문하고 애완동물 사육업자들과 개 사육장, 수의사들을 찾아가 샘플을 나눠줬다. 그들의 지하실까지 이들 샘플을 들고 날라준 것은 그의 아내와 아이들이었다. 특히 애를 먹인 것은 수의사들이었다. 말 사료업자로 시작한 힐스 사이언스 다이어트는 1948년 병든 개들에게 주는 처방사료를 개발한 캔자스 주의 어느 수의사와 손잡고 개 사료시장에 진출했다.

힐스 사이언스 다이어트 제품은 1968년에 하나의 상업 브랜드로 출발했는데, 전국의 3만 6,000여 가축병원에 샘플을 대주고 있었다. 고객들에게 그 브랜드를 판매해주는 수의사들에게 힐스 사이언스 다이어트는 썩 괜찮은 이윤을 보장해주면서, 수의사들이 소개한 시장의 대부분을 독차지하고 있었다.

그러나 아이엄스는 매틸의 직접적인 지도 아래 실제로 애완동물 사육업자와 개 사육사들을 겨냥했다. 수의사가 아닌 바로 그들이 개나 고양이 주인들에게 무엇을 먹여야 할지 결정하게 해주는 가장 영향력 있는 문지기란 사실을 깨달은 것이다. 설득에 나서볼 만한 집단이었다.

최대의 경쟁업체인 힐스 사이언스 다이어트가 그랬듯이 아이엄스도 강아지나 고양이들의 환심을 사고 입맛을 붙잡는 것이 급선무임을 초창기부터 잘 알고 있었다. 까다로운 애완동물, 특히 고양이의 경우 입맛이 한 번 길들여지면 바꾸기가 불가능하다고까지는 아니라 해도 참으로 힘든 일이었다. 사육업자와 수의사, 애완동물점을 일일이 찾아다니면서 판촉물과 무료 샘플을 돌리는 동안, 아이엄스는 새 애완동물을 사서 집으로 데려가기 전부터 아이엄스 제품에 충실해진 고객층을 형성해놓았다.

회사는 계속해서 고객들의 마음을 얻기 위해 이러한 곳들을 찾아다녔다. 1996년에는 이 같은 전통을 계승해 동물구제소를 새로운 목표시장으로 설정했으며, 전국을 횡단하는 애완동물 입양 이어달리기 행사를 개최하기 시작했다. 전국의 700여 동물구제소들이 각지역의 판촉행사에 참가해 애완동물을 사지 말고 구제소에서 입양하라고 권했다. 아이엄스는 이 때 동물을 처음 키우는 사람들을 위한 스타터 키츠(starter kits)와 사료 및 동물의 영양에 대한 안내서를 새로운 애완용 동물 주인들에게 제공했다.

비용이 많이 드는 광고를 하기보다 아이엄스는 동물을 기르는 사람들 하나하나에게 상담과 충고를 제공하는 고객 서비스 활동을 개척하는 데 자원을 쏟아부었다. 이를테면 아이엄스는 고객들이 질문이나 의견을 전할 수 있는 무료 전화번호를 제품 표장에 표시한 최초의 애완동물 사료업체였다. 이 회사의 고객 서비스 부서는 연간 30만 통쯤 걸려오는 고객 전화의 80%에 대해 무료 경품권이나 무표 샘플을 담은「퍼피 팩 & 키튼 키트(Puppy Packs and Kitten Kits)」를 발송한다. 마케팅 활동의 주요 수단인 이 부서는 1980년 출범 당시 단 한 명의 직원으로 시작했으나 지금은 훈련받은 정규직 원들과 활발하게 움직이는 몇 명의 수의사도 대기시켜놓고 있다. 이 사무실은 하루 12시간, 1주일에 엿새 동안 열려 있으며, 물론 수의사와 사육업자들을 위한 별도의 무료 전화번호도 개설하고 있다.

비록 명칭은 고객 서비스 부서이지만, 실제로 이 부서의 활동은 고객 교육에 초점을 맞추고 있다. 개와 고양이의 영양식에 대한 복음을 기회 있을 때마다 전파하는 것이다. 전화를 건 모든 고객에게 편지와 영양학에 대한 책자를 제공한다. 아이엄스는 동물 영양학에 대해 좀더 자세한 정보를 제공하는 인터넷 웹 사이트를 만들기도 했다.

## 불가능을 가능하게

다른 래디컬 마케터들이 그랬듯이 아이엄스는 시장을 이해하는 데 있어서 집요하다. 그리고 그 모든 지식을 좀더 능동적인 마케팅 도구로 활용한다. 동물에게도 영양가 있는 식단이 매우 중요하다는 증거가 속속 밝혀지고 있는데도 불구하고, 아이엄스는 업계 일부로부터 그런 비싼 제품은 현실과 동떨어진 과대선전이라는 비판을 끊임없이 받고 있다. 비판적인 사람들은, 개라는 동물은 독 차우 제품을 먹이거나 아이엄스를 먹이거나 똑같은 수명, 똑같은 건강을 누릴 것이라고 주장한다. 무엇 때문에 아이엄스를 비싸게 사먹여야 하는가? 일부 동물 전문가들은 고급 사료가 실제 어떤 효능이 있는지 입증하는 것은 불가능하다고 주장하는 반면, 아이엄스는 모든 래디컬 마케터가 그렇듯이 불가능을 사업기회로 본다. 이 회사는 방대한 자체 조사연구 설비를 총동원해 영양문제를 다루고 있으며, 자신의 주장을 서서히, 그러나 효과적으로 정당화시켜가고 있다. 아이엄스는 자신의 연구결과를 학술지와 업계 간행물에 자유롭게 배포한다.

오랜 기간 고객 교육을 하나의 경쟁력 있는 무기로 사용해온 결과, 아이엄스는 이제 그런 종류의 부정적 도전을 극복하는 방법을 잘 알고 있다. 사실 1998년 아이엄스는 〈컨슈머 리포트(Consumer Reports)〉지가 애완동물 사료산업에 대해 잘못된 인상을 주는 오보를 게재하자 반박할 수 없는 데이터 공세로 이 잡지 역사 20년 만에 처음으로 오보를 시인하고 기사를 철회하게 만들었다.

6,400만 가구가 7,000만 마리의 고양이와 5,700만 마리의 개를 키우는 미국사회에서 애완동물과 그 주인의 결속력은 결코 과소평가할 수 없으며, 아이엄스는 다른 경쟁자들보다 이를 잘 이해하고 있다. 매틸의 지도 아래 아이엄스는 동물 주인이 아닌 동물을 고객으로 생각하고 있다. 다른 거대 사료회사들이 그들 제품과 애완동물을 의인화한 텔레비전 광고로 광범위한 성공을 거두고 있는 반면, 아이엄스는 단지 포장 속에 더 좋은 제품을 담는 데 초점을 맞췄던 것이다.

아이엄스는 협력업체가 공급하는 원료를 엄격히 조사하고 있으며, 인대 등 내장 부위 또는 닭머리 따위가 들어간 원료는 납품받기를 거부한다. 이처럼 굽히지 않는 품질보장체제가 있기 때문에 아이엄스는 품질이 춤을 추는 업계에서 한결같은 제품을 내놓을 수 있다. 실제로 아이엄스는 오랜 기간 포장에 쓰여진 문구와 용어를 놓고 연방정부와 논란을 벌여왔다. 이 회사는 현재 애완동물 사료에서 파급되는 부산물에 대한 정의를 놓고 좀더 강력하게 규제해달라고 정부에 촉구하고 있다.

## 혁신이 곧 수익으로

아이엄스만의 신비함이나 매력 중 하나는 이 회사가 성공적인 여느 래디컬 마케터들이 그랬듯이, 소비자의 욕구에 부응하는 지속적인 혁신을 통해 새로운 수입원을 개발해왔다는 점이다. 이를테면 아이엄스는 이른바 라이프스타일과 라이프스테이지형 사료시장을 개척한 선구자다. 즉 성질이 쾌활한가 아닌가, 몸집이 큰가 작은가 등 강아지나 새끼 고양이 하나하나의 특징에 따른 특수한 제조방법으로 만든 제품을 내놨다.

또 40년 이상 건조한 사료의 장점을 선전해왔는데도 아이엄스는 소비자들에게 통조림 제품을 포기하도록 설득하는 게 별로 성공할 것 같지 않음을 깨달았다. 그래서 이 회사는 마침내 입장을 재정리하고 1991년부터는 젖은 통조림 제품사업에 진출했다. 아이엄스 사장 맥리어드는 개를 기르는 사람의 35%와 고양이 주인의 65%가 건조한 사료 음식에 슈퍼마켓에서 파는 싸구려 통조림 제품을 주기적으로 첨가한다는 것을 알고, 회사로 하여금 통조림 제품사업에 나서게 만들었다. 이렇게 뻔한 일을 하는 데도 몇 년이라는 시간이 걸렸는데, 그것은 회사의 연구개발 팀이 건조한 사료만큼 회사의 명성에 어울리는 품질의 젖은 사료를 개발할 때까지 새로운 사업을 승인하지 않겠다고 회장인 매틸이 버티고 나섰기 때문이다. 최소한 아이엄스의 건조한 사료를 구입하는 고객들에게는 역시 아이엄스의 통조림이 가장 선호하는 제품이 돼야만 한다는 주장이었다.

아이엄스는 연구개발이 마케팅 활동의 핵심적 요소라고 보고 이 분야에서는 비용을 아끼지 않았다. 매틸은 1985년 일리노이 대학에서 개와 고양이 영양학에 대한 박사학위를 취득한 젊고 재능 있는 연구원 다이앤 히라카와(Diane Hirakawa)를 채용했다. 경쟁사인 랠스턴퓨리나가 그녀를 스카우트하려고 무진 애를 썼지만, 그녀는 자신의 박사논문을 지도했으며, 랠스턴퓨리나 연구원 시절 독 차우를 개발한 주인공인 교수의 충고에 따라 데이턴으로 오게 됐다. 매틸은 히라카와를 차에 태우고 루이스버그에 있는 아이엄스 본사 건물 밖에 서서 서쪽의 수백 에이커 규모의 옥수수밭을 보이고는 이렇게 말했다.

『이 옥수수밭은 제 소유지입니다. 우리 회사로 온다면, 연구소를 여기에 세울 수 있소.』그 제안에 깜짝 놀란 히라카와는 자신의 지도교수와 상의한 뒤 이를 받아들였다. 『다른 회사 같으면, 마케팅 직원이 와서는 이렇게 말하겠죠. 「이 제품을 좀 만들어주시고, 또 모양은 드럼 스틱이나 치즈 모양으로 만들어보세요.」그러나 여기에서는 달랐습니다. 아이엄스에서는 동물의 영양학적 측면에서 남들과 다르게 만들 수 있는 기회를 주었어요』라고 히라카와는 회고한다. 회사에 출근한 지 이틀째 되던 날 매틸은 건축가를 그녀의 사무실로 보내 몇백만 달러짜리 연구설비의 기본설계를 들고 왔다. 오늘날 토건업자는 끊임없이 이 대학 캠퍼스 같은 아이엄스 연구소를 방문하고 있는데, 벌써 건물이 일곱 채로 늘어났다. 히라카와 밑에는 연구원과 지원인력이 115명이나 포진해 있으며, 최신식 연구실은 업계에서 부러움의 대상이 돼 있다.

매틸은 히라카와에게 동물의 영양상태에 대해 50년 간 이어져 온 수의학 통념을 깨라며 자유재량권을 주었다. 그녀는 연구소 예산의 50% 이상이 장기적 연구에 들어가며, 이것은 업계 평균의 네 배에 이르는 규모라고 말한다. 또 여느 회사들처럼 단기적 성과를 요구하는 영업부서 때문에 흔들리는 일도 없으며, 오로지 동물 영양학 분야에서 세계 1인자로 인정받고 싶어하는 매틸의 비전만 따르면 된다. 히라카와는 품종 하나하나의 영양학적 욕구에 대한 연구를 개시했는데, 이것은 브랜드의 확장이라는 래디컬 마케팅적인 발상이었다. 아이엄스 그레이트 데인 다이어트(Iams Great Dane Diet) 또는 치와와 청크 같은 제품이 나올 날도 멀지 않았다. 그녀에 따르면 그레이트 데인 품종의 개들은 골격과 관련된 질환이 흔한데, 이 때문에 칼슘과 인을 많이 먹여야 한다는 것이 수의학적 통념이었다. 그러나 그녀의 연구결과에 따르면 오히려 그것은 최악의 처방이라는 것이다. 실제로 개의 성장을 늦춰야 문제가 해결되기 때문에 정반대로 칼슘과 인을 줄이는 것이 해결책이라는 얘기다.

### 유카누바 : 두번째 브랜드로 키우기

아이엄스는 신제품과 브랜드 확장 노력으로 래디컬한 제품을 만들어 오늘날까지 빼어난 성공을 계속해왔다. 이는 아이엄스가 창업하던 당시의 정신으로부터 진화하고 발전된 것이다. 이 회사가 내놓은 유카누바 브랜드는 전통적인 마케팅의 모든 신조를 뒤흔들어 놓았다. 이 제품은 이름이 「유우 카 누우바」로, 발음하기조차 어려운

데다 기존 제품과의 차별성도 불분명해, 회사의 주력 브랜드를 잠식할 것으로 보였다. 매틸도 자신이었다면 그런 전략을 만들어내지 않았을 것이라고 인정했다. 그러나 그는 이 일을 성공적으로 이끌어갔다. 래디컬 마케터들이 그렇듯이 아이엄스는 비상식적인 생각을 환영하며, 마케팅 믹스를 기꺼이 재검토하겠다는 자세가 되어 있었다.

아이엄스는 1970년대 초 유카누바 제품을 생산하기 시작했는데, 이 때는 아이엄스가 집에서 기르는 조류로부터 나오는 단백질에 기초해 영양이 더 풍부하고 농도가 높은 사료 제조방법을 개발해냈을 당시였다. 이 제품은 아이엄스의 기존 개 사료보다 월등히 많은 지방과 단백질을 함유하고 있었다.

처음에 이것은 대외기밀 사항이었다. 그것은 사실 마른 밍크 사료와 제조방법이 똑같았다. 이 제품은 자주색과 녹색이 섞인 우유 용기에 32온스씩 아주 소량씩만 담아 판매했는데, 당시 경쟁제품보다 단백질이 25%, 지방은 16% 이상 더 많이 함유하고 있었으며, 보통 개 사료보다 세 곱절이나 높은 값을 받고 팔렸다. 발음이 어렵다는 만류에도 불구하고 아이엄스는 유카누바라는 이름을 고집했는데, 그것은 원래 1940년대부터 그의 머리 속에 들어 있던 이름이었다. 이것은 당대 음악작곡가 호기 카마이클(Hoagy Carmichael)이 뭔가 최상인 것을 묘사할 때 사용하던 말을 따온 것으로 알려져 있다.

매틸이 이 물건을 팔려고 시도하자 기대했던 것과 다른 반응이 왔다. 장사가 되려면 유카누바는 예전 제품과는 생판 달라야 한다고 생각하고, 매틸은 지방과 단백질 함유량을 더 높이게 했다. 새로 나온 수정판 제품은 시장에서 히트 상품이 되었다.

1970년대 중반까지 매틸은 전미 개사육 클럽이 6개 도시를 돌며 주최하는 명견대회를 방문해 유카누바를 소개하고 다녔다. 그는 유카누바를 명견대회 출전용 개나 순종 개들을 대상으로 한 고급 특수제품으로 자리매김할 수 있다고 믿었다. 매틸은 사육업자들에게 직접 시험삼아 개에게 먹여보라고 권유했다. 유카누바는 그렇게 시험을 할 때마다 진가를 발휘했다. 애틀랜타에서 열린 어느 대회에서는, 건조한 개 사료는 한사코 먹지 않으려던 도베르만 한 마리가 유카누바를 보더니 상자 속에 주둥이를 쳐박고 6온스짜리 샘플을 한 입에 꿀꺽 삼키더라는 것이었다.

한 번 말이 퍼져나가더니, 시장의 반응이 너무나 강력하고 신속해 매틸 자신도 놀라고 말았다. 유카누바는 출시 첫 해에 기존 아이엄스 브랜드 가운데 최고 인기 신제품이었던 아이엄스 플러스의 출고량을 앞질렀다. 이 제품은 특히 사육업자들 사이에서 가장 큰 히트를 쳤다. 사육업자들은 원래 개 사료에 고지방분을 첨가했다. 예컨대 돼지기름이나 계란 노른자 등을 넣었지만 이것을 싫어하는 경연대회 출전견들에게는 강제로 먹여야 했다. 유카누바는 맛이 좋았기 때문에 이런 첨가물을 넣을 필요도 없었다. 유카누바는 금방 회사의 강력한 두번째 브랜드로 등장했다.

사실 전세계 시장으로 보면, 아이엄스 매장에서 나란히 팔리는 두 브랜드는 매출 비중이 거의 비슷하다. 그럼에도 불구하고 지금도 고객들은 퀴즈를 물어보듯이 도대체 그 이름이 무엇을 뜻하며, 누가 그것을 만들었으며, 아이엄스와의 차이는 무엇이냐고 물어온다.

이런 얘기를 듣는 매틸 자신도 그런 혼동을 인정하면서, 뒤늦게 생각해보니 두 개의 브랜드를 그런 식으로 만들지 않을 수도 있지 않았나 생각하곤 한다. 그러나 그는 유카누바가 아이엄스와 상이하면서도 똑같이 중요한 비중을 갖는 고객을 끌어오지 않았느냐고 주장한다. 아이엄스는 프리미엄 사료시장의 「최고의 가치」라는 것을 놓고 일상적인 전투를 벌이는 브랜드이며, 개나 고양이를 「가족의 일원」으로 판단해 강한 정서적 애착을 보이는 고객층을 대상으로 판매한다. 이런 사람들은 그저 제품이 효과가 있다는 것을 중시할 뿐 왜 그런지 따지지는 않는다.

반면 유카누바의 경우 아이엄스보다 20% 정도 더 비싸게 팔리는데,「결과 지향적인」고객들, 즉 사육업자나 사냥꾼, 경연대회 출전견 주인, 그리고 제품의 구성 원료가 포장에 상세히 표시돼 있기를 원하는 열성적 고객들을 끌어들인다. 사실 이 회사는 최근 유카누바 포장을 전면 쇄신해서 좀더 과학적인 모습으로 바꿨으며, 호기심 많은 고객을 위해 더 많은 영향학적 데이터를 표시했다.

무엇보다 중요한 것은 매틸이 마케팅 인생의 이런저런 사실을 직관적으로 깨닫고 있다는 점이다.『비법이 알려지고 나면 조만간 누군가가 덤벼들어 잡아먹게 마련이죠. 그럴 바에야 스스로를 공격해 보세요』라고 매틸은 말한다. 아이엄스는 유통망도 제한돼 있기 때문에 이렇게 양수겹장의 접근방법을 쓰면 한 브랜드가 죽을 쑤더라도 마치 보험을 들어두는 셈으로 일종의 안전망을 확보할 수 있다. 마치 침대 밑에 감춰둔 현금처럼 이런 전략의 진정한 목적은 매틸로 하여금 밤에 편안하게 잠을 자게 하는 것인지도 모른다. 아직까지는 두 브랜드가 상충하는 경우는 없었다.『이 업계에는 두 개의 대형 우량 프리미엄 브랜드를 가진 회사가 오직 하나 있는데, 그게 바로 우리 회사입니다. 우리는 이 브랜드들을 현재 상태 그대로 몰고가는 게 최대의 목표입니다』라고 맥리어드는 말한다.

### 래디컬 마케터로 커가기

매틸은 정식 마케팅 교육을 받은 적이 전혀 없다. 때문에 큰 회사가 때때로 겪는 전통적 마케팅 프로그램으로 인해 강요되는 무언의 울타리를 인정하는 법이 없다. 아이엄스는 직원들이 일에 적극성을 띠는 것을 장려하는 기업문화를 성장시켜왔다. 회계사인 마티 워커(Marty Walker)가 1970년대 말 회사에 입사했을 때, 전화 벨이 울리는데 자신 말고는 아무도 받을 사람이 없어서 그가 직접 수화기를 들어야 했다. 다른 사람들처럼 그는 고객들과 대화하는 방식의 마케팅을 배우게 됐다. 워커는 1999년 현재 판매 마케팅 담당 부사장으로 임명됐다.

아이엄스는 이제 직원 1,400명을 거느리고 있지만, 브랜드 매니저라든가 다층구조의 마케팅 부서 같은 전통적 조직구조는 어디에서도 찾아볼 수 없다. 이는 아이엄스에겐 저주와 같은 것이다. 래디컬 마케터는 마케팅 부서가 소형 단층구조로 시작해서 끝까지 그렇게 가야 한다고 생각하며, 아이엄스도 바로 그렇게 했다.

워커는 마케팅 직원을 채용하기 위해 P&G에서 브랜드 매니저로 일했던 한 여성과의 면접을 회상한다. 그녀는 젊은 나이임에도 불구하고 단일 제품의 광고예산으로 6,000만 달러를 관리했는데, 이 액수는 그 브랜드의 판촉과 마케팅 예산의 80%에 이르는 것이었다. 워커는 말한다. 『우리는 그녀를 채용하지 않았습니다. 고전적 마케팅 경력을 가진 사람은 이 곳에 맞지 않습니다.』 그에 따르면 아이엄스는 지금까지의 내부 판촉과 마케팅 원칙을 허물지 않고서는 도저히 광고에 그렇게 많은 돈을 쏟아 부을 수 없었다. 그녀를 아이엄스의 래디컬 마케팅 문화에 어울리지 않게 만든 것은, 아이엄스가 광고에 투입할 돈이 없어서가 아니라, 브랜드 관리의 관료적 타성에 젖은 그녀의 전통적 마케팅 경력이 아이엄스의 래디컬한 문화와 맞지 않아서였다.

사실 래디컬 마케터들이 래디컬해지는 것은 단순히 그 외에 다른 방법을 몰랐기 때문이다. 1975년의 경우 직원이라고는 열두 명밖에 안 됐기 때문에 회사로 걸려온 전화를 받을 사람은 어쩌면 매틸 그 자신이었을 수도 있다. 그 해 마케팅 예산은 한입 거리밖에 안 되는 1만 5,000달러였다. 매틸이 판촉의 모든 면을 관장했다. 1979년 그는 최초로 25센트 할인 쿠폰을 아이엄스 제품 포장에 도입했으며, 1980년에는 포장에 수신자 부담 고객 서비스 전화번호를 새겨 넣었다. 사실은 1980년대 중반에 이르기까지 매틸 자신이 아이엄스의 마케팅 부서이기도 했다.

## 마케팅 믹스를 다시 생각하면서

역경을 헤쳐나가면서 매틸은 회사의 유통 전략을 이렇게 세웠다. 슈머파켓의 소매 경로를 뚫고 들어가기가 어려워지자 아이엄스는 사육업자, 개 경연대회, 개나 고양이 쇼 주최자, 수의사, 원료 공급업자, 그리고 애완동물점과 손잡고 자기 자신의 판매경로를 만들어 냈다. 이들 대체경로를 선택하면서 아이엄스는 판매 장소뿐 아니라 브랜드를 전파하는 선교사 노릇을 했다. 이들은 매우 방대하고 효과적인 가상 판매력을 가진 세력가로, 때때로 아이엄스 직원들이 보여주는 것과 똑같은 열렬한 선교적 특성을 보여준다.

매틸은 초창기부터 애완동물점이나 그 관련업소들은 금붕어나 잉꼬와 달리 정기적으로 점점 많은 고객이 업소로 되찾아올 수 있게끔 하는 제품을 필요로 한다는 사실을 잘 알고 있었다. 아이엄스는 이를 위해 흥미로운 조합을 내놨다. 애완동물 가게 주인이 자부심을 갖고 판매할 수 있는 고품질과 단골을 붙잡을 수 있는 브랜드 충성심이 바로 그것이었다.

애완동물 사료업계의 치열한 경쟁 속에서 고객의 눈에 띄기 위해서는 그 때까지의 한계를 벗어날 필요가 있다고 매틸은 생각했다. 아이엄스는 어디에서나 볼 수 있는 「예쁜 강아지와 새끼 고양이」 그림을 의도적으로 피했다. 그 대신 애완동물 사료를 사는 고객의 75%를 차지하는 여성 고객의 관심을 끌 수 있도록 눈에 띄는 화려한 포장과 따뜻하고 친숙한 글자체를 채택했다. 이를 위해 창업자 폴 아이엄스로 하여금 그 동안 고집해온 「세상에서 가장 특이해보이는 진홍색과 초록색 포장」을 포기하게 만들었다. 매틸은 그래도 폴 아이엄스를 안심시키기 위해 아이엄스 브랜드 제품에는 초록색을 넣고, 유카누바 포장에는 장미색 같은 붉은색 계통을 넣겠다고 제안했다. 이 두 가지 색은 이후 아이엄스의 독특한 상징이 됐다. 직원이라고 해야 두 명밖에 안 되는 데이턴 지역의 영세 광고업자와 함께 매틸은 나중에 강아지 사료를 위해서는 고객이 여성이든 남성이든 별 상관이 없도록 노란색을 선택했고, 고양이 사료에는 할로윈 오렌지색을 선택했다. 브랜드가 늘어날수록 제품의 색채도 점점 무지개처럼 늘어났고, 이것이 또한 회사를 돋보이게 하는 상표가 됐다.

매틸 자신은 1978년 자신의 사무실에 있던 냅킨 위에 동물 발자국 모양의 디자인을 그렸는데, 이것이 오늘날 어디에서나 볼 수 있는 회사의 상징이 됐다. 처음 그 디자인은 새로 만든 강아지 사료제품 포장에서 「Iams」의 「i」자의 점을 찍기 위해 만든 것이었다. 그러나 몇 년이 지나면서 그 로고는 점차 모든 제품과 판촉물에서 중요한 역할을 하게 됐다. 매틸은 그래픽 디자인 교육을 받은 사람은 아니었지만, 성공적인 래디컬 마케터가 그렇듯이 회사를 고객의 눈높이에서 바라볼 수 있었고, 그 점이 그가 가진 가장 결정적인 재능이었다. 그는 독특한 디자인, 즉 따뜻함과 신뢰성과 일관성이 강력하게 어우러진 디자인이 주는 메시지가 얼마나 중요한지 잘 알고 있었다.

이를테면 아주 최근 그는 마케팅 부서가 제출한 새로운 발자국 로고 세트를 승인한 적이 있는데, 새 디자인에서 뭔가 마음에 걸리는 것이 있었다. 네모 상자 안에 발자국을 집어넣은 디자인은 거칠어 보였다. 며칠 간 궁리한 끝에 약간 변화를 주자고 제안했다. 그 네모 상자의 둘레를 둥글게 다듬자는 것이었다. 모든 이사회 멤버들과 브랜드 매니저들은 매우 적절한 지적이라고 찬성했다. 회사의 이미지에 더 적절하게 들어맞도록 로고를 부드럽게 한 것이다.

지나고 나서 보니, 아이엄스 제품 포장의 변천사 역시 전형적인 래디컬 마케팅이었다. 판매망과 자원은 경쟁사들에 비해 압도적으로 열세였지만, 매틸은 그럼에도 불구하고 모든 브랜드 매니저들의 꿈을 실현했다. 즉 고객이 굳이 상품명을 읽어보지 않고도 그 제품이 무엇인지 알아볼 수 있는 것이 포장이었다. 그리고 포장이 고객과 회사 사이의 맹목적인 믿음의 상징이 되었다는 것이 더욱 중요한 점이었다. 거대 규모의 전통적 마케터들은 몇억 달러의 돈을 뿌려야만 가능한 일이지만, 때때로 성공을 거두지 못하는 경우도 있다.

더욱이 매틸은 다소 요란스러운 일을 해치우는 데도 거리낌이 없었다. 1970년대에 아이엄스는 운송차량의 차체 전체를 자줏빛으로 칠하고 다녔으며, 그 자주색은 제품의 본디 포장 색깔과 같은 색이었다. 그래서 고속도로에서도 그 차를 본 사람은 눈길을 주지 않을 수 없었다.

비록 최소한의 예산밖에 없었지만, 아이엄스는 1987년 케이블 텔레비전에 고작 8주 동안 광고방송을 내보낸 적이 있다. 광고방송을 실시한 이유는 단순히 제품을 파는 소매점들이 그것을 보고 좀 즐기라는 뜻에서였다.

그리고 1980년대 초에는 판매조직을 강화하지 않고 독립된 외부

판매사와 계약을 체결했으며, 이를 통해 당초 3개 주에만 공급하던 것을 9개 주에 걸친 유통망으로 확대했다. 입에서 입으로 퍼진 소문 덕에 이들 지역 외부에서도 차츰 주문이 들어오게 됐고, 매틸은 300 파운드 이하의 주문은 UPS로, 그 이상은 화물 우편을 통해 직접 발송하는 방법을 택했다. 그것은 어디까지나 응급처방이었지만, 10년 뒤에 전국적이고 국제적인 상품과 유통망의 기반이 형성될 때까지 회사를 떠받쳐주었다.

아이엄스는 광고에 돈을 쓰기보다는 그 자원을 900파운드짜리 제품을 보여줄 수 있는 거대한 진열장을 만드는 데 썼다. 하지만 아이엄스의 점점 늘어나는 품목을 담으려면 적어도 그렇게 큰 진열장과 2m 정도 길이에 선반이 세 개 정도는 돼야 한다는 점을 업소 주인한테 설득해야만 했다.

아이엄스의 판촉부서 사람들은 업소에 자주 찾아가 제품의 시연회와 직원교육, 업소 내 판촉활동을 대행해주기도 했다. 『우리는 제품이 진열장에서 제역할을 충분히 발휘해주기를 바랐습니다』라고 워커는 말한다. 『가게주인들에게 「만약 공간을 좀 맡겨준다면 우리가 직원들을 교육시켜드리고, 제품이 잘 팔리지 않는다면 다 회수하고 돈도 돌려주겠습니다」라고 안심시켰습니다.』

초창기 아이엄스는 찾아낼 수 있는 모든 매장을 목표로 삼았으며, 심지어 약간 의심이 가는 곳도 포함시켰다. 『어느 날 한 가게에서 그 진열장을 들여놨는데…그것만으로도 그 업소의 자산이 두 배가 돼버렸어요』하며 워커는 웃는다.

모든 래디컬 마케터가 그렇듯이 아이엄스도 전통적 마케팅 기법에 늘 정통하지는 않았다. 한 애완동물점을 위해 아이엄스는 그 지역 지방신문에 광고를 내주고, 빈 사료 포장을 가져오는 고객에게 아이엄스 제품을 공짜로 담아주겠다는 판촉활동을 해준 적이 있었다.『우리는 그 반응을 과소평가했지 뭡니까. 결국 그 가게의 재고 가 다 바닥이 나버렸어요』라고 워커는 말한다.

## 결정적인 고비에서

래디컬 마케터가 때때로 그렇듯이, 아이엄스도 카타르시스적인 순간을 맞이한 적이 있다. 즉 회사가 파산 위기로 가는 존폐의 기로 에 섰다가 극적으로 반전해 예전보다 더 튼실해졌던 것이다. 아이 엄스의 경우도 브랜드에 끝까지 충실했던 사례로 볼 수 있다. 1973 년, 매틸이 회사의 일상적 업무를 인계받은 지 얼마 안 돼 아랍 국 가들의 산유량 제한 조치 때문에 주유소마다 기다란 줄이 늘어서 자, 리처드 닉슨(Richard Nixon) 대통령은 미국 산업체에 임금과 가격을 통제하는 정책을 시행했다.

새로운 법은 소비자 가격뿐 아니라 인건비와 원료비를 동결시켰 는데, 라드(돼지고기 기름을 정제하여 만든 반고체 식품)와 육류, 뼈다귀 같은 일부 농산물은 제외되었다. 아이엄스로서 볼 때는 출 하가격은 동결됐는데, 갑자기 원료비가 세 배로 뛴 셈이었다. 육류 와 뼈다귀류는 톤당 450달러로 올랐는데, 다른 경쟁업체들이 사용 하는 콩류보다 톤당 250달러나 더 비싸졌다.

매틸과 폴 아이엄스는 중대한 기로에 봉착했다. 제조방법을 바꿔 계속 이익을 내느냐, 아니면 고품질의 원료를 고집해 손실을 감수 하느냐 고심할 수밖에 없었다. 그러던 차에 경영논리와는 반대로, 그러나 래디컬 마케터의 정신에 합당하게 두 사람은 그 때까지 회 사를 성공적으로 이끌어온 브랜드를 그대로 고수하고 그저 가격동 결이 빨리 해제되기를 바랐다.

1973년 회사는 최초의 결손을 기록했다.『우리는 파산하기 직전이었어요. 원가 문제가 우리를 통째로 집어삼키고 있었습니다』라고 워커는 회고한다. 원가가 너무 치솟아 아이엄스 플러스 한 봉지 제조원가가 도매가보다 50센트나 더 높아진 것이다.

재정적 위기는 그보다 더 결정적인 위기를 낳았다. 즉 더 이상 제품의 가치를 유지하고 고객과의 관계를 존중할 수 있겠느냐의 문제를 낳게 했다.『참 이상하게도 당시로선 전혀 그렇게 생각하지 않았는데도, 그것이 아주 좋은 결과를 낳았어요』라고 폴 아이엄스는 몇 년 뒤 회고했다.『경쟁사들은 속임수를 썼어요. 옥수수 글루틴을 사용했답니다. 전국에서 온 사육업자들 사이에서는 난리가 났죠. 1974년의 명견대회에서는 전국에서 온 절반 이상의 참가자들이 우리의 아이엄스 플러스 사료를 먹이지 않고 있었어요. 우리는 전국으로부터 주문을 받기 시작했고, 결국 그들은 우리가 품질을 얼마나 중요하게 여기는지 알게 되었습니다. 그것은 대전환점이 되었지만, 당시 우리로서는 오히려 손해볼 돈으로밖에 생각할 수 없었습니다.』

오일 쇼크 기간 중 아이엄스가 취했던 소치에 대한 소문이 사육업자 세계에서 퍼져나가면서 동물 전문가들 사이에서 그들의 평판은 확실히 굳어졌다. 다름 아닌 아이엄스야말로 그들이 믿고 찾을 수 있는 회사라는 평이었다. 자신의 미덕을 광고하지 않고도 아이엄스는 도덕성을 투자이익으로 바꿔놓았으며, 매틸은 이를 기업문화의 초석으로 확고히 다져냈다.

그러나 1975년에는 가격동결 위기를 잘 헤쳐왔음에도 회사는 비틀거리고 있었다. 아이엄스 자신으로선 회사를 한계까지 이끌어왔다고 생각했다. 그는 그 때까지 알짜기업을 이끌어왔으며, 모피업계로부터 영양학의 전문가로 떠받들어졌지만, 임금과 가격통제가 회사를 파산시키고 있다고 느꼈다. 그는 회사를 더 이상 키우기보다는 문을 닫는 게 낫다고 결정했다.

매틸은 집으로 돌아가 아내와 상의했다. 『나는 이 사업이 좋아.』 그는 아내에게 말했다. 『나는 이 사업을 포기하고 싶지 않아.』

매틸은 아이엄스를 설득해 당시 액면가 20만 달러였던 회사 지분 가운데 절반을 인수했다. 그는 아이엄스에게 수표로 7만 5,000달러와 현금으로 2만 5,000달러를, 연이어 나머지 10만 달러를 지불하고 나서 회사 소유자가 된 것이다.

당시 매틸의 처지로서는 이 또한 래디컬한 일이었다. 그 때는 금리가 치솟고 있었다. 서른다섯 살의 매틸은 자라나는 애들과 아내에게 당시 그의 연봉과 똑같은 액수인 1만 5,000달러를 연간 이자로 내야 하는 부담을 안겨주게 되었다.

『저는 상여금으로 돈을 벌어야만 했어요. 그런데 저의 상여금은 회사의 이익에 달려 있었어요』라고 매틸은 회고한다. 『그래서 저는 뭔가 다른 일을 해야 한다는 생각을 했습니다. 공장과 새 연구소를 설립하기 위해 엄청난 돈을 빌려야만 했습니다.』 그러나 폴 아이엄스가 여전히 지분의 절반을 보유하고 있었으며, 그는 부채를 지는 것을 꺼려했다. 따라서 폴 아이엄스가 은퇴해 애리조나 주로 떠나던 1982년 나머지 회사 지분마저 매틸이 모두 인수할 때까지 6년 동안 끊임없는 논란이 일었다.

동업자 관계에서 풀려난 매틸은 회사의 프랜차이즈 망을 되살리고, 상호와 명성이 만들어놓은 영업권을 구축하는 데 착수했다. 아이엄스는 매출액 1,600만 달러에서 오락가락하고 있었다. 그러나 래디컬 마케팅으로 거둔 성공에 가슴이 부풀어오른 매틸은 1990년까지는 1억 달러로 키울 수 있다고 믿었다. 실제로 그는 자신의 수입을 그 두 배가 넘는 2억 달러로 키우고 싶었고, 동시에 그의 개인

자산도 기하급수적으로 늘리려 했다. 오늘날 매틸은 연간 4억 5,000만 달러의 수입을 올리는, 〈포브스〉가 선정한 400대 부자 중 한 명이 되었다.

## 래디컬 마케팅 복음을 전파하면서

1989년 아이엄스는 최고의 영업실적을 기록했음에도 불구하고, 이사회는 매틸 혼자서만 뛰는 경영 때문에 결정적인 시장기회를 놓치고 있다는 우려의 목소리가 높아지고 있었다. 그러한 징조로는 회사의 성장률이 둔해지고, 경쟁사들이 프리미엄 사료시장에 진지하게 달려들기 시작한 것을 들 수 있었다. 그리고 매틸 자신도 도와줄 사람이 필요하다는 데 동의했다.

래디컬 마케터가 그렇듯이 매틸은 회사의 앞날이 그들에게 달려 있다는 듯 최고의 인재를 채용하고자 했다. 그가 원하는 사람은 자신과 같은 정열적인 선교사들이었다. 매틸은 최고경영진을 물색하는 전문 헤드헌터를 선택했다. 그는 후보자 세 넝을 찾아냈는데, 아이러니컬하게도 매틸의 구미를 가장 당긴 사람은 다름 아닌 그들 중 가장 전통적 마케팅 경력을 가진 사람이었다. 그러나 아이엄스는 결코 전통적 마케터들이 배겨낼 수 있는 환경이 아니었다.

그럼에도 불구하고 맥리어드는 전통적 절차와는 거리가 먼 그 채용과정에서 매틸에게 좋은 인상을 심어주었다. 펩시와 사라 리에서의 경력에도 불구하고 매틸에게 강력한 인상을 준 것은, 매틸의「거의 불법에 가까운」질문을 잘 받아넘겼기 때문이라고 맥리어드는 말한다. 매틸은 자신이 요구하는 자격요건에 대해 요지부동이었다. 반드시 미국 중서부 지역 출신으로 대가족 환경에서 자랐고, 동물을 사랑하며, 다소 전통적인 요소이지만 국제적 경험이 있는 사람을 원했다. 매틸은 당시 아이엄스의 제조방법을 세계시장에도 선보일 생각이었다. 따라서 해외활동을 할 수 있는 사람이 필요했다.

맥리어드는 미주리 주 캔자스시티 태생이다. 형제 여섯과 성장했고, 개 몇 마리를 직접 키우고 있었다. 그는 스물아홉 살에 펩시콜라의 윌슨 스포츠용품 사업부 사장, 서른두 살에는 펩시콜라의 캐나다 법인 사장, 서른네 살 때 사라 리 제과의 사장을 지낸 마케팅 신동이었다. 이력서 자체로서는 그보다 더 전통적일 수 없었지만, 그만한 나이에 그런 성공을 거뒀다는 것 자체가 맥리어드에게 래디컬 마케터로서의 자질이 있다는 증거였다. 그는 마흔한 살이 되자 대기업의 경영정책과 기업가치에 점점 흥미를 잃게 됐다. 그는 개인기업으로 옮기거나 스스로 창업의 길을 모색하고 있었다.

맥리어드는 고급 애완동물 사료업계에 대해서는 사전지식이 전혀 없었으며, 헤드헌터에게 연락이 왔을 때 아이엄스의 이름조차 들어본 적이 없었다. 자기 돈 1만 달러를 손수 지급하면서 몇 군데 애완동물점을 방문해 업주들에게 아이엄스에 대해 떠보기도 했으며, 매틸과 여러 차례 면접도 했다. 그 자신이 식품업계에 오래 몸담아왔으므로 그는 루이스버그에 있는 아이엄스 공장에 특히 좋은 인상을 받았다. 『그 공장은 제가 일하던 사라 리 제과공장만큼이나 청결했습니다. 아주 훌륭한 공장이었으며, 사람이 먹는 식품을 생산하는 업계 출신의 거만한 위치에서 보기에도 설마 사료공장이 그 정도일 줄은 몰랐어요. 흥미가 발동되더라고요.』

그러나 20년 전의 매틸과 마찬가지로, 맥리어드가 결정적으로 감동받은 계기는 그 오랜 채용교섭 기간 중 자신이 기르던 검정색 래브라도 개에게 아이엄스 제품을 먹이기 시작했을 때였다. 개의 털빛깔이 달라졌다. 칙칙한 검정색이던 것이 불과 4주 만에 바다표범의 표피처럼 윤기가 흘렀다. 전통적 마케터를 아이엄스로 이끈 요소가 무엇이냐는 질문에 대해 맥리어드는 이렇게 답한다. 『제가 본 최고의 개 사료, 고양이 사료가 그것입니다. 국제적인 감각으로 볼 때도 이 물건은 팔아먹기 쉽겠다는 생각이 들었습니다. 시카고에 있는 개나 프랑스 · 오스트레일리아 · 타이완에 있는 개나 다 똑같은 개 아닌가요.』

　궁극적으로 매틸은 스스로가 「메리의 시험(the Mary test)」이라고 부르는, 그의 아내의 직관에 따라 그의 의사결정을 확인한다. 『사람을 채용할 때 사용하는 유일한 시험범주입니다』라고 매틸은 말한다. 『저는 그들을 저녁식사에 데리고 가서는 몇 시간 메리와 이야기하도록 합니다. 아직도 모든 심리학 시험에 관해서는 집사람이 저보다 한 수 위입니다.』

　매틸과 맥리어드가 회사의 주요 기능을 분담하는 가운데, 아이엄스는 지난 7년 사이에 규모를 세 배로 키웠으며 지금도 업계 평균 속도 이상으로 성장하고 있다. 이 회사는 이제 세계시장에서 3%의 점유율을 갖고 있으며, 특히 태평양을 둘러싼 지역에서는 최고속 성장을 거듭하는 기업 중 하나다.

　매틸은 너무 오랫동안 거대 경쟁사들이 무시해왔던 틈새 전문시장이 지금은 하나의 과녁이 되고 있다는 점을 인정한다. 랠스턴퓨리나 같은 대기업은 프로 플랜(Pro Plan) 제품군으로, M&M은 칼칸(Kal Kan) 사업부에서 페디그리(Pedigree) 브랜드로 각각 프리미엄 사료시장에서 활발한 판촉을 벌이고 있다. 그들은 막대한 자본을 앞세워 빠른 속도로 시장점유율을 올릴 수 있다. 그러나 매틸은 이런 경쟁사들의 움직임에도 낙관적이다. 왜냐하면 그들은 시장에 대해 정통한 이해가 부족하며, 성공하기 위해서는 가파른 경사를 올라야 하기 때문이다.

수의사이자 〈펫 푸드 인더스트리(Pet Food Industry)〉지의 편집장인 팀 필립스(Tim Philips)는 랠스턴퓨리나가 고객들에게 슈퍼마켓 브랜드로 각인돼 있으며, 그 이미지를 전문시장으로 잘 변모시킬 수 있을지 의심스럽다고 말한다. 『제품 대부분이 슈퍼마켓에서 팔리면서 어떻게 「우리 제품은 슈퍼마켓의 것보다 우수하다」고 선전할 수 있겠습니까? 모든 사람에게 모든 상품을 팔기는 어렵습니다.』

그럼에도 불구하고 아이엄스는 예전에는 겪지 못했던 경쟁 압력에 직면해 있다. 보스턴 맥주의 쿡이 겪었듯, 성공은 곧 스포트라이트를 받고, 우수한 거대 마케터들로부터 원치 않는 주목을 받게 된다. 거대 경쟁사의 어느 마케팅 담당 부사장은 모든 톱 브랜드는 이제 아이엄스의 시장에 파고들어가야 한다고 말한다. 왜냐하면 그 시장만이 성장하고 있기 때문이라는 것이다. 그는 도요타 자동차가 렉서스와 코롤라(Corolla)를 동시에 팔고 있다면서, 전문시장과 슈퍼마켓 시장 양쪽에 제품 브랜드를 갖고 있는 것이 약점이 되지는 않는다고 말한다. 도요타는 렉서스를 팔고 있다는 것을 별로 강조하지 않으면서도 고급 차종의 강세에 힘입어 그 시장에서도 성공을 거두고 있다. 그러한 압력이 아이엄스를 불안하게 하고 있다.

『어떤 시장이나 경쟁이 심해지게 되면 브랜드와 판매의 차별성을 부각시키기 위해 최선을 다해야 합니다. 더 많은 제품을 도입하고 자기 시장에 울타리를 쳐야 합니다』라고 그는 말한다.

아이엄스는 언제나 그 점을 잘 알고 있었다. 경쟁이 치열해지기 전에도 아이엄스는 늘 더 많은 제품을 도입해왔으며, 브랜드 내에서 다양한 품종을 내놨다. 지금은 미국과 세계시장에 몇백 종의 상이한 제품을 내놓고 있다. 아이엄스는 특히 경쟁자들이 자신의 영역으로 지나치게 깊숙이 파고들어올 때마다 명예를 걸고 울타리를 쳐서 물리치는 방법을 잘 알고 있었다. 한 경쟁자가 유카누바를 직접적으로 겨냥한 제품을 내놓자 이 회사는 영양소를 더욱 강화해 브랜드를 재구축하고 효과적으로 담장을 쳐 침입자를 포위했다. 『우리는 기존의 제조방법과 결코 사랑에 빠지지 않습니다. 그래야만 한다면, 우리는 변화시킵니다』라고 히라카와는 말한다.

그리고 아이엄스는 텔레비전 광고와 시장조사라는 전통적 마케팅 기법을 도입하는 것도 두려워하지 않는다. 아이엄스를 그저 중서부 지역의 조그만 회사, 경영수완이 보잘것 없는 시골 회사로 치부하는 경쟁사들은 상당한 위험을 각오해야 한다. 이 회사는 비록 정확한 액수를 밝히지는 않지만, 상당한 자본을 소비자 설문과 시장조사에 투자한다. 그러나 래디컬 마케터가 그렇듯이 이러한 조사결과는 신중하게 사용되며, 마케팅의 침투로를 정하는 데 있어서는 그보다 자신의 내부 자료를 더 신뢰한다.

다른 래디컬 마케터와 마찬가지로 아이엄스는 광고를 사용하는 데 외과적 타격 개념을 채택한다. 1998년 이 회사는 새로운 시리즈 광고물을 케이블 채널에 깔기 시작했다. 그러나 워커는 회사의 주된 관심은 회사 내 판촉활동이며, 광고에는 매출과 마케팅 예산의 8%만 사용하고 있다고 말한다. 이 정도의 액수는 경쟁사들의 요란한 광고에 비하면 거의 눈에 띄지도 않는다. 이를테면 1996년 랠스턴퓨리나 한 회사가 광고에 쓴 돈이 3억 달러였다. 매틸은 이제 과거의 전략에만 더 이상 의존할 수 없으며, 구전으로 전해지는 마케팅에도 한계가 있다는 점을 인정한다. 그래서 광고는 점점 더 필요한 요소로 대두되고 있다.

아이엄스는 과거 25년 동안 사회에 대한 강한 책임감을 바탕으로 마케팅을 전념해온 덕분에 지금 그 혜택을 누리고 있다. 그 예로 1997년 말 네브래스카 오로라에 있는 한 계열공장은 그 곳의 작은 적자투성이 지방정부로부터 9만 2,825달러의 세금 환급액을 수령하지 않겠다고 밝혔다. 그 공장은 오로라 주민 140명을 고용하고 있었으며, 직원 4,000명 가운데 가장 큰 단일집단이었다. 공무원 감사의 잘못으로 징수한 법인세를 다시 환불해주기 위해 그 지역의 학교예산이 재원으로 충당된 것이었다. 공장장은 본사에 이에 대한 의견을 구했으며, 매틸은 망설임없이 그 돈을 돌려받지 말자는 제안을 승인했다.

아이엄스는 한번도 유명해지려고 노력한 적이 없었다. 하지만 한 지방신문이 이 회사의 선행에 대한 얘기를 듣고 기사로 실었고, 이것이 다시 통신망을 타고 전국에 전해졌다. 이튿날 아침 아이엄스는 CNN과 ABC 방송의 〈굿모닝 아메리카(Good Morning America)〉에 전파를 타게 되었다. 전국에서 격려전화와 감사의 전자우편이 쇄도했고, 그 덕분에 얻은 신용은 회사의 경영철학을 더욱 확고히 했다.

## 비판 속에서도 초지일관

아이엄스의 성공에도 불구하고 여전히 사료업계에는 회의론자가 많다. 개와 고양이들은 오랜 세월 독 차우나 캣 차우를 먹고도 잘 살았으며, 때로는 제법 오래 살기도 했다는 것이다. 『영양이란 반은 과학이고 반은 종교입니다』라고 필립스는 말한다. 『동물을 건강하고 행복하고 오래 살게 만드는 방법에 대한 학설은 매우 많죠. 하지만 그에 대한 실질적인 과학적 데이터는 어디에도 없어요.』별로 놀라운 일도 아니지만, 매틸은 냉소론을 배격한다. 그는 개와 고양이, 그리고 동물과 주인과의 관계에 대해 직관적 이해를 갖고 있다. 아이엄스는 따라서 하나의 회사 이상의 고객공동체를 제품 주위에 쌓아올렸으며, 그들은 아이엄스 제품이 그들의 사랑하는 동물에게 더 좋다는 것을 확고히 믿는 공동체다.

아이엄스가 차차 유명해지고 한때 매틸을 박대했던 슈퍼마켓 체인들이 주문을 하기 시작했지만, 매틸은 여전히 한정적인 유통망을 그대로 고수하기로 결정했다. 자기 슈퍼마켓에 500개 이상의 애완동물 사료 브랜드를 갖춰놓은 열정적인 업주라 할지라도 2m 넘는 진열장을 아이엄스 제품에 할애할 사람은 없다. 아이엄스는 다양한 제품군 가운데 겨우 한두 가지만 진열하는 것은 도저히 받아들일 수 없다. 『우리 제품 가운데 어떤 것을 그 곳에 내놓겠어요?』 매틸은 되묻는다. 『슈퍼마켓은 회전율이 높은 브랜드만 선호합니다. 우리의 고급 사료, 즉 브랜드 구축과 프랜차이즈 구축에 초점을 맞춘 사료가 설 자리가 어디 있나요?』

매틸은 개인기업의 자유를 선호하기 때문에 회사를 상장할 의향이 전혀 없다. 아이엄스는 큰돈을 벌고 있는 사업체이지만, 분기별 배당을 요구하는 주주도 없다. 매틸은 그의 비전에만 집중할 수 있으며, 그 비전은 언젠가 애완동물을 기르는 사람들의 대부분이 『세상에서 가장 좋은 제품이 무엇이냐?』는 질문에 대해 『아이엄스』라고 대답하는 날이 오는 것이다. 성장은 꾸준히 계속될 것이라고 그는 단언한다. 그리고 경쟁사들이 어떤 일을 하더라도 이를 방해할 수는 없을 것이라고 한다. 그는 수의사와 소매점과 같이 영향력을 미치는 사람들에게 잘 조화되고 축적된 공세로 펼치는 마케팅 노력이 현재 속도대로 지속된다면, 시장점유율이 지금의 5%에서 10%로 높아지는 것도 불가능하지 않다고 생각한다.

『올바른 경영을 하고 올바른 제품을 내놓고, 고객을 잘 알고 고객을 만족시키고, 여기에 우수한 직원과 우수한 조직과 문화를 추가

한다면, 성장은 지속될 겁니다』라고 그는 말한다. 『우리의 진짜 목표는 금전적인 것이 아닙니다. 우리는 두 자릿수의 성장을 원하며 금전적인 목표도 있습니다. 그러나 우리의 비전으로 평가합니다. 그리고 그것은 훨씬 더 강력합니다.』

# 7

# NBA

## 세계시장을 향한 슬램 덩크

래디컬 마케터는 더 이상 바랄 게 없는
현재 그대로의 상태, 즉 타성을
가장 두려워해야 한다.

역동적으로 변모하는 시장환경 속에서 대부분의 회사 대표들
은 밤잠을 설치지만, 래디컬 마케터는 바로 이러한 시장변
화와 불안정성을 삶의 보람으로 생각한다. 그들은 불확실
한 상황에서 흔들리는 불안감을 갖고 출발했지만, 제품에 대한 열
정만큼은 너무나 깊기 때문에 결코 겁을 먹지 않는다. 오히려 바로
그 순간부터 미래를 조율하고 창조해내는 등 놀라운 역량을 발휘하
는 경향이 있다.

스턴을 예로 들어보자. 세련된 변호사이자 NBA 커미셔너인 그는
1998년 뉴욕에서 NBA 올스타의 밤 행사를 주최한 적이 있었다. 영
화배우와 과거와 현재의 최우수 선수들로 가득 찬 그 호화로운 파
티 행사가 열리는 저녁 시간 내내 스턴은 1,800명의 취재진들로부
터 NBA가 위기에 처해 있다는 인식에 대해 어떻게 생각하는지 말
해달라는 요구를 수도 없이 받아야 했다.

스타 중의 스타였던 조던이 은퇴하고 난 후 NBA는 앞으로 어떻
게 될 것인가? 경기의 수준이 떨어지는 것은 아닌가? 관중 수입은

늘고 있지만 수익이 꾸준히 줄어드는 현실 앞에서 구단주들은 선수들과의 단체교섭을 재개할 것인가, 아니면 직장폐쇄를 밀고 나갈 것인가? 만약 경기 중 감독을 폭행한 슈퍼스타 스프루얼을 1년 간 출장정지시킨 그의 결정을 중재심에서 기각한다면 어찌할 것인가? 이러한 것이 기자들이 던진 질문의 요지였다.

한 마디로 말해 기자들은 스포츠계의 톱 브랜드인 NBA에 대한 일제 사격을 퍼붓고 있었다. 스턴은 지난 14년 간 프로 스포츠 사상 가장 뛰어난 커미셔너로 재직해오는 동안 이제는 그의 트레이드 마크가 되다시피한 솔직함과 숙련된 정치감각으로 이 모든 질문을 재치 있게 받아넘겼다. 리그의 본거지인 뉴욕에서 거행되는 시즌 리그 중 가장 큰 연례행사가 언론매체들의 지극히 부정적인 질문으로 손상되는 것에 화가 나기도 했지만, 그는 전혀 내색하지 않았다. 웬만한 덩치의 기업이라도 당장 침몰시켜버릴 만큼 심각한 문제점에 NBA가 직면하고 있음은 누구보다 스턴 자신이 가장 잘 알고 있었다.

법률고문과 사업개발 부사장을 거쳐 1984년 커미셔너에 취임한 스턴은 NBA의 파멸이 멀지 않았다는 이들 경고의 목소리를 사실 지난 20년 동안이나 들어왔던 터였다. 그러나 바로 그 기간 동안 스턴은 침몰해가던 NBA를 가장 강력한 세계적 스포츠 브랜드로 탈바꿈시켜놨다. NBA는 그의 지도와 뛰어난 브랜드 관리 아래 발전을 거듭했고, 이제 농구는 세계적으로도 축구 다음으로 인기 있는 스포츠 종목으로 부상했다. 사실 전세계의 15~18세 인구만 놓고 보면 농구는 이미 축구보다 더 인기가 높은 종목이 됐다.

스턴은 결코 믿어지지 않는 하나의 변화를 이끌어온 셈이다. 통계가 전부는 아니지만, NBA는 1998년 한 해 동안 입장권 판매와 TV 중계권료에서 20억 달러를 벌어들였는데, 이는 10년 전인 1987년의 2억 5,500만 달러에 비해 일곱 배 이상 증가한 것이다. 입장권 판매나 중계권료보다 더 큰 수입원은 150개에 이르는 라이선싱 업체들과 15~20개에 달하는 공식 후원자들인데, 이들로부터 1997년 한 해 동안 벌어들인 돈은 자그마치 30억 달러였다. 이는 10년 전 3억 달러의 열 배에 이르는 규모다. 이와 같은 성과는 종업원이래야 29개 팀에 12명씩 348명밖에 안 되는 조직 치고 결코 나쁘지 않은 것이다.

1997년 11월 NBA는 NBC와 터너 스포츠 방송사(Turner Sports Broadcasting)와 전례 없는 4년짜리 텔레비전 중계 연장계약을 체결하면서 27억 달러를 받았다. NBA경기는 이미 1990년대부터 공중파 방송 한 곳과 다른 하나의 케이블 방송망으로, 그것도 황금시간대에 시청할 수 있었다. 밥 코스타스(Bob Costas)를 내세워 시청자들을 NBA로 끌어간다는 계획은 오로지 래디컬 마케터만이 해낼 수 있는 생각이다. 하나의 케이블 채널에 고작 40만 달러의 가격으로 중계권을 넘겼던 1979년이나 NBA 결승전이 녹화중계되던 1980년대 초에 비하면 이는 엄청난 변화였다.

이러한 변화를 이루는 데는 다른 래디컬 마케터가 모두 그랬듯이 그의 천재성과 우연히 찾아온 기회, 그리고 시운이라는 삼박자가 똑같이 필요했다. 그러나 브랜치 리키(Branch Rickey)가 지적했듯, 운이란 계획의 결과물일 뿐이다. 스턴에게는 지금과 같은 자원이 거의 없었으며, 그 때문에 집중적인 광고와 같은 전통적 마케팅 기법에 전적으로 의존할 수 없었다. 그래서 그는 규칙을 바꿨다.

RADICAL MARKETING

## 살아 있는 브랜드로 키워라

래디컬 마케터가 다 그렇듯이 NBA는 제품과 고객 사이에 정서적으로 깊은 결속력을 만들어냈고 조심스럽게 잘 키워왔다. 사실 결속력과 열정은 경기 그 자체를 초월했다. NBA 로고는 한 마케터의 꿈 같은 반응, 즉 존경심·흥분·품질·역동성·재미를 현실화했다. 마치 할리데이비슨 모터사이클 클럽이나 그레이트풀 데드 팬클럽처럼, 사람들은 이 집단에 소속되고 싶어하며 참여하고 싶어했다. NBA 공동체는 나아가 미국이라는 국경조차 초월하는 반응을 불러일으켰다.

스턴은 취임 초기부터 세계시장 진출을 구상하고, 농구경기와 NBA 리그에 대한 관심을 만들어냈으며, 각 국가와의 방송계약과 후원계약을 위해 NBA 직원들을 외국 주요 도시에 상주시키기 시작했다. 오늘날 NBA는 타이완과 싱가포르, 바르셀로나, 홍콩, 도쿄, 멜버른, 파리, 런던, 토론토, 멕시코시티, 마이애미 등에 걸쳐 200여 명의 직원을 거느리고 있다. 축구를 비롯해 다른 어떤 프로 스포츠도 이처럼 국제적 브랜드 구축에 적극적인 태도를 취한 적이 없다.

대부분의 미국 프로 스포츠에서 외국인 선수는 더 이상 이방인으로 여겨지지 않고 있지만, NBA는 야구나 하키에 한 발 앞서 외국인 선수 발굴에 뛰어들었다. NBA에는 현재 20여 개국 이상의 외국인 선수가 뛰고 있으며, 이는 전체 선수의 10%를 차지한다. NBA는 미국뿐 아니라 크로아티아나 나이지리아 학생들로부터도 동경의 대상이 된 것이다.

사실 보스니아나 멕시코시티에서 열두 살 된 아이가 시카고 불스(Bulls) 셔츠를 입고 다니는 것도 이미 흔한 광경이 됐다. 최고의 대중 스포츠라고 불리는 축구조차 단일 리그에서 350명의 세계적 선수들이 경쟁하는 NBA와는 비교할 수 없는 정도가 됐다. 농구에 관한 한 아무런 전통도 물려받은 게 없고, 열광하는 팬조차 없던 일본에서 NBA의 인기가 폭발한 것만 보더라도 NBA의 마케팅 수완이 얼마나 대단한지를 잘 알 수 있다. 일본의 NHK는 1주일에 세 게임씩을 중계하고 있는데, 이는 NBA 연고 팀을 보유한 미국 도시들의 방송 횟수보다 많은 것이다. NBA의 국제홍보담당 부사장 테리 리온(Terry Lyons)은 말한다.

『NBA 브랜드는 세계에서 가장 거대한 스포츠 수출산업입니다.』 크로아티아의 석간신문 〈베체르니 리스트(Vecernji List)〉의 스포츠 담당기자 드라첸 브라이치(Drazen Brajic)는 『크로아티아에서 지금 가장 인기 있는 운동선수는 조던』이라고 말한다.

그러나 바로 이처럼 뛰어난 실적과 지속적인 성공 때문에 NBA는 외부의 혹독한 감시 대상이 되었다. 코트 밖에서 터져나오는 일부 선수들의 지저분한 사생활이나 슈퍼스타가 은퇴한다는 말이 나올 때마다 언론매체들은 NBA가 이제 내리막길로 들어설 것이라며 비관론을 퍼뜨렸다. 한때 선수 연봉의 급격한 인상과 이에 따른 입장권 가격 인상에 대해 부정적인 기사도 이어졌다. 1998년 7월 이후 장기화한 구단주들의 직장폐쇄로 다음 시즌까지 위협을 받게 되자 언론들은 이를 미국 프로 야구 산업에 결정타를 가했던 지난 1994년의 메이저 리그 파업사태와 즉각 비교했다.

사실 스턴에게는 이 모든 광경이 전혀 낯설지 않았다. 그는 1978년 사무국에 합류한 이래 이런저런 문제로 NBA가 곧 침몰할 것이라는 비난을 계속 들어왔다. 소속 구단 대부분이 흔들리고 있었던 데다, 비평가들은 경기가 지루하고 형편없다고 외쳐댔다. 선수들은 코카인을 상용하고 있었으며, 심지어 어떤 학자들은 흑인 선수가 너무 많아 백인 관중을 끌어들이겠느냐고 혹평하기도 했다. NBA의 재정상태와 대중적 인기가 확실한 상향곡선으로 들어선 이후에도 일부 비관론자들은, 슈퍼스타가 불과 한두 명만 은퇴해도 NBA의 열기는 쉽게 꺼져버릴 것이라는 말을 마치 당연하다는 듯이 내뱉곤

했다.

## 역동적 브랜드로 나아가다

스턴에게 NBA를 역동성 있는 브랜드로 지속해서 키우는 유일한
방법은, 마치 폭풍우처럼 몰아닥치는 온갖 도전에 신속하고 효과적
으로 대응하는 것뿐이었다. 『우리가 터득한 것은, 브랜드는 살아 움
직인다는 것이다. 따라서 한두 선수가 마약을 하더라도 그것이 브
랜드를 퇴색시키지는 않는다. 브랜드를 퇴색시키는 것은 NBA 전체
가 집단적으로 머리를 처박는 커다란 구멍이 있어야만 가능해지는
얘기다.』

사실 NBA의 핵심 상품이라고 해봤자 10대, 20대 또는 30대 초반
에 백만장자 반열에 오른 운동선수들이 전부였다. 또 이들 상품은
쉽게 부상을 당하거나 끊임없이 트레이드되고 기량이 쇠퇴하는가
하면 괴짜 같은 행동으로 위험에 노출되는 그런 상품이었다. 그래
서 스턴에게 브랜드란 「일부러 만들려고 의도하는 것이 아니라 기
대하지도 않고 상상하지도 못했던 주변환경 변화에 대한 대응이 서
서히 축적되면서 이뤄지는 것」이었다.

물론 브랜드에 대한 이런 식의 정의가 매우 수동적이며 역설적인
것으로 들릴 수도 있다. 그러나 실제로 NBA는 가장 능동적인 스포
츠 리그였으며 수입 배분과 텔레비전과의 동반자 관계, 연예산업과
상품에 대한 라이선싱에 이르기까지 하나하나 선례를 만들어갔다.
또 여러 구단의 조화를 이끌어내면서 자신의 제품을 세계로 확산시
켰던 것이다. NBA는 소속팀의 로고를 라이선싱하는 데서부터 비디
오 상품을 판매하고, 또 1997년엔 여자 리그(WNBA)를 창설하는

데 이르기까지 브랜드를 확대해갔다. 하버드 경영대학원의 스포츠 마케팅 교수 스티븐 A. 그레이저(Stephen A. Greyser)에 따르면 스턴과 그의 직원들은 다른 스포츠 리그나 일반 기업들이 그런 개념조차 알지 못했을 때 스포츠 브랜드 가치에 초점을 맞추는 등 뛰어난 비전을 보여줬다는 것이다.

브랜드 가치와 브랜드 관리란 것이 아직 경영학 용어로도 정착되지 않았던 당시에, 스턴은 자신이 관리하는 스포츠 리그가 산만하게 흩어져 있는 개별 구단을 모아놓은 집단이 아니라, 마케팅이 가능한 브랜드라는 사실을 깨달은 최초의 메이저 리그 스포츠 커미셔너였다. 스턴이 해낸 일은 NBA를 세계에서 가장 성공적이고 가장 인지도 높은 브랜드로 변화시킨 것이다.

RADICAL MARKETING

## 행운을 절대 놓치지 않는다

스턴은 지금도 1984년 NBA 운영의 세부계획을 세우던 당시를 회상하면 절로 미소를 짓는다. 래디컬 마케터답게 그는 자신에게 주어진 자원을 조화롭게 잘 배합해 행운이 찾아올 때를 놓치지 않고 빈틈없이 대응했다.

스턴은 장기적 동반자 관계가 모든 관계자의 브랜드를 강화·확대시킬 것이라고 믿었으며, 이를 위해 후원업체와 텔레비전 방송사들과 단단한 연맹관계를 형성하는 데 주력했다. NBA는 나이키, 리복, 코카콜라, 그리고 맥도날드 등과의 공생관계를 통해 몇억 달러어치에 이르는 마케팅 영업효과를 거뒀지만 단돈 한 푼도 쓰지 않았다.

NBA 브랜드는 정작 NBA 내부가 아닌 외부로부터 막대한 이익을 거둬들였다고 스턴은 믿고 있다. 그의 재직기간 동안 대학농구가 성장하고, 미국 대학체육협회(NCAA)의 4강전이 텔레비전 방송의 인기 프로그램이 됐을 뿐 아니라, 이는 장래 NBA 스타를 발굴하는 자리도 됐다. 그랜트 힐(Grant Hill)이나 키스 밴 혼(Keith Van Horn), 팀 덩컨(Tim Duncan) 등 젊은 선수들은 실제로 NBA 복장을 입기도 전에 무수하게 텔레비전에 모습을 비쳤다.

1989년 국제농구연맹(FIBA)이 프로 선수의 올림픽 출전을 허락하는 결정을 내리자 1992년에는 NBA 스타들로 이뤄진 드림 팀이 조직돼 바르셀로나 올림픽에서 금메달을 따냈다. 조던과 매직 존슨(Magic Johnson), 래리 버드(Larry Bird), 찰스 바클리(Charles Barkley) 같은 위대한 스타들이 함께 뛰는 장면은 마치 비틀스의 전성기에나 볼 수 있던, 그런 극적인 장면을 전세계에 보여줬다. 존슨은『드림 팀이 농구를 세계적 경기로 만들었죠』라고 말한다.

## 위대한 스타 조던

아마도 NBA의 성장에 가장 큰 영향을 미친 것은 지난 1984년 스턴과 조던, 그리고 나이키가 동시에 출현했다는 점일 것이다. 심지어 열성적인 팬들조차 조던이 농구 자체를 뛰어넘어 유명인사가 된 것이 젊은 조던을 모델로 한 나이키의 독창적이고 비전통적인 마케팅 덕분이라는 사실을 때로 잊곤 한다. NBA와 조던, 그리고 나이키의 동시 출현은 결코 우연이 아니었다. 이 셋은 서로의 고객가치를 높여주면서 마치 조던 특유의 슬램덩크처럼 상대의 인지도를 한껏 높였던 것이다.

나이키가 조던과 광고계약을 체결하고 에어 조던(Air Jordan) 농구화를 처음 선보였을 때만 해도 그 회사가 문제투성이의 브랜드였다는 사실을 기억하는 사람은 많지 않다. 조던이 유명인사가 되기 전 나이키는 그 당시 2년 내리 적자를 기록했으며, 직원 400명을 해고했다. 오늘날 나이키는 미국 시장의 44%를 점유하고 있는 운동화 업계의 선두주자다. 그리고 그 이미지는 기본적으로 NBA와 농구와 떼어 생각할 수 없게 되었다. 스턴은 지난 1985년 조던으로 하여금 문제의 에어 조던 농구화를 신지 못하도록 결정한 적이 있었다. 검정색과 빨간색을 두른 이 농구화가 NBA의 엄격한 복장규정에 위배된다는 것이 이유였다. 그런데 바로 이 결정이 에어 조던 농구화 열기에 불을 지폈다. 에어 조던 착용금지 결정이 내려지자 농구 팬들은 에어 조던을 사기 위해 나이키 매장으로 달려갔고, 나이키는 이 모델을 내놓은 첫 해에 1억 달러의 매출액을 기록했다.

나이키와 리복, 컨버스(Converse), 아디다스(Adidas)와 그 밖의 운동화 업체를 통해 NBA는 경기와 선수에 관심을 불러모으는 몇억 달러짜리 마케팅 효과를 공짜로 거두게 되었다. 사실 운동화 광고를 비롯해 온갖 종류의 마케팅 캠페인은 대개 팬들에게는 오히려 혼동을 불러일으키는 결과를 낳기도 했다. 그러나 궁극적으로는 관련기업 모두에 긍정적인 이미지를 선사하는 데 기여했다. 물론 NBA 자신이 가장 큰 성과를 누렸다.

NBA는 브랜드 관리분야에서 방대한 경험을 축적해왔다. 스턴과 간부직원들은 지난 15년 이상 스포츠 분야건 아니건 간에, 다른 기업들이 감히 따라올 수 없을 정도의 탄탄한 노하우를 축적해왔다. 사실 대부분의 고위 간부들은 29개의 구단주들보다 훨씬 오랜 기간 NBA에서 일해왔다. 이러한 안정성은 NBA의 핵심인 구단주들이 래디컬한 마케팅을 하는 데 찬성하도록 작용했다.

『우리는 상대의 말을 끝까지 듣습니다』라며 스턴은 구단 최고경영자들에게 말하곤 한다. 『우리는 리그를 알고, 구단주를 알고, 팀을 아는 사람들로 이루어져 있습니다. 따라서 계속해서 모든 것을 새로 만들어낼 필요는 없습니다. 만일 우리가 해마다 깨끗이 사라지고 새로운 사람들이 들어온다면, 리그는 지금처럼 잘 되지 않을 것입니다.』

스턴이 말하는 바로 이 전문가 집단이 29개의 구단과 150개의 라이선싱 업체, 코카콜라, 맥도날드, 나이키 등 15~20개의 공식 후원업체들을 관리하는 야심차고 정교한 청사진을 만들어낼 수 있었던 셈이다. NBA 간부들과 구단주의 장기적이고도 우호적인 관계는 스폴딩(Spalding), 스타터(Starter), 맥도날드 같은 공식 후원업체와의 관계에도 똑같이 적용된다. 이러한 계속성은 브랜드 관리에 커다란 이점으로 작용한다. 후원업체들은 계약을 성실히 이행하고, 협력적인 마케팅 사업에 융통성을 발휘하며, NBA 브랜드뿐 아니라 후원업체의 브랜드 강화를 위해 기꺼이 위험을 감수하겠다는 의지를 보여주고 있는 것이다.

『스턴은 확실히 스포츠계 최고의 브랜드 관리자이며, 어떤 분야의 위대한 브랜드 매니저와도 견줄 수 있다』고 맥도날드의 국제 마케팅 담당 선임부사장 데이비드 그린(David Green)은 말한다.

RADICAL MARKETING

## 기본 원칙

위대한 브랜드가 그렇듯이 NBA는 브랜드 정체성과 품질, 사업 동반자로서의 책임감, 고객에 대한 대응, 그리고 선수와 NBA 인사들에 대한 행동방식에서 공동체로서의 책임감을 보여주는 일련의 원칙을 만들어왔다. 『우리는 매번 새로운 사고를 보여주려고 노력해왔습니다』라고 스턴은 말한다.

그 첫번째 규칙은 『이것은 우리의 브랜드이며 우리가 가장 잘 관리할 수 있다. 다른 사람들과 공유할 수는 있지만 남에게 양자로 주는 것은 안 된다. 누구도 우리만큼 이 브랜드를 잘 관리할 수는 없다는 점을 명심하는 것』이라고 스턴은 힘주어 말하고 있다. 이는 「브랜드에 대한 헌신」이라는 래디컬의 전형을 보여주는 것이다.

둘째, 다른 래디컬 마케터와 마찬가지로 스턴은 NBA의 출생과 성장이 결코 혼자서는 이뤄질 수 없다는 것을 깨닫고 있었다. 전략적 동반자들을 주의 깊게 선정해 키워가고, 때로는 실수가 있을지라도 함께 사업을 하는 그들과 충실한 관계를 지속하는 것이다. 동반자들이 계약을 끝까지 성실하게 수행한다면 NBA와 사업관계가 깨진다는 것은 거의 불가능하다. 스턴은 『NBA와 오랜 동반자 관계를 맺어왔던 자들의 지위를 아무나 쉽게 사들일 수는 없습니다』라고 말한다.

그린은 NBA와 맥도날드의 경우 두 조직이 동시에 매우 확실한 브랜드 이미지를 고객과 공유해왔기 때문에 상호 협조체제를 유지할 수 있었다고 분석한다. 다시 말해 그들이 공동으로 추구하는 가치, 즉 높은 도덕성, 고품질, 일관성 등은 고객들의 공감을 불러일으켜 장기적 관계의 초석이 돼왔다. 『장기적 동반자 관계의 중요한 점은 위기가 왔을 때일수록 더욱더 많은 위험을 감수하도록 격려해준다는 점』이라고 그린은 말한다. 『우리는 NBA측에 「우리 한번 규칙을 깨보자. 브랜드를 확장해보자」라고 말합니다. 아마 우리 모두 점점 더 흥미를 느끼게 될 것입니다.』

NBA는 다른 성공적인 래디컬 마케터와 마찬가지로 브랜드를 매우 철저히 통제한다. 브랜드를 보호한다는 측면에서 NBA는 텔레비전 중계에 대해서도 적극적인 역할을 요구한다. NBA는 열두 명 이상의 간부를 NBC나 터너 방송사와의 주간 회의에 참석시켜 어떤 선수를 주연으로 집중 조명할 것인지, 어떤 경기가 우선권을 갖는지, 또 어떤 새로운 카메라 앵글을 도입할지를 함께 결정한다. 그들은 이제 더 이상 국내용 방송이란 개념은 존재하지 않는다고 강조한다. 오늘 보스턴에서 방송된 경기는 이틀이나 사흘 뒤면 세계 몇십 개 나라에 중계된다.

## 스타들을 진열하라

임무는 명료하다. 『스타들을 진열하라.』 『브랜드를 부각시켜라.』
NBA 리그는 텔레비전의 막강한 위력을 잘 알고 있는 조직이다. NBA의 마케팅 담당전무 릭 웰츠(Rick Welts)는 『한 시즌 경기에 100만 명이 경기장을 찾았다면 이는 2,000만 명이 경기장을 찾은 것과 같다』라고 말한다. 팬의 95%는 NBA를 텔레비전으로 즐긴다는 얘기다.

같은 맥락에서, NBA는 리그에 해를 끼치는 광고와 이미지를 감독하기 위해 텔레비전 방송사, 스폰서 업체들과 긴밀하게 보조를 맞추고 있다. 이를테면 기업 협찬사들은 중계가 이루어지는 동안 NBC 방송망에서 광범위한 광고를 내보내야 하며, NBC는 세세한 매출 자료를 리그에 제공한다. 이 자료를 토대로 리그의 경기임원들은 후원업체들과 함께 후원업체의 상품과 NBA를 동시에 판촉할 수 있는 마케팅 기획 전략을 수립하는 것이다. 후원업체들은 NBA 브랜드에 대해 「적극적인」 지지를 보여야 하고, 그렇지 않으면 관계는 종결된다.

스턴은 장기근속의 장점을 칭송하지만, 동시에 함정이 있다는 것도 인정한다. NBA는 새로운 사람들에게 문호를 개방하면서 그들을 통해 늘 새로운 사고도 동시에 들여왔다. 또 『우리는 어제도 이렇게 해왔기 때문에 오늘도 이렇게 할 것이다』라는 따위의 말을 입 밖에 내길 거부하면서 일해왔다. 래디컬 마케터가 늘 그렇듯이 스턴은 마케팅 믹스를 새로운 각도로 생각한다. 그는 과거의 해답이 아니라 지금 변화하는 환경에 가장 적확한 해답을 구하기 위해 노력하는 열정을 참모들에게도 전염시켰다.

이를테면 비판적인 사람들은 선수 연봉의 상승이 NBA 리그를 침몰시킬 것이라고 예언해왔다. NBA의 수익성, 성장과 혁신적인 수입배분 방식은 그 같은 주장을 오랫동안 근거 없는 것으로 만들었다. 선수와 구단은 경기에서 나오는 수입을 똑같이 거둬갔다. 그러나 이제 몇몇 두드러진 선수들은 1억 달러가 넘는 연봉이나 장기계약을 요구해 더러는 성사시키기도 하기 때문에 단체협상에 문세를 야기했고, 구단주들의 이익을 잠식했다. 입장료가 달갑지 않은 수준으로 치솟았고, 스턴은 이런 상황이 점차 분명한 답변을 요구하고 있다는 사실을 잘 알고 있었다. 그의 뛰어난 점은, 선수와 구단주들에게 이익을 올리든 망하든 그들은 공동운명체라는 사실을 인식시키는 기술이다.

스턴은 해결책이 나올 것이며, 타협이 이루어지리라는 것을 조용히 확신하고 있다. 과거의 사례들도 그의 편이며, NBA가 이런 사태에 현명하게 대응해온 능력 그 자체가 브랜드 가치의 요소 가운데 하나가 되었다. NBA 간부들은 언론과 구단, 팬, 선수 조합, 그리고 세계에 대한 NBA식의 고유한 대응방법을 잘 알고 있다고 스턴은 지적한다. 래디컬 마케터가 다 그렇듯이 스턴은 제품에 대한 자신의 정열과 경쟁적 환경에 대한 견해에 공감하는 참모들로 둘러쌓여 있다.

예를 들면 1989년 LA 레이커스(Lakers)의 존슨이 에이즈(AIDS) 양성반응자라고 발표하자, NBA는 일부의 반대주장을 꺾고 기민하고도 단호하게 존슨에 대한 지지입장을 천명했다. 일반 대중은 에이즈의 특성에 대해 그 때까지만 해도 잘 몰랐으며, 에이즈 바이러스를 지닌 사람을 두려워하고 불신해왔다. 심지어 존슨 문제에 대한 공식 견해를 밝히기에 앞서 팬들의 여론을 조사하자는 제의도 있었다. 『투표를 실시하자는 의견은 정말 우리에겐 혐오스러운 것이었습니다.』스턴은 회고했다. 『당시 우리는 우리의 대응방식에 따라 에이즈에 대한 사람들의 두려움이 다소 완화될 수 있다는 판단을 했습니다.』물론 이런 결정은 대중의 반응 여부에 따라 실패할 가능성도 없지 않았다. 그러나 이 결정은 NBA가 자기 식구를 결코 내팽개치지 않는다는 이미지를 구축하는 데 결정적인 효과를 가져왔다. 또 에이즈에 대한 대중의 경각심을 높이는 등 NBA 브랜드 가치에 엄청난 상승효과를 가져왔다.

래디컬 마케터가 다 그렇듯이 스턴은 조직의 모든 부분으로부터 새로운 아이디어가 흘러나오는 것을 장려하며, 모든 아이디어를 귀기울여 듣는다. 기이한 아이디어도 귀담아들을 요소가 있는 법이며, 제품의 질을 높이기 위한 열정으로 판매 목표를 미루기도 한다. 회의석상에서는 지적 부메랑처럼 아이디어들이 속출한다. 예를 들면 어떤 참석자가 NBA 리그의 신인 드래프트(draft)를 텔레비전으로 중계하자는 제안을 내놨다. 이런 파격적인 아이디어 덕분에 전통적으로는 따분한 행정절차가 스턴이 직접 사회를 보는 인기 있는 케이블 방송 프로그램이 되었다. 또 다른 제안은 NBA 리그의 연례 올스타 게임을 확대해 주말 내내 온통 농구관련 행사, 즉 덩크슛 경연대회뿐 아니라 NBA와 WNBA의 남녀 선수가 한 짝이 돼 슈팅 시합을 하는 경연대회까지 이어지는 행사로 만들자는 것이었다.

브랜드를 긍정적으로 판촉·확대하는 것이라면 무엇이든 환영받았다. 래디컬 마케터들이 다 그렇듯이 그들은 제품이 손에 넣기 쉬워야 한다는 것을 잘 알고 있었다. 그레이트풀 데드 그룹은 콘서트 입장료를 저렴하게 유지했으며, 스냅온 공구사는 자신들의 제품을 사는 고객에게 무이자 대출을 제공하기도 했다. NBA는 1992년 「잼 세션(Jam Session)」이라는 이름의 순회 농구축제를 기획했는데, 이것은 도시에서 도시, 심지어 나라에서 나라로 이동하면서 박람회장이나 시장, 회의장 같은 장소에서 열린 행사였다.

경기 그 자체와 고객의 긴밀한 일체감이 중요하다는 것을 잘 알고 있었기 때문에 NBA는 미국과 해외의 청소년층을 사로잡기 위한 행사에 적극 투자해왔다. 그것은 열한 살 때 농구를 해본 어린이는 스물다섯 살이 되면 농구 팬이 될 것이라는 논리에 근거를 두었다.

NBA는 래디컬 마케터의 신조를 지니고 있다. 『나는 사람의 돈을 쓸 수 있다면, 굳이 내 돈을 쓸 이유가 없다.』 NBA는 잼 세션 행사 비용을 협찬과 라이선싱 상품 판매수입으로 충당했다. 잼 세션은 또한 매디슨 스퀘어 가든에서 열리는 올스타 게임의 입장권이 보통 팬들에게는 극히 구하기 어렵다는 것을 알고 있었기 때문에 이를 대신할 수 있는 매력적인 행사를 내놨다. 곧 주말 내내 일반 대중을 상대로 선수들과 연습경기나 실제 토너먼트 경기처럼 직접 참여할 수 있는 농구관련 축제행사를 베푸는 것이다. NBA와 WNBA 선수들이 이런 행사에서 사인을 해주고, 기념사진을 찍어주며, 그렇게 해서 고객에게 다가가는 것이다. 이 잼 세션 행사는 NBA 브랜드에 대한 공통의 열기와 애정을 공유하는 농구 팬 10만 명을 끌어모았다.

### 브랜드 확장

할리데이비슨이나 하버드 경영대학원의 경우와 마찬가지로 NBA는 브랜드 이미지를 희석시키지 않고 확장했다. WNBA는 이제 여자 경기도 사람들이 돈 내고 보고 싶어할 만한 수준에 올랐다는 판단에 따른 자연스런 브랜드 확장이었다. 여자 경기는 여름에 열리기 때문에 구단주들로 하여금 공백기에 경기장을 채울 상품거리를 제공했다. WNBA가 도입된 첫 해의 성과는 모두의 예상을 뛰어넘었다. 여자 선수들은 8개 도시에서 거의 경기장을 꽉 채운 관중들의 열기 속에 경기를 치렀다. 더 좋았던 점은 남자 경기 수준에 거의 근접할 만큼 후원업체가 금방 형성되었고, 더구나 남자들의 전유물로 여겨졌던 운동화 광고에 출연하기도 해 일부 선수들은 하룻밤 사이에 스타가 되었다.

스턴은 브랜드에 도움만 된다면 본디 사업영역인 농구로부터 다소 거리가 있는 사업에까지 진출하는 것도 마다하지 않았다. 예를 들면 1988년 교환 카드 업체 중 어느 곳도 아직 농구 카드는 만들지 않고 있었다. 스턴은 젊은 팬들 사이에 브랜드 충실도를 금방 형성할 수 있는 열쇠는 이들로 하여금 마치 야구 카드를 갖고 놀듯이 농구 스타 카드를 교환하고 수집하게 만드는 것이라고 생각했다. 이렇게 해서 그는 유통회사와 합작회사를 설립해 NBA가 교환 카드 사업에 뛰어들도록 만들었다. NBA측이 직접 사진을 촬영하고 카드를 제작하는 등 투자비용을 부담했다. 오늘날 NBA는 4대 카드업체와 라이선싱 계약을 맺고 있는데, 브랜드 가치도 그만큼 확장되었다.

1998년 말 NBA는 뉴욕 5번가에 첫번째 NBA 매장을 열었다. 북미 지역의 스포츠 리그가 소유하고 운영하며 상품을 대는 최초의 소매 매점이 탄생한 것이다. 약 4.5제곱킬로미터 규모의 이 매장은 NBA와 WNBA 관련 라이선스 제품을 판매하는데, 거기에는 NBA가 소유한 비디오와 사진 자료로 만든 멀티미디어 오락물에서부터 특별행사장에 설치할 수 있는 임시 농구장도 포함돼 있었다.

NBA는 또한 하드록 카페와 손잡고 레스토랑 사업에도 진출하는 계획을 추진하고 있다. 1999년 플로리다 주 올랜도에 있는 유니버설 스튜디오 안에 NBA 카페를 개장한 것을 시발로, 향후 3년동안 세계 9개 지역에 레스토랑을 꾸준히 개장할 계획이다.

NBA는 자신의 취약점도 알고 있으며, 브랜드에 대한 반응에 도움이 된다면 기꺼이 제품의 기능을 향상시킬 용의가 있다. 몇 해 동안 NBA는 3점 슛과 타임아웃 시간을 짧게, 그리고 경기장의 폭력을 방지하고자 심판의 권한을 강화하는 새로운 규칙을 채택해왔다. 사업개발담당 부사장 빌 도허티(Bill Daugherty)는 『3m쯤 높이의 골대 말고는 모든 것을 다 손댈 것입니다』 하고 말한다.

스턴은 경기 자체에 대한 비판을 받을 때면 가볍게 웃어넘긴다. 사람들은 한때 경기가 너무 빠르다고 불평했지만, 지금은 또 너무 느리다고 불평한다. 그들은 현재의 24초 공격제한 시간을 30초로 늘리자더니 지금은 18초로 줄이자고 한다. 래디컬 마케터는 상품의 본질을 이해하고 있으며 스턴도 그 점에서 예외가 아니다. 그는 자신을 농구에 관한 한 보수주의자라고 부르며, 반 세기 이상 번성해온 경기를 한꺼번에 변화시키는 데는 반대한다. 중요한 것은 언제, 그리고 어떻게 변화에 대한 대답을 내놓느냐는 점이다.

『반응을 해야지요. 하지만 조금씩 해야 합니다』라고 스턴은 지적한다.『손을 잡는 행위나 너무 심한 반칙, 욕설 등 경기에 흠집을 내는 행위에는 철저히 대처해야 합니다. NBA에는 규칙위원회가 있는데, 이들은 진정 농구를 사랑하는 사람들로 이루어져 있습니다. 이들은 고객의 선호도에 따르기보다는 경기를 본래 그 상태로 끌어가야 한다는 점을 잘 알고 있습니다.』

## 고객에게 좀더 가까이

아이엄스의 매틸이 주말 내내 개 사육장을 돌아다녔듯이, EMC의 이건이 저녁마다 고객들과 식사를 함께 했듯이, 래디컬 마케터인 스턴 또한 고객에게 다가가는 방법을 알고 있었다. 본질적인 것은 그가 마케팅 기능을 직접 관장하고 있다는 점이다. 그는 골수 농구 팬으로, 시즌 중에 많은 경기를 커미셔너의 귀빈석이 아니라 일반 관중들과 같은 자리에서 함께 관전한다. 래디컬 마케터가 다 그렇듯이 그 자신이 고객인 것이다. NBA 팬들이 인구통계학적으로 다양한 분포를 보이기는 하나, 그는 경기 자체야말로 이 팬들 사회에서 공통 기반을 유지하는 기둥이라고 믿는다. 그는 NBA의 모든 상품과 서비스가 어떤 가치를 제공하는지를 팬의 관점에서 파악하고자 다양한 노력을 기울인다.

NBA 명예의 전당에 헌액된 선수이자 NBC의 스포츠 해설자인 빌 월튼(Bill Walton)은 「스턴은 특별한 사람」이라고 말한다. 『그는 경기 그 자체를 사랑합니다. 그리고 그는 NBA의 모든 관계자와 이름을 부르는 등 친근한 관계를 유지하고 있습니다. 결코 혼자 성에 갇힌 것처럼 고립되어 있지 않습니다.』

래디컬 마케터가 다 그렇듯이 스턴 또한 열성적인 전도사로 구성된 조직을 만들었다. 이들 열성원은 대단히 명석하고 적극적인 사람들로서, 경기에 대해 스턴이 갖고 있는 애정까지도 공유하고 있다. 이를 통해 NBA는 고객들과 일심동체가 될 수 있었다. 자원도 별로 없고 전망마저 어둡던 시절에도 스턴과 그의 참모들은 제품의 진가를 믿고 불가능을 오히려 하나의 사업기회로 삼았다.

그러나 힘든 과도기였다. 스턴이 취임했을 때 NBA는 그다지 사업체다운 사업체가 아니었다. 그저 흔한 스포츠 리그 중 하나였다. 『우리는 별로 자긍심도 없었다. 왜냐하면 우리와 비교할 대상도 없었기 때문이다』라고 스턴은 회고한다. 사실 그 당시 NBA는 마치 1999년 당시의 하키 리그(NHL)와 비슷한 처지였다. 브랜드를 구축할 아이덴티티가 무엇인지 열심히 모색하던 상황이었다(NHL이 1999년 커미셔너를 NBA에서 영입한 것은 그다지 놀라운 일도 아니다). 풋볼 리그(NFL)와 메이저 리그 야구도 치밀한 텔레비전 중계 계약과 라이선스 협정을 통해 성장했는데, 스턴은 이런 사례도 면밀히 연구했다. 『우리는 마치 가난한 사촌형제 같은 처지였다』라고 그는 말한다.

스턴은 자신에겐 이 모든 것을 뒤바꿔놓겠다는 원대한 계획 따위는 없었다고 주장한다. 그러나 래디컬 마케터가 다 그렇듯이, 그는 브랜드를 창출하고 강력한 것으로 구축해내는 일련의 원칙을 만들기 시작했다. 법률가가 이끄는 조직답게 NBA는 과거의 사례에 대한 연구를 시작했다. 그러나 스턴이 꿈꾼 미래의 NBA와 비교해볼 만한 적절한 사례가 없었다. 그 때만 해도 NBA 리그는 전국적으로 약간의 인기는 누리고 있었으나 아주 대규모로 이루어진 것은 아니었다. 단지 NBA와 진지한 농구 팬만이 거기에서 배출된 밥 커시(Bob Cousy), 빌 러셀(Bill Russell), 윌트 체임벌린(Wilt Chamberlain), 제리 웨스트(Jerry West), 엘진 베일러(Elgin Baylor), 그리고 줄리어스 어빙(Julius Erving) 같은 스타들을 관심 있게 바라보고 있을 뿐이었다. 보스턴 셀틱스(Boston Celtics')가 NBA 리그를 장악하던 1957~69년까지 13년 동안 우승을 열한 번 했을 때도 1만 5,000명 입장이 가능한 보스턴 가든 홈 경기장의 한 경기 평균 팬 수는 8,000명을 넘길 정도였다.

## 경기도 상품이다 — 완벽한 연출력으로

그러나 스턴은 래디컬 마케터가 다 그렇듯이 자신의 상품에서 다른 사람이 못 본 것을 봤다. 그가 취임한 시점은 마침 케이블 텔레비전이 출현했던 초기였기 때문에 무엇보다 프로그램의 개념 정리가 필요했다. 곧 시청률보다는 말 그대로 방송을 내보낼 내용물 찾기가 더 급선무란 사실을 알았다. 그리고 그에게는 그 「내용물」이 있었다. 농구야말로 마치 발레와도 같고 하늘 높이 치솟는 슬램덩크라든가 속사포 같은 동작이 있어 텔레비전 방송에 딱 맞는 스포츠임을 알고 있었다. 또한 농구선수들은 세계에서 가장 뛰어난 재능을 갖춘데다 미식 축구선수처럼 헬멧을 쓰거나 야구선수처럼 모자로 얼굴을 가릴 필요도 없다는 점을 그는 알아차렸다. 이 선수들을 적절하게 마케팅하면 운동선수 이상의 존재가 될 것이라고 확신했다. 마치 프랭크 시내트라(Frank Sinatra)나 바브라 스트라이샌드(Barbra Streisand), 미하일 바리시니코프(Mikhail Baryshnikov)와 같이 팬들을 그들의 발밑에 모아놓을 수 있는 연예인이 될 수 있다고 믿었다. NBA는 다분히 의도적으로 선수들을 영웅이나 연예인처럼 마케팅하기로 결정했다.

사람들은 스타를 사랑했고, NBA는 그런 스타들의 탄생을 보는 복을 누렸다. 두 개 팀을 NBA 우승으로 이끌었던 월튼은 이들 스타와 팬들의 관계가 마치 그레이트풀 데드와 그 팬들 같은 특별한 관계라고 말한다. 그레이트풀 데드의 팬이었던 월튼은 『팬들이 없으면 경기나 콘서트가 있을 수 없습니다. 그레이트풀 데드는 그것을 잘 알고 있었으며 선수들도 알고 있습니다. 무대나 경기장에 선 사람들은 팬들의 에너지와 열기 없이는 그런 연주나 묘기를 펼치지 못합니다. 텅 빈 경기장에서 놀라운 묘기가 나오지 않는다면, 이는 그레이트풀 데드가 스튜디오에서 훌륭한 콘서트와 연주를 하지 못하는 것과 같습니다』라고 말한다.

스턴은 버드와 존슨이 어떤 할리우드 시나리오 작가도 생각지 못한 놀라운 화젯거리를 막 쌓기 시작하던 무렵 NBA를 물려받았다. 보스턴 셀틱스와 LA 레이커스는 1980년대 내내 완벽한 맞수였다. 두 팀의 뛰어난 스타 선수들은 시간이 갈수록 빛났으며, 그에 따라 점점 늘어나는 관중을 사로잡았다. 그 옆에는 또한 조던이 NBA를 또 다른 차원으로 끌어올려줄 것이라는 기대를 모으며 비상을 준비하고 있었다. 냉소적인 사람들은 스턴과 NBA는 그저 실제보다 과장된 슈퍼스타들의 위업에 편승한 것이라고 주장한다. 그러나 그것은 핵심을 잘못 짚은 주장이다. 이들 영웅 이전에도 위대한 *스타들*이 뛰었지만, NBA 리그 자체를 격상시키지는 못했다. 이들 스타 세대는 스턴과 그의 동료들이 만들어준 무대와 각본에 따라 뛰었던 것이다.

목소리 큰 독자이자 관련업계를 열성적으로 공부하는 스턴은 〈데일리 버라이어티(Daily Variety)〉나 〈다이렉트 새털라이트 비즈니스(Direct Satellite Business)〉 같은 업계 간행물에 실린 내용을 모조리 흡수했다. 풋볼 리그로부터는 상품 라이선싱 사업을 배우고, 메이저 리그 야구로부터는 생산능력을 참고했다. 그는 올림픽에서도 비슷한 교훈을 찾아냈는데, 세계적 브랜드가 되면 후원업체와의 행사

라든지 라이선싱 사업에 이름만 빌려줘도 사업이 된다는 것을 깨달
았다.

## 최고로부터 배운다

그러나 그보다도 스턴이 더욱 비중을 두고 참고한 모델은 연예산
업, 특히 월트 디즈니였다. 그는 커미셔너로 취임한 초창기부터
NBA는 NFL보다는 디즈니, 식스 플래그스(Six Flags), 타임 워너
(Time Warner)를 닮은 하나의 연예사업이 될 잠재력이 있다고 믿
었다. 오늘날 그는 사람들에게 NBA는 「29개의 테마 공원을 보유한
디즈니」라고 말한다.

사실 스턴이 해온 일은 디즈니보다 더 벅찬 것이었다. 농구는 전
례가 없는 일이기 때문이다. 하나의 단일 브랜드 아래 다양한 스포
츠와 연예산업을 통합하는 것이었기 때문에 더 복잡하기도 했다.
디즈니는 〈라이언 킹(The Lion King)〉, 테마 공원, 그리고 부에나
비스타(Buena Vista) 방송을 지니고 있다. 더 넓은 의미에서 보면
그것들은 모두 디즈니이지만, 사실은 전부 별개의 브랜드들이다.

『우리는 상품 판매사업과 의류사업, 기업체 협찬사업, 교환 카드
사업, 이벤트 사업, 경기장 사업, 케이블과 공중파 방송사업을 보유
하고 있으며, 이 모두가 하나의 단일 브랜드 NBA를 중심으로 운영
됩니다』라고 그는 말한다.

그리고 이 모든 조직 내의 직원 600여 명은 끊임없이 개개의 사업
과 인력이 브랜드에 미칠 영향에 대해 상기시킨다. 명심해야 할 래
디컬 마케팅의 원칙, 즉 선수관리 분야에 종사하든, 보안·재무·
인력관리 분야에서 일하든 브랜드를 관리하고 있다는 것을 잊지 말

아야 한다는 것이다. 누군가 자기 일을 제대로 못 하면 다치는 것은 브랜드다. 경기장의 안전유지에 실패하거나 팬들이 구입한 점퍼가 찢어진다면 브랜드가 상처를 입는다.

NBA의 브랜드, 그리고 아마도 더 중요한 그 조직문화는 이런 식으로 발전해왔다. 스턴은 간부 직원들의 이름을 모두 기억하고 있으며, 그들이 각각 얼마나 오랜 기간 어느 리그에서 일했는지 줄줄이 열거한다. 그는 다른 어떤 사업체도 그 같은 충실도와 장기근무를 기대하기 어렵다고 생각하며, 또한 그러한 측면을 직무수행에 충분히 활용한다. 이렇듯 장기근속으로 인한 일체감이 있기 때문에 존슨이 에이즈 감염 사실을 폭로했을 때나 로드먼이 카메라 기자를 걷어찼을 때, 스프루얼이 연습 중 P. J. 칼리시모(P. J. Carlisimo) 코치의 목을 졸랐을 때도 일사분란하게 대응해왔던 것이다.

『본질적으로 여러분은 여러분이 지금까지 반응한 행동들의 축적입니다』라고 스턴은 말한다. 『물건이 아니라 사람을 다루는 사업에서는 더욱 그렇습니다. 때로는 만화 주인공과 일하는 게 나을지도 모릅니다. 벅스 버니(Bugs Bunny)가 카메라 기자를 걷어찼다는 기록은 어디에도 없습니다. 만화 그리는 사람 자신이 걷어차이고 싶지 않은 한 그런 일은 없을 것입니다.』

## 수익성에 맞춘 구단 관리

브랜드를 구축·관리하는 데 스턴에게 가장 어려웠던 일은 느슨한 집합체에 지나지 않았던 구단들을 묶어 NBA 브랜드의 신봉자와 전도사로 만드는 일이었다. 다른 프로 스포츠 리그들이 개개 구단주들의 자기중심적 이기심과 뼈기기 좋아하는 구단주들 탓에 방해를 받는 경우가 많지만, NBA는 엄정한 관리와 구단에 대한 훌륭한 지원을 통해 이들을 강력한 연합체로 형성했다.

시티뱅크의 부사장이며 과거 컨설턴트 시절 NBA와 함께 일했던 에드 레빈(Ed Levin)은 『그렇게 된 원인 중 하나는 각 구단이 그러한 통제권을 NBA측에 부여했기 때문』이라고 말한다. 『스턴은 이 줄다리기에서 일찍부터 승리를 거두고, 구단주들을 자신의 연합세력으로 만드는 데 성공했습니다.』 구단주들은 경기와 선수들을 각광받게 만드는 대신 자신들은 2선에 물러나 있으라는 스턴의 설득을 받아들였다.

NBA는 어떤 분야는 중앙집권적이며, 어떤 분야는 고도로 분권적인 형태의 조직구조를 통해 브랜드를 키우고 보호해왔다. NBA는 각기 독립된 개체로서 별도의 마케팅 조직을 갖춘 29개의 구단이 모인 연맹 형태이면서도, 다른 프로 스포츠에선 찾아볼 수 없는 통일되고 안정적인 영향력을 행사해왔다.

NBA 자체는 엄청난 권한을 갖고 있지만, 각각의 구단이 자신의 시장에서 강력한 마케팅을 펼치도록 기대하고 장려한다. NBA 리그는 모든 국내외 방송권과 기업체 후원, 라이선스 계약, 그리고 수익 분배에 관해 협상하고 감독한다. 이러한 역할 분담은 이제 다른 스포츠에서도 일반화됐으며, NBA 구단의 유례 없는 안정성을 가져왔다. 각 구단은 새크라멘토, 밀워키, 인디애나폴리스 등지의 규모가 작고 각광을 못 받는 시장에서도 큰 시장 못지않게 경쟁력 있는 입지를 굳혔다. 그 결과 지난 15년 동안 NBA의 어느 구단도 연고지를 옮긴 사실이 없다.

1994년 미네소타 팀버울브스의 구단주가 파산 직전의 상태에서 비틀거리면서 사업 포기를 고려하고 있을 때였다. NBA는 자신의 법률과 마케팅 최고 전문가들을 미니애폴리스로 몇 달 동안 파견해

이 구단을 그 지역의 투자자들에게 인수시켜 다시 제자리를 찾게 했다. 새로 구단을 인수한 투자자들은 스턴의 계획이 황금알을 낳는 거위라는 것을 믿고 투자를 단행했다. 그들은 구단주와 선수들에게 함께 이득을 주는 수익분배제도를 혁신하기 위해 협상을 할 때도 스턴을 뒤에서 지원했다.

NBA에는 구단 서비스 부서가 있는데, 그 임무는 개개의 구단이 지역 라디오, TV 방영권을 판매하는 것에서부터 새 경기장에서 귀빈석 설계와 코트 가장자리 광고를 디자인하는 것까지 각 구단의 모든 일을 지원하는 것이다. NBA는 실제로 각 구단이 이용할 수 있는 모든 서비스와 활동, 판촉활동의 리스트를 담은 두꺼운 바인더 두 권을 해마다 각 구단에 발송한다. 보스턴 셀틱스의 마케팅 부사장 스튜어트 레인(Stuart Layne)은 예전에 다른 스포츠 종목의 구단에서도 일해본 적이 있는데, 그 어떤 종목에서도 NBA처럼 구단을 지원하지는 않는다고 말한다.

그러한 지원활동은 대부분 수익 창출에 초점을 맞추고 있다. NBA의 선임 마케팅 이사 웰츠는 『각 구단의 성공은 그 지역의 방송중계권료 계약을 얼마나 잘 맺느냐뿐만 아니라 비시즌에 경기장을 어떻게 채우느냐에 달려 있다』고 말한다. NBA는 어떤 스포츠 리그보다도 스포츠 연예시장의 생리에 정통하며, 구단주들에게 경기장을 연간 250~300일 동안 꽉 채우려면 사업영역을 확장하고 스스로를 다차원 연예 사업체로 인식할 것을 권유한다. 스턴 재임기간 중 각 구단의 좌석 판매율은 40%에서 92%로 올랐다. 이것은 비싼 귀빈석도 마찬가지였다. 따라서 앞으로 수익을 더 높이기 위해서는 입장료를 올리든가 방송계약 조건을 더 좋게 하든가, 또는 다른 분야로 사업을 과감히 진출하는 방법밖에 없다.

그래서 NBA 구단주들은 원형 경기장 풋볼, 실내축구, 심지어는 야구와 미식 축구장까지 인수했는데, 이는 유례 없는 규모의 이익을 창출하기 위한 주춧돌이 되었다. 믿기 힘든 일이지만 스턴이 커미셔너로 취임한 이래 29개 구단 모두가 경기장을 신축했거나 개축했다. 이처럼 NBA 브랜드의 폭넓은 마케팅 활동에 보조를 맞추면서 구단 대부분이 번영을 누렸다. 그리고 반대로 이들 구단은 NBA 리그를 다시 포장해 해외에 되팔 수 있는 방송용 프로그램도 생산해냈다.

## 잔존가치도 놓치지 않는다

래디컬 마케터가 다 그렇듯이 NBA는 자신의 상품이 잔존가치를 갖고 있음을 알아차렸다. 세계적인 시장점유율을 원하는 회사들은 NBA의 모델을 다들 부러워한다. 이를테면 NBA는 전세계적으로 가장 폭넓은 스포츠 방송권을 보유하고 있으며, 현재 196개국 6억 명의 정규 시청자를 갖고 있다. 해마다 NBA의 1,100게임이 방송되며, 이 가운데 120경기만이 전국적인 공중파나 케이블 텔레비전을 통해 방송된다. 이것은 90% 가까운 방송물을 다시 재포장해서 애타게 기다리는 전세계 시청자들에게 제공할 수 있다는 의미다.

『새로운 상품을 해외시장에 내놓기란 정말 힘든 일』이라고 웰츠는 말한다. 『그러나 우리는 제조원가가 들지 않는 업종입니다. 우리는 이미 1만 시간에 달하는 1,100여 개의 에피소드를 갖고 있으며, 우리가 필요로 하는 것은 비디오 테이프일 뿐입니다.』 이를테면 웰츠는 중국에 방대한 시청자들이 형성될 것을 예견하고, 그 곳에 직원을 파견해 사무실도 내기 전에 그 곳 텔레비전에 경기 테이프를 판매하도록 했다. 『일단 텔레비전을 통해 방송이 정착되면 그 다음 소비자 용품이 쏟아져 들어갑니다』라고 그는 덧붙인다.

일단 한번 맛을 본 외국 방송사들은 NBA 경기를 더욱 원하게 된다. NBA 올스타전이나 결승전이 벌어지면 코트 주변에는 아이슬란드에서 마케도니아에 이르는 전세계 국가의 방송진이 몰려든다.

NBA는 또한 음반을 많이 팔려면 이따금 라이브 콘서트를 열어야한다는 것도 알고 있다. 그래서 맥도날드나 코카콜라 같은 오랜 후원자들의 협찬을 받아 가끔 해외로 장소를 옮겨 정규 시즌의 일부또는 시범 게임을 치른다. 예를 들면 멕시코시티는 NBA 열기가 뜨거운 곳으로, 이미 그 곳에서는 정규 시즌 경기가 몇 차례 열렸다. 스턴은 연고 팀이 추가될 만한 도시로 그 곳을 점찍고 있다. NBA는또한 2년마다 해외 도시에서, 그 해의 NBA 우승 팀을 참가시키는맥도날드 챔피언십과 같은 제휴 마케팅에 노력을 기울여 브랜드의인지도를 높였다.

마치 일종의 합창단을 조율하는 지휘자처럼 스턴의 자리는 농구경기뿐만 아니라 위성방송에도 조예가 깊어야 하는 동시에 상품 라이선싱에도 정통해야 한다. 그는 이와 관련해 다양한 독서를 통해지적 단련을 하고, 그의 상품과 관련될 수도 있고 상품을 향상시키는 데 도움이 될 수 있는 주제를 항상 늘려가고 있다. 『역동적인 세상에 살면서 그 세상이 어떻게 돌아가는지 모르고 있으면 뒤통수에일격을 맞고서 정신을 차릴 때까지 제대로 대응할 수 없다』는 것이스턴의 지론이다. 『문제는 똑같을지 모르지만 해답은 달라질 수 있습니다. 1983년의 해답과 1998년의 해답은 다릅니다.』

NBA는 예를 들면 텔레비전 시대의 첫 스타였던 어빙의 은퇴에이어 버드와 존슨의 은퇴에 직면했다. 버드와 존슨이 은퇴하자 비관론자들이 한꺼번에 나섰다. 그러나 이번에는 조던이 나서서 고삐를 바짝 조였다. 조던이 시카고 팀을 이끌고 1998년 여섯번째 NBA

타이틀을 따내자 경제 전문지 〈포천〉은 그를 커버 스토리로 대서 특필했고, 조던이 혼자 몸으로 NBA와 광고계약업체, 그리고 그 밖의 연관기업에 100억 달러에 이르는 수입을 안겨줬다고 추산했다.

〈월 스트리트 저널(Wall Street Journal)〉은 1984년 조던이 불스에 입단한 이래로 NBA의 수입이 열 곱절 불어난 20억 달러로 늘었다고 보도했다. 그리고 1997~98시즌 NBC로 방송되는 시카고 불스 경기의 시청률은 다른 전국적인 스포츠 중계보다 60% 이상 높았으며, 불스의 광고수입 매출은 총매출의 20%를 차지했다. 또 NBA가 제작한 조던 비디오는 두번째로 인기를 모은 샤킬 오닐(Shaquille O'Neal)의 것보다 100만 개 이상 더 많이 팔렸다. 불스는 NBA 리그 최고의 히트 상품이었으며, 그들이 찾아가는 원정 경기장마다 입장권이 매진됐다.

그러나 스턴은 사업 사이클을 잘 이해하고 있는 사람이다. 그는 조던 문제를 정면 돌파했다. 『어느 스포츠에서도 마찬가지겠지만, 그 어떤 스포츠 리그가 가장 위대한 선수가 은퇴하는데 부정적인 영향을 전혀 받지 않을 수 있겠습니까? 저는 사람들을 속이지 않겠습니다. 당연히 영향을 받을 것입니다.』그러나 스턴은 NBC와 터너 방송이 조던의 은퇴 이후 상당 기간까지 포함하는 중계료 계약에 27억 달러를 투자한 것은 그들이 농구의 상품가치와 계속적인 성장을 확신하기 때문임을 지적한다. NBA는 그랜트 힐과 케빈 가넷(Kevin Garnett), 코비 브라이언트(Kobe Bryant) 같은 젊은 선수들이 곧 조던의 공백을 메워줄 것임을 강조하고 있다.

스턴은 사업이란 순환하는 것이며 GM이나 IBM, 제록스 같은 대기업도 성공의 분기점을 겪었다는 것을 알고 있다. 그러나 그는 제너럴 일렉트릭(General Electric : GE)의 잭 웰치(Jack Welch) 회장을 모델로 삼고 있다. 『GE를 지켜보면서 웰치 회장을 배웁니다. 웰치 회장은 그들의 모든 경쟁분야에서 1, 2등은 반드시 쟁취해야겠다는 목표를 분명히 세우고 이를 추구해갑니다. 결국 GE는 계속 성공을 거두었습니다. 그들이 그렇게 해냈다면「왜 우리라고 못하겠는가」라고 저는 생각합니다.』

래디컬 마케터는 더 이상 바랄 게 없는 현재 그대로의 상태, 즉 거대기업을 무력하게 만드는 타성을 가장 두려워한다. 스턴은 유명한 연극 〈렌트(Rent)〉 중 한 등장인물이 읊던 대사를 기억한다.『나는 뉴요커다. 두려움은 내 삶이다.』 스턴은 이 같은 자기만족의 두려움을 조직 깊숙이 불어 넣어, 근무수칙으로 만들었다. 뉴욕 5번가에 있는 떠들썩한 사무실에서 NBA 사무국 직원들은 오늘도 스턴의 계속되는 훈계를 듣는다.『우리의 어제는 괜찮았지만 뭔가 더 개선된, 새로운 일을 하지 않는다면, 내일은 분명히 끔찍한 날이 될 것입니다.』 성공이라는 희박한 대기층에서 비처럼 운석들이 쏟아지고 있다면,『몸을 수그리고 이리저리 피할 태세를 갖추고 간격을 잘 유지하여 속도를 내서 뛰지 않으면 실패할 수밖에 없습니다』라고 스턴은 말한다.

# 스냅온 공구

딜러들로 이뤄진 기동 사단과 80년 전통의 브랜드 가치

정비소 주인이나 숙련 정비공들에게

스냅온은 기술적 우수성의 상징이자

그 업계에서 지위의 상징이 되었다.

스냅온 공구는 아마추어를 프로로

바꿔주는 변신 부적과도 같다.

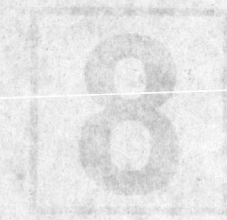

누구나 톱니바퀴 렌치나 전기 드릴을 팔 수는 있다. 그러나 래디컬 마케터는 고객이 사는 것은 공구가 아니라, 그 공구를 사용해서 해결해야 할 결과, 즉 솔루션이라고 이해한다. 그래서 스냅온이 렌치를 판다면 그것은 정말로 꽉 조여진 나사못을 파는 것이며, 드릴용 칼날을 판다면 그것은 실제로 하나의 구멍을 파는 것이다.

스냅온과 같은 래디컬 마케터는 또한 솔루션을 판매한다는 것은 진정한 가치를 제공하기 위한 단순한 연결고리라고 생각한다. 진정한 가치는 고객과의 관계, 즉 꾸준히 구매하는 동안 다른 방법이 나올 때까지 계속해서 솔루션이 지원될 것이라는 믿음을 주는 브랜드를 채택하게 하는 것이다.

이런 종류의 관계를 달성하기 위해 기업은 막대한 광고예산과 브랜드 매니저 집단 이상의 것을 필요로 하고 있다. 최고의 관계지향적인 브랜드가 되려면 냉혹하고 일관된, 혁신에 대한 신념과 핵심 고객층에 꾸준히, 그리고 가까이 다가가는 노력이 필요하다.

스냅온만큼 자신의 고객층에 가깝게 다가가 있는 기업을 찾기도 어려울 것이다. 1920년 밀워키에서 설립된 이래 스냅온이 추구해온 가치전략은 간단하다. 최고 품질의 연장을 만드는 것, 그리고 그것을 고객에게 최대한 가까이 가지고 간다는 것이다. 스냅 온의 경우 고객이란 미국과 해외의 125만에 이르는 자동차·기차·항공기 정비사들이며, 이들은 스냅온이야말로 최고의 공구라고 믿는다. 이들에게 공구를 배달하는 사람들은 프랜차이즈로 관리하는 스냅온 딜러들이며, 이들은 어디에서나 볼 수 있는 특징적인 스냅온 밴을 몰아 매주 고객의 현관 계단 앞까지 달려간다.

이런 방법은 대단히 효과적이었다. 스냅온은 1997년 1억 5,000만 달러라는 기록적 순이익에 30억 달러에 이르는 이동판매 공구시장의 60%를 점유했으며, 매출액 17억 달러의 거인 회사가 되었다. 1998년에는 비록 회사의 성장률이 정체되면서 해고와 구조조정의 어려움을 겪었지만, 스냅온은 여전히 시장을 지배하는 기업으로 군림하고 있다.

최대 경쟁자인 맥 툴스(Mac Tools)는 스탠리(Stanley) 그룹의 계열사 가운데 하나인데, 시장점유율이 고작 13%에 불과하다. 창립 80여 년을 맞은 스냅온은 자기 분야에서 전설적인 브랜드 가치를 이룩했다. 보스턴에서 작은 트럭 정비소를 운영하는 톰 모라비토(Tom Morabito)는 『복사기 하면 제록스를 떠올리듯이 공구 하면 스냅온』이라고 말한다.

할리데이비슨의 정서적 유대감이나 데드헤드의 열광적인 애착처럼 스냅온의 비결은, 어찌 생각하면 시대에 뒤떨어진 듯한 판매전략인 얼굴과 얼굴을 직접 보며 판매하는 방법에서 찾아볼 수 있다. 스냅온은 래디컬 마케터가 다 그렇듯이 브랜드 광고에 결코 한 푼도 쓰지 않는다. 그 대신 고객과의 친밀한 관계를 통해 제품을 마케팅한다.

디지털 혁명의 시대, 텔레마케팅에서 인터넷의 월드 와이드 웹(World Wide Web : WWW)까지 비대면적 마케팅 기법이 홍수를 이루는 시대에 스냅온이 살아남는 비결은 딜러들의 헌신성이다. 이들 딜러는 1주일이면 다섯 번을 아침 일찍 자신들의 흰색 스냅온 밴에 올라타고는 정해진 루트를 따라 200~300개 고객들의 작업장을 순회한다.

『무엇이 필요한지 고민하면서 시간을 낭비하는 고객은 없습니다. 우리가 고객들에게 직접 공구를 갖다 줍니다』라고 스냅온의 회장이자 대표이사인 로버트 A. 코너그(Robert A. Cornog)는 말한다.

만약 코너그 회장의 표현대로 스냅온을 소매 전문회사라고 규정한다면, 세계에서 가장 성공적인 소매방법을 쓰고 있다고 할 수 있다. 소매회사들은 매장의 제곱미터당 매출액으로 그 성과를 평가하는데, 스냅온의 매장은 평균 약 50제곱미터짜리 밴 하나당 40만 달러의 매출을 올리므로 블루밍데일(Bloomingdale) 백화점이나 시어스 로벅 등은 감히 따라올 수 없다고 봐야 한다.

코너그 회장은 『케케묵은 구식으로 보이겠지만, 길모퉁이에 부동산을 사서 고정비용이 들어가는 인력과 세금, 관리비를 쓰는 것보다 우리는 저 밖에서 매출을 올리는 강력한 사업체를 끌고 가고 있는 것』이라고 말한다.

이것은 오늘날 다른 회사들이 흉내내기 어려운 파격적인 사업 모델이다. 따라서 잠재적인 경쟁자들이 파고들기 어려운 진입장벽이 되고 있다. 그런 독특한 접근방법에도 불구하고 세상의 모든 래디컬 마케터 지망생들에게 다른 산업에게도 적용 가능한 교훈을 주고 있다.

## 요술피리를 부는 딜러들

스냅온의 공급망은 오늘날과 같은 네트워크 세상에서는 실로 구식이라고 할 수 있다. 그러나 한편으로 고객들이 정서적으로 공감하고 있는 방식이기도 하다. 굴러다니는 이 소매상은 손공구, 전기공구, 공구함, 그리고 진단용구 등 10만 달러어치의 상품을 싣고 돌아다닌다. 스냅온의 고객들은 그 옛날의 아이스크림 트럭, 우유 배달부, 의사의 왕진 등을 연상하면서 아이들 같은 설레임으로 그 트럭을 맞이한다.

매사추세츠 주 케임브리지 소재 정비소를 운영하는 레이 매글리오치(Ray Magliozzi)는 『스냅온 사람들은 마치 요술피리를 부는 사나이 같아요』라고 말한다. 그는 형 톰과 함께 NPR 라디오의 인기 프로그램 〈카 토크(Car Talk)〉의 공동 진행자로 활약하고 있다. 『그들의 밴은 사람을 기쁘게 하는 온갖 것들로 가득 차 있습니다. 차를 고치는 게 직업인 우리로선 스냅온의 방문은 큰 기쁨이고, 공구들은 우리의 장난감 같습니다.』 참으로 그러했다. 사람들이 개인 주치의나 전속 회계사, 변호사, 미용사를 둘 수 있듯이 스냅온이 영리하게 생각해낸, 개인전속 공구 공급자는 어떤 의미였겠는가?

이렇게 오랜 기간 검증된 방식으로, 다른 위대한 래디컬 마케터처럼 스냅온은 브랜드와 함께 기업문화를 만들었다. 다른 경쟁사들이 해외공장에서 제품을 만들어오는 반면, 스냅온은 모든 제품을 국내공장에서 계속 생산해왔다. 이 회사는 손공구에 대해 평생 품질보증을 하는 개념을 개척했지만, 품질이 워낙 좋기 때문에 이런 보증제도는 아무 의미가 없을 정도다. 공구들은 인체공학적으로 설계됐으며, 내구성과 편의성을 갖추기 위해 최고 품질의 금속을 수제 가

공해 생산한다. 25년 전에 구입한 스냅온 공구를 지금도 탈없이 쓰고 있다는 정비공도 가끔 있다. 스냅온은 할리데이비슨 모터사이클이나 아이엄스 식품, 또는 보스턴 맥주처럼 고객들이 최고의 제품을 갖기 위해 비싼 값도 마다하지 않는다는 것을 알고 있다. 이 업계에서는 사람들이 생각하는 것보다 충동구매가 잦다. 그리고 그런 충동구매는 물건이 스냅온이기 때문인 경우가 많다.

래디컬 마케터가 다 그렇듯이 스냅온 역시 브랜드에 충실했다. 회사의 외형을 키우고 좀더 수입을 올릴 수 있다는 유혹에도 불구하고 스냅온은 결코 브랜드를 격하시켜서 「스냅온 라이트(Snap-on Lite)」제품을 내놓거나 시장점유율을 높이기 위한 저가형 제품은 출시하지 않았다.

스냅온은 또한 고객의 공동체도 만들어냈다. 정비공에게 스냅온은 하나의 전문직업 의식의 상징이며, 이를 통해 그들은 시어스 렌치나 블랙 & 데커(Black & Decker)의 스크루 드라이버를 들고 주말에 차고에서 식구들의 포드 자동차를 이리저리 만지는 아마추어들과 스스로를 구별하는 것이다. 미국에 있는 어떤 정비소를 방문하더라도 스냅온의 트레이드 마크인 빨간색 스냅온 공구함을 발견할 수 있다. 이 공구함에는 스냅온이 생산하는 4,000가지 제품 중 가려 뽑은 공구들이 가지런히 들어 있다.

정비소 주인이나 숙련 정비공들에게는 스냅온이 기술적 우수성의 상징이자 그 업계에서 지위의 상징이 되기도 한다. 그들의 공구 모음은 가치 있는 평생의 투자이기도 한데, 시간이 지나면서 주인은 마치 고미술품이나 고서적 수집가만이 느낄 수 있는 자부심을 맛보게 된다. 정비소들은 보통 정비공에게 공구를 제공하지 않는다. 그들은 스스로 장비를 갖춰야 한다. 대부분의 정비공은 은퇴하기 전까지 대개 3만 달러 또는 그 이상의 돈을 스냅온 공구를 사기 위해 쓴다고 한다. 젊은 정비공들에게 스냅온 공구는 소원의 대상이며, 아마추어에서 프로로 바꿔주는 변신 부적과도 같다. 정비공들은 자신의 스냅온 공구에 자신의 이름 첫 글자를 새긴다. 또 명품 코르베트(Corvette) 스포츠 카를 애정을 갖고 광을 내듯이 자신들의 스냅온 공구함에 광을 낸다.

『그들의 칠학은 직선적이고 정직합니다. 최고를 만들어 문제를 해결해줍니다. 값은 비싸지만, 그만큼 공구가 좋습니다』라고 매글리오치는 말한다.,

예를 들면 1960년대에 스냅온 기술진은 미국 해군의 요청에 따라 나사와 나사못의 가장자리가 아니라 줄기를 집어주는 새로운 종류의 렌치를 만들었다. 그래서 새 렌치는 보통 렌치가 흔히 그런 것처럼 단단히 물린 나사와 나사못의 가장자리를 깎아먹지 않았다. 이 「측면구동장치(flank drive)」방식의 렌치는 특허도 받았으며, 정비사들에게 대단한 작업향상을 가져와 큰 인기를 끌었다. 정비사들은 세밀한 측정을 하려면 그 공구를 최고급품의 강철로 만들고 내구성이 있어야 측면장치가 제대로 작동한다는 것을 뼈저리게 배웠다. 다시 말해 스냅온이 시장을 독점한 것이다.

코너그 회장은 『누가 좋은 공구를 쓰고 누가 그렇지 못한지 우리는 알 수 있습니다. 싸구려 공구를 쓰는 사람은 손 관절이 까져 있고 벤 자국이 있습니다. 그들은 공구가 잘 맞지 않기 때문에 일도 제때 끝내지 못합니다. 그러고는 마구 욕을 해댑니다』라고 말한다.

RADICAL MARKETING

## 상식을 뛰어넘어라

다른 래디컬 마케터도 그렇듯이, 스냅온 또한 어렵거나 전문적인 상품을 만들지는 않는다. 스냅온의 공구와 장비는 비쌀 뿐이다. 다른 경쟁사들의 가격보다 최소한 10% 이상 비싸며, 시어스 백화점 같은 데서 파는 것보다 가격이 갑절인 물건도 흔하다. 그러나 고객들은 이 회사가 오랫동안 최선의 상품을 만들어왔다는 것을 믿기 때문에 가격이 그리 큰 문제라고 생각하지 않는다.

정비사들에게 스냅온 밴은 단순한 순회매장이 아니라 이동은행이기도 하다. 각각의 딜러들은 고객 대부분이 비싼 공구를 일시불로 살 수 없다는 것을 알고 있다. 대출은커녕 당좌예금계좌도 틀 자격이 없다. 그래서 딜러들은 고객들로 하여금 공구는 오늘 사고 돈은 나중에 조금씩 1주일마다 무이자로 지불하라고 장려한다. 스냅온은 이를 위해 별도의 금융 서비스 사업부를 두고 있다. 이 사업부는 대형 장비를 구매할 경우 실세금리로, 그리고 관대한 신용조사를 바탕으로 자금융자나 임대를 해준다. 그래서 17억 달러에 이르는 이 회사의 매출은 많은 정비사들이 매주 딜러들에게 건네주는 꼬깃꼬깃한 10달러나 20달러짜리 지폐가 모여 이루어진다.

스냅온 딜러들은 이 같은 신축적인 신용 서비스와 함께 신품 구입대금의 일부를 중고상품과 교환해주면서 젊은 정비사들도 차차 최고의 제품을 쓸 수 있도록 장려했다. 딜러들은 정비사로 하여금 중고 공구를 새로 고치도록 돈을 지불하고, 고친 공구를 다시 되팔 수 있었다.

이것은 서로의 욕구와 신용에 기초해 구축된 환상적인 사업관계다. 주급 200달러를 받으면서 언젠가 자기 자신의 정비소를 차리는 것이 꿈인 젊은 정비사들에게 스냅온 딜러들은 꿈을 이루기 위한 발판을 마련해준다. 반대로 스냅온 딜러는 이런 방식에는 당연히 위험이 따른다는 것을 알고 있으며, 때로는 공구만 가져가고 돈을 떼먹는 사람들 때문에 손해도 본다.

그러나 그런 손실은 매출의 극히 일부분이며, 무시해도 좋을 만한 정도다. 고객의 절대 다수는 매우 신뢰할 만하며, 양심적으로 그들의 외상을 갚아나간다. 상인들은 스냅온이 그들 생계를 도와주고 있다는 것을 금방 이해하며, 변치 않는 관계가 유지되기를 바라고 있다. 한 도시나 마을의 자동차 서비스 사회는 일반적으로 서로 끈끈하게 연결돼 있어 돈을 떼먹은 사람에 대한 소문은 빠르게 퍼진다.

스냅온은 딜러나 고객과의 관계에서 신용이 가장 중요하다고 생각한다. 가끔은 신용조사 없이 물건을 제공하기도 하지만, 스냅온의 신용과 편의는 시장에서 오늘날의 명성을 있게 한 장기적 유대감과 신뢰를 대변한다. 만약 공구를 구입할 수 있도록 신용을 베풀어준 스냅온 딜러가 없었다면, 많은 정비사들은 오늘날의 정비사업을 영위할 수 없었을 것이다.

## 고객을 칭송하고 딜러를 존중하기

사업을 시작한 지 거의 80여 년이 지난 지금 스냅온은 자동차 산업계에 마음 속으로부터 우러나오는 깊은 유대감을 형성해놓고 있고, 고객과 그들의 직업을 추켜세우는 데 인색하지 않다. 래디컬 마케터가 그들의 고객을 사랑하고 존경하듯이, 스냅온도 예외는 아니다. 브랜드를 판촉하기 위해 수십만 달러의 광고비를 쓰는 대신, 스냅온은 고객의 미덕을 격찬하고 6,000여 딜러를 지원하는 데 자원을 투자한다.

이를테면 스냅온은 위대한 래디컬 마케터다운 본능을 갖고 회사보다는 고객에게 초점을 맞춤으로써 시장에서의 위치를 높이기로 결정했다. 비록 그들의 광고 비용은 경쟁사인 시어스나 블랙 & 데커, 스탠리 등에 비해 무시해도 좋을 정도의 액수이지만, 스냅온은 나름대로 고객에게 감사를 표하는 돈을 투입하기로 한 것이다.

1994년 이 회사는「자동차 기술자」들을 칭송하는 내용의 200만 달러짜리「감사 표시」광고를 시작했다. 고객들이 부당하게 나쁜 평판을 받고 있으며, 할리우드 영화나 언론매체에서 불미스럽고 무식하고 비양심적으로 바가지 씌우는 기술자들로 묘사하고 있다는 생각에, 스냅온은『훌륭한 기술자의 가치를 언제 처음 알았습니까?』『자동차 기술자가 되려면 갖춰야 할 것이 많습니다』라는 제목의 인쇄광고 시리즈로 광범위한 호응을 얻었다. 가장 냉소적이고 입바른 소리 잘 하는 정비사들도 이에 대해서는 감사하게 생각했다. 액자에 끼워진 그 광고는 이제 전국의 자동차 매장이나 정비소에 걸려 있다.

## 열정적인 전도사

스냅온의 고객에 대한 헌신도 강하지만, 딜러들과의 관계는 한층 더 인상적이다. 비록 분산된 조직구조이지만, 스냅온은 직원뿐 아니라 딜러들까지 가족으로 통합하는 역동적인 기업문화를 구축했다. 딜러들은 자신의 지역에서 프랜차이즈를 얻으려면 15만 달러를 지불해야 하며, 여기에는 초기 재고와 차량 대금이 포함된다. 이렇듯 엄청난 재정적·정서적 투자는 회사와 딜러의 관계에 일종의 압력으로 작용한다. 따라서 사업이 잘 되는 딜러는 회사에 더욱 헌신하게 마련이다.

스냅온은 이들 충실한 딜러의 판매망을 사려 깊게 육성했다. 할리데이비슨 직원들처럼 몸에다 회사 로고를 문신으로 새기지는 않았지만, 대다수 딜러들은 스냅온과 일한다는 사실에 대단한 자부심을 갖고 있다. 따라서 2대, 3대에 걸쳐 같은 일을 하는 경우도 많다. 세인트루이스의 한 딜러는 자신의 구역을 50년 동안 돌았으며, 이후 이를 손자에게 넘겼다. 1997년 스냅온은 〈앙트리프리너(Entrepreneur)〉지의 투표에서 최고의 이동판매 프랜차이즈로 선정됐으며, 프랜차이즈 업종 전체에서도 상위 5개 회사로 선정됐다.

스냅온은 딜러들이 스스로 재정적인 안정을 추구하는 욕망을 가진 기업가라는 것을 일찌감치 깨달았다. 이들 딜러망이 회사의 중추와도 같았기 때문에 스냅온은 그들의 독립정신을 장려하고, 다양한 교육훈련과 기술지원 부대, 직접판매 대표들과 지역 현장 매니저들의 피라미드식 지원구조, 그리고 품질에 집중하는 사풍과 단일 시장에 대한 헌신성으로 딜러들을 뒷받침해주었다.

비록 회사와 일상적으로 접촉하는 데에는 한계가 있었지만 고객 방문 경로개발에서부터 복잡한 기술적 진단 시스템 판매를 돕는 전문가를 보내주는 것까지 여러 지원과 헌신 덕분에 딜러들은 스스로를 회사와 무척 가깝다고 느낀다. 스냅온은 최근 몇 년 동안 생산 분배망에 대대적인 향상을 가져왔으며, 동시에 딜러들로 하여금 휴대용 컴퓨터를 통해 지역별 물류센터와 연결해 재고와 외상판매, 시장동향을 추적할 수 있도록 하는 정보 시스템을 설치했다.

『회사가 뒤에서 받쳐주고 있기 때문에 딜러도 회사 수준의 능력이 있다는 것을 고객들이 알게 됩니다.』 뉴저지에서 16년 간 스냅온 딜러로 일해온 조지프 홈스 반 메이터 주니어(Joseph Holmes Van Mater Jr.)는 말한다. 『회사측의 지원과 기술적 뒷받침이 없으면 딜러는 절대 생존할 수 없습니다.』

스냅온의 최우수 딜러 가운데 한 명인 반 메이터는 거의 평생 배달 트럭을 몰고 다녔다. 마흔네 살인 그는 뉴저지에서 365에이커 넓이의 목장을 운영하는 가정에서 태어났으며, 10대 시절부터 3,000여 고객에게 우유를 배달해왔다. 대학을 마친 뒤에는 사업을 해보기도 했으나 결국 크라이슬러(Chrysler)에서 일하게 됐고, 4년 뒤해고됐다. 그는 『지독했습니다. 다시는 그 일이 일어나지 않길 바랍니다』라고 회상한다.

소매 배달이라는 10대 시절의 직업으로 돌아온 그는 이번에는 스냅온 상인이 되었다. 그의 아버지는 농장을 팔아 트럭 수송업에 종사하고 있는데, 스냅온 고객이 되었다. 젊은 반 메이터는, 직접 사장이 되어 스스로 시간을 관리하면서 운영하는 사업가로서의 기회를 스냅온이 준다고 생각했다. 그의 아들이 스냅온 딜러가 되자 아버지도 스냅온의 직원이 되었다.

그로부터 16년이 흐른 뒤, 반 메이터는 스냅온에서 가장 성공한 판매상이 되었다. 1997년 그는 60만 달러의 매출액을 기록했다. 그는 스냅온으로부터 공구를 도매로 매입해 자동차 정비소뿐 아니라 자전거 수리점과 배관공, 뉴어크 공항의 항공기 정비사, 목재 수입상 등이 포함되도록 사려 깊게 설정한 경로를 따라 돌며 고객들에게 소매가로 판다.

『저의 고객들은 저를 보고 시계를 맞춰요』라고 반 메이터는 말한다. 판매노선을 짜는 데 스냅온이 도움을 줬고, 반 메이터는 다시 이를 자신에 맞게 다듬어 꾸준히 키워나갔다. 그는 모기업의 래디컬 마케팅 기법을 배워 고객들에게 스냅온 재킷을 선사하고 우수고객을 경마장으로 초청하는 등 자기 나름의 고객보상 프로그램을 만들었다. 그의 밴에는 언제나 2,000여 종 이상의 품목이 실려 있으며, 여기에는 75센트짜리 절전 플러그에서부터 4만 달러짜리 진단검사 장비까지 포함돼 있다. 그리고 현재 그가 갖고 있는 재고야말로 남들과의 차별화 요소라고 말한다.

『공구산업은 독특하다』라고 그는 설명한다. 『이것은 웹 사이트를 통해 멀리서 주문할 수 있는 성질이 아닙니다. 정비소에서 차를 반쯤 분해해놨는데 정비사가 어떤 공구를 당장 필요로 한다고 칩시다. 마침 그 공구가 제게 있으면 그 자리에서 파는 것이고 없더라도 한 시간 안에 갖다 줄 수 있습니다.』

회사와의 일상 접촉은 아침에 휴대용 컴퓨터를 켰을 때 받아보는 전자우편 정도가 고작이지만, 수많은 스냅온 딜러들과 회사와의 업무적인 관계는 「가족적인 분위기」다.

스냅온은 일부 의료용 공구를 판매목록에 올려놓고 있지만, 가정용이나 건축용 공구 등으로 사업을 확장하는 것은 절대 삼가해왔다. 상인들의 매상을 분산시킬 수 있는 소매유통 분야를 피해온 것이다. 스냅온의 역사에서 딜러의 이익을 침해하는 회사 결정이란 존재하지 않는다.

스냅온은 성장의 기회를 찾고 있다. 이를테면 스냅온 소매점이나 뉴멕시코 앨버커키에 지은 제품시연센터 등을 통해 새로운 실험을 하고 있다. 스냅온으로서는 파격적인 시도이지만, 최근 들어 매출이 크게 늘고 있는 하이테크 검사장비를 스냅온 밴에 싣고 다니기란 여간 곤란한 일이 아니다. 딜러들에겐 고객들을 초청해 디지털 장비의 사용방법을 가르칠 수 있는 장소가 필요하다. 스냅온은 또한 고객들을 상대로 브랜드 가치를 시험해보려 한다. 코너그 회장은 이들 교육센터의 판매수입에서 딜러들이 수수료를 받게 될 것이며, 소매 매장에서 나오는 수입은 공동기금으로 합산하여 그 지역의 딜러들에게 분배된다고 말한다.

앨버커키와 다른 두 센터는 과연 스냅온 브랜드가 약화되지 않고 성장할는지를 평가하는 시험무대가 되는 셈이다. 냇웨스트 증권(Natwest Securities)에서 스냅온을 담당하는 분석가 제임스 C. 루카스(James C. Lucas)는 『그것은 해볼 만한 일』이라고 말한다. 루카스에 따르면 그런 센터들은 제품 종류가 늘어나면서 필요성이 더욱 증대될 것이며, 특히 진단용 장비 쪽에서 더 그럴 것이라고 예측한다. 열쇠는 고객과 스냅온 브랜드의 영향력을 가능한 한 자주 함께 연결시키는 것이다. 『남성 비중이 큰 직종에서 마케팅을 할 때는 절대 그들의 자존심을 무시하지 마십시오』라고 루카스는 말한다. 『남성 호르몬, 즉 테스토스테론이 물건을 파는 거니까요.』

## 다섯 개로 쉰 가지 일을 해치우는 공구

스냅온은 날로 복잡해지는 미국의 자동차 문화와 함께 성장할 수 있었다. 중서부에 위치한 보수적인 회사로 알려져 있는 것과는 달리, 스냅온은 래디컬 마케터다운 도박을 하기도 했다. 그러나 이는 회사의 핵심사업에 대한 정통한 이해를 바탕으로 냉정히 계산된 행동이었다.

포드가 컨베이어 조립 라인으로 미국 산업에 혁명을 일으켜 시장에 값싼 자동차를 엄청나게 풀어놓으면서 이에 따른 2차 시장이 형성되기 시작했다. 1919년 여러 가지 모델의 차량이 거리로 쏟아져 나오기 시작하자, 밀워키에 있는 한 공구회사의 젊은 관리자였던 조지프 존슨(Joseph Johnson)은 하나의 흐름을 감지했다. 소비자는 이들 차량을 수리해야 할 필요가 있을 뿐 아니라, 차종은 많고 부품은 거의 표준화되지 않아 이런 차들을 다루기 위해서는 기존의 공구보다 더 신축성 있는 공구가 필요했다.

정비사들의 소켓 렌치를 예로 들면, 그 때까지는 소켓이 단단하고 영구적으로 손잡이에 붙어 있는 하나의 몸체형 공구였다. 따라서

제8장 스냅온 공구  263

정비사는 각기 다른 기계들을 다루기 위해 다양한 크기와 모양의 손잡이를 사야 했다. 존슨은 이를 대체할 아이디어가 떠올랐다. 손잡이 다섯 가지와 소켓 열 가지를 따로 만들어서 이를 필요에 따라 끼워맞추도록 하면 어떨까? 그리하여 정비사가 쉰 가지의 서로 다른 조합을 만들 수 있도록 하면 어떨까?

그와 그의 동료 윌리엄 A. 사이드만(William A. Seidemann)은 이 아이디어를 절대로 흘려버릴 수만은 없다고 생각했다. 그들은 직장에 사표를 내고 최초의 제품 원형을 만들어냈다. 이들 제품은 소켓에 핸들을 끼울 때「철컥(snap!)」하는 소리가 났는데, 이게 바로 스냅온의 이름이 됐다. 최초의 마케팅 슬로건은『다섯 가지가 쉰 가지의 일을 해치운다』였다.

존슨과 사이드만은 이들 제품은 눈으로 확인해야 비로소 실감할 수 있다고 판단하고, 그들의 첫 판매사원인 스탠턴 팔머(Stanton Palmer)와 뉴턴 타블(Newton Tarble)을 시켜 순회 시연판매에 나서도록 했다. 판매원들 또한 이들 물건이 매우 정교하고 편리하게 만들어졌다고 생각했다. 두 사람은 시카고의 미시간에 죽 들어서 있던 자동차 정비소의 탁자 위에 녹색보에 싸들고 온 그들의 신제품을 풀어놓았다. 그 빛나는 혁신적 공구를 접한 정비사들은 새 제품에 감탄해마지 않았고, 이들 판매원은 길거리에 나선 지 불과 16일 만에 놀랍게도 650세트를 판매했다.

이 젊은 회사는 번창일로를 걸었으며, 1930년대 대공황이 닥치자 다른 래디컬 마케터가 다 그렇듯이 고객을 위한 봉사에 나섰다. 스냅온 판매원들은 정비사들에게「돈이 있다면 사고 싶은 공구들의 희망목록」을 작성해달라고 요청했다. 제품을 상자 속에 그대로 싸놓는 것은 아무런 가치도 없기 때문에, 당시 힘든 상황에 있던 정비사들을 대상으로 신용사업을 하기로 결정했다.

한 번에 큰돈을 지불할 수 없는 경우 주 단위로 쪼개어 공구값을 내도록 했다. 이 같은 고객지원 덕분에 스냅온은 엄청난 영업의 효과를 봤다. 시장점유율을 높이고 경쟁사보다 압도적으로 많은 숫자의 고객 손에 제품을 안겼다. 게다가 이러한 개념은 순회방문 판매 경로 목록을 만들고, 구매기록을 작성하고, 지역별 판매통계가 데이터로 축적되면서 대공황 속에서조차 적절한 이익을 내는 예상치 못한 결과를 낳았다. 이것은 또한 미래의 판매 모델을 위한 기초자료가 됐다.

제2차 세계대전이 끝나자, 미국 경제는 전쟁시절의 빈곤에서 탈출하기라도 하려는 듯 폭발적인 수요를 일으켰다. 스냅온은 이 시기를 놓치지 않고 또 다른 래디컬한 발상을 냈다. 당시만 해도 군인이 아닌 고객들, 즉 민간인은 심각한 공구 부족에 시달리고 있었다. 스냅온은 재고를 판매원들에게 나눠주고, 이를 즉각 그들의 자동차나 왜건에 싣고 고객의 정비소로 직접 달려가게 했다.

이런 방식은 고객에게 두 가지 중요한 욕구를 만족시켜줬으며, 이후 스냅온 경영 모델의 신조가 됐다. 즉 작업이 많아 공구상으로 물건을 사러 갈 시간도 없는 정비사늘에게 직접 공구를 배달한다는 것, 그리고 판매원들이 고객에게 직접 제품을 배달하는 경로를 개발하도록 하고 이를 통해 자신의 수입도 높일 수 있도록 동기부여를 했다는 것이다.

스냅온은 무엇보다 최고 품질의 공구를 생산하는 데 초점을 맞췄다. 모든 상품이 수제품이며, 최고 품질의 금속과 합금만을 사용하고, 또한 미국 내 공장에서만 생산됐다. 이렇게 하는 이유는 간단했다. 이들 공구는 하루에 여덟 시간 내지 열 시간씩 긴장된 환경에서 쓰이고, 정비사들 손에 편안히 맞아야 하고, 작동이 잘 되며 마음대로 바꿀 수 있어야 하고, 특히 고장나지 않아야 했다. 이를 통해 스냅온은 그들의 고객이 전문가들이며, 의사들만큼이나 미국 문화에 기여하는 바가 크다는 메시지를 전한 것이다. 마치 의사들처럼 정비사도 자신의 직무를 수행하기 위해선 최고의 장비를 가질 자격이 있기 때문이다.

## 백 투 더 퓨처( back to the future )

오늘날 위스콘신 케노샤에 본사를 두고 있는 스냅온은 최고의 래디컬 마케터답게 다음과 같이 매우 어려운 두 갈래 길을 달려왔다. 즉 해당 산업 내에서 일어나는 무수한 변화에 성공적으로 적응해오면서, 동시에 회사가 본디 지니고 있던 비전을 충실히 지켜왔다는 것이다.

지난 시절, 자동차 수리사업이 전통적인 튜업과 오일 교환에서 점점 더 기술이 복잡한 진단수리까지 극적으로 변해오는 동안, 스냅온은 진단용 설비와 정보기술 분야의 지배자로 떠오르면서 고도의 기술기업이 되었다.

세계의 자동차 제조업체들은 자동차에 복잡한 하이테크 부품만 채워놓고 있는 게 아니라, 모델과 제조업체에 따라 특별한 공구가 필요한 부품들로 차량을 채우고 있다. 기술은 해를 거듭하면서 계속 진화해왔고, 결국 오늘날의 자동차는 아폴로 로켓보다 많은 컴퓨터를 내장하게 되었다. 이런 변화가 자동차 서비스 분야에도 큰 영향을 미치고 있다. 저마다 다른 자동차 회사에서 쏟아져 나온 다양한 차량과 비록 한 회사에서 나왔더라도 다양한 부품을 가진 서로 다른 차량을 수리하기 위해서는 끊임없이 새로운 공구가 필요했다. 이는 독립적인 정비공장에 큰 위협으로 다가왔다.

1990년에는 자동차의 모든 시스템 가운데 겨우 18%만이 컴퓨터화됐다. 지금은 거의 90%가 컴퓨터화되어 있다. 스냅온은 적응에 성공했다. 인수합병과 자체 개발을 통해 이 회사는 새롭게 형성된 시장을 재빨리 앞장서 점유하는 리더의 위치에 서 있으며, 거래하고 있는 딜러들에게도 영업의 장래는 끝 같은 전통적 공구뿐만 아니라 다양한 형태의 마이크로칩에 달려 있음을 주지시키고 있다.

오늘날 스냅온이 판매하는 제품의 거의 절반 가까이는 소프트웨어적 요소를 포함하고 있다. 그렇지만 여전히 이 회사는 자동차 정비사들이 가장 선호하는 업체로 남아 있다. 이 회사의 부단한 혁신 정신은 진단검사장비 사업분야의 성장으로까지 이어졌다. 일례로 1998년 이 회사는 통합된 소프트웨어를 기본으로 점포운영 시스템 숍키(ShopKey)를 팔기 시작했다. 이 시스템은 컴퓨터화된 시스템에 진단용 기술과 경영정보관리 프로그램을 통합한 것이었다. 이처럼 하이테크 검사장비 분야에 역량을 쏟아 부음으로써 스냅온은 자신의 브랜드를 지켜냈고, 동시에 수입원을 다양화했다. 이 새로운 시스템은 문제를 찾아주긴 하지만 그 문제를 해결하려면 여전히 손공구와 동력 공구들이 필요하다는 점이다. 하나의 사업은 또 다른 사업에 의존해가며 서로 도움이 되고, 결국에는 스냅온이 승리한다. 『단 하루도 뭔가 새로운 것을 배우지 않고 지나가는 날이 없다』고 매글리오치는 말한다. 『그리고 새로운 공구는 언제나 필요하다.』

## 마케팅 믹스를 다시 생각한다

스냅온은 전자분야에 성공적으로 진입하긴 했지만, 이는 전통적인 판매방법에 새로운 부담으로 다가왔다. 시카고 소재 부즈앨런 &

해밀턴의 컨설턴트 마티 실버먼(Marty Silverman)은 『렌치를 팔던 방법으로 진단장비나 통합정보 시스템을 팔 수는 없다』고 말한다. 『더 이상 손에 쥐고 고치고 마무리해주는 공구의 느낌이 아닙니다. 이제는 기능입니다. 이 점을 딜러들에게도 이해시켜야 합니다.』

이에 대한 화답으로 스냅온은 300여 대의 밴을 더 투입해서 딜러들이 요청하면 숙련 기술진이 직접 고객의 작업장을 방문해 판매활동이나 교육훈련을 해준다. 숫자로만 판단하자면 스냅온 딜러들은 새로운 전환기에 성공적으로 적응한 것이다. 예를 들어 ABS (antilock brakes system)에서부터 엔진과 차체 내부에 장착된 컴퓨터 제어 센서에 이르기까지 자동차가 자꾸 복잡해지면서 새로운 제품군의 판매는 더욱 증대됐다.

뉴저지의 딜러 반 메이터는 16년이 흐르면 고객들이 필요한 모든 공구를 갖출 것으로 기대했으나 그런 일은 결코 일어나지 않았다. 『매주 최소한 100명에게 새 공구를 판매한다』고 반 메이터는 말한다. 『작은 정비소들이 처리하는 일의 범위가 이제는 놀랄 만큼 많습니다. 변속기, 변속 순서, 유압 등 모든 것이 컴퓨터로 조정됩니다. 유압 측정용 센서 소켓만도 서너 가지 크기가 있는데, 아직 이런 것을 구경해보지도 못한 정비사도 있을 것입니다.』

자동차가 복잡해지면서 정비사들의 삶도 복잡해지고 있지만, 공구회사들로선 사업기회가 더욱 커지고 있는 셈이다. 렌치나 스크루드라이버를 팔던 시절은 지났다. 컴퓨터화된 진단검사 장비와 같은 고가의 제품은 공구뿐만 아니라 소프트웨어와 연관기술 제품 등을 통해 다시 수입을 가져다 준다. 코너그 회장은 스냅온 제품이 고객들에게 돈을 벌도록 도와준다는 확신이 있다면, 스냅온은 성공을 지속할 수 있다고 언제나 믿어왔다. 이것은 회사 설립 당시부터 핵심과제였다.

물론 단순해보이고 어쩌면 뻔한 사실일 수도 있다. 그러나 구매자들의 선택이 죽끓듯 변화하는 시장에서 스냅온만큼은 정비사 한 사람 한 사람의 생각을 자신의 마음처럼 잘 이해하고 있다. 예를 들어 손님이 맡겨놓은 5년짜리 도요타 자동차가 리프트 위에 올려져 있다고 생각해보자. 시간은 오후 3시, 자동차 엔진은 천식에 걸린 염소마냥 씩씩대고 때론 기관차같이 소리를 내고 있다. 시간당 작업 요금이 하늘 높은 줄 모르고 치솟아 그야말로 시간이 돈인 자동차 정비소에서 정비사는 오후 내내 문제를 찾아 헤매다 결국은 오후 5시쯤 화가 난 고객의 얼굴과 마주친다.

　바로 이 장면에서 스냅온 딜러가 다가와 밴을 세우고 해결책을 제시한다. 연료분사기 속으로 세척액을 집어 넣어 엔진을 청소하는 전동 진공청소기를 꺼내놓는다. 딜러가 직접 그 시스템을 도요타 차에 걸어놓고 시범을 보인다. 물론 씩씩대던 차는 언제 그랬냐는 듯이 새 차처럼 달려나간다. 그러면 고마운 마음에 정비소 주인은 대금지불은 나중 문제라며 즉석에서 장비를 구입한다.

　꾸민 이야기 같겠지만 매글리오치는 실제로 그런 일이 매우 자주 일어난다고 말한다. 매글리오치는 지금은 은퇴한 토니 피노(Tony Pino)라는 딜러가 자신과 거래하는 동안 전형적인 스냅온 스타일의 판매방식을 보여주었다고 회고한다.

　『그는 결코 서두르는 법이 없었습니다. 정비사가 후드 속에 상반신을 숙이고 뭔가 애를 먹고 있는 것을 보면 같이 고개를 기울이고 이렇게 말합니다.「그 작업을 더 쉽게 해주는 공구가 있는데…」그리고 그 공구가 효과를 거두면 그것을 사게 됩니다. 가격은 물어보지도 않습니다.』25년 동안 자동차 정비사업을 해온 매글리오치는 10만 달러어치가 넘는 스냅온 공구를 구입한 것 같다고 말한다. 그런데도 지금도 처음에 구입한 렌치나 스크루 드라이버를 쓴다는 것이다.

　토니의 아들 스티브 피노(Steve Pino) 또한 스냅온 딜러다. 그는 보스턴의 앨스턴브라이턴 구역과 자신이 성장해온 워터타운 근교에 있는 300여 정비소와 자동차 판매대리점을 방문한다. 피노에게 스냅온은 회사 이상이며, 가족구성원과도 같다. 그의 아버지는 30년 동안 스냅온 밴을 몰았고 그의 형제와 사촌, 큰아버지도 모두 스냅온 딜러였다.

　반 메이터와 마찬가지로 피노 또한 스냅온의 16년 된 베테랑이며, 그 동안 6m 정도 되는 흰색 밴 하나로 성공적인 사업을 해왔다. 그의 밴에는 15만 달러어치의 스냅온 제품이 실려 있으며, 경기가 좋은 해에는 1주일에 7,000~9,000달러의 매상을 올렸다.

　피노가 보스턴의 공단지역과 뒷골목으로 밴을 몰고 다니는 시간은 1주일에 60시간이나 된다. 그 동안 이 지역의 인구분포도 바뀌었고, 그는 이러한 변화에 잘 적응해야만 했다. 지금은 다채로운 인종들이 그의 고객이 되어 있다. 자메이카, 태국, 베트남, 아일랜드, 그리고 아프리카에서 온 정비사들은 그의 밴이 멈춰설 때마다 온갖 공구와 장비를 천장까지 가득 적재한 밴 내부를 호기심 어린 눈빛으로 들여다본다.

　정비사들은 지난 주의 구매할부금으로 10달러, 20달러 지폐를 손으로 건네면서 마치 장난감 가게에 들어선 어린아이처럼 소켓 세트나 인체공학 스크루 드라이버를 탐색하느라 눈길을 떼지 못한다. 이 같은 공구에 대한 열기는 실용적 차원을 넘어 하나의 개인적 동기를 담고 있다. 『그것들은 보석이고 장신구죠. 정비사의 이미지를 높여주고 고객에게는 깊은 인상을 안겨줍니다』라고 매글리오치는 말한다.

　정비소에 멈출 때마다 피노는 자신의 휴대용 컴퓨터로 각 고객의 개인계좌를 점검한다. 외상매출액 확인뿐만 아니라 각 정비사의 필요목록을 작성하여, 개개의 정비사가 지난 번에 만났을 때 어떤 공구에 관심을 보였는지 상기시켜준다. 정비소에 들어서면 피노는 입담 좋은 정비사들과 가시 돋친 말을 주고받으면서도, 새 소켓 세트와 렌치를 한번 만져보라고 건네주며 점심시간이 되기도 전에 꽤 많은 새 공구를 팔아치운다.

고객들에게는 피노가 곧 스냅온 브랜드인 것이다. 그의 경쟁자인 맥, 매트코(Matco), SPX 또는 콘월(Cornwall) 등은 이런 딜러 망이나 스냅온의 포괄보상제도를 실시하지 않기 때문에 정비사들은 다른 회사 사람들에게는 느끼지 못한 인간관계를 피노에 대해 느끼는 것이다. 정비사들은 자존심이 무척 강하기 때문에 딜러들이 자신들을 무시한다고 느끼면 그 브랜드를 아예 문전박대한다. 피노의 성공적인 영업은, 그가 고객들과 유지하고 있는 친분관계와 공구에 대한 열정적인 집착에서 이루어진다.

『저 역시 공구광입니다. 제가 파는 물건들을 정말 좋아하지요.』

RADICAL MARKETING

## 새로운 수입원 찾아내기

스냅온은 상이한 여러 제품 라인에 걸쳐 상당히 많은 회사와 경쟁하고 있지만, 어떤 경쟁사도 스냅온처럼 넓은 시장을 갖고 있지 않다. 스냅온 경영진은 비록 보수적이긴 하지만, 새로운 시장에 진입하고 점유율을 높이기 위한 인수합병을 결코 두려워하지 않았다. 스냅온은 또 자신의 사업방식을 성공적으로 해외에 수출해왔고, 시장점유율을 높여가고 있다. 스냅온은 이미 유럽에서 두번째로 큰 수제공구업체로 성장했으며, 모든 제품을 그 곳 현지 공장에서 생산함으로써 제품의 특징과 가격을 시장환경에 맞추고 있다.

그러나 코너그 회장은 브랜드 확장과 지속적인 성장을 위해서는 앞으로 5년 이내에 스냅온이 새로운 시장에 진출해야 한다고 생각한다. 할리데이비슨과 NBA처럼 스냅온은 자신의 브랜드를 티셔츠 · 모자 · 재킷 등의 상품에 라이선싱하고 있다. 또 브랜드를 희석시키지 않을 업종으로 더욱 확장할 생각이다. 물론 맨해튼 한복판에 스냅온 카페가 당장 등장하지야 않겠지만, 이 회사는 스스로의 사업방식과 맞기만 한다면 브랜드를 확장하는 것을 두려워하지 않는다. 예를 들어 이 회사는 NFL과 라이선싱 계약을 체결하고, 구단 로고를 인기품목인 톱니바퀴 스크루 드라이버에 새겨 넣었다. 또 자동차 제조업체와도 계약을 체결해 1957년형 「시보레 벨에어(Bel-Air)」모델과 똑같은 색상과 마무리, 디자인의 공구 캐비닛을 제작 · 판매했다.

물론 주택개량과 조립식 건축시장으로까지 사업분야가 자연스럽게 뻗어나갈 수도 있겠지만, 그 시장이 자신의 주무대는 아니라고 코너그 회장은 생각하고 있다. 래디컬 마케터가 다 그렇듯이 그는 사업의 정신을 잘 이해하고 있으며, 그로부터 멀리 벗어나려고 하지 않는다. 『우리는 우리의 상품, 우리의 공구로 생계를 꾸려가는 사람들을 이해합니다. 그것은 DIY(do-it yourself) 분야보다 더 매력적인 시장입니다.』

롤렉스(Rolex), 메르세데스벤츠(Mercedes-Benz), 아르마니(Armani) 등 위대한 브랜드의 매력은 업종 한계를 넘어 뻗고 있다는 데 있으며, 스냅온도 자사 브랜드의 특성을 잘 알고 있다. 목표는 딜러들의 판매망을 저해하지 않으면서도 브랜드로의 접근성을 높이는 것이다.

『소비자들은 자동차건 시계 · 의류 · 테니스 라켓이건 간에, 최고의 것을 사고 싶어합니다』라고 코너그는 말한다. 『모든 사람들이 최상품을 사지는 못합니다. 그러나 단 한 가지 예외가 공구입니다. 여러분도 최고 품질의 공구를 사서 참 잘 샀다고 느끼실 수 있습니다. 그런 의미에서 스냅온은 합리적인 소비자 제품입니다. 우리가 할 일은 어떻게 하면 소비자로 하여금 바로 그 성취감을 느끼도록 해 드릴 수 있을지 연구하는 것입니다.』

# 버진 애틀랜틱 항공

**불가능을 가능으로**

품질은 높여라, 경쟁력을 길러라,

혁신을 하라, 그리고… 재미있게 하라.

제2장에서 지적했듯이 래디컬 마케팅의 첫번째 원칙은 회사의 대표이사가 직접 마케팅 부서의 책임자가 되어야 한다는 것이다. 이 책에 소개한 다른 지도자들도 회사 브랜드를 정열적으로 밀어붙이지만, 버진 애틀랜틱 항공의 대표이사이자 회장인 브랜슨만큼 신념 있게 브랜드를 확장한 사람은 없을 것이다.

마흔여덟 살의 브랜슨은 영국 부호로 방대한 버진 제국의 창시자다. 시사주간지 〈타임〉은 그를 가리켜 「이미지의 마법사」라고 지칭한 바 있다. 그는 전통적인 통념을 무시하고 음반사업에서부터 콜라에 이르는 다양한 사업에서 자리를 잡은 거인들에게 도전장을 던지고, 영국을 비롯해 국제적인 사업무대에까지 요란하게 등장한 화려한 인습타파주의자다. 또 브랜슨은 21세기 상업의 P. T. 바넘(P. T. Barnum)으로서, 날카로운 사업감각을 겸비한 쇼맨십의 소유자이자 카리스마적인 장사꾼이다.

바넘이 언젠가 말했듯이 『주목을 받으려면 귀를 흔들어야만 한다.』 열아홉 살의 나이로 런던에서 우편주문 음반사업체 버진

(Virgin)사를 설립했던 1969년, 브랜슨은 거의 한 순간도 쉬지 않는 광고를 통해 자신의 귀를 흔들어댔다. 이를 통해 버진 그룹을 매출액 40억 달러의 거대기업군으로 성장시켰다. 버진 그룹은 현재 국제적 브랜드 가운데에서도 상위권에 진입해 있다. 〈타임〉은 버진이 대영제국에서 등장한 브랜드 중 롤스로이스(Rolls-Royce) 이래 가장 인정할 만한 브랜드라고 지적했다.

아마도 버진은 어떤 브랜드보다도 더 많은 창립자와 경영자로 요약될 것이다. 1만 2,000명이 넘는 직원들은 버진에 대해 이야기할 때 자신들은 리처드(성을 말하는 것조차 불필요하다)를 위해 일한다고 말하고 싶어한다. 영국에서 브랜슨은 전국적 우상이나 다름없다. 사업에서 성공했기 때문만 아니라, 그의 인간적 면모 때문에 남녀 노소로부터 폭넓은 존경을 받고 있다.

브랜슨의 성격처럼 버진은 불손함과 반항, 그리고 뉴욕 매디슨가의 광고장이들로선 흉내낼 수 없는 재미를 시사하는 브랜드다. 더욱 주목할 만한 것은 브랜드란 하루살이 운명처럼 금방 사라지는 특성이 있음에도 불구하고 브랜슨은 지난 30년 동안 그러한 정신을 계속해서 유지하고 마케팅해왔다는 점이다. 그는 선전에서 묘기를 부리는 냉혹한 현대의 대가로서 그의 뛰어난 익살을 통해 공짜로 몇억 달러짜리 광고효과로 변화시킨다. 그가 1998년 봄 영국에서 버진 콜라(Virgin Cola)를 설립했을 때 브랜슨은 뉴욕 5번가에 실물 탱크를 몰고 들어갔다. 그 결과 주요 방송의 아침 프로그램과 인터뷰를 하게 되었다.

그러나 버진은 요란하거나 과대선전만 하는 회사가 아닌, 그 이상의 존재다. 그리고 사업가로서 브랜슨의 열정과 뛰어난 민첩성 속에는 모든 크고 작은 회사들이 브랜드 구축의 교훈으로 삼아야 할 부분이 있다.

브랜슨은 겉보기에 강력한 의지력과 개인적인 부지런함 때문에 콜라에서 콘돔, 금융 서비스에서 웨딩드레스 사업까지 폭넓은 사업 영역에서 성공을 거둔 것처럼 보인다. 그러나 이 브랜드의 계속적인 성공에는 그 이상의 요인이 있다. 대부분의 고정된 브랜드와 달리, 버진은 시장이 아무리 생소해도 각각 새로운 사업 모험을 계속해 발전시키고 있다고 브랜슨은 말한다. 브랜슨은 브랜드 구축에 대한 한 에세이에서 『브랜드는 전통적 감각에서 확장되는 것이 아니라 새로운 사업에 진출할 때마다 재창출되는 것이다. 우리 회사는 본질적으로 유별난 벤처 캐피털 조직이며, 브랜드가 붙여진 조직』이라고 피력했다.

버진은 엄격한 의미에서의 벤처 캐피털로서 금융지원을 제공하기보다는 영국철도처럼 브랜슨이 인수한 정체된 회사에 강력한 브랜드와 경영자원을 투입하거나, 성장을 목표로 막 시작한 회사에 지분의 일정 부분을 취하고 그 이름을 빌려준다. 브랜드의 생명력과 가치를 확고히 하기 위해 보통 버진의 브랜드를 주는 대가로 최소한 51%의 지분으로 경영권을 차지하며, 고도로 분권화된 단층 경영조직을 선호한다. 따라서 버진 본사는 존재하지 않으며, 조직 내의 위계질서도 최소한으로 한다. 다만 반드시 지켜야 할 요구사항은 각 사업의 네 가지 핵심가치, 즉 품질과 경쟁력, 혁신, 그리고 즐거움을 준수하는 것이다.

버진 브랜드를 가장 잘 나타내는 기업은 버진 애틀랜틱 항공사다. 매출액 15억 달러의 버진 애틀랜틱은 버진 왕국의 왕관과도 같은 존재다. 브랜슨이 구사하는 창업 비결은 사실 대부분 버진 애틀랜틱을 창업하면서 배운 교훈들이다.

버진 애틀랜틱은 브랜슨이 전 지분을 소유한 몇 안 되는 기업 중 하나이며, 그가 애지중지하는 기업이다. 1992년 버진 레코드(Virgin

Records)를 손 EMI(Thorn-EMI)사에 10억 달러를 받고 매도한 이후에는 이 항공사가 그의 관심의 초점이 돼왔다. 어떤 사람들은 그의 무수한 모험적 사업체 중 항공사가 가장 범위를 벗어난 기업이기 때문에 가장 먼저 망할 위험이 있다고 말한다.

그와 반대로 모든 사람들의 예상을 뒤집고 버진 애틀랜틱은 급상 승했다. 특히 항공사처럼 동떨어진 회사를 차려 다른 버진 그룹의 안정적인 기업까지 위기로 몰아 넣고 있다고 브랜슨에게 격분했던 가까운 동업자들의 예상을 뒤엎고 고속성장을 계속해왔다. 버진 애틀랜틱은 이제 영국에서 두번째로 큰 국제선 항공사로 성장했으며, 뉴욕과 뉴어크, 올랜도, 샌프란시스코, 로스앤젤레스, 마이애미, 보스턴, 그리고 워싱턴뿐만 아니라 남아프리카공화국과 홍콩, 아테네, 도쿄에 취항하고 있다. 또한 〈콩데나 트래블러(Condé Nast Traveler)〉, 〈트래블 앤드 레저(Travel and Leisure)〉, 〈이그제큐티브 트래블(Executive Travel)〉지 등 많은 여행 출판물로부터 여러 차례 세계 우수 항공사로 선정돼 많은 상을 받았다. 이와 함께 버진은 유서 깊은 영국회사인 브리티시 항공사(British Airways)의 경쟁자로 부상했다.

버진 애틀랜틱의 성공은 브랜슨이 단순히 홍보 전문가만은 아니라는 것을 분명히 보여주는 예다(이 항공사가 첫 출항했을 때 브랜슨의 좋은 친구 다이애나(Diana Spencer) 왕세자비가 버진 애틀랜틱 운동복 차림으로 에어로빅을 한 것이 결코 지장을 초래하지는 않았지만). 래디컬 마케터가 다 그렇듯이 브랜슨에게는 남들이 알아차리지 못하는 사업기회를 포착하고, 자신의 가치관을 공유하는 막강한 경영진을 채용하며, 직원과 고객에게 최우선 순위를 둠으로써 전직원들의 사기를 불러일으키는 비범한 능력이 있었다.

버진 애틀랜틱은 또한 브랜슨에게 브랜드를 다시 조명하도록 했다. 1984년 항공사의 출범까지 버진 그룹은 영국 내에서 친숙한 브랜드로 자리를 잡았다. 브랜슨에게 「덩치 큰 나쁜 늑대(big bad wolf)」라는 마케팅 이론의 기초를 닦게 해준 것이 바로 항공산업으로의 진출이었다. 브랜슨은 마케팅에 관한 자신의 글을 모은 《브랜드의 장벽(Brand Warriors)》에서 『고객이 계속 바가지를 쓰거나 푸대접을 받고, 경쟁사들은 자기 만족에 빠져 있는 시장을 우리는 주공격대상으로 삼는다』라고 자신의 생각을 피력했다. 그는 이처럼 배부른 경쟁사들을 「덩치 큰 나쁜 늑대」라고 부른다.

『그런 기업들을 볼 때마다 저는 경쟁사들보다 훨씬 장사를 잘 할 수 있는 분명한 기회영역을 발견합니다』라고 그는 말한다. 『우리는 경쟁사들이 갖고 있지 않은 신뢰와 혁신, 그리고 친절한 고객 서비스를 보여줍니다. 그것이 우리의 성공 공식이며, 이 공식은 새로운 사업체를 출범시킬 때마다 브랜드가 강해진다는 확신을 주었습니다.』 이렇게 해서 버진 애틀랜틱은 신속하게 품질과 가치를 상징하게 됐으며, 「소비자의 옹호자」가 됐다.

전세계적으로 연계된 기업체들의 네트워크 속에 날마다 새로운 사업체가 등장하는 디지털 시대에도 브랜슨식의 사례는 결코 더 이상 색다르지 않다. 사실 가상기업과 인터넷에 기반한 기업들, 그리고 기업 간의 제휴와 인수합병이 격렬하게 일어나는 환경 속에서 대기업 경영진들은 브랜슨식 경영 모델을 받아들여야 할 필요성이 더욱 커지고 있다. 물론 최고경영자들이 브랜슨처럼 홍보를 위해 열기구를 직접 조종하거나 고속정으로 대서양을 횡단할 필요는 없지만, 그의 경영 신조는 필히 수용해야 할 것이다. 품질을 높여라, 경쟁력을 길러라, 혁신을 하라, 그리고 재미있게 하라. 더 나아가 브랜슨식으로 고객에게 직접 다가가 헌신하는 방법과 그의 격렬한 고집을 배워야 할 것이다.

브랜슨은 불가능을 또 하나의 사업기회로 볼 뿐이다. 위대한 운동 선수나 학자가 그렇듯이 『그건 할 수 없어』라고 남들이 훈계하는 말이 오히려 브랜슨에게는 일을 벌이고 뛰어들게 하는 자극이 될 뿐이었다. 버진 애틀랜틱 미국 지사장 테이트는 브랜슨을 가리켜 이렇게 말한다. 『브랜슨은 사업의 돈키호테죠. 상대가 크면 클수록 더욱더 달려들 것입니다.』

위대한 경영자가 그렇듯이 브랜슨은 실패를 두려워하지 않는다. 그러나 그가 여느 성공적 경영자와 다른 점은, 하나의 핵심사업에 주력하지 않는다는 점이다. 「잘 알고 있는 사업」에 갇히기보다는 『만약 한 가지 사업을 잘 할 수 있다면 다른 사업도 할 수 있다. 음반회사를 할 수 있다면 항공사도 할 수 있고, 은행을 경영할 수 있다면 음료회사도 할 수 있다』는 것이 브랜슨의 신조다.

1984년에 브랜슨이 항공사업으로 진출한 것이 무모하고 제멋대로인 것 같아 보였지만, 그는 래디컬 마케터의 시각을 갖고 등식을 거꾸로 실천해보았다. 사업가의 시각으로 보면 이것은 어리석기 짝이없었다. 왜냐하면 브랜슨보다 더 지식 있는 항공사의 다른 사람들도 실패를 해봤기 때문이다. 하지만 오로지 래디컬 마케터만이 볼 수 있듯이, 고객의 시각에서 보면 그것은 기회 그 자체였다.

1997년 〈에어웨이스(Airways)〉라는 잡지사와의 인터뷰에서 브랜슨은 말했다.

사업가로서 저는 여행을 많이 했습니다. 거의 예외 없이, 다 즐겁지 않은 여행이었습니다. 전통적인 항공사업가들은 자신을 단지 운송사업에 종사하는 사람들로 알고 있습니다. 하지만 저는 하나의 연예오락사업으로 다르게 보았습니다. 그들은 여러분이 열두 시간 동안 비행기 안에서, 무릎에 치킨 조각을 떨어뜨릴 때를 제외하고, 빈

벽만 바라보고 있을 것이라고 기대해서는 안 됩니다. 항공사는 여러분을 즐겁게 해주고, 즐거운 경험을 만들어주고, 시간을 어떻게 보낼 것인가에 대한 여러 가지 옵션을 제공해야 합니다. 그래서 버진 애틀랜틱 사업을 시작할 때, 저는 저 자신에게 완벽한 항공사를 만들고자 했습니다. 여러분이 여러분 자신에게 완벽한 항공사를 만든다면, 다들 감사히 생각할 것입니다.

이런 면에서 브랜슨도 래디컬 마케터의 사고를 가진 전형적 인물이다. 그는 어떤 공식적 마케팅 훈련도 받아본 적 없고, 위계질서가 있는 어떤 회사에서도 일한 적이 없다. 그래서 그는 기존의 마케팅 공식이나 전통적 학문에 부담을 느끼지 않는다. 그는 마케팅 믹스를 뒤섞고, 「짜내기」 방식의 마케팅 조사를 피하고, 비상식에 의존한다.

그는 지적이고, 완고하고, 가끔은 무자비한 사업가로, 버진 브랜드를 강화하기 위한 독특한 사업방식을 만들어냈다. 그러나 가장 중요한 것은 그가 많은 부를 소유했음에도 불구하고 고객들과 감정이입의 결속을 유지함으로써 고객들과 일심동체가 되는, 마음이 서로 통하는 관계를 맺고 있다는 것이다. 그 결속은 「같은 눈높이」로 세상을 볼 수 있는 그의 정확한 능력에서 나온 것이다. 고객들이 보는 방식대로 사물을 보는 브랜슨의 능력은 훌륭한 래디컬 마케터의 공통된 특성이다. 이것은 현실적이고 강력하며, 시장조사나 포커스 그룹 등으로 위조되거나 얻어질 수 없다.

선한 약자를 사랑하는 영국에서, 브랜슨은 사업을 경영하면서 즐겁게 그 역할을 맡았다. 그의 옷차림과 매너는 격식을 차리지 않고, 친근감을 나타냈다. 곧 표준적이고 멋없는 영국의 비즈니스 거물과 견주어 매력적인 대조를 이루었다. 아이엄스의 매틸이나 할리데이비슨의 티얼링크처럼, 브랜슨은 고객접촉에 성공했다. 그가 처음 항공사를 시작했을 때, 그는 매달 50명의 고객을 초대하여 그들과 수다를 떨고, 그들의 피드백을 받는 정책을 견지했다. 10억 달러가 넘는 재산가가 돼서도, 그는 자신을 마케팅 관료주의 안에 고립시키지 않았다. 그는 자신의 회사가 어떻게 일하고 있는지 조사할 때 시장 데이터나 포커스 그룹 또는 주식시장에 의지하지 않았다.

그가 버진 애틀랜틱의 주식공개를 반대하는 이유 중 하나는, 주주들에게 자신의 고유한 생각을 설명해야 하는 것을 원치 않기 때문이다. 그는 고객과 시간 보내는 것을 좋아한다. 잦은 런던-미국 간 버진 애틀랜틱 비행기 여행에서 그는 탑승객들에게 음료수를 대접하고, 악수를 하고, 친근감 있게 『저 잘 하고 있습니까?』하고 물어보곤 한다. 이는 사회통념상 최고경영자로서는 어울리지 않는 행동이다.

부즈앨런 & 해밀턴의 런던 컨설턴트인 데이비드 뉴커크(David Newkirk)는 여행산업을 조사하고, 소비자 사고에 관한 벤치마크 연구를 시작했다. 연구 결과 대부분의 통찰력이 있는 경영진은 그들의 고객과 직접 관계를 맺고 있으며, 이 점에 대해서는 몇몇 사람들이 브랜슨과 매우 가까웠다고 결론을 내렸다. 뉴커크는 『그는 늘 고객들에게 말을 겁니다. 그와 함께 비행기를 타면 야단납니다. 그는 절대로 잠을 자지 않을 테니까요』라고 말한다.

브랜슨에 관한 이야기는 많은 화젯거리를 낳았고, 전설처럼 여겨지기도 한다. 한 승무원은 〈에어웨이스〉에 다음과 같이 썼다. 『한 탑승객이 화장실이 고장났다고 알렸을 때, 그는 우리 비행기에 타고 있었습니다. 제가 그 곳에 도착했을 때, 리처드는 바닥에 등을 대고 누워 흠뻑 젖은 채 화장실을 고치고 있었습니다.』

만약 버진 애틀랜틱 비행기가 엄청나게 연착되면, 브랜슨은 탑승구에 나타나 지친 승객들에게 개인적으로 사과를 하고, 버진의 대형상점 상품권이나 다음 여행의 할인권을 준다.

지금까지 이야기한 내용으로 볼 때 마치 브랜슨 혼자 비행기를 운전하고, 저녁을 대접하고, 짐을 내리는 것처럼 들리지만, 6,000명의 버진 애틀랜틱 직원들이 브랜슨처럼 일하는 것이 사실이다. 그들은 브랜슨이 버진 제국에 세운 성격적 특성을 본받아 브랜드의 전도사가 되었다. 승무원들은 브리티시 항공의 승무원들보다 훨씬 많이 웃고 농담을 즐긴다. 그것은 그들이 정말로 일을 즐기고, 회사를 사랑하고 고객을 단지 운송하는 것이 아니라 즐겁게 해주기 위해 월급을 받는다고 생각하기 때문이다.

『고객과 직접적인 연결이 가장 위대한 혁신으로 가는 길입니다. 바넘도 현장에서 고객들과 있을 때 그 또한 고객들과 이야기를 나누고 고객을 이해하고 있었습니다』라고 뉴커크는 말한다.

## 제품을 탈바꿈해라

항공사란 어딘가 다른 곳에 가고 싶어하는 사람들을 태우고 한 곳에서 다른 곳으로 마치 지상에 있는 것처럼 그들의 목적지까지 날아다니는 금속관으로 된 함대다. 불친절한 지상 직원들, 성질부리는 승무원, 개성 없는 음식, 재미없는 영화와 불편한 헤드폰, 그리고 비좁은 좌석으로는 모든 고객을 만족시킬 수 없다.

대부분의 항공사가 고객들의 이 같은 경험을 이해하지 못하거나 심지어 인정하기를 거부하는 것과 달리, 버진 애틀랜틱은 이를 개선하는 데 기본적인 가치를 두었다. 만약 대부분의 항공여행이 고통스럽고, 두렵고, 피곤하고, 비싸고, 신뢰할 수 없는 것이라면, 버진 애틀랜틱은 재미있게 만들어 이런 부정적인 요소를 누구러뜨리리라고 브랜슨은 생각했다. 버진의 계획은 더 좋은 오락물과 더 좋은 기내 서비스, 그리고 지상과 기내에서 더 좋은 여행 경험을 제공하자는 것이었다. 요금을 내리면 경쟁력이 생기겠지만, 버진은 요금으로 경쟁하지는 않았다. 1984년 당시로서는 할인요금 전문 항공사가 생겨날 정도로 가격전쟁이 심화된 시대였기에, 이런 발상은 파격적이었다. 사실 지금도 그렇다.

이 같은 발상은 사실 항공사를 설립하는 데는 그저 밑그림 정도에 불과한 것이지만, 브랜슨은 그 방법밖에는 몰랐다. 이런 철학은 다른 버진 그룹 회사에서도 심장 역할을 했다. 그는 1970년대, 버진 레코드의 혁신적 경영으로 영국의 「히피 자본가」가 되었다. 그는 마이크 올드필드(Mike Oldfield)처럼 다른 음반사들이 거들떠보지도 않은 무명의 음악가들과 계약을 체결했는데, 그의 앨범 〈튜벌러 벨스(Tubular Bells)〉는 1973년 버진의 첫 출시에서 500만 장이 팔렸다. 버진이 거느린 스타 군단은 올드필드, 섹스 피스톨스(Sex Pistols), 보이 조지(Boy George)에서부터, 롤링 스톤스(Rolling Stones), 필 콜린스(Phil Collins), 재닛 잭슨(Janet Jackson)으로까지 불어났으며, 이렇게 해서 버진을 세계에서 여섯번째로 큰 독립 음반회사로 만들었다.

그러나 브랜슨을 흥분시키는 것은 기존의 회사를 경영하는 것이 아니라 새로운 사업을 시작하는 것이었다. 1983년 영국에 사는 미국인 법률가 랜돌프 필즈(Randolph Fields)가 그에게 다가와 런던과 뉴욕 사이를 오가는 대서양 횡단 항공사에 투자하라고 제의했다. 흥미를 느낀 브랜슨은 동업자들의 요란한 항의를 뒤로 하고 이 사업에 뛰어들었다.

그들의 관계가 깊어지면서 브랜슨과 필즈는 테이트를 만나게 됐다. 테이트는 1982년 파산한, 불운한 레이커(Laker) 항공사의 젊은 항공산업 컨설턴트였다. 테이트는 브랜슨에게 그럴 수 없다고 말했다. 『좋아요. 당신이 그렇게 말해주기를 바랐소. 그러면 그 일을 해봅시다』라고 브랜슨은 말했다.

그리고 브랜슨에게서 바넘식의 성질을 이끌어낸 것은 바로 레이커 경이었다. 『레이커는 저를 앉혀놓고 이렇게 말했습니다. 「만약 팬암(Pan Am)과 TWA, 브리티시 항공에 도전장을 내겠다면 당신 자신을 전면에 내세워 이용하라. 항공사가 출범하는 날 당신 자신이 기장 복장을 하고 있어라. 그러면 신문들이 1면 기사로 다뤄줄 것이다. 만약 점잖은 신사복 차림으로 나가면 잘 해봐야 기사 한 마디 정도 나올 것이다. 사진기자들도 밥벌이를 해야 한다는 사실을 기억하라. 당신이 꾸민 행사에 그들이 나타나면 그 기회를 놓치지 마라. 1면에 올릴 만한 사진을 만들어주지 못하면 그들은 다음 행사에는 찾아오지 않을 것이다.」』

1984년 2월 29일 브랜슨과 필즈는 제1차 세계대전 당시의 조종사들이 입던 가죽옷을 입고 나타나 버진 애틀랜틱 항공의 출범을 발표했다. 영국 신문들은 기사를 만들고 사진도 함께 게재하여 이 애송이 항공사에 엄청난 공짜 홍보를 해준 것이었다. 그 날 신문을 본 독자들은, 이 항공사가 사실은 비행기를 한 대도 장만하지 못했다는 사실을 알아차리지 못했다. 기존 항공사가 보았다면 곧 망할 운명인 회사의 아마추어적 노력에 어리벙벙했을지도 모른다.

테이트는 필즈에게 그다지 감명받지 못했지만, 당시 런던 시내에 배를 띄워놓고 선상생활을 하는 히피 스타일의 털북숭이 브랜슨을 보고는 정말 다른 느낌을 받았다. 「이 사람은 진짜로 이 일을 해낼 정도 이상으로 미쳐 있구나. 설사 성공하지 못하더라도 꽤 많은 즐거움을 시도해볼 수는 있겠구나」라고 테이트는 생각했다. 테이트는 비록 브랜슨이 항공사 운영의 전문적 지식은 없는지 몰라도, 1990년대를 바라보고 항공사를 이끌어가기 위해서는 수송 측면의 지식보다 마케팅 측면의 식견이 필요하다는 것을 알아볼 정도의 선견지명은 있었다. 즉 훌륭한 서비스와 재치 있고 혁신적인 혜택, 그리고 열성적인 승무원들이 있다면 승부를 해볼 만했다. 누군가 그 열정과 불꽃에 점화할 수 있다면 바로 브랜슨일 것이라는 생각이 들었다.

테이트는 버진 애틀랜틱의 첫번째 미국인 직원으로 입사했으며, 북미지역 영업을 책임지기로 했다. 처음부터 계획은 분명했다. 버진 애틀랜틱은 브리티시 항공이나 유사 항공사들과 똑같은 방식으로는 경쟁할 수 없었다. 래디컬 마케터는 모방을 경멸한다. 브리티시 항공의 오랜 경쟁자 브리티시 칼레도니언(British Caledonian) 항공은 당시 런던과 뉴욕 노선을 재개하면서 자신들도 브리티시 항공과 똑같은 수준의 서비스를 제공하겠다고 광고했다. 『경쟁사와 똑같이 할 거면 무슨 소용이 있나?』테이트는 말한다. 『나 같으면 브리티시를 흉내내는 회사를 타기보다 그냥 브리티시 에어웨이스를 타겠다.』결국 브리티시 칼레도니언이 브리티시 항공에 인수된 것은 놀랄 만한 일도 아니다.

버진 애틀랜틱은 비록 스스로를 저가형 항공사라고 선전하기는 했지만, 가격만으로 경쟁할 수는 없었다. 레이커 경은 그것을 시도했다가 실패했다. 버진 애틀랜틱은 달라야 하고 혁신적이어야 하고 때론 엉뚱해야 했다. 버진 애틀랜틱은 퍼스트 클래스를 모조리 없애고, 대신 비즈니스 클래스 요금으로도 퍼스트 클래스 서비스를 맛보게 해야 했다. 먼저 비즈니스 클래스를 잡으면, 그 비싼 요금이 뒤편의 이코노미 클래스 서비스를 개선할 여력을 가져다 줄 것이었다. 브랜슨은 비즈니스 클래스에 「상류층(Upper Class)」이라는 이름을 붙였다. 그렇다고 해서 이코노미 클래스를 「천민(Riff Raff)」으로 깎아내린 것은 아니었다.

공항에 게이트를 확보하기 위한 치열한 전투를 치른 끝에 브랜슨은 겨우 런던의 낡고 먼 공항 갯위크(Gatwick)로부터, 그것도 뉴욕의 JFK 공항이 아니라 뉴저지의 뉴어크 공항으로 취항할 수밖에 없었다. 첫 항공기는 아르헨티나 국영 항공사가 쓰던 중고 보잉 747이었다. 하지만 첫 운항예정일 8일 전까지 확보를 못 했고, 6월 18일까지도 런던에 도착하지 않았다. 또 비행을 개시하기 하루 전까지도 엔진의 이상이 해결되지 않았으며, 미국 내에서 항공권 판매 승인을 받지 못했다.

그러나 마침내 1984년 6월 22일 회사가 태어난 지 5개월 만에야 버진 애틀랜틱의 첫 항공편이 밝은 적색의 버진 로고를 꼬리날개에 달고 이륙했다. 브랜슨의 친지와 명사들, 그리고 취재진 등 비행기의 「손님」 440명은 고적대의 연주와 맥심 레스토랑에서 초빙한 흰색 타이와 연미복을 입은 웨이터들, 마술사, 합창단, 브랜슨의 부친, 그리고 공짜 샴페인 70상자와 함께 환영을 받았다. 마돈나의 신곡 〈라이크 어 버진(Like a Virgin)〉이 비행기 전체에 울려퍼졌다. 1996년 《버진의 제왕 리처드 브랜슨(Richard Branson, Virgin King)》을 저술한 팀 잭슨(Tim Jackson)에 따르면 브랜슨은 자신의 여권을 깜박 잊고 타는 바람에 하마터면 뉴어크 공항에 내리지도 못할 뻔했다고 한다.

세계 언론은 저마다 기내에서의 파티를 보도했고, 새로 태어난 항공사는 돈 한 푼 안 쓰고도 수백만 달러 가치의 관심과 주목을 끌어냈다. 버진은 그 다음 날 뉴욕 시내 신문에 이와 같은 광고를 냈다. 『런던으로, 영국 처녀(English Virgin)와 함께 먹고, 마시고, 날아가세요. 159달러에.』 약간 불경스러운 어조였지만 길조의 시작이었으며, 이후 15년 동안 별로 바뀌지 않았다.

그 이면에서 브랜슨은 자신의 성공의 핵심요소인 비범한 사업수완을 발휘했다. 잭슨에 따르면, 브랜슨은 변덕스럽고 대립적인 필즈와 도저히 함께 일할 수 없어서 곧 빈틈없는 공작을 통해 필즈를 몰아내고 경영권을 독차지했다. 버진 애틀랜틱은 브랜슨의 아이디어는 아니었으나 그 성패는 이제 브랜슨의 손에 달렸다.

## 공백을 찾아 메워라

버진 애틀랜틱은 비행기 밖에서도 래디컬한 회사였지만, 기내에서는 더욱더 래디컬했다. 기존 항공사의 독단적인 인습에 빠르고 계속적으로 도전했다. 브랜슨은 어린아이같이 고집스럽게 모든 것을 질문했다. 전통적인 식사와 기내 오락물들을 보면『왜 이런 식으로 해야만 하는 건가?』라고 물었다. 래디컬 마케터에게는『모든 사람들이 다 이렇게 하니까』라는 대답은 결코 받아들일 수 없는 것이다.

래디컬 마케터는 우리보다 더 잘 하는 회사는 없다는 믿음 하나로 성공하고 있는 사업에서 기회를 잡는다. 고객들은 마지못해 그런 회사를 이용하지만, 결코 그 제품이나 서비스에 충성스러워지거나 밀접한 유대감을 느끼지 않는다. 브랜슨은 결코 경쟁회사들의 덩치에 겁먹지 않았다. 오히려 그것을 공격하기 쉽고, 거대하고 부드러운 급소로 생각했을 뿐이다.

버진은 그러한 시장에 새로 진입하면 고객 충성도가 없는 그런 회사들로부터도 돈을 벌 수 있었고, 단순히 고객의 욕구에 집중하는 것만으로도 곧 호의적인 평판을 얻을 수 있었다. 그렇게까지 가기 위해 버진 애틀랜틱의 서비스는 이를 경험한 고객이 나중에 칵테일 파티나 경영진 회의, 그 밖의 여러 곳에서 자연스럽게 화제로 삼을 수 있는 대상이 돼야만 했다.

혁신은 처녀 취항한 항공편부터 시작됐으며, 한번도 멈추지 않았다. 이를테면 경쟁사들이 기내에서 7~8시간 동안 영화를 한 편만 보여준 반면, 버진 항공은 비행시간 내내 최신식 영사기와 비디오 장비를 이용해 영화와 뮤직 비디오, 시트콤 등 다양한 프로그램을 제공했다. 다른 항공사 승객들이 불편하고 머리를 아프게 하는 헤드셋으로 고생한 반면, 버진 항공은 소니(Sony)사의 워크맨 등장에 따른 새로운 유행을 좇아 스펀지를 댄 편안한 헤드셋을 제공했으며, 심지어 내릴 때 갖고 가도 좋다고 했다. 테이트가 주의 깊게 계산해본 결과 이를 회수해서 재사용하는 데 드는 비용이 그냥 주는 것보다 더 많이 든다는 것을 알게 되었다. 이렇게 해서 버진 애틀랜틱은 혁신적이라는 느낌과 함께 대단히 후하다는 인상도 심어주었다. 여행자들은 자신이 지불한 돈만큼 가치 있는 서비스를 선호하게 마련이다.

비행 시간 내에는 비즈니스 클래스뿐만 아니라 전 좌석에 와인이 제공된다. 대개의 항공사가 제공하는 닭고기와 쇠고기 외에 버진 애틀랜틱은 파스타 음식을 세번째 선택사항으로 추가했다. 『추가 비용은 그다지 많이 들지 않았다. 추가적인 생각이 필요했을 뿐』이라고 테이트는 말한다.

모든 변화는 비즈니스 클래스뿐 아니라 이코노미 클래스에도 똑같이 적용됐다. 테이트는 대부분의 항공사들이 이코노미 승객들을 요금만 보고 타는 「소떼」 보듯이 한다는 사실을 지적한다. 『어느 정도는 그런 견해가 맞다. 그러나 좀더 분별력 있는 사람도 충분히 있으며, 이들은 같은 값을 치른다면 더 나은 대접을 받는 항공사를 이용한다.』

최근 들어 기술이 진보하면서 버진 애틀랜틱은 모든 좌석 등받이에 비디오 스크린을 탑재하고 끊임없는 오락물을 제공한 첫번째 항공사가 됐다. 여기에는 어린이를 위한 프로그램 편성과 비디오 게임도 포함된다. 대부분의 승무원들이 비행기에 오르는 아이들을 보며 몸서리를 치고, 시끄러운 소리와 그들을 접대하는 데 필요한 추가적인 노력을 두려워한다. 하지만 버진 애틀랜틱은 어린이 여행객들을 따뜻이 맞이해서 그들에게 기내에서 시간을 보낼 수 있는 여러 가지 장난감 등이 담긴 버진 책가방을 선사하고, 기내 오락물의 일환으로 비디오 게임도 제공한다. 테이트는 말한다. 『우리는 어린이들을 사랑합니다. 어린이 손님이 근사한 이유는, 그들은 대개 성인 손님 한 쌍을 대동하고 나타난다는 점이죠.』

## 앞장서서 지휘하라

그러나 진정한 버진식 서비스는 어퍼 클래스에서 맛볼 수 있다. 브랜슨은 비행기의 앞쪽 상부 좌석에 타는 것은 정말 재미있는 일임을 알았다. 처음부터 비즈니스 클래스 가격에 퍼스트 클래스 서비스를 제공함으로써 혁신적 서비스를 원하는, 공무로 여행하는 사람들을 매혹하기 시작했다.

테이트는 말한다. 『우리는 승객을 A지점에서 B지점으로 수송하는 것과 반대로, 고도 3만 5,000피트 상공에서 오락을 제공하는 것으로 생각합니다.』

부즈앨런 & 해밀턴의 컨설턴트 뉴커크는 『사실 브랜슨은 비즈니스 클래스를 사용하는 사람들이 정말 원하는 것이 무엇인지 그 암호를 해독해냈다』라고 말한다. 대부분의 비즈니스 클래스 이용자들은 쉴새없이 일하는 사람들이기 때문에 기내에 있는 시간을 일하는 시간으로 생각하지 않고 긴장을 풀고 쉬는 시간으로 생각한다. 버진 애틀랜틱은 비행을 더욱 즐겁고 편안하게 해서 이들의 요구를 효과적으로 만족시켜주었다.

취침 좌석처럼 버진 애틀랜틱이 처음 시도한 것 중 많은 것들은 나중에 다른 국제선 항공사들이 앞다투어 따라했다. 어퍼 클래스 승객은 뒤로 완전히 젖히고 잠을 자는 좌석을 사용할 수 있었으며, 깃털 이불과 잠들기 전에 입을 수면용 운동복 셔츠도 무료로 제공받았다. 채널이 16개나 되는 인터랙티브 방식의 비디오와 오디오 플레이어가 좌석에 달려 있어 10여 개의 영화와 비디오를 볼 수 있는 선택권을 주었다. 또한 식사는 채식을 포함해 네 가지 중에서 고를 수 있었으며, 비행 도중 아이스크림과 핫케이크도 나왔다.

승객들이 모여 담소를 나눌 수 있는 바와 라운지가 747기의 아래 칸에 설치됐으며, 기내 미용사가 매니큐어와 머리·목 마사지, 그리고 향수요법 서비스를 제공했다. 버진 애틀랜틱에는 승무원이 다른 항공사보다 서너 명 많아 승객을 더 잘 보살필 수 있었다. 유럽과 아시아를 자주 여행하는 샌프란시스코의 어느 회사 간부 프랭크 로너건(Frank Lonergan)은 말한다. 『버진의 비즈니스 클래스는 다른 항공사의 퍼스트 클래스보다 더 좋았습니다. 가장 기다려지는 유일한 비행기입니다.』

계속 더 낮아지기 위해 버진 애틀랜틱은 1997년 신형 에어버스 A340기 16대를 주문했다. 그리고 이들이 투입되는 2002년이면 그 안에 개인 침실과 더블베드, 샤워, 운동실, 심지어 욕탕까지 제공할 계획이다.

『유람선이나 기차에서는 하는데 비행기라고 못 할 이유가 있나요?』 브랜슨은 승객들의 기내 성행위가 늘어나고 있다는 내용의 〈월스트리트 저널〉 기사에서 이같이 말하고, 『우리는 화장실 문을 갑자기 열어젖히는 그런 항공사는 아닙니다』라고 덧붙였다.

브랜슨과 테이트는 또한 노선의 길이에 따라 다르기는 하지만, 여행시간의 40%는 지상에서 소모된다는 사실을 간파할 만큼 래디컬했다. 경쟁사들이 오로지 고객이 체크인한 이후에만 신경 쓰며 이런 부분을 무시한 것과 달리, 버진 애틀랜틱은 통념을 거부하고 고객 서비스를 문자 그대로「문전연결(door to door)」서비스로 확대하기로 결정했다.

버진 애틀랜틱은 일찍이 다른 항공사들처럼 체크인 서비스를 외부 용역으로 처리하지 않았다.『서비스의 질을 관리하려면 우리 인력이 직접 해야 한다는 것을 알았습니다.』테이트의 설명이다.『교육훈련에 큰돈을 들였고, 승객과 눈을 마주치며 미소를 지어주는 등의 혁명적인 서비스를 하라고 강조했습니다.』

어퍼 클래스 승객들은 집이나 사무실에서 공항으로 이동하는 경우 신형 레인지 로버(Range Rover) 승용차를 이용한 무료 리무진 서비스를 이용하거나 운전사가 딸린 모터사이클, 즉 리모 바이크(LimoBike)를 이용할 수도 있었다. 패스트 푸드점을 하나의 모델로 삼아 버진 애틀랜틱은 차를 타고 체크인을 하는「자동차전용(Drive-Through)」체크인도 몇몇 공항에 도입했다. 예를 들면 히드로 공항으로 가는 승객은 그의 티켓을 운전사에게 준다. 그러면 운전사가 승객의 이름과 항공편명, 행선지를 무전으로 미리 연락한다. 공항에서 따로 분리된 버진 애틀랜틱의 특별 체크인 창구에 도착하면 직원이 차로 다가와 여권과 항공권, 가방을 받아 여권과 탑승권을 내주고, 역시 혁신적인 어퍼 클래스 승객 라운지인 버진 클럽으로 안내한다. 운전사는 라운지 입구에 승객을 내려주며, 승객은 한번도 자신의 가방을 들거나 체크인 카운터 쪽으로 갈 필요가 없다.

승객 라운지는 기내의 어퍼 클래스 서비스를 지상으로 연장한 형태다. 버진 애틀랜틱은 취항하는 모든 공항에 이 같은 라운지를 개장해놓고, 온천욕을 할 수 있게 꾸며놨다. 흔한 무료 음료 서비스 외에 버진 애틀랜틱은 정식 식사와 마사지, 매니큐어, 이발, 샤워, 음악감상실, 퍼팅 그린, 그리고 도서관 스타일의 조용한 온실 등을 제공한다. 비행기가 승객을 태울 준비가 되면 안내방송이 나오고, 승객들은 그냥 탑승구 쪽으로 가서 계속 뭔가를 주는 비행기 안으로 들어서기만 하면 된다.

　비행기가 착륙하면 차 한 대가 미리 대기하고 있다가 승객을 태우고 최종 목적지까지 데려다 준다. 경쟁사들은 무료 리무진 서비스에 처음에는 비웃으며 대부분의 비즈니스 클래스 이용자는 공항에서 시내로 가는 교통요금 정도는 부담할 능력이 있는 사람들이므로 그런 혜택은 전혀 필요 없다는 주장을 했다. 그러나 테이트에 따르면 이 무료 리무진에 눈길을 주는 회사가 많아졌으며, 해외출장 비용이 갈수록 비싸지고 있기 때문에 단순히 이 서비스 하나 때문에 버진 애틀랜틱을 이용하는 경우도 많다고 한다. 테이트는 무엇보다 중요한 것은 무료 리무진 덕분에 버진 애틀랜틱의 예약석 포기 승객 수가 극적으로 감소했다고 한다. 2,500달러짜리 좌석 예약 포기는 별로 개의치 않는 사람들도 리무진 운전사가 집 앞에서 그냥 돌아가는 데는 상당한 죄책감을 느낀다는 것이다. 그러나 물론, 리무진 회사는 승객을 대신하여 취소할 수도 있다.

　버진 애틀랜틱은 소비자와의 피드백 기회를 절대 놓치는 법이 없다. 버진은 그들이 리무진을 타고 있는 동안 반드시 전화를 걸어 친근한 목소리로 묻는다. 『안녕하십니까? 리처드 브랜슨을 대신해서 전화올립니다. 여행은 어떠셨습니까?』

래디컬 마케터는 관리광이자 세부사항을 꼼꼼히 따지는 사람들이 기에 회사의 규모와 일관성을 대단히 중요하게 여긴다. 브리티시 항공이나 유나이티드(United), 아메리칸(American) 항공 등 초대형 회사가 지배하는 항공업계에서 버진 애틀랜틱은 의도적으로 규모를 작게 유지해왔다. 첫 두 해 동안은 비행기 한 대만으로 운영하다가, 매우 서서히 절제하는 가운데 항공기와 취항지를 조심스레 확장해온 것이다. 지금은 항공기 22대를 보유하고 있으며 직원 수 6,000명에 연간 3,000만 명의 승객을 수송하고 있다.

『우리는 연중 내내 승객을 가득 채울 수 있는 노선만 가려서 다녔으며, 그런 원칙을 고수하고 있습니다』라고 테이트는 말한다. 『우리는 계절을 타는 시장에는 뛰어들지 않았고, 우리의 핵심 브랜드 가치를 고수합니다. 원래의 사업분야에서 벗어나는 항공사가 많지만, 고객들은 자신들이 어떤 대접을 받는지 모릅니다. 우리는 우리 제품에 일관성 있게 자리를 지켜왔습니다.』

사실 테이트에 따르면, 업계의 통념과 대기업 간의 통합 경향에도 불구하고 작은 회사로 꾸려가면 큰 이점을 누릴 수 있다고 한다. 『QEII(엘리자베스 2세 여왕)공항은 10km쯤 되는 정지거리로, 로드 아일랜드 크기의 선회하는 거리밖에 안 됩니다. 우리는 필요하면 간단히 방향을 틀 수 있지만, 경쟁사들은 그렇게 하기 어렵습니다.』

이를테면 브리티시 항공이 버진 애틀랜틱과 함께 취항하는 노선에서 기내 서비스에 변화를 주기는 불가능하다. 왜냐하면 그렇게 하려면 전체 노선에서 버진 애틀랜틱을 모방하든지, 아니면 하나도 하지 않든지 둘 중 하나이기 때문이다. 그렇지 않으면 브리티시를 타고 런던에서 자카르타로 가는 승객과 런던에서 뉴욕으로 가는 승객이 서로 다른 서비스를 받게 되기 때문이다. 항공업계에서 일관성이란 대단히 중요하다. 기대했던 서비스를 받지 못할 경우 불만을 사기 때문이다.

버진 애틀랜틱은 1996년 벨기에 소재 항공사 하나를 인수해 버진 익스프레스라는 이름으로 유럽 내에서 국내선 서비스를 시작했다. 테이트는 미국 내에서도 국내선 서비스를 시작할 계획이지만, 외국 항공사가 미국 항공사의 경영권을 갖는 것을 규제하는 미국 국내법 때문에 난항을 겪고 있다. 브랜슨이 이「케케묵은」법과 격렬한 투쟁을 벌이는 동안, 버진 애틀랜틱은 자신의 합작상대가 될 미국 항공사를 찾아낼 수 있을 것이다.

그러나 이러한 움직임이 버진의 장점뿐 아니라 브랜슨의 오랜 기간 검증된 사업원칙을 손상시킬 것인가? 단거리 여행자, 즉 국내선 여행객들은 항공사에 대한 기호보다는 단순히 시간과 요금만 보고 선택을 하는 경향이 있다. 따라서 국내선은 장식적인 서비스의 싸움이 아니라 단순히 항공편의 빈도와 충성도의 싸움이다. 제품을 제공하는 데 브랜슨의 재주가 먹혀들지 않을 수도 있다. 래디컬 마케터가 스스로 질문해야 할 것은 사업원칙의 경계를 벗어나지 않고 얼마나 큰 이익을 얻을 수 있느냐다. 그리고 만약 브랜슨이 그렇게 한다면, 래디컬 마케팅 원칙이 깨질 것인가?

『최고의 마케터는 그들이 선택한 사업에 엄격히 고수하는 한계선이 있으며, 일정 정도의 위험을 감수할 수 있을 때만 그 밖에서 모험을 합니다』라고 뉴커크는 말한다.

물론 이것은 브랜슨을 움직이게 하는, 흥미를 유발시키는 말들이다. 버진 애틀랜틱은 실제로 그의 속성이 장거리든 단거리든, 모든 항로로 확장할 수 있다고 본다. 합병의 시대에 영국의 신출내기들은 잇따른 통합에 바짝 긴장하고 있다고 테이트는 말한다.

『미국 내에서 탈 수 있는 항공사가 세 곳뿐이라면, 과연 그들이 혁신을 계속하고 더 좋아지려고 노력할 것이라 생각하십니까? 그들이 그래야 할 이유가 없는데도요?』테이트는 단언한다.『그들은 전국 노선을 편리하게 나눠먹을 것입니다.「너는 그쪽, 나는 이쪽.」그러면 여러분은 뭘 할 수 있습니까?』

『따라서 자꾸 통합이 이루어진다는 소식은 우리에겐 희소식입니다. 우리의 서비스 수준이 더욱 돋보일 것입니다. 미국이 우리에게 국내선 사업자로 진입할 수 있도록 보기 좋게 문을 열어주고 있는 것입니다.』테이트는 새로운 고품질 서비스로 승객이 구름처럼 모여들 것이라고 믿는다.

## 중요한 것은 사람이야, 멍청아!
(클린턴의 대선 슬로건 It's the economy, Stupid.를 빗댄 말)

RADICAL MARKETING

래디컬 마케터는 제품에 대한 충성도와 깊은 확신을 갖고 브랜드를 전파하는 열렬한 선교사들을 채용하는 경향이 있다. 버진 애틀랜틱 승무원들은 기장에서 스튜어디스까지 브랜슨 자신을 그대로 확대해놓은 것과 같은 사람들이다. 그들은 직무를 사랑하는, 사실은 직무에 탐을 내는 브랜드의 광적인 지지자들이다.

브랜슨이 세워놓은 서열은 분명하다. 직원, 고객, 주주.『만약 즐겁고 기운찬 근로자들이 없다면 고객 만족은 저 창문 밖으로 나갈 것』이라고 브랜슨은 말한다.『또 만약 만족하는 고객이 없다면 기업이란 존재할 수 없습니다.』만족을 느끼는 직원과 고객은 궁극적으로 주주들의 행복으로 연결된다고 그는 덧붙인다.

브랜슨은 직원들에 대한 헌신을 말뿐만 아니라 실천으로 보여준다. 모든 직원들에게 자신의 집주소를 주고, 마음 속에 있는 모든 것을 다 연락해달라고 북돋는다. 매일 아침 책상에 산처럼 쌓이는 우편물 중에서 직원들이 보낸 것을 가장 먼저 읽어본다.

비록 직원들에게 스톡 옵션을 주지는 않지만, 대신 흡족한 이익분배제도와 의료 혜택이 있으며, 직원들로 하여금 이직을 고려하지 않게 할 정도는 된다. 그러나 버진 애틀랜틱의 조종사나 승무원들과 얘기하다 보면 화제는 항상 직원들에 대한 브랜슨의 개인적 관심으로 돌아온다. 그들은 브랜슨의 자택에서 열리는 연례 파티 행사와 그가 여행할 때 승무원들과 똑같은 버스를 타고, 똑같은 호텔에 머문다는 얘기를 한다. 또 그는 어김없이 승무원을 데리고 저녁을 사먹고, 그 밤을 저녁 늦게까지 파티로 만들어준다.

브랜슨은 〈에어웨이스〉와의 회견에서 이렇게 말했다.『어떻게 회장이 그의 직원들에게, 그의 회사가 그들을 묵게 한 호텔이 저 자신에게 적당치 않다고 할 수 있습니까? 더구나 저는 언제나 이렇게 같이 저녁을 할 수 있는 열여덟 명의 기분 좋은 사람들과 함께 있고, 그것은 늘 즐겁습니다.』

또한 휴가 때 10여 명의 평사원과 휴가를 같이하는 최고경영자를 찾기란 어려운 일이지만, 브랜슨은 해마다 그렇게 하고 있다. 여자 청소부건 버진 애틀랜틱 조종사건 간에, 버진의 모범사원들은 브랜슨의 개인 소유인 카리브 해에 있는 네커 섬의 리조트로 초청돼 회장과 담소를 나누며 보낸다.

이런 일들은 감상적이거나 진부하게 들릴 수도 있지만, 즐거움이야말로 버진식 가치관과 브랜드의 핵심 속성이다.『사업을 하면서 재미가 없다면, 직원들도 재미가 없을 것이며, 더 나아가서는 승객들도 전혀 재미를 느끼지 못할 것입니다.』테이트는 말한다.『재미란 믿을 수 없을 정도로 중요한 마케팅 믹스 요소입니다.』

직원들의 이직률이 높은, 특히 접객 승무원들의 경우 더욱 그런 항공업계에서 일하는 게 재미있다는 평판을 받는 버진 애틀랜틱의 분위기는 엄청난 유혹이다. 버진 애틀랜틱은 비노조 회사이고, 상대적으로 젊은 회사이기 때문에 대부분의 경쟁사들보다 저비용으로 서비스를 실시할 수 있다. 승무원들의 봉급은 경쟁사들만큼은 되지만, 업계의 최고수준과는 거리가 있다. 그럼에도 불구하고 버진 애틀랜틱의 승무원 자리는 경쟁력도 높고 실제로 일자리 얻기도 쉽지 않다. 버진 애틀랜틱의 승무원들은 다른 회사보다 연령도 낮은 편인데, 연공서열이 그다지 중요한 요소로 취급되지 않기 때문이다. 대신 채용과정에서 인간성이 가장 중요하게 고려된다. 무뚝뚝하고 심각한 성격의 소유자들은 지원할 필요가 없다.

다소 불손해보이는 이미지에도 불구하고 버진 애틀랜틱은 안전과 정비에 대한 비용절감을 하지 않고 항공업계 내에서도 가장 엄격한 안전 규정을 두고 있다. 그러나 브랜슨의 악명 높은 유머 감각이 새어나오는 것을 막지는 못한다. 승무원들은 그저 즐겁게 지내고 있는 것처럼 보이기만 한다. 브리티시 항공과 그 승무원들도 마침내 영국 특유의 딱딱함을 떨쳐버리고 인간적 면모를 보여주겠다고 나섰다. 래디컬 마케팅은 누구나 배울 수 있는 것이다.

## 목표물을 향한 정밀 집중공격과 믹스 찾아내기

브랜슨의 다른 사업이 그렇듯이 겉으로 보이는 것은 빙산의 일각에 불과하다. 다들 건전한 사업원칙과 시장에 대한 정통한 이해에 입각하고 있기 때문에 성공을 거두고 있다. 브랜드 구축에 대한 장기적 투자와 이를 버진의 표준에 맞추려는 노력이야말로 브랜슨의 핵심적인 성공요인이다.

항공업계의 새로운 변화는 버진 애틀랜틱에 그저 즐거운 경험을 강조하는 서비스만으로는 해결할 수 없는 긴장되는 문제를 안겨줬다. 회사가 출범한 1984년 이후 유럽 노선의 이코노미 클래스 요금은 그런 대로 안정세를 보이고 있으나, 비즈니스 클래스 요금은 높이 치솟았다. 테이트에 따르면 오늘날 비즈니스 요금은 10년 전의 퍼스트 클래스보다 비싸졌다고 한다. 이것은 사실상 비즈니스 클래스를 이용하는 승객들이 이코노미 승객을 보조해주는 것을 의미한다. 따라서 버진 애틀랜틱은 서둘러 올바른 승객 구성비를 찾아내야 할 입장이었다. 수익경영이 이제 항공사 경영의 명목이 되었다. 항공사가 100% 좌석을 채우고도 적자를 내는 경우도 있을 수 있었다. 이 문제에 대응하기 위해 버진 애틀랜틱은 이코노미 요금을 할인 없이 모두 지불하면 좀더 편안한 좌석과 선택적인 서비스를 받을 수 있는 「프리미엄 이코노미」 클래스를 도입했다. 테이트는 그리고 버진 애틀랜틱은 1년 중 몇 달은 적자를 보게 돼 있으며, 이 기간에는 단순히 여행사들이 버진 애틀랜틱의 표를 팔도록 만들기 위해 「엉터리 요금」을 받고 있었다고 지적한다.

테이트는 단언한다. 『우리가 제기하는 것은 하나의 통과의례다. 백문이 불여일견, 그리고 입에서 입으로 전해지는 소문이야말로 가장 위대한 광고수단이다.』 버진 애틀랜틱은 또한 비즈니스 여행객들을 붙잡아두기 위해 어디에서나 볼 수 있는 승객보상 프로그램과 씨름도 하고, 이와 함께 비즈니스 여행객들에게 항상 새로운 상품을 한번 시험해보도록 하는 정책도 병행하고 있다. 회사 자체의 마일리지 프로그램만으로는 거대한 네트워크를 구축한 항공사들과 경쟁이 안 되기 때문에, 버진 애틀랜틱은 훌륭한 래디컬 마케터가 그렇듯이 경쟁의 규칙을 바꾸었다.

예를 들면 버진 애틀랜틱은 정기적으로 특정 도시 내에서 상위 25명의 단골을 선정해 초청장을 보낸다. 『리처드 브랜슨이 귀하를 시내 최고 레스토랑의 저녁식사로 모십니다.』 그리고 정말 브랜슨 자신이 고객을 이 레스토랑으로 안내한다. 이처럼 항공사의 최고경영자가 직접 단골 이용객에게 저녁을 샀다는 얘기는 곧 다음 날 그 고객의 사무실 전체로 퍼져나가게 된다. 그만큼 버진 애틀랜틱의 위상은 비례해서 높아진다.

경쟁사들에 비하면 광고예산은 양동이 속의 물 한 방울 정도에 불과하지만, 버진 애틀랜틱은 연간 5,000만 달러를 미국과 영국 내 광고에 지출한다. 이름 자체만으로는 어디로 운항하는지를 연상시켜주지 않기 때문에 버진 애틀랜틱은 끊임없이 고객들에게 자신이 누구인가를 알려야 했다. 그러나 래디컬 마케터가 다 그렇듯이 버진 애틀랜틱은 광고에 대해서도 경쟁사들의 평범한 산탄총식 접근(무차별적 광고)보다 외과수술적 접근방법(목표를 향한 집중공격)을 사용한다.

테이트는 『항공사란 자기 자신을 너무 진지하게 평가한다』고 말한다. 광고에서도 항공사를 최종 소비상품으로 판매하려는 경향이 있는데, 어이없는 일이라고 테이트는 말한다. 『누군가가 「이것 봐, U. S. 에어웨이스(U. S. Airways)를 타고, 잠시 날아다니자」라고 말하는 걸 들어봤습니까? 사람들이 비행기를 탈 때, 가장 기대하는 것은 내리는 것입니다』라고 테이트는 말한다.

그는 또한 항공기의 좌석을 부각시키는 광고에 대해서도 놀라지 않을 수 없다고 한다. 『인기도로 따진다면 항공기 좌석은 아마 치과 진료의자와 나란히 저 하위권에 있을 것입니다.』

대신에 버진 애틀랜틱은 광고를 회사의 불손한 이미지를 불식시키고 각종 서비스 혜택을 자랑하기 위해 사용한다. 비록 텔레비전 광고도 소량 하고 있지만, 이 항공사는 대부분의 광고예산을 인쇄 매체에 쓴다. 그 중 하나는 이런 내용이다. 『콩코드 승객들이 마사지와 손톱 손질, 개인용 비디오, 수면용 좌석을 제공받는다면, 아마 이렇게 서둘러 우리 비행기를 타진 않았을 것이다.』

테이트는 말한다. 『광고도 제품만큼이나 특이하게 해서 관심의 씨앗을 뿌려줘야 합니다.』

혼란을 헤치고 나가기 위해 버진 애틀랜틱은 독특한 기회를 찾고 있다. 1998년 NBC의 인기 시트콤 〈프렌즈(Friends)〉의 시즌 마지막 편과 새 시즌의 첫 편에서 극중 등장인물이 버진 애틀랜틱을 타고 런던으로 날아감으로써 버진 애틀랜틱은 궁극적인 「상품」이라는 평가를 얻었다. 이 프로그램에는 브랜슨 자신도 조연으로 출연했고, 실제 방송되는 날은 중간광고를 넣어 광고효과를 극대화하기도 했다. 그 중간광고의 비용은 좀 들었지만 항공사는 수백만 달러어치의 홍보 효과를 무료로 본 것이다.

시장이 미국 내에 한정돼 있다는 사실을 깨달은 버진 애틀랜틱은 개개의 시장을 겨냥한 광고를 만들었다. 샌프란시스코 노선 취항을 앞둔 당시에는 그 지역의 포커스 그룹으로 하여금 여행사와 단골고객들에게 샌프란시스코에서 가장 특징적인 것이 무엇인지 묻게 했다. 「피셔먼즈 워프(Fisherman's Wharf)」나 「금문교」라는 대답 대신 대부분의 응답자들은, 일요일마다 잘 차려 입고 쇼핑을 하고, 시내를 산책하고 다니는 일란성 쌍둥이 할머니, 비비언(Vivian)과 매리언 브라운(Marion Brown)이라고 답했다. 버진 애틀랜틱의 모든 광고는 다음과 같은 주제로 만들어졌다. 『비비언과 매리언의 공식 항공사, 버진 애틀랜틱.』

그 광고는 엄청난 히트를 쳤다고 테이트는 말한다. 그리고 궁극적인 찬사는 어느 날 점심식사 시간에 테이트를 알아본 브리티시 항공의 미국 내 판매담당자인 여성으로부터 받은 것이었다. 그녀는 버진 애틀랜틱의 광고를 칭찬하면서 자신도 브리티시 항공이 샌프란시스코와 런던 사이에 하루 두 차례 취항을 시작할 때 비슷한 생각을 회사의 광고담당자에게 제안했는데, 그 반응이 이랬다고 불평을 터뜨렸다. 『우리는 지역 광고는 안 할 겁니다. 제정신입니까? 그게 얼마나 큰 비용이 드는지나 아나요?』

사실 브랜슨의 가장 큰 즐거움은 브리티시 항공을 기회 있을 때마다 꼬집는 거다. 1990년대 초 브리티시 항공이 버진 애틀랜틱의 평판을 떨어뜨리기 위한 부정 광고를 내기 시작했는데, 브랜슨은 이를 알고 명예훼손 혐의로 소송을 제기해 90만 달러의 합의금을 받아냈다. 브랜슨은 이를 직원들에게 나눠주면서 다음과 같은 짧은 편지를 보냈다. 『회사의 변호를 위해 도와주셔서 감사합니다. 결국 처녀(Virgin)에게 가장 소중한 재산은 그녀의 명예입니다.』

장기적으로 버진 애틀랜틱의 성공은 브랜슨이 자신의 교훈을 회사 내 다른 사람들과 얼마나 잘 공유하느냐에 달려 있을 것이다. 래디컬 마케터가 다 그렇듯이 브랜슨의 가장 중요한 자산은 만족할 줄 모르는 호기심과 기꺼이 배우고자 하는 의지다. 그가 〈타임〉에서 말했듯이, 새로운 사업은 마치 새로이 취학하는 것과도 같다.

『첫 석 달 동안은 대학교육으로 여깁니다. 저는 저의 전부를 새 사업에 몰입시킵니다. 왜 다른 사람들이 그렇게 엉망으로 경영을 하는지, 어떻게 하면 우리 회사가 들어가서 더 잘 할 수 있는지를 발견해내려고 노력합니다. 기존 업계를 뒤흔들어 대중에게 더 좋은 상품을 제공하십시오. 어떤 의미에서, 제 일의 가장 매혹적인 면은 이러한 배움의 과정입니다.』

# EMC

**거인 IBM과의 맞대결에서 승리하다**

래디컬 마케터는 고객의 말에
진심으로 손을 내밀고 귀를 기울여
듣는 인내심을 길러야 한다.

하이테크의 세계에는 HP(Hewlett-Packard), 델 컴퓨터, 그리고 애플에서 넷스케이프(Netscape), 야후(Yahoo), 아메리카 온라인(America Online) 같은 인터넷의 개척자들에 이르기까지 예나 지금이나 래디컬 마케터들이 많다. 전광석화 같은 제품 주기, 쉬지 않고 진행되는 기술 진보, 전례 없는 부의 창출, 그리고 계속해서 변해가는 업계 환경은 하이테크 산업을 래디컬 마게터의 개척정신에 딱 맞는 산업으로 만들어놓는다.

그러나 이렇듯 역동적인 환경에서의 성공은 덧없는 것이기에 때때로 어제의 래디컬 마케터가 내일은 박물관에나 모셔놓을 낡은 것이 돼버리기도 한다. 제품의 적절성과 점유율, 그리고 이윤 폭을 향한 적자생존의 격렬한 다윈식 싸움 속에서 지속적인 성공이란 때로는 달성하기 어려운 목표다. 마케팅 경쟁은 너무도 격렬하여 IBM과 같은 막강한 거인도 휘청거리게 만들 수 있으며, 반대로 아주 작은 신생기업이 주목받게도 한다. 따라서 그들이 실제로 첫번째 제품을 출하하기도 전에 수십억 달러의 시장가치가 형성되기도 한다.

이러한 환경에서도 그들을 처음부터 래디컬하게 특징지어준 핵심적 속성을 고수하고 있는 래디컬 마케터는 성공을 지속해가는 경향이 있다. EMC 코퍼레이션의 공동 설립자이며 회장인 리처드 J. 이건(Richard J. Egan)도 그 중 하나다.

유명한 이름들이 넘쳐나는 하이테크 산업 내에서, 매사추세츠 홉킨턴의 하이테크 단지 128번 도로 끝에 자리잡은 이건 회장의 EMC는 듣기에도 난해한 틈새시장을 눈에 띄지 않게 파고드는 전문적인 선수다. 그러나 1990년까지 이건 회장과 대표이사인 마이클 루트거스(Michael Ruettgers) 아래 EMC는 조용히 자신과 업계를 변신시켜왔으며, 하이테크 업계의 통념을 정면으로 무너뜨렸다. EMC는 원래 시장을 장악하고 있던 IBM을 밀어내면서 컴퓨터 기억장치 산업을 고속으로 성장하는, 거대한 전략사업으로 변모시켰다. 수십 년 동안 기업체 정보처리 전문가들은 다음과 같이 단순한 주문을 믿고 살아왔다. 『IBM을 구입하고 일자리를 잃은 사람은 아무도 없다.』 EMC는 고객의 말에 귀를 기울이고, 그들이 열망해온 새롭고 잠재력 있는 기술을 제공하는 비범한 능력을 발휘함으로써 그 말을 시대착오적으로 만들어버렸다.

1992년 이후 EMC는 자신의 시메트릭스(Symmetrix) 기억장치 제품들에 날개를 달고 비상해 3억 8,100만 달러였던 매출을 1998년 40억 달러로 열 배 증가시켰다. 그리고 순이익은 3,000만 달러 아래에서 거의 7억 달러까지 치솟았다. 〈비즈니스 위크〉지에 따르면 1996년 주요 첨단 기업 가운데 오로지 마이크로소프트(Microsoft)와 인텔(Intel), 그리고 시스코(Cisco)만이 EMC보다 높은 순이익 마진을 기록했다.

더욱 인상적인 것은 1990년에 IBM은 컴퓨터 본체 기억장치 시장의 76%를 차지하고 있었으며, EMC는 아무런 점유율도 기록하지 못했다는 점이다. 그러나 오늘날 IBM이 27%인 데 비해 50%의 점유율로 시장을 지배하는 선도자가 되었다. 전세계 기억장치 시장에서도 EMC가 IBM을 앞질렀으며, 연간 100억 달러 시장의 거의 30%를 차지하고 있다. 이 회사는 모든 첨단 기억장치 품목에서 최우수 제품을 출시하고 있으며, 〈비즈니스 위크〉가 1998년 모든 업종을 망라한 50대「우수한 영업기업」을 발표했을 때 EMC는 자신의 고객 회사들과 함께 44위를 차지했다.

분석가들은 컴퓨터 기억장치 매출은 2002년까지 350억 달러 이상으로 늘어날 것으로 보고 있으며, EMC는 연 30%씩 성장하고 있다. 아마도 앞으로 5년 이내에 100억 달러 회사가 될 것으로 보인다. IBM을 포함해 EMC가 장래에도 계속 성공할 것이라고 인정하는 사람들은 별로 없지만, 업계 전문가들은 벌써부터 EMC가 인텔, 마이크로소프트, 시스코, 오라클(Oracle)과 더불어 프랜차이즈 브랜드가 됐다고 암시했다.

EMC가 이렇듯 놀라운 시장의 지각변동을 이루어낸 원동력은 대부분의 위대한 래디컬 마케터들이 해왔던 것처럼 불가능한 것을 또 다른 마케팅 기회로 본 데 있다. EMC의 래디컬 마케터들은 전통과 현상유지를 무시하고 시장이 자신들의 구도대로 바뀔 것으로 내다봤다. 그들은 틈새시장을 발견했고, 자신들의 소유권을 주장했다. 무엇보다 중요한 것은 경쟁사들이 다양한 업종과 산만한 주의력 때문에 시야가 흐려져 있었던 반면, EMC는 열정적으로 자신의 시장에 계속 초점을 맞추었다는 점이다.

하이테크 업계에서는 위대한 제품이 마케팅 실패로 사라지기도한다. EMC에는 더 나은 아이디어가 있었으나 그것을 팔 수 있으리라는 보장은 없었다. 1990년 EMC는 그 때까지 2년 연속 적자에서 막 회복되던 참이었으며, 외부에서 보기에도 오로지 생존하는 것만이 그 회사의 목표인 듯이 보였다. 그러나 래디컬 마케터가 다 그렇듯이 EMC는 자신의 제품을 굳게 믿고 있었기에 실패가 선택될 수 없었다. 단순하면서도 래디컬한 개념으로 그 회사는 기억장치 시장의 변화를 몰고 온 것이다.

이를테면 EMC에는 회장뿐만 아니라 대표이사가 마케팅 활동을 지속적으로 관장해왔다. 또 사무실을 박차고 나와 하이테크 분야의 다른 어떤 간부들보다 더 자주 고객을 만났다. EMC는 IBM이 사실상 무시하고 있던 고객층에 대한 존경심을 보였으며, 실제로도 그렇게 했고, 브랜드에 애착을 가진 사용자들의 공동체를 만들어갈수록 규모가 커지고 있다. 이런저런 선전이 불협화음을 엮어내는 시장에서 EMC는 기존의 마케팅 믹스를 개편해가면서 브랜드를 확고히 고수했다.

## 골리앗을 누르고

무엇보다도 EMC는 고객의 욕구와 필요를 정확히 반영할 수 있는 제품 라인을 만들기 위해 핵심고객인 정보기술 전문가들의 정통한 지식을 잘 활용했다. 그렇게 해서 거인 경쟁사 IBM을 눌렀을 뿐만 아니라, 대량 광고나 판촉도 없이 기록적으로 짧은 시간 안에 상당 부분의 시장을 점유했다.

EMC가 얼마나 완벽하게 시장을 변모시켰는지, 그 규모를 제대로 이해하려면 과거의 역사 한 토막을 고찰해보아야 한다.

1960년대 이래 데이터 기억장치는 개개의 컴퓨터 업체들이 통제했다. 디지털 이퀴프먼트사(Digital Equipment Corporation)나 스페리(Sperry), 하니웰(Honeywell), NCR, 데이터 제너럴(Data

General), 그리고 프라임 컴퓨터(Prime Computer) 등이 모두 제각각 자신의 고유 모델에 맞는 기억장치를 판매했다. IBM은 대부분의 기업들이 사용하는 거대한 컴퓨터 본체를 판매했으며, 이에 따라 본체 기억장치 시장을 지배할 수 있었다. 그런데 본체 기억장치란 시스템을 완전히 하기 위해 필수적인 주변장치로서, 덩치 큰 전자 파일 캐비닛에 지나지 않는 것이었다.

　IBM이라는 브랜드는 기업체의 전산실에서는 신성불가침한 존재였다. 기억장치에서도 IBM 외의 다른 곳으로 눈을 돌리는 것은 마치 탈수기 없는 세탁기를 사는 것처럼 이치에 맞지 않는 일이었다. 컴퓨팅이라는 복잡한 세계에서 기억장치는 하나의 역설이었다. 이들 장치는 한편으로는 기업의 「가보」, 즉 회사의 생명선인 급여기록과 받을어음, 재고, 인사기록 등을 담고 있지만 한편으로 둔하고 낡은 주변장치에 불과했다. 그런 점에서는 팩스나 프린터와 다를 게 없었다. 곧 기억장치의 용량이 다 차면 그냥 IBM의 영업담당자에게 전화해서 하나 더 구입하면 되는 것에 불과하다.

　몇 년 동안 아무도 컴퓨터 본체 기억장치 분야에서 IBM과 경쟁해 보겠다는 생각을 하지 못했다. 그러나 마침내 경쟁자들도 이런 병범한 장치로 IBM이 70% 이상의 총수익을 거두고 있다는 것을 깨달았고, 갑자기 일어서기 시작했다. 히타치(Hitachi)와 암달(Amdahl) 등의 경쟁사들은 사업기회를 포착하고 IBM 장치의 복제품을 팔기 시작했다. 이들은 가격과 몇몇 부가기능을 앞세워 경쟁했다. 기술적인 측면에서 보면 다이렉트 액세스 기억장치(DASD)는 일반적으로 18개월마다 속도와 용량이 두 배가 돼왔는데, IBM의 누구도 저장장치의 전략적 가치를 깨닫지 못했다. 그것은 자신의 브랜드가 깊숙이 지배하는 단순한, 그러나 돈벌이가 되는 시장이었을 뿐이다. 아멍크에 위치한 광대한 IBM 왕국에서 기억장치는 IBM에 1990

년까지 시장점유율 76%에 이를 만큼 효과적으로 현금을 짜내주는 품목이었다.

컴퓨터 업계의 전쟁에서 기억장치 쪽은 조용한 전선이었으며, IBM과 다른 기업들 또한 그런 상황을 즐겼다. 기업체의 전산담당자들도 가격을 갖고 씨름할 수단이 별로 없었다. 최상의 전술은 IBM 판매원들이 도착했을 때, 「100만 달러」 의미의 암달 커피 잔을 책상 위에 전략적으로 놓아두는 것이었다. 이렇게 함으로써 경쟁사의 존재를 의식하게 하고 IBM 가격에서 100만 달러를 깎을 수 있었다.

이런 식의 현상유지가 30년 가까이 흐른 뒤 실질적으로 하룻밤 새 예상치 못한 변화가 일어났다. 컴퓨터 산업계에서 흔히 있는 일이지만, 그 변화는 새로운 기술적 선견지명에 따라 주도됐다. IBM은 바퀴처럼 생긴 디스크 드라이브를 돌리는 수백만 줄의 복잡한 미세 코드를 써 기억장치의 속도와 용량을 개선해왔다. 그러나 1980년대 말, 작고 이름없는 EMC의 기술진은 단순하면서도 래디컬한 신개념을 생각해냈다. IBM처럼 더 많은 코드를 써넣는 방식은 끊임없이 문제를 야기하므로, 디스크의 수를 어디에서나 구할 수 있는 표준화된 디스크 몇백 개로 늘리고, 단순하게 만든 코드와 서로 작동하게 만들어서, IBM 상품들보다 작고 싸고 빠르고 강력하고 본질적으로 더 믿을 만한 패키지로 만들면 어떨까?

더군다나 그런 장치를 만들 수 있다면, 개개 전산실의 필요에 따라 맞춤식으로 할 수 있었다. 중요도가 높은 데이터를 위해서는 고성능의 고가 시스템을, 일상적으로 사용하지 않는 단순한 자료저장용 시스템에는 이보다 싸고 성능이 낮은 제품을 공급할 수 있는 것이다. IBM은 「하나의 사이즈가 모두에게 맞는」 철학으로 시장을 지배해왔지만, 전산관리자들은 이 제한적인 기술 접근에 오랫동안 좌절해온 터였다.

EMC가 1990년 시메트릭스 제품 라인을 출시하자, 제품의 발상이 워낙 기존의 통념에 반하는 것이었기에 경쟁사들은 처음에는 그런 개념을 비웃었다. 루트거스는 말한다. 『그 제품은 거부당했습니다. 오직 극소수 열광자만이 우리 제품을 구입했습니다.』 뉴욕에서 열린 제품 발표회에는 단 여섯 명의 분석가와 기자만이 나타났다. IBM이 봤더라면, 걱정거리도 되지 않는 풍경이었을 것이다.

그러나 경쟁사들의 능글맞은 웃음은 고객들이 사라지듯 빠르게 사라져버렸다. EMC는 광고에 쓸 돈이 별로 없었기 때문에 마케팅 담당 부사장 밥 아노(Bob Ano)의 지도 아래 기억장치 업계에서 명백히 래디컬한 판매 공세를 폈다.

첫번째 우선순위는 실적을 올리고 신용을 쌓는 일이었다. 일단 시장진입을 위해 EMC 판매원들은 고객들에게 이 몇백만 달러짜리 제품을 무료로 시험 설치해주겠다고 제안했다. 그들은 이것을 「강아지 팔기(puppydog sale)」라고 이름붙였다. 고객이 귀여운 강아지를 며칠 간 집에 데리고 있다 보면, 그 개는 애완견 가게로 다시 돌아오지 않는 법이다. 그 때까지는 매우 큰 대단위 고객쯤 되어야만 IBM 등에 시험용 설치를 요구할 수 있었다. EMC는 고객이 필요로 하는 모든 크기의 시험용 제품을 석 달에서 여섯 달까지 시험해보라고 기꺼이 설치해줬으며, 그 중 되돌아온 물건은 거의 없었다.

마음을 바꾼 한 대형 보험사가 2주일은 계속 컴퓨터를 돌려야만 할 정도로 방대한 수치를 처리하는 작업인, 연말 자료처리를 이 무료 제품으로 시험 삼아 해보았다. EMC의 시메트릭스를 사용해서 이 회사는 그 작업을 단 사흘 만에 끝냈다. 한 통신판매 회사는 새 기억장치를 이용해 크리스마스 성수기에 장부를 계속 열어놓고 다른 때보다 사흘이나 더 오래 주문을 받을 수 있었다. 이건이 즐겨 쓰는 비유로, 「사람들을 낚은」 것은 이러한 시험운영이었다.

이건은 말한다. 『이것은 마치 코카인과도 같았습니다. 고객들은 제품이 어떤 일을 해내는지 보고 나면 결코 그냥 되돌아가는 법이 없습니다. 우리는 그들의 팔에 주사바늘을 놔준 것입니다.』

EMC는 처음에 IBM에 대한 선호도가 그리 강하지 않은 작은 회사를 목표로 삼았다. 이렇게 한 이유는 실용적인 가치가 있었기 때문이다. 『솔직히 말하자면 뭔가 새로운 일이 폭발하려면 사람들이 잘 듣지 못하는 곳에서 하는 것이 좋습니다』라고 아노는 말한다.

그러나 EMC는 그저 행운만 기다린 것이 아니다. 그들의 제품에는 본사로 언제나 연결돼 있는 「폰 홈(Phone Home)」 기능이 내장돼 있었으며, 이것은 자동진단 테스트 시스템이 오류를 찾아내면 휴대용 PC와 모뎀을 통해 EMC 본사의 기술진에게 문제가 발생했다는 경보를 전달하는 장치였다.

대부분의 기업들 말로는, EMC의 서비스 기술진이 나타나서 잠재적인 문제를 고치고, 미처 고객이 무슨 문제가 생겼는지 알아차리기도 전에 자리를 뜬다고 한다.

분석가들에 따르면 EMC는 이런 서비스를 제품의 일부분으로 제공하면서 분기당 약 1,500만 달러를 거두고 있다. 1980년대 말 2년간의 제품 실패에서 가까스로 살아남으면서도 EMC는 기술적 문제라는 위험부담을 회피하기보다 오히려 고객의 회사로 기술진 1개 사단을 파견했다.

전산실의 면적이 작은 고객들에게는 에너지 절약형에 크기도 작으면서 가격 대비 성능이 우수한 EMC 제품을 설치했는데, 이것은 마치 하늘이 보내준 선물과 같았다. EMC는 심지어 자동차 판매점의 영업방식을 본따 고객이 쓰던 IBM 장비와 자신의 제품을 바꿔주었으며, 이를 공개시장에서 중개상들에게 되팔기도 했다.

## 기억장치를 전략장치로

그리고 무엇보다 중요한 것은 EMC로 말미암아 대형 컴퓨터 시장의 판도가 바뀌었다는 점이다.

기억장치도 기업경영상 전략적으로 매우 중요하다는 것을 교육시켰다. 아노 부사장은 광고에 회사의 자원을 투입하기보다는, 각 기업의 정보기술(information technology : IT) 관리자와 재무담당 임원을 초빙해 세미나를 열고 EMC의 새로운 기억장치를 통해 정보에 더 빠르고 쉽게 접근하는 것이 회사의 수입에 직결된다고 강조했다.

EMC는 세미나에 저명한 업계 인사를 연사로 초빙해 참석을 유도했다. EMC의 연구진은 고객들로부터 직접 수집한 자료를 이용해, 개선된 기억장치 시스템을 통해 정보에 접근하고 속도를 빠르게 하는 것은 기업의 판매와 이익을 촉진시켜준다는 사례를 만들어보였다. 이것은 강력한 메시지였다. 『우리로 하여금 고객에게 제품을 판매할 수 있는 기회를 가져다 주었습니다』라고 아노는 말한다.

그것은 또한 래디컬한 출발이었다. 기억장치를 경쟁력 확보를 위한 전략적 사업기회로 재탄생시킨 개념은 5년 전만 해도 웃음거리에 불과했다.

다른 래디컬 마케터처럼 EMC는 광고에 쏟아 부을 돈이 없었다. EMC의 매출액 대비 광고비는 지금도 업계 최소 수준에 머무르고 있다. 래디컬 마케터가 다 그렇듯이 EMC는 광대한 광고에 엄청난 돈을 쓰는 것보다는, 국부 공격식의 외과수술적인 정밀 광고가 더 효과적이라고 생각했다. 이를테면 1998년 EMC는 광고에 1,000만 달러 이하를 썼으며, 이는 1997년 IBM의 광고비 3억 달러에 비하면

새발의 피라고 할 수 있다. 그러나 아노 부사장은 『EMC의 시스템은 20만 달러에서 340만 달러까지 다양합니다. 대상이 정해진 비싼 제품입니다. 우리가 누구인지 전세계에 알릴 필요가 없습니다』라고 말한다.

EMC는 가장 효과적으로 쓰일 곳에 모든 자원을 겨냥하는 방법을 빠르게 익혀나갔다. 고객들의 사무실을 방문하면서 얻은 경험을 바탕으로 EMC 임원들은 고객들이 골프에 대한 관심이 매우 폭넓다는 점을 발견했다. 곧 전국적인 골프 대회를 몇 차례 개최했으며, 이 대회에 주요 고객과 잠재 고객들을 초청했다. 40개의 이벤트들은 각각 100명의 사람들을 끌어들였으며 비용은 2만 5,000~4만 달러가 들었다.

아노는 말한다. 『우리는 이들 4,000명의 잠재 고객에게 똑같은 메시지를 전달했습니다. 그리고 이것은 〈월스트리트 저널〉의 4분의 1쪽 크기의 광고비보다 더 저렴합니다.』

교훈은 『메시지를 계속 전달하려면 똑같은 기본 주제를 지속적으로 반복하는 것』이라고 아노는 말한다. 그와 같은 일관성은 EMC의 생각보다 더 빠른 속도로 전향자를 얻었다.

세인트루이스의 10억 달러 규모의 금융회사 에드워드 존스(Edward Jones)의 전산책임자 리치 말론(Rich Malone)은 말한다. 『우리들에게 기억장치만큼은 과거 10년 또는 그 이상 온통 IBM일색이었죠. EMC는 이름도 들어보지 못한 회사였습니다. 그들은 그러나 우리 회사의 철학, 경영 방향에 대해 누구보다 잘 이해하고 있었습니다. 그들은 우리 업계를 이해하고, 또 그들의 제품이 우리 사업에 어떻게 도움을 줄 수 있는지를 이해하기 위해 시간을 보냅니다. 우리 회사는 이제 100% EMC 제품만 사용하고 있습니다.』

## 신규시장 창출하기

래디컬 마케터가 다 그렇듯이 EMC는 경쟁사가 대처할 여유를 주지 않고 공세를 강화했다. IBM과 히타치, 그리고 암달이 시메트릭스에 대한 대응제품을 개발하려 애쓴 반면, 루트거스와 그의 기술진은 데이터 기억장치 시장에 다시 한번 충격을 안겨줄 비전을 갖고 있었다.

기업체들의 전산자료와 네트워크가 확장되고 인터넷의 인기가 늘어나면서 1990년대 초 컴퓨터 기억장치 수요에 불이 붙었다. 그러한 추세는 새로운 천년으로 이어질 것으로 보였다. 이제 기억장치 시장은 오히려 컴퓨터 본체보다 위세가 커졌으며, 심지어 중앙처리장치(CPU)보다 더 연산성능에 영향을 미치는 요소가 됐다. 이런 견지에서, EMC는 「열린」 기억장치 시스템을 만들었다. 시메트릭스 제품은 본체에만 사용할 수 있는 것이 아니라, PC에서 워크스테이션, 중형 컴퓨터까지 기업에서 사용하는 모든 종류의 컴퓨터에 부착할 수 있게 됐다.

이것은 루트거스와 경영진이 고객과 형성해온 밀접한 인간관계로부터 곧바로 생겨난 마케팅 지식으로, 사례연구 대상이 되었다. EMC의 최고경영진, 특히 이건과 루트거스는 해마다 몇백 일을 고객과 회합을 갖고 그들의 욕구에 귀를 기울였으며, 그들에게 긴급한 상황이 발생하면 직접 전화를 받았다. 몇십 년 간 IBM의 관료조직과 거래를 하면서 참고 좌절해온 고객들에 대한 EMC 최고경영진의 세심한 관심은 대단한 반향을 일으켰다. 이는 곧 경영상의 실적으로 이어졌다.

EMC는 대부분의 회사가 고객욕구를 파악하기 위해 실시하는 시장조사나 관료적 마케팅 조직에 관심을 돌리지 않았다. EMC는 고객이 가장 중요하게 여기는 문제에 직접 귀를 기울이고 이를 이해하려고 했다. 1980년대를 거치면서 PC의 등장은 기업체의 전산업무를 전산실이라는 유리 온실에서 벗어나 각 부서와 사업체로 분산시키는 계기가 되었다. 「분권화」라고 불리기도 하는 이 현상은 기업 전산조직을 파괴하는 하나의 혁명이었다.

그러나 기업체 직원들은 컴퓨터 네트워크를 구축하고 운영하는 것이 얼마나 어려운지에 대한 개념이 없었다. 한동안 일반 직원들이 시스템을 정지시키고, 사용수칙을 어기고, 데이터를 날리는 일이 계속된 뒤 유행이 한 바퀴 돌아 다시 원점으로 돌아왔다. 잘못을 후회하고 도움을 청하기 위해 전산실로 돌아왔던 것이다.

루트거스는 존 디어(John Deere)사의 한 정보기술 관리자와 함께 겪었던 일화를 이렇게 회고한다. 혹시 각 부서로 나눠줬던 시스템이 되돌아오는 경우가 있느냐고 묻자, 그 관리자는 고개를 끄덕이더니 이내 얼굴이 벌개지면서 이마에 굵은 핏줄이 돋더라는 것이다. 『나는 그 바보 같은 것들에게 애당초 그렇게(컴퓨터 시스템을 각 부서로 이관) 하지 말자고 했죠.』 그는 격분했다. 『그런데 이제 와서 저보고 다시 되돌려놓으라고 해요. 그렇게 하기 전에 그 작자들은 모두 깨진 유리조각이 널린 바닥을 10m 정도 두 손 두 발로 기어와서 빌어야 합니다.』 이 때 루트거스의 머리에 번쩍하고 아이디어가 떠올랐다. 그 신경질적인 관리자는 EMC에 금광맥을 가져다 준 셈이었다.

엄청난 기회. EMC가 본격적으로 자신의 브랜드를 구축할 수 있는 토대가 마련됐다. EMC는 놀랍게도 정보기술 부서의 딜레마를 해결해주는 오픈 시스템 기억장치 개념을 제공한 첫번째 기억장치 제조회사가 된 것이었다. 더욱 중요한 것은 예전에 판매한 구형

EMC 모델을 전부 새로 교체하지 않고도 시스템을 업그레이드할 수 있게 했다는 점이다. 고객이 3년 전에 구매한 제품도 업그레이드만 하면 구매 당시보다 월등한 성능을 발휘했으며, 이것은 래디컬 마케터가 꿈꾸는 이상의 실현이었다. 루트거스는 말한다. 『고객들은 결국 맨 처음보다 더 큰 가치를 누리게 됩니다. 이것은 우리를 독특하게 만듭니다. 제가 타는 재규어(Jaguar) 자동차는 구입한 이후 성능이 더 나아진 적이 없다는 사실을 확신하고 있습니다.』

1995년 루트거스는 오픈 시스템이 출시된 첫해에 2억 달러의 매출을 올릴 것으로 예상했지만, 그의 직원들마저 정신나간 소리라고 치부했다. 그러나 루트거스는 격분한 고객들의 고통에 대해 들었고, 그런 고통을 사라지게 하기 위해 기꺼이 그 어떤 것도 지불할 것이라고 확신했다.

실제로 많은 전산관리자들은 EMC의 본체 기억장치 제품값보다 비싸더라도 기꺼이 돈을 지불할 용의가 있었다. EMC는 경쟁사들보다 가격을 갑절 이상 불러도 수요를 따라잡을 수 없었다. 오픈 기억장치에 대한 인기는 들불과 같은 기세로 순식간에 퍼져나갔다. EMC는 1995년 이후 가파른 상승세를 타고 EMC와 근접한 경쟁사들을 2년 이상 격차로 따돌렸다.

RADICAL MARKETING

### 거리의 싸움꾼다운 정열

딕 이건은 예순두 살로 줄담배를 즐기는 엔지니어이며, 노련한 선원 말투가 인상적인 사람이다. 그에게 EMC의 성공은 하나의 자극제다. 개인 재산 3억 5,000만 달러가 래디컬 마케터의 자격 요건이 못 된다 할지라도 그의 회사 EMC가 업계 선두를 질주하고 있다는 사실은 충분히 이를 뒷받침해주고 있다. 실로 이건은 도발적이고 공격적이며 쉽게 흥분하는 사람이지만, 또한 EMC가 헤쳐온 지뢰밭 같은 역경을 세세히 기억하는 이야기꾼이기도 하다. 파산 일보 직전까지 간 적도 있기 때문에 그의 태도는 거만함과는 거리가 멀다. 그 동안 EMC를 지켜본 전문가들은 이건 회장의 단호한 태도와 비전이 기여한 바를 인정하면서, 그와 동시에 루트거스의 경영수완과 영업기법도 지난 10년 간 EMC의 성공을 가져다 준 원동력이었다고 재빨리 지적한다.

그러나 쉽게 흥분하는 거리의 싸움꾼 기질을 이건 회장이 발휘하지 않았더라면 EMC는 별볼일 없었을 것이다. 1995년 곤경에 처한 IBM 기억장치 사업부의 책임자로 임명된 제임스 밴더슬라이스 (James Vanderslice)는 취임하자마자 직원들에게 『IBM이 곧 EMC의 눈에 벌겋게 달군 부지깽이를 쑤셔 넣을 것이다』라는 막말을 담은 서신을 보냈다. 당연히 이 내부 문건은 흘러흘러 EMC에도 전해졌으며, 이건도 이를 읽어보게 됐다. 그는 즉각 청동제 부지깽이를 페더럴 익스프레스(Federal Express)를 통해 밴더슬라이스에게 보냈으며 이런 쪽지를 덧붙였다. 『당신이 당신네 직원들에게 우리를 뜨거운 부지깽이로 찌르자고 호소했다는 것을 잘 알고 있습니다. 첨부한 물건은 그 부지깽이요. 우리가 그것을 달굴 불도 준비해놓을 테니 염려 놓으시죠.』

이건은 또한 IBM 제품을 고집하면서 거래를 끝내 거부하는 고객들을 괴롭힐 여러 가지 독창적인 방법을 찾아냈다. 그는 그들을 「공룡」이라고 부르면서 그들에게 「IBM」이라는 글자가 새겨진 청색 속옷을 보내기도 했다. 그들을 화나게 하는 방법이기도 했지만, 동시에 웃음을 자아내면서 EMC를 선전하는 방법이기도 했다.

일부 부하직원들이 이런 도발적 행동에 몸을 사리기도 했지만, 이건의 공격성은 EMC 직원들, 특히 영업부서를 그대로 물들여 운동선수 출신인 젊고 열성적인 용사들은 『아니오』라는 답변을 듣지 않는다.

〈월 스트리트 저널〉에 실린 1면 기사에 따르면 EMC는 언제나 판매에서 비정통적인 접근방법을 채택해왔다. 영업사원들의 실적 상여금에는 상한선이 없었다. 그리고 대부분의 영업사원들이 올리는 수입의 65% 이상이 상여금과 커미션이었는 데 비해 IBM의 영업사원들은 25%에 지나지 않았다. EMC는 600여 영업사원들의 연간 수입이 평균 25만 달러라고 말한다. 이는 전 업종을 통틀어 판매직으로는 가장 높은 소득 수준이다. 지난 해 매출실적 상위 다섯 명의 소득은 각자 모두 100만 달러가 넘었다.

기억장치 시장은 대부분 경력 15년 이상에 IBM 출신의 베테랑 판매영업사원들이 휘어잡고 있었다. 그 때문에 이건은 래디컬 마케터다운 발상으로, 또한 무엇보다도 이렇다 할 자원도 없었기 때문에, 경험은 없더라도 보스턴 칼리지나 노스웨스턴 등 인근 대학에서 갓 졸업한 열정적이고 열심인 젊은 인력을 채용하기로 일찌감치 결정을 내렸다. 그는 노동자 계층의 집안에서 성장한 잘 생긴 운동선수 출신을 선호했다. 왜냐하면 이들은 팀으로 움직인 경험이 있고 싸움에 이기는 방법을 알고 있으며, 또한 과거의 경험에 집착하거나 IBM처럼 천하무적 같은 경쟁자 앞에서도 주눅 들지 않는 사람들이었기 때문이다.

그리고 그는 그들을 옛 전화 센터에 투입해 그룹으로 짝을 지어 판매를 계속 권장하는 사후관리 전화를 하게 했다. 누군가 판매에 성공하면, 그는 방 안에 이건이 설치해둔 커다란 소방울로 달려가 방울소리를 울렸다. 이건은 이를 EMC 대학이라고 불렀다. 몇 달 간 전화판매 훈련을 시킨 뒤 이건은 그들을 영업 현장으로 내보냈다.

EMC의 판매원들은 그들의 회장처럼 적극적이고 끈질겨 문전박대에도 아랑곳 않았다. 그들은 EMC의 선교사였고 전도사였다.

『이 젊은 친구들의 최대 장점은 IBM이 얼마나 막강한지, 시장이 얼마나 폭넓게 IBM에 지배되고 있는지를 전혀 모르고 있다는 점입니다. 그들은 벽에 부딪히면 벌떡 일어나 다시 들이받습니다. 고객들로부터 1주일에 두세 번「제발 이 판매원 좀 내 사무실에서 물러가게 해주시오. 도대체 멈추질 않아요」라는 내용의 전화를 받고 이렇게 대답했습니다.「아이구, 이런 죄송합니다. 바로 그렇게 하겠습니다.」그리고 저는 그 판매원에게 전화해 이렇게 말합니다.「조, 바로 그렇게 하는 거야!」』라고 이건은 말한다.

경쟁사에 뺏긴 고객에게 계속 달라붙는 것은 래디컬하며 잠재적으로 위험한 발상이기도 하지만, EMC는 효과적인 방법을 찾아냈다. 시장의 다른 측면에서도 그랬듯이, EMC는 단순히 경쟁의 규칙을 바꿨을 뿐이다. 루트거스는 기억장치 시장의 초창기에는 고객이 어느 회사 물건을 사기로 결정하고 나면 판매경쟁은 끝난 것이라는 신사협정이 있었다고 한다. 물론 IBM이 생각해내고 강요한 일이지만『우리는 결코 인정할 수 없었습니다』라고 루트거스는 말한다.『우리는 고객이 우리에게 주문을 할 때까지 판매경쟁은 계속되는 것이라고 믿었습니다.』래디컬 마케터가 다 그렇듯이 EMC는 훌륭한 제품이 있다는 것만으로는 충분치 않다는 것을 알고 있었다. 신용을 얻기 위해서는 막연한 우호 세력이 아니라 단골이 될 만한 사람들을 신봉자로 만들기 위해, 특히 IBM 같은 태산을 움직이려면 열심히 밀어붙이도록 준비해야 했다.

루트거스는 EMC 제품을 사기로 결정한 버펄로의 고객과 저녁식사를 함께 했던 일을 이렇게 회고한다. 그 날 그 고객은 사무실에서 EMC 제품의 구매 여부를 최종 결정할 참이었는데, 비서가 들어와

EMC 판매원이 다시 전화를 걸어왔다고 말했다. 그 고객은 다소 IBM 쪽으로 마음이 기울어져 열흘 동안 EMC의 판매원을 피해왔다. 비서가 말하기를『그 사람 지금 주차장에 있다는데요. 15분만 시간을 내달라면서 이쪽이 시간 날 때까지 계속 기다리겠답니다.』그 판매원은 한 시간쯤 떨어진 로체스터에서 사전에 약속도 없이 달려온 것이다. 더 이상 구실이 없게 된 그 임원은 그 판매원을 만나게 됐고 결국 EMC를 선택하고 말았다.

고객이 IBM과 EMC 사이에서 결정을 저울질하고 있는 경우가 많은데, 대개 루트거스 또는 이건이 직접 고객을 방문해 거래를 EMC 쪽으로 당길 수 있도록 가격 조정을 해준다. 체이스 맨해튼 은행의 전산설비 담당 부사장인 짐 메이어(Jim Mayer)는 1994년 그 때까지 선호해온 히타치와 IBM을 버리고 EMC의 기억장치를 구입하기로 결정하던 당시를 생생히 기억하고 있다. EMC의 영업 팀이 마지막으로 이건 회장과 함께 찾아왔는데, 이 점이 메이어에게 깊은 인상을 주었다. 그러나 메이어는 망설였다. EMC와 같이 검증되지 않은 회사 제품을 쓰려면 가격이 더 낮아야 한다고 생각했다.

메이어가 더 생각할 시간이 필요하다고 하자, 이건 회장은 자신의 핸드폰을 꺼내들고 홉킨턴 본사에 있던 당시 마케팅 영업담당 부사장이었던 아들 잭에게 전화했다. 그리고 그 자리에서 거래를 성사시키기 위해 가격을 더 깎아야겠다고 말했다.『그런 행동, 그와 같은 회사 대표의 지원과 신축적 자세 때문에 EMC 쪽으로 거래가 성사됐습니다』라고 메이어는 말한다.『히타치와 IBM은 너무 관료적이어서 그런 식으로 거래를 할 수 없었습니다.』체이스 맨해튼 은행은 미국의 5대 은행 중 하나다. 이 은행이 연간 20억 달러를 정보기술 부문에 소비한다는 사실에도 불구하고 IBM이나 히타치의 대표가 이건 회장처럼 직접 방문한 적은 없었다.

EMC는 거대은행 등 몇몇 주요 거래처에 판매와 마케팅 활동을 집중시키고, 이들 고객에게 서비스와 기술적 지원, 심지어 제품의 무료 사용 혜택까지 제공함으로써 불과 18개월 만에 무명 회사에서 신용 있는 탄탄한 기억장치 공급업체가 되었다. 역경도 많았지만 EMC는 과거의 IBM이 그랬던 것처럼 이제 믿고 쓸 수 있는 브랜드가 됐다. 여기에다 EMC는 가장 효과적인 래디컬 마케팅 철학을 기꺼이 받아들였다.『고객이 회사를 대신해 마케팅을 하게 하라.』

체이스 맨해튼 은행의 전 정보관리담당 임원이자 지금은 국내 소비자 서비스 담당 부사장 데니스 오리어리(Denis O' Leary)는, EMC는 단순히 래디컬한 마케터일 뿐만 아니라 새로운 밀레니엄에도 통할 수 있는 하이테크 마케팅 모델이라고 말한다. 고객에게 늘 가까이 다가가려는 기질이야말로 EMC의 성공 원천이다.『새벽 3시에 기억장치에 문제가 생겨서 루트거스에게 전화를 걸면, 그는 왜 전화를 했느냐고 묻지 않습니다』라고 오리어리는 말한다. 그는 이건과 루트거스는 하이테크 분야에서 퍼지기 시작한 새로운 CEO 중심 판매 모형의 전형으로, 하이테크 기업의 대표가 고객과 언제나 접촉을 계속하는 모델이라고 덧붙인다. 이건과 루트거스는 둘 다 먼 거리를 마다하지 않는 거리의 전사들이다. 이를테면 어느 날 단 한 명의 고객과 저녁을 함께 하기 위해 워싱턴으로 날아갔다가도 그 다음 날은 하트퍼드, 또 그 다음 날은 시카고로 날아가곤 했다.『이런 방문은 연례행사가 아니라, 그들 본연의 사업방법』이라고 오리어리는 말한다.

더욱 중요한 것은, 저 악명 높은 은행강도 윌리 서튼(Willie

Sutton)처럼 EMC는 돈이 어디에 있는지를 포착하고 그것을 따라다닌다. 오리어리는 미국 내 9,000여 은행들이 해마다 정보관리 분야에 소비하는 돈이 200억 달러에 이르지만, 상위 5개 은행, 즉 시티은행과 체이스 맨해튼, 내이션스뱅크(NationsBank), 뱅크 아메리카, 퍼스트 유니언(First Union) 은행이 이 중 40%의 비중을 차지한다는 사실을 지적한다. 이들 모두가 EMC의 고객이다. 사실은 상위 25개 은행이 모두 EMC 고객이다.『하이테크 업계의 새로운 사업 모델에서는 하위 5,000개 은행에 시간을 허비하지 않습니다. 상위 25개만 잘 담당하면 나머지는 저절로 따라오게 됩니다』라고 오리어리는 말한다.

P&G식의 전통적 마케팅 패러다임과 달리 EMC는 전세계를 다 커버할 필요가 없다고 생각한다. 그보다는 은행과 통신, 대중매체 등 주요 산업이 서로 합병되면서 현재 거대기관으로서 표준을 설정한다는 사실에 사업의 가치를 조율하고 있다. 오리어리는 EMC가 스스로 자격을 부여하여 기업 최고 정보책임자가 서로에게 말을 퍼지게 하는 데 뛰어났다고 말한다.『가장 효율적인 마케팅은 고객이 펼치는 마케팅입니다. 새 천년의 왕발인 미래의 지도자들에게 발사국을 남기면, 그들이 나머지 산업에 대신 마케팅을 해줄 것입니다』라고 오리어리는 말한다.

예를 들면 페인 웨버(Paine Webber) 금융의 기술운영담당 수석 부사장이며, 경력 30년의 정보기술 전문가 모니 저브(Monny Zerbe)는 1995년 페인 웨버에 입사한 뒤로 EMC의 열광자가 됐다. 그가 부임했을 때 이 금융 서비스 회사의 전산실에는 본체와 기억장치 모두가 IBM 일색이었다. 2년이 지나는 동안 저브는 거의 대부분의 IBM 저장장치를 EMC 제품으로 교체했다.

저브에게 보여준 EMC의 기술, 가격, 그리고 IBM에서 전혀 경험하지 못한 수준의 성의 있는 업무태도는 그를 EMC로 바꾸게 했다. 예를 들어 EMC 영업 관계자와의 저녁식사 자리에서 저브는 특별 할인가에 일정량의 기억장치를 앞으로 6개월 동안 구입하겠다는 이례적인 구매계약을 체결하자고 제안했다.

EMC측은 이 계약에 동의했을 뿐만 아니라 이 계약방식을 열성적으로 도입해 다른 고객들과도 거래관계를 성사시켰다. 저브는 너무 적극적인 가격을 제시받았기 때문에 다른 공급업체들과 경쟁입찰을 시킬 필요성도 느끼지 않았다. 저브는 말한다. 『IBM은 그런 식의 계약을 맺으려고도 하지 않을 것입니다. IBM은 그렇게 할 능력이 안 됩니다.』

## 당신의 고객을 사랑하라

래디컬 마케터가 다 그렇듯이 EMC의 첫 성공은 그들의 열정에 불을 지폈다. 기존의 영예에 안주하는 태도는 EMC에서 찾아볼 수 없다. 이건과 마케팅 부사장 아노는 회사의 성공이 눈에 보이기 시작하자, 그저 더욱 열심히 밀어붙일 뿐이었다. 이건은 최초로 커미션 수입 100만 달러를 넘긴 판매직원들의 W2 문장을 액자에 담아 회의실에 걸어놓고는 그것을 보고 누구나 투지를 느끼게 했다. 『누군가 일곱 자리 숫자의 커미션 수입을 올렸다면 다른 사람들에게도 그게 가능한 일이라는 것을 알려야 합니다. 성공할 수 있다는 것을 강조해야 합니다』라고 아노는 말한다.

EMC의 모든 고위 간부들은 「마음에 드는 고객」 목록을 지니고 있다. 이 목록은 개인적으로 그들이 책임을 지고 있는 고객의 명단이다. 저녁식사와 전화뿐 아니라 개개의 간부들은 그들 나름으로 개인적 접촉을 유지하고 있다. 이를테면 이건은 독서욕이 왕성한 사람으로, 사람의 행동과 동기 부여에 대한 전문가다. 그의 개인적 트레이드 마크 중 하나는 자신이 좋아하는 고객과 거래처에 책을 선물로 보내는 것이다. 프랭크 맥코트(Frank McCourt)의 회고록《안젤라의 재(Angela's Ashes)》가 베스트셀러가 됐을 때 이건은 그의 고객 리스트를 보고, 그 중 아일랜드 출신 성을 가진 사람을 찾아 모두에게 그 책을 선물로 발송했다.

매출액 30억 달러짜리 회사의 회장이 그렇듯 인간적 접촉을 꾀하면 고객의 주목을 끌게 마련이다. EMC의 재산이 치솟고 있음에도 이건은 이런 고객관리에서 언제나 눈을 떼지 않았다. 1997년 10월 주식시장이 곤두박질치는 일이 있었다. 그 때 이건은 국내 판매담당 임원을 불러 EMC와 거래하는 모든 증권관련 고객(사실상 거의 모든 증권사)의 최고정보책임자(CIO)에게 일일이 전화를 걸라고 지시했다. 온라인 주문과 매매 폭주로 월 스트리트 증권가의 컴퓨터 시스템에 무리를 주어 혹시라도 어떤 문제가 발생하면 직접 문제해결에 나서겠다는 이건 회장 본인의 말을 전하라는 얘기였다.

이건은 또 자신의 고객이 누구 말을 듣는지 재빨리 파악했다. EMC는 초창기부터 업계 여론에 영향을 미치는 주요 분석가들을 파악해서, 그들에게 좋은 인상을 주기 위해 적극적인 노력을 기울였다. EMC는 이 분석가들에게 홍수 같은 팩스와 전자우편을 보내 자신의 제품, 고객, 전략적 결정, 그리고 판매 상황에 대해 알렸다. 매사추세츠 프래밍엄에 있는 인터내셔널 데이터 코퍼레이션(International Data Corp. : IDC)의 기억장치 전문 분석가 데이비드 벨런트(David Vellante)는 말한다. 『EMC만큼 자신의 입장을 잘 설명한 기업은 없습니다. EMC는 기회만 있으면 자신들에게 유리한 약을 먹이려고 했습니다. 심지어 오라클, 마이크로소프트, 선(Sun)보다도 훨씬 더 적극적이었습니다.』

　이건 회장은 참으로 끈질긴 인물이며, 다른 래디컬 마케터가 공통적으로 갖고 있는 열렬한 본성과 장기적인 열성을 겸비했다. 주식 투자의 대가이자 피델리티 마젤란(Fidelity Magellan)의 펀드 매니저였던 피터 린치(Peter Lynch)는 일찍부터 EMC의 열정적인 투자가였다. 그의 주장에 따라 피델리티 펀드는 EMC 주식의 8%를 소유하고 있다. 린치는 이건 회장을 「고집을 지닌 수십억 킬로와트 용량의 수력발전소」라고 묘사한다.

　1997년 노스웨스턴 대학 졸업식장에서 린치와 이건은 연단 위에 나란히 앉아 있었다. 둘 다 명예학위를 받기 위해 초청받은 자리였는데, 갑자기 졸업식 순서가 중단되는 사태가 발생했다.

　『이건 회장이 갑자기 공대 졸업생들이 앉아 있는 관중석으로 내려가더니 그 자리에서 신입사원을 선발하더군요』라고 린치는 회고한다.『그는 그 자리에서 졸업생 넷을 면접하더니 그 중 한 명을 채용했지요. 못 말릴 양반이더군요.』사실 분석가들은 저마다 이건에 대해 이런 식의 일화를 한 가지씩은 갖고 있다. IDC의 벨런트는 언젠가 한 기술 세미나에 연사로 참석해 어떤 IBM 기억장치 고객에 대한 이야기를 하고 있었다. 그런데 그가 말을 마치자마자 그 때까지 청중 속에서 무심하게 듣고 있던 이건 회장이 갑자기 연단 위로 뛰어나오더니 자신의 영업사원을 그 고객에게 전화 걸어 내보내야겠으니 이름을 대라고 벨런트에게 다그치더라는 것이다.

### 무엇보다 제품이야, 멍청아!

　무엇보다 중요한 것은 이건 자신이 스스로 전산 분야에서 잔뼈가

굵었으며, 때로는 테크노 마법사라고 장난스럽게 불리는 EMC의 핵심고객인 기업체 전산담당자들에 대해 속속들이 알고 있다는 점이다. 그의 사무실에는 경영자들의 사무실에서 흔히 볼 수 있는 기념품들과 함께, 이건 회장이 방문자들에게 보여주는 조그마한 파란색 표지판이 있다. 거기에는 「무엇보다 제품이야, 멍청아!(It's the product, Stupid!)」라고 쓰여 있다. 이건 회장은 이것이야말로 EMC의 성장 비결이라고 말한다. 전산 전문가들은 성능과 신뢰성, 서비스와 오류에 대해 민감하다. 그들에게는 「제품」이 가장 중요하다.

그러나 이건 같은 래디컬 마케터는 그들이 느끼는 고통도 잘 이해하고 있다. 정보기술 분야는 오랫동안 기를 펴지 못한 직종이었다. 기업체 내에서 가장 기피하는 부서였으며, 현대 기업활동에서 가장 결정적인 기능을 수행하면서도 제대로 된 평가를 받지 못하는, 달갑지 않은 지위에 그쳐왔다. 지난 30년 동안 정보기술 분야에 쏟아부은 몇조 달러의 가치, 즉 실질적인 사업가치를 가져오라는 압력이 계속 쌓여왔다. CIO들은 투자이익을 내놓으라는 회사대표의 분노 속에 포위되고 끝없는 기술적 변천과 제품 혁신, 세계시장의 변덕스런 변화에 시달리면서 이런 공격에 견뎌내기 위해 나름대로 맹렬히 분투해왔다.

CIO들의 평균 재임 기간은 5년 이하다. 따라서 이들은 대단히 냉소적이고 보수적인 집단으로, 잘 알려지지 않은 회사의 검증 안 된 제품에 목숨을 맡기는 사람들이 아니었다. 컴퓨터 회사들은 이들을 고객으로만 생각했지, 이들이 느끼는 고통에 귀를 기울여본 적이 거의 없었다. 대학을 갓 졸업한 새파랗게 젊은 영업사원들을 구성해 EMC라는 회사가 나타나 생전 보지도 못한 아주 다른 제품을 들고 와서 대단히 중요한 회사의 업무 수행에 쓰라고 권유하면, 대부분의 전산실 문이 요란하고 신속히 닫혀버린 것은 당연한지도 몰랐다.

그러므로 마케팅의 관점에서 볼 때 EMC는 래디컬해질 수밖에 없었다. 이건 회장이 1989년 휘청이던 하이테크 업계의 거인 왕 (Wang) 컴퓨터 연구소로부터 EMC의 마케팅 책임자로 고용한 아노는 모든 상황을 곧 간파했다. 『우리는 컴퓨터 본체 기종의 저장장치 분야에 대해 축적된 자료도 없었고, 이 세상에서 제일 보수적인 사람들에게 가장 혁신적인 제품을 들고 가야 했으며 … 그리고 우리는 IBM을 대체하려고 노력했습니다. 우리는 또 신뢰성에도 약간 문제를 안고 있었습니다』라고 아노는 말한다.

아노는 네 개 도시에서 선정한 포커스 그룹을 만들었다. 각 기업체의 정보기술담당을 불러와 그들에게 EMC 제품의 컨셉을 설명했다. 나이 든 참석자들은 오랜 IBM 신봉자들로 회의적이었다. PC와 인터넷 등 신기술의 세례를 받고 성장한 젊은 그룹은 이 컨셉이 더 장래성이 있다고 생각했다. 그러나 실제로 구매하겠다는 층은 아무도 없었다. 가트너 그룹(Gartner Group)이나 IDC 등의 분석가들을 상대로 한 설명회도 회의론만 불러왔을 뿐이다. 아노는 말한다. 『나 스스로 마치 아버지에게 장차 미국 대통령이 되기 위한 계획을 설명하는 열 살 먹은 아이 같다고 느꼈습니다. 아버지는 「그래, 아들아 넌 할 수 있어」라고 약간의 생색을 내면서 말합니다. 하지만 그들의 태도는 한 마디로 「그거 참 흥미롭기는 하지만, 누가 그런 것을 구입하겠나」였습니다.』

이건 사단도 기분은 나쁘지만 그 이유는 잘 이해하고 있었다. EMC는 해병 출신으로서 전에 인텔의 간부였던 이건과 대학 동창 로저 매리노(Roger Marino, EMC라는 회사 이름 중 M의 임자)가 공동으로 1979년 설립한 이래 알록달록 다채로운 역사를 거쳐왔다.

## 기억장치 말고 사무용 가구를 해보지 그래?

이건과 매리노가 신생 데이터 기억장치 회사를 설립했을 때 정보기술의 세계는 이제 막 거대한 변화와 견줄 수 없는 성장을 맞이하고 있었다. 컴퓨터 업계에 대한 IBM의 지배력에 당시의 래디컬 마케터인 혁신적 소형 컴퓨터 회사 디지털 이퀴먼트와 데이터 제너럴, 왕, 그리고 프라임 컴퓨터 같은 혁신적인 중형 컴퓨터 제조업체들이 첫 도전장을 내밀던 시절이었다. 이들은 IBM의 우월성에 처음으로 맞설 수 있는 소형의 저가 컴퓨터를 팔아 저마다 엄청난 수익을 올리고 있었다.

이런 개척자적 모험 회사들과 달리 EMC는 상어나 고래와 공생하는 「파일럿 피시(pilot fish)」처럼, 새롭게 시장을 지배하고 있는 거대 기업들로부터 먹이를 얻어내려면 무엇을 주력 제품으로 삼아야 할지 모색하던 신생기업이었다. 초창기 EMC는 다른 회사의 제품들, 심지어 캘리포니아의 옛 인텔 동료가 만든 사무용 가구까지 팔기도 했다. 이건은 아직도 그 때의 합판 책상 중 하나를 사용하고 있다. 그는 가구사업으로 한 해 40만 달러를 벌던 시절을 떠올리며 웃는다.

EMC가 처음으로 자체 생산한 제품은 당시 큰 인기를 끌던 소형 컴퓨터에 꽂아 넣는 반도체 메모리 카드였다. 디지털 이퀴프먼트나 프라임 같은 회사들이 그들만의 메모리를 제조하고 있었으며, 여기에 독점가격을 붙이고 있었다. EMC는 그들보다 값싸게 제조할 수 있었고, 제3의 공급업체로서 가격경쟁력이 있었다. 그 때도 이미 이건은 래디컬 마케터였다. 이건은, 고객들이 당시 EMC 제품이 제대로 작동하지 않을까 우려하던 기억을 떠올렸다. 이건은 자신이 「안

락한 스위치」라고 이름붙인 작은 전구가 있는, 손잡이가 상하로 달린 스위치를 설치했다. 『우리는 고객들에게 「만약 우리 제품이 문제를 일으킨다고 생각하면 이 스위치를 끄기만 하면 됩니다」라고 말했습니다. 여러분과 저 사이에, 그 스위치가 한 일이라고는 그 전구를 끄는 것뿐이었습니다.』

그 메모리는 고체 반도체였기 때문에 기본적으로 안정적일 수밖에 없었고 고장날 일이 없었다. 그러나 그 스위치는 EMC 제품에 차별성을 부여했다. 이건에게 이것은 기억해둘 만한 마케팅 교훈이었다. 『고객의 반대 요소를 찾아내 실제로든 상상으로든 그것을 제거해줘라.』

대형 컴퓨터 회사들은 고객에게 앞으로 출시될 제품을 선보이는 연례 「사용자 그룹」 회의를 후원했다. 이런 행사에서는 다른 컴퓨터 회사들이 출시하고 있는 제품도 소개되곤 했다. 이건은 EMC가 좀 더 눈길을 끌어야 한다고 생각했고, 올랜도에서 열린 프라임 컴퓨터의 연례 사용자 회의에 부스를 냈다. 전람회장에서 프라임은 가장 큰 부스를 갖고 있었는데, 이건은 바로 그 옆에 큰 공간을 빌렸다. 그는 아들과 딸에게 전화해 며칠 간 회사와 학교에 휴가를 내고 특별한 때를 위해 구입해놓은 비즈니스 정장을 깔끔하게 입고, 아버지를 도와 EMC 부스에서 일하게 했다.

『우리는 커다란 부스가 있었고, 싹싹하고 말끔한 전문가처럼 보였습니다. 사람들은 우리를 대단한 기업으로 생각했습니다』라고 이건은 웃으며 회고한다. 『프라임 컴퓨터는 무방비 상태에서 당했습니다. 그들은 우리가 어떤 사람인지 몰랐습니다. 그러나 그 전람회가 끝날 무렵에는 프라임 사람들 모두 우리에 대해 알게 됐습니다.』 프라임 컴퓨터는 더 이상 EMC가 그 쇼에 참여하는 것을 허용하지 않았다. 그러나 바로 그 한 번의 쇼가 EMC에 시동을 걸어주었고,

EMC는 곧 성장하기 시작했다.

## 재난 피하기

1980년대 내내 EMC는 부가적(add-on) 메모리 분야에서 건실하고 꾸준한 성장을 해왔다. 1986년 기업공개를 전후해서 EMC는 작동 속도와 성능이 배가되면서도 크기와 가격을 줄인 새로운 종류의 기억장치를 개발했다. 가격을 바탕으로 한 매출방식에서, 비싼 개발 · 제조비용을 사내에서 부담하기보다는 주요 부품을 외부에서 구매하는 방법으로 이윤을 증대시킬 수 있다는 것을 이건은 깨달았다.

그는 EMC가 마케팅하고 있는 새로운 기억장치의 핵심부품인 고속 디스크 드라이브를 일본 전자업계의 거인인 NEC로부터 구입했다. 그러나 NEC 제조공정 중 무진실에서의 품질관리에 결함이 있다는 것이 드러났고, 미세한 먼지 입자가 드라이브 안으로 들어가 시한폭탄이 되어 며칠 후, 몇 달 후, 또는 몇 년 뒤 언젠가는 시스템을 파괴시킬 수 있다는 사실을 알게 됐다.

이 문제는 잠복성을 띠었기 때문에 사전 검사도 소용이 없었다. 드라이브는 몇 달 동안 만족스럽게 작동되다가 갑자기 망가져 버리곤 했다. 제품의 10~20%에서 결함이 발생하자 EMC는 문제의 원인을 찾으랴, 분노한 고객에게 새 시스템을 교체해주랴, 그러면서도 파산을 모면해야 하는 큰 소용돌이에 휘말리게 되었다.

『로저와 저는 밤낮 없이 이 문제에 매달렸습니다』라고 이건 회장은 말한다. 전화 두 통에 한 통은 화 난 고객이었고, 이건과 매리노가 직접 이들 고객을 찾아가 문제가 생긴 제품을 새 것으로 바꿔줬다. 한편으로 다른 디스크 드라이브 공급처를 부리나케 찾아다녔다. 『우리가 할 수 있는 것은 다 했지만, 결국 굴복하고 말았습니다』 라고 그는 말한다.

EMC는 기업 공개로 1,000만 달러를 조달했다. 그러나 1989년 재난이 끝나고 나니 이 회사는 현금 5,500만 달러를 날려버리고 파산 일보직전에 처했다. 이건은 말한다. 『한 분석가가, 우리가 제자리로 돌아오려면 7분기는 걸릴 터라고 말한 것을 기억합니다. 저는 그 말을 믿지 않았습니다. 그러나 그가 옳았다는 것을 알았습니다. 저는 고객들에게 너무나도 미안했습니다. 그들은 우리를 위해 자신의 일자리마저 내걸고, 우리를 믿고 IBM을 버린 사람들이었습니다.』

EMC에 다행한 일이라면 IBM 제품에서도 디스크 드라이브가 망가지는 것은 그리 희귀한 일이 아니어서, 저장장치 시장의 고객들은 다소 관대했다. 이건과 중역들은 모든 고객을 일일이 방문해 제품을 교체해주고, 손상된 인간관계를 회복했으며, 그 결과 고객을 한 명도 잃지 않았다. 그렇지만 EMC는 이미 타격을 입었으며, 시장에서 정체상태를 겪으며 품질의 위기로 휘청거리고 있었다.

1988년 이건은 앞날을 내다보는 조치로 회사에 전문경영인이 필요하다고 생각했다. 그는 회사에 꼭 필요한 통제권을 확립하고, 탄탄한 조직으로 만들기 위해 하버드 MBA이자 레이시언(Raytheon) 등의 회사에서 고위직을 거친 루트거스를 고용했다.

루트거스는 EMC를 하나의 회사로 재창사하게끔 진두지휘하면서 깜짝 놀랄 만한 조직의 전환을 꾀했다. 루트거스는 레이시언에서 13년 동안 엔지니어링 관리를 맡았으며, 한때 패트리어트 미사일 생산 감독을 맡기도 했다. 그는 계획을 실행에 옮기는 방법을 알고 있었으며, 한 화살로 모든 나무를 얻는 방법을 알고 있었다고 한 분석가는 말한다.

위대한 래디컬 마케터가 다 그렇듯이 EMC 또한 회사의 운명을 되돌리는 데 경영수완뿐만 아니라 행운과 시류에 의지했다. 본체 기억장치 시장을 새로운 시장으로 눈독 들이고 있을 무렵, 이건 회장은 전직 이스라엘 육군 탱크 부대장이며, 컴퓨터 기억장치에 대해 혁신적 아이디어를 갖고 있던 컴퓨터 엔지니어 모셰 야나이(Moshe Yanai)를 만나게 됐다. 야나이와 그의 개발 팀은 근처 매사추세츠 주 윌섬에 있는 닉스도르프 컴퓨터(Nixdorf Computer)사에서 일하고 있었다. 닉스도르프는 IBM 호환성 본체를 생산하기 위해 노력하고 있었으나 그 프로젝트를 사장하기로 결정했다. 이건은 야나이와 그의 팀에게 EMC에서 일해보자고 제의했다.

전혀 새로운 방식의 본체 기억장치를 생각해낸 것은 바로 야나이였으며, 이것이 나중에 EMC의 시메트릭스 제품군의 씨앗이 됐다. 또 나중에 루트거스의 시장전략에 자극받아 오픈 기억장치를 생각해낸 것도 야나이였다. 래디컬 마케터가 결국은 깨닫게 되듯이, 모든 것은 훌륭한 제품으로부터 흘러나온다. 래디컬하든 전통적이든 간에, 제품의 우수성 없는 마케팅은 빈 껍데기다.

『야나이는 주요한 기술적 요청을 수없이 해왔습니다. 그 요구는 전통적인 지식에 반하는 것이지만 꼭 맞는 것이었습니다.』IDC의 벨런트는 말한다. 『야나이가 없었다면 오늘날의 EMC는 없었을 것입니다.』

## 실패의 겸손

전문가들은 EMC의 제품들을 격찬했다. 그러나 하이테크 업계는 제대로 마케팅을 하지 않아 시들어 죽은, 위대한 제품이 널려 있는 곳이다. 제록스에서 애플, 디지털 이퀴프먼트에 이르는 주요 대기업들도 시장에서 강한 인지도를 얻지 못해 위대한 기술을 사장시킨 사례를 여러 번 보여주고 있다.

정보기술은 여느 산업과는 다르다. 성공은 일반적으로 지금까지 회사를 이끌어온 여세를 몰아 단숨에 다가온다. 그러나 현실에 안주하는 순간 그 회사는 이미 쇠퇴의 길로 들어선다. 다른 산업분야보다 제품 주기가 다섯 곱절쯤 더 빠른 업계에서 EMC는 불과 24개월이면 자신의 높은 위치가 허물어질 수도 있다는 것을 알고 있다. 이를테면 IBM은 기억장치를 주요 시장으로 다시 목표로 삼고, 이제 마치 자기가 좋아하는 영역에서 쫓겨난 호랑이처럼 배고픔을 느끼고 있다.

실은 이 점 때문에 이건 회장은 자신의 재산이 급증하고 있는데도 불구하고 밤잠을 이루지 못한다. EMC는 2000년까지 소프트웨어 개발에 20억 달러 이상을 투자했다. 기억장치 산업의 장래가 하드웨어가 아니라 소프트웨어에 달려 있다고 믿기 때문이다. 모든 데이터를 물리적으로 분리된 두 개의 시스템에 자동으로 동시에 반영시킬 수 있는 능력을 제공하는, 데이터 운영과 재난회복 소프트웨어 같은, 새롭고 혁신적인 몇몇 제품이 빠른 매출 성장을 촉발했다. 그러나 이건은 회사의 엔지니어 800명이 더욱더 많은 아이디어를 내주기를 원한다.

이를 위해 EMC는 본사에 최첨단 고객 브리핑 센터를 설치했으며, 매달 고객 100명 이상을 초청해 회사의 최고경영진과 일 대 일 만남을 갖는다. 제품의 품질과 공급자의 지원에 직무성과가 달려 있는 고위 기술직에 있는 사람들이 초청돼 EMC 기술진이 해줬으면 하는 희망 목록을 제출한다. 그리고 EMC 기술진은 이를 실제로 제품에 반영한다. EMC가 최근 출시한 주요 소프트웨어 여섯 개의 제품 중 네 개가 고객들의 제안으로 만들어졌다.

이건은 브리핑 센터를 찾는 일에 그리 내켜하지 않았던 고객들과 이야기하는 것을 좋아한다. 그는 EMC 기술진과 함께 앉아 새 제품에 대한 희망목록을 놓고 의견을 나눈다. 그는 새로운 아이디어는 주로 고객한테서 나온다고 확신한다. 따라서 EMC가 기술진과 시장 사이의 연결을 용이하게 해주는 한 새로운 제품은 꾸준히 쏟아져 나올 것이다. 『여기에서 한 아이디어가 이곳에서 저곳으로 직접 전달됩니다. 마케팅 부서 직원 여섯 명을 거치지 않고 말이죠. 우리 회사에 오기 전에 IBM에서 일했던 직원에게 물어보니, IBM에서 똑같은 일을 하려면 아이디어가 열네 군데를 거쳐야만 한다고 했어요』라고 이건은 말한다.

아노는 대개의 하이테크 기업에서는 엔지니어와 마케팅 부서 사이에 자연적인 적대감이 존재한다고 지적하면서 이건의 열성을 누그러뜨려준다. 모든 고객의 요구를 제품개발에 반영하기란 한 마디로 불가능하다. 엔지니어들은 때로 단 한 명의 고객하고 얘기하고는 모두와 얘기했다고 믿는다고 한다. 따라서 마케팅 쪽에서 개입해 고객들의 말을 해석하고, 한데 모아 우선 순위를 정해줘야 한다. 아노는 사실, 고객 대부분은 실제 자신들이 무엇을 원하는지 알지 못한다고 말한다. 따라서 래디컬 마케터는 고객이 필요로 하는 것을 찾아내기 위해 끊임없이 질문을 던지고 고객의 사업에 정통할 때까지 파고들어야 한다고 강조한다. 그런 다음 마케팅은 엔지니어링 부서를 위해 그 모든 것을 해석해야 한다는 것이다. 『EMC는 그런 일을 아주 잘 합니다.』1996년 EMC에서 은퇴한 아노는 말한다.

그러나 그는 이렇게 경고한다. 『여러분이 모든 대답을 다 갖고 있다고 생각하면 안 됩니다. 웅장한 계획은 결코 잘 되기 힘듭니다.』 EMC 자신도 웅장한 계획을 갖고 있었지만, 대부분 기대에 미치지 못했다. 사업이 점점 더 예상 밖의 빠른 속도로 성장하고 있었기 때문에, 그들은 무엇이 잘 작용했는지 찾아서 그것을 수단으로 삼아 새로운 아이디어를 계속 시험했다. 하이테크 기업에게 최대의 저주는 계획을 시험해보니 사실과 들어맞지 않고, 그래서 시험을 중단하는 경우다. 대부분의 하이테크 기업들은 계획을 수정하지 않는다고 아노는 말한다. 그들은 계획에 집착하고 고객이 틀린 것이라고 가정한다. 그는 『많은 컴퓨터 업체가 그리 오래 작용하지 않을 비전에 매달렸습니다』라고 말한다.

자기 만족과 오만은 EMC에선 드물다. 왜냐하면 경영진 대부분이 실패한 다른 분야의 기업에서 일해본 경험이 있기 때문이다. 현재 128번 도로의 하이테크 공단은 높은 고용률과 수백 개의 신생기업으로 흥청거리고 있다. 그러나 과거 디지털 이퀴프먼트, 데이터 제너럴, 왕 연구소, 프라임, 아폴로 컴퓨터(Apollo Computer)들이 차지하고 있던 빈 사무실 공간은 한때 지배적 지위에 있던 회사들이 지금은 없어지고, 팔렸거나 껍데기만 남은 사실을 생생히 보여주고 있다.

EMC는 또 다른 EMC가 숨어 자신들이 IBM에 했던 방식 그대로 도전해오리라는 사실을 깨닫고 있다. EMC는 1998년 〈월 스트리트 저널〉의 3개 면에 걸쳐 인텔이 자신의 브랜드를 성공적으로 알린 「인텔 인사이드」 광고에 수긍하는 그대로, 이른바 「EMC 효과(The EMC Effect)」를 알리는 광범위하고 전통적인 형태의 마케팅 공세를 펼쳤다.

그러나 EMC는 이 광고에 1,000만 달러도 지출하지 않았다. 다른 대기업들이 광고 판촉에 쓰는 돈을 바닷물이라고 한다면 이는 한 방울의 물밖에 안 되는 액수다. 기업의 지식경영에 대한 새로운 투자 열기와 인터넷의 확산, 그리고 기업 전산 시스템에 대한 관심의 증가는, EMC로 하여금 경쟁사들보다 높은 파도를 타면서 기억장치 분야의 수입을 더욱 높일 수 있도록 해줄 것이다. EMC 브랜드는 가장 래디컬한 마케팅 기법을 고수하면서 하이테크 유명 브랜드 신전의 존경받는 회원이 될 것이다.

『우리는 언제나 우리의 제품이 우수하다는 것을 알고 있습니다』라고 루트거스는 말한다. 『그러나 하이테크의 세계는 우수한 제품으로 가득 차 있습니다. 여기에서 가장 중요한 것은 고객들의 말에 진심으로 손을 내밀고 귀를 기울여 듣는 인내심을 갖는 것입니다.』

# 11

# 하버드 경영대학원

최고 학벌, 최고 강도의 래디컬 마케팅

분명한 임무에 전력하고, 핵심고객층을
이해하고, 가까이 다가가며, 브랜드를
철저하게 통제하라.

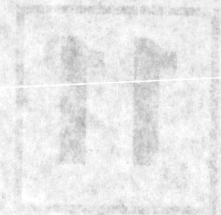

일반적으로 대단한 전통적 마케팅의 결과는 하나의 브랜드를 그 업계에서 황금의 표준으로 바꾸어놓는다. 코카콜라, 월트 디즈니, 코닥, IBM, 그리고 맥도날드 등은 자신의 제품을 세계에서 가장 인지도 높고 존중받는 브랜드로 만들기 위해 풍부한 자본과 막대한 광고 판촉비를 사용해온 세계적 수준의 전통적 마케터들이다.

물론 막대한 광고비도 쓰지 않고, 또는 마케팅 예산에 지원을 쏟아 붓지 않고도, 가끔씩 래디컬 마케터의 손으로 브랜드가 그와 유사한 지위, 즉 한 업종의 정상이나 틈새시장의 정상에 우뚝서기도 한다. 그 예로 하버드 경영대학원은 경영대학원이라는 시장을 창출했을 뿐만 아니라 90년이 지나도록 그들 가운데 가장 성공적이고 존중받는 브랜드로 군림해왔다. 여러 세대의 최고경영 지도자들과 영향력 있는 경영이론이 끊임없이 하버드 경영대학원에서 배출됐다. 이를 통해 미국 기업의 지형을 형성해왔을 뿐 아니라 지난 반 세기 세계경제의 모습을 좌우해왔다. 수제 맥주를 생산한 보스턴 맥주와 프리미엄 사료를 갖고 있던 아이엠스 식품처럼, 하버드 또한

MBA의 기준을 설정하고 이것으로 수익성 높은 시장을 구축했다.

1908년 설립된 이래 「B-스쿨(B-School : 하버드 경영대학원의 약칭)」은 래디컬 마케터들이 하나같이 추구하는 주제를 신봉함으로써 번영을 구가했다. 즉 분명한 임무에 전력하고, 핵심고객층을 이해하고 가까이 다가가며, 브랜드를 지독하게 통제한 것이다. 래디컬 마케터가 다 그렇듯이, 하버드 경영대학원은 시장을 창출했을 뿐 아니라 시장이 요동칠 때마다 충분히 대응할 수 있는 신축적인 조직과 집중력을 갖고 있었다.

B-스쿨 자체는 엄청나게 성공적인 비영리기관이다. 기부금 규모 8억 2,000만 달러는 어떤 경영대학원보다 많은 액수이며, 연간 예산 2억 달러 또한 최고다. 방대하고 깨끗한 풍치를 지닌 약 240제곱킬로미터에 이르는 캠퍼스는 다른 경쟁 대학의 부러움을 사고 있다. 졸업생 목록은 세계적 기업체 대표와 전문경영인, 자영 사업가, 컨설턴트, 그리고 벤처 투자가들의 인명록 그 자체다. 최근 하버드 경영대학원 졸업생은 연봉 초임이 평균 14만 5,000달러 이상으로 여느 대학원 졸업생보다 높다. 또 하버드 경영대학원 출판부는 경영대학원 교육의 교과서로 급속히 자리잡고 있다. 출판부의 우편주문 목록에는 7,500종의 서적들이 빼곡히 적혀 있고, 이 가운데는 베스트셀러 경영서적에서 사례연구집, 일련의 대화식 컴퓨터 교육기자재까지 망라돼 있다. 하버드 경영대학원의 최고경영자 과정은 성공적인 브랜드 확장을 개척한 사례로서, 해마다 5,000만 달러의 수입을 가져다 준다. 그리고 하버드의 자랑인 학술지 〈하버드 비즈니스 리뷰(Harvard Business Review)〉는 경영이론의 성서로 남아 있다. 이것 역시 또 하나의 매우 성공적인 브랜드 확장 사례다.

하버드 경영대학원의 브랜드 관리 능력을 그저 하버드라는 이름이 갖는 힘과 영향력으로 치부하려는 자연스런 경향에도 불구하고,

B-스쿨은 사실 창립 이래 브랜드를 창출 · 확대 · 보호하기 위해 래디컬한 발상을 채택해왔다. 여기에는 가장 전통적인 기업들조차 참고해야 할 교훈이 담겨 있다.

## 정상을 지키기

실로 위대한 여느 브랜드들처럼, 하버드 경영대학원은 우상과도 같은 지위로 떠받쳐지고 있다. 많고 많은 경영대학원 무리 중 최정상에서 전혀 뚫고 들어갈 수 없는 위치로 보이고, 비판론자들의 공격에도 끄덕없으며, 담쟁이덩굴로 덮인 벽 속에서 어떤 격변에도 놀랄 만큼 쉽게 회복하는 것처럼 보인다. 외부에서 보기엔 모두 다 쉬워보인다. 즉 기부금 많고 전통적으로 풍족한, 게다가 빠르게 세계 경제의 최고위직과 가장 영향력 있는 위치로 나아가는 특출한 졸업생들을 끝없이 배출하는 교육기관이기 때문이다. 양가죽에 진홍색 글씨로 된 하버드 졸업장은 천문학적 연봉의 고위직을 보장해주기 때문에 이렇듯 감사한 마음이 넘치는 졸업생들은 다시 학교로 그들의 후계자와 자녀들을 진학하게 한다. 그럼으로써 최고의 영재들과 어울리게 하고, 두둑한 기부금도 보냄으로써 B-스쿨의 부를 영구순환시킨다(그러나 교무처의 입학사정 부서는 졸업생 자녀에게 특별한 관심은 갖지만, 자격이 안 되는 지원자들에게 자동입학이라는 특전은 없다고 한다. 즉 브랜드의 완전성을 유지하는 것이 지상목표다).

그러나 EMC와 프로비디언, 할리데이비슨, 그리고 다른 래디컬 마케터가 다 그렇듯이 B-스쿨의 성공은 의도적으로 성취된 결과다. 시장에서의 현재 지위는 우연한 횡재 못지않게 지도자들이 끊임없이 브랜드의 광채와 평판을 유지하기 위해 노력한 성과다. 초창기부터 B-스쿨 경영자들은 제품의 질에 전력 투구해왔으며, 자신의 고객이 학생으로 입학할 때부터 졸업 후 동문으로서의 관계에 이르기까지 깊고 허심탄회한 유대를 맺고 있다.

B-스쿨은 위대한 브랜드를 특징짓는 세 가지 분야에서 모두 성공을 거둬왔다. ① 상품의 본질과 품질을 늘 시장의 최고 수준으로 유지해, 심지어 아무 연관이 없는 사람들한테도 그렇게 느껴지게 해왔다. ② 상품을 둘러싸고 하나의 공동체를 만들어 성장해왔다. 즉 서로를 지원하고 인생의 여러 측면에서 문호를 개방하는 방대한 동문 조직이 그것이다. ③ 제품 자체뿐만 아니라 그와 연관된 모든 것의 가치를 높여주는 혈통보증서와 그 위상을 얻었다.

어떤 래디컬 마케터는 브랜드를 몰고 가는 데 버진 항공의 브랜슨이나 아이엠스의 매틸처럼 단 한 명의 역동적인 인물에 의존한다. 그러나 하버드 경영대학원의 브랜드는 하나같이 혁신적이었던 역대 원장들에 의해 인도되었다. 원장들도 물론 B-스쿨이나 하버드 대학 출신이다. 이들 원장은 브랜드 관리자였을 뿐만 아니라, 임무를 지키고 상표를 지키는 수호자들이었고, 모두가 한결같이 브랜드를 희석시키지 않고 확장하는 방법을 찾아냈다. 기업체의 대표이사와 마찬가지로 이들 원장은 각기 마케팅 기능을 직접 소유했고, 그것을 관료적인 계층으로 이양하기를 거부했다. 사실 브랜드 관리자들은 브랜드의 문화와 이데올로기에 정통한 200명의 교수진이다. 이들은 날마다 교실에서 브랜드의 성장에 기여한다.

B-스쿨의 입학 허가를 열망하는 재능 있는 젊은 학자들은 브랜드 주위로 모여든다. 『하버드와 버클리 두 곳에서 입학 허가를 받았는데 신경 쓸 필요가 전혀 없어요.』 하버드 경영대학원에서 관계 마케팅과 브랜드 충성도를 가르치는 수전 푸르니에(Susan Fournier) 교

수는 말한다.『이 곳에 오면 다른 데서 배울 수 없는 것을 배울 수 있음을 알았어요. 경영학에선 이 곳이 최고의 브랜드라는 관념이 있어요. 저는 그것을 고전이라고 부르고 싶습니다. 이 학교는 믿기 어려울 정도의 유산과 혈통이 있죠. 그래서 브랜드의 본질 그대로를 지키기 위해 노련하게 대처해왔습니다.』

### 공동체 추적하기

하버드의 브랜드는 교실 넘어서까지 잘 관리되고 있다. B-스쿨 동문회는 생존해 있는 동문 6만 6,000명 대부분을 긴밀히 관리하고 있다. 그들의 경력, 소득, 가계, 그리고 사회활동에 대한 기록을 관리한다. 이것은 하나의 거대한 집단, 그것도 엘리트 집단이다. 회원이 되면 일반적으로 무제한의 소득과 경영자 사회에서 커다란 영향력이 확보된다.

1997년 HBS(하버드 경영대학원의 머릿글자) 졸업생들은 졸업과 동시에 평균 네 곳에서 취업 제의를 받는다. 이는 경영대학원 가운데 최고 기록이다. 졸업 후에는 전세계 주요 도시에 산재해 있는 동문 개개인이 주최하는 저녁식사 모임과 경영회의가 끊이지 않기 때문에 동문들은 브랜드에 긴밀하게 연결돼 있다. 이를테면 최근 동문 클럽들은 보스턴 캠퍼스의 B-스쿨 교수가 위성을 통해 12개 도시로 방송하는 점심모임을 겸한 원격회의 시리즈를 개최하기 시작했다. 동문들은 100달러만 내면 이런 자리에 어울려 새로운 것을 배우고, 브랜드에 지속적으로 전념한다.

실제로 하버드 경영대학원 동문 명부에 실리는 것은 〈포천〉이 선정하는 우량기업 명단에 들어가는 것보다 더 강력한 브랜드 입증서다. 업종을 막론하고 기업체 최고경영자들의 학력 증명서를 살펴보면 어떤 경영대학원보다 하버드가 단연 다수를 차지할 것이다. 뉴욕 주 멜빌에 소재한 매출액 77억 달러의 전자부품 공급업체 애로 일렉트로닉스(Arrow Electronics)의 대표이사 스티브 카우프먼(Steve Kaufman)은 쉰여섯 살로 하버드 경영대학원이 만들어낸 「상품」의 전형적인 사례다.

카우프먼은 하버드 경영대학원의 1965년도 졸업생이다. 그의 동기생 가운데는 IBM 회장이자 대표이사 루이스 V. 거스트너 주니어(Louis V. Gerstner Jr.), 시어스 백화점 체인의 전무 아서 마르티네즈(Arthur Martinez) 등이 있다. 카우프먼은 보스턴 태생으로 MIT에서 공학을 전공한 뒤 미시간 주의 소규모 제조업체에서 일하다가 잠시 케네컷 카퍼(Kennecott Copper)를 거쳐 매킨지 & 컴퍼니(McKinsey & Company)의 컨설턴트로 11년을 일했다. 부단히 승진가도를 달려오면서 미들랜드 로스(Midland Ross)사에서 3년 동안 일하고 이후 15년 전 애로 일렉트로닉스에 채용됐다. 그는 1986년 대표이사를 거쳐 1994년 회장으로 취임했다.

카우프먼에게 B-스쿨은 졸업 후 30년이 지난 지금까지도 인생의 정력제였다. 그는 졸업 이후에도 최고경영자 과정을 밟기 위해 여덟 번이나 학교로 돌아갔으며, 앞으로 은퇴하면 모교에서 시간강사를 할 생각이다. 그는 대학원 덕분에 자신이 사업과 인생에서 오늘날과 같이 발전하게 되었다고 생각한다.

하버드 경영대학원의 교육과정은 그가 날마다 사용하는 문제해결의 틀, 즉 「문제를 종합하고 초점을 맞춰내는 정신적 능력」을 만들어줬다. 그는 이를 오늘날까지 일상생활에 적용하고 있다고 말한다. B-스쿨에서의 교육은 그에게 문제를 규정짓게 하고, 주요 요소와 해결해야 할 의제를 정하게 하는, 틀 속에서 사고하도록 훈련시

컸다. 모든 업종에 걸쳐 500가지 기업 사례를 익힘으로써 그는 실제 경영활동에서 이 지식의 「데이터베이스」를 적용할 수 있었다.

게다가 거스트너, 마르티네즈와 같은 사람들과 연줄이 있다는 것은 그의 사회생활과 개인생활에 큰 영향을 미친 정보와 인맥, 그리고 평생 우정관계의 네트워크를 제공했다. B-스쿨 졸업장에 함께 따라오는 명성이란 영성스럽고 또한 실제적인 것이었다. 카우프먼은 말한다. 『옳고 그름과 공평함 여부를 떠나서, 많은 사람들이 혈통을 보고 사람을 판단한다는 것은 엄연한 사실입니다. 하버드 경영대학원은 대단한 혈통보증서죠. 그리고 그 곳 출신이라는 것을 아는 순간 사람들의 평가는 한 단계 뛰어올라갑니다. 아주 솔직히 말하자면 그게 도움이 됩니다.』

RADICAL MARKETING

## 조직인에서부터 엘리트 기업인까지

마치 강력한 컨설팅 회사나 투자은행처럼, 하버드 경영대학원의 200명 가까운 원장과 교수진은 정보를 빠르게 교환하고, 토론과 자기반성을 통해 오만해지는 성향을 방지하는 역동적인 파트너 관계를 형성하고 있다. 하버드 경영대학원 원장이나 주임교수급쯤 되면 성공이란 단지 태어날 때부터 주어졌거나 운명적인 게 아니라는 사실을 강조하려 들 것이다. 하버드 경영대학원 출판부의 사장이자 대표이사인 린다 도일(Linda Doyle)은 『2류 연구조사 계획이나 3류 도서관을 갖고 일류 MBA 과정을 만들 수는 없습니다』라고 말한다. 『우리가 최고여야 하며, 또 전체적으로 통합된 교육과정을 통해 브랜드를 매우 강력하게 만들어야 한다는 것이 우리 대학원의 일관된 주제입니다.』

다른 기업체들과 마찬가지로 B-스쿨도 시장의 순환주기 곡선을 탄다. 때로는 전체 교과과정이나 내부 구조를 모조리 새로 짜기도 한다. 한때는 대기업에 잘 적응하는 「조직인」 스타일을 자랑스럽게 배출하던 시절도 있었지만, 이 대학원은 동시에 혁신을 추구하는 새로운 두뇌들의 온상이기도 했다. 이를테면 벤처 기업이나 경영 컨설팅 등의 분야는 본질적으로 하버드 경영대학원 교수들이 만들어낸 분야다. 최근 이 대학원은 기업가 정신(entrepreneurship)과 정보기술 등 학문적 연구가 결여됐던 분야의 교육계획에 자원을 집중하고 있다.

IBM의 거스트너 회장이나 시어스의 마르티네즈, 애로 일렉트로닉스의 카우프먼, 그리고 머크(Merck)사의 레이먼드 길마틴(Raymond Gilmartin) 같은 수백 명의 동문들이 각 기업의 최고경영자 자리를 메우고 있으며, 오늘날 하버드 경영대학원 졸업생의 40~50%가 창업을 했거나 신생기업을 운영하고 있다. 나머지 가운데 대다수는 컨설팅과 투자은행 또는 벤처 캐피털에 진출한다. B-스쿨에 오만함이 존재한다면, 그것은 스스로를 최고의 영재라 자처하는, 또 성공을 못해 안달이 난 학생들 사이에서나 찾을 수 있을 것이다.

1980년 이 대학원은 한 교수에게 기업가정신에 대한 학과목을 개설하게 했다. 오늘날 클라크 원장 아래에서는 기업가 정신을 가르치는 전임교수가 18명, 또 다른 교수 12명이 기업가 정신 관련 연구에 몰두하고 있다. 1997년에는 졸업생 185명이 샌프란시스코 만 일대에서 일자리를 잡았다. 이 숫자는 사업가적 환경의 중심에 자리 잡은 인근 스탠퍼드 경영대학원과 거의 맞먹는다. 동시에 하버드 경영대학원은 하이테크 업종에 대한 연구를 더욱 강화하기 위해 실리콘 밸리에 연구 센터를 열었다.

동시에 교과구조에서 사례연구에 이르기까지 교과과정도 업계의 세계화 경향을 반영해 더 국제화된 내용으로 변했다. 또 다른 사회 조류를 반영해 여성 경영자가 이끄는 기업체들도 사례연구에 추가됐다. 하버드 경영대학원은 래디컬 마케터가 다 그렇듯이 제품의 고결함을 높이 지켜왔다. 그 이유는 변화를 피하지 않고 적극 수용했기 때문이다. 그러나 이들 변화는 B-스쿨 고유의 일관성 있는 여과과정을 거치기 때문에 브랜드는 변함 없이 유지된다.

클라크 원장은 브랜드의 품질을 확고히 하는 것이야말로 최고의 관심사라고 말한다. 사실 대부분의 의사결정에서도 이 점이 가장 중요한 추진력이다. 브랜드를 확장하되 희석시키지 않는 것은 래디컬 마케터의 자랑스런 품질보증서다. 위대한 래디컬 마케터는 브랜드를 충실히 고수한다. 이를테면 하버드라는 이름의 매력 때문에 B-스쿨은 서적과 상품에서부터 맞춤 교과과정에 이르기까지 끊임없이 수지맞는 사업 제안의 표적이 된다. 그러나 대부분은 거절당한다.

클라크는 한 유수한 컨설팅 회사로부터 하버드 경영대학원을 자신의 신입사원들을 교육하기 위한 8주짜리 특별 경영자 과정으로 사용하고 싶다는 제의를 받았다. 한 번 시작하면 몇 년 동안 반복적으로 수입이 들어오는 대단히 수지맞는 건수였다. 『숫자를 따져보니 그건 금광을 캐는 것과도 같았어요. 그러나 그것은 해선 안 되는 일이었습니다』하고 클라크는 말한다.

1990년대 중반, 최고경영자 과정이 개별기업에 대해 특별과정을 제공하기로 결정하자 클라크는 이런 결정은 그렇지 않아도 넘쳐나는 학교의 재원을 더 불리겠다는 발상이므로 해서는 안 된다고 주장했다. 특별과정의 목적은 교수들의 지식 저변을 넓혀주는 것과, 까다롭고 도전해볼 만한 문제에 대한 기업체 지도자들과 교수들의 협동 연구기회를 제공하는 것이어야 했다.

연구과제는 특정 업종에 대한 이해를 넓고 깊게 해줘야 했으며, 그렇지 않으면 채택하지 않을 방침이었다. 앞에서 얘기한 컨설팅 회사의 제안은 핵심 교과과정을 압축한, 단순히 하버드 MBA 과정을 희석시키는 것이었기 때문에 클라크 원장은 전혀 망설임 없이 거절했다.

## 무게 중심을 공유하기

어떤 교육기관에서는 종신재직제도가 교수들의 자기만족을 낳기도 한다. 그러나 하버드 경영대학원의 교수진 193명 가운데 그들이 표상하는 가치를 깎아내리는 행동을 하는 사람은 거의 없다. 사실 교수진의 우수성이야말로 브랜드의 핵심이다. 한 교수는 강의실이 하버드 경영대학원이라는 「배를 똑바로 나아가게 하는 중심축」이라고 말한다.

하버드 경영대학원은 학생들만 최상위권층으로 끌어들이는 게 아니라, 학계의 최고 두뇌들을 교수로 끌어들이는 자력을 지녔다. 그러나 지성만으로는 충분하지 않다. 하버드는 자랑스러운 사례연구식 교수방법과 함께 오래 전부터 교수들에게 탁월한 교수방법을 엄격하게 요구해왔다. 하버드 경영대학원 교수들의 우선순위를 연구 이전에 교수능력에 둠으로써 대학원으로서는 파격적인 출발을 보였다.

『이 학교는 제가 지금까지 거쳐온 어느 학교보다 교수방법을 무척 강조합니다. 강의실 장악력과 지적 명석함, 그리고 교수방법을 엄청나게 강조합니다』 하고 카우프먼은 말한다.

신참 교수들은 스스로 교수방법 훈련을 열심히 받아야 하며, 가을 학기 이전 여름 동안 교수방법 세미나에 등록해야 하고, 재직기간 내내 매주 세미나에 참석해야 한다. 오전 9시에 시작되는 강의를 준비하기 위한 교수진 회의가 1주일에도 몇 차례씩 새벽 6시에 열린다. 여기에다 신임 교수들에게는 각기 한 명도 아니고 여러 명의 고참 교수가 멘토(mentor : 개별지도를 하는 선배, 교수)로 배정돼 한 명은 학문분야, 한 명은 출판, 한 명은 단지 신임 교수를 하버드식으로 길들이는 일을 맡는다.

한 세기 가까이 진화·발전해온 조직문화는 브랜드를 위한 강력한 토대를 형성한다.『모든 사람이 똑같은 무게 중심을 갖고 있습니다』라고 푸르니에는 말한다.

우수성을 추구하는 열기는 어디에나 퍼져 있다. 예컨대 보스턴 일대에 눈발이 날릴 것이라는 예보가 나오면 B-스쿨 교수들은 연구실이나 교수 숙소에서 아예 밤을 샌다. 궂은 날씨나 컨설팅 과제를 이유로 휴강하는 것은 금기다.

다른 성공적인 래디컬 마케터가 다 그렇듯이 B-스쿨의 경영자들은 그들의 브랜드를 경건하게, 거의 신경질적인 관심을 갖고 보살펴왔다. 1965년도 졸업생이며 마케팅 컨설턴트이자 27년 동안 교수로 일해온 섀피로는 말한다.『브랜드는 주의 깊게 보살핌을 받고 보호돼왔습니다. 사람들은 우리가 전화에 응대하는 태도에서 이 곳 캠퍼스 풍경에 이르기까지 우리가 하는 모든 일을 보고 판단하기 때문입니다.』이 대학원은 자신의 브랜드에 너무 집착한 나머지 오로지 사람들에게 하버드 경영대학원의 방패 모양 상징물을 올바르게 사용하는 방법을 알리려는 목적으로 20쪽짜리 책자를 발간하기까지 했다.

그래도 결정적인 시장의 흐름을 놓치는 때도 있었다. 사실 여러 번 그런 일이 있었다. 하지만 이 대학원은 재빨리 선두 자리에 복귀하기에 충분한 화력과 자원을 보유하고 있다.

1980년대 내내 스탠퍼드(Stanford), 와튼(Wharton), 그리고 노스웨스턴의 켈로그 경영대학원(Kellogg School) 등 경쟁 학교들은 하버드를 직접 겨냥해 혁신과 리더십 분야에 대한 하버드의 명성에 정면공격을 가하는가 하면, 교과과정을 재검토하고 전체 교육 프로그램을 재구축해 시장점유율을 늘려갔다. 실제로 B-스쿨은 경영대학원 교육의 주모자로 몰려, 특히 최근 몇 년 동안 외부로부터의 따가운 시선에 시달렸다.

이를테면 〈비즈니스 위크〉가 1988년부터 한 해에 두 번씩 발표하는 경영대학원 순위에서 하버드는 한번도 정상을 차지하지 못했다. 경제전문 매체들은 교과과정에 취약성이 드러날 때마다 맹공을 가하고, 미국 자본주의의 대들보를 이끄는 경영전략을 문제삼는 등 하버드 경영대학원의 결점에 집중적인 보도세례를 퍼부었다. 그럼에도 불구하고 경영대학원 분야를 전문적으로 보도해온 〈비즈니스 위크〉의 존 번(John Byrne) 기자 같은 사람도, 그 같은 순위 발표와 비판적인 기사들은 하버드 경영대학원의 브랜드에 거의 충격을 주지 못했다고 인정한다.

『이 브랜드는 너무 강력합니다. 그 힘은 아무리 전략적 실수를 많이 한다 해도 그 여파를 다 흡수할 정도입니다. 10년 동안 그것이 최고가 아니라고 주장해온 순위 발표에도 불구하고 이 브랜드에는 전혀 흠집도 내지 못했습니다』라고 번은 말한다.

하버드는 여러 가지 순위 조사결과를 나름대로 심각하게 받아들인다. 1988년 2위였던 것이 1990년 〈비즈니스 위크〉의 조사에서 3위로 떨어진 데 자극받아 광범위한 내부 재평가를 실시했다. 그 결과 1993년 학교의 전략적 방향을 재설정했다. B-스쿨은 언제나 자체 평가만 해왔지만, 평가의 과학이야말로 자신의 전공분야 아닌가? 예컨대 클라크 원장에 따르면, 입학 지원자들의 질은 시험점수로 보나 실무경력으로 보나, 그리고 리더십으로 보나 여전히 그 어느 때보다 높고, 타의 추종을 불허하는 수준이라고 한다.

RADICAL MARKETING

## 브랜드 파워

이 브랜드는 얼마나 강력할까? 이 학교는 수요를 따라갈 수 없다. 해마다 입학 지원서를 보내달라는 신청이 5만 건 이상 접수된다. 1997년의 경우 이 가운데 실제로 7,500명이 정식 지원했는데, 정원은 880명이었다. 1,000명을 합격시키면 90%가 등록을 하는데 이는 경영대학원 중 가장 높은 등록률이다. 그런데도 하버드 경영대학원은 이런 성공에 만족하지 않고 등록을 하지 않는 10%를 추적해 그 이유를 하나하나 확인한다. 클라크 원장은 일부 경쟁 학교로 간 경우도 있으나, 대부분은 더 나은 직장을 노리다가 그대로 눌러앉은 직장인들이라고 밝힌다.

입학한 학생들은 2년의 재학기간 중 주의 깊게 관찰되고, 졸업 후에도 그렇다. 마치 최상품 와인처럼 B-스쿨 졸업생들은 해가 갈수록 품질과 가치가 더 높아진다. 그리고 그들의 진정한 평가 기회는 졸업 후 20년쯤 됐을 때 찾아온다. 따라서 1995년도 졸업생들은 2015년쯤 기업체들을 지배하고 있을 것으로 기대되는 것이다.

학교란 교수사회의 관료적 마비 증세에 걸리기 쉬운 기관이긴 하지만, 하버드 경영대학원은 대부분의 경우 실제 기업현장의 실천과 최신 경영 관심사와 보조를 맞춰오는 데 성공했다. 최초의 시장 형성에서 하버드 경영대학원은 전통적 통념을 기꺼이 벗어던졌다. 고객과의 일심동체적 유대감을 웅변하는 대목은 하버드 경영대학원이 일찍이 교수들에게 기업체의 컨설팅에 적극 응하도록 장려해온 점과 실제 경영에 함께 참여해왔다는 점이다.

실제로 현실 세계와 밀접하다는 점은 학문적인 요소와 늘 마찰을 일으켜왔다. 대부분의 대학원들이 각자의 전문분야에서 고도로 분석적이며 초점을 좁힌 연구에 집중하는 반면, 하버드는 고고한 학문의 세계에 머물기보다는 일상의 경영활동에 적용 가능한 실제적인 경영학 교육을 하겠다는 독특하고도 파격적인 접근방식을 택했다. 교수진과 연구 조교들이 만들어내는 저 유명한 사례연구들은 학생들에게 경영문제와 기업 운영상의 위기 또는 경제적인 당면 위기 등에 대한 최신 지식을 알려준다. 그 결과 B-스쿨은 설립 이래 지금까지 학자사회 내에서는 조롱과 비웃음의 대상이 돼왔다. 진정한 학문연구를 원했던 교수들은 이론연구에 전념할 수 있는 시카고나 MIT 또는 스탠퍼드로 옮겨갔다.

하버드 경영대학원은 그럼에도 불구하고 기라성 같은 슈퍼스타 교수들에게 매력 있는 자리였다. 제2차 세계대전 시대의 로버트 맥나마라(Robert McNamara)부터 최근의 마이클 포터(Michael Porter), 로버트 캐플런(Robert Kaplan), 그리고 로자베스 모스 캔터(Rosabeth Moss Kanter) 등이 포진하고 있다. 아무리 래디컬하더라도 이 학교의 브랜드는 경영학 이론의 한계를 벗어나 자신들의 생각을 현실 세계에서 시험해보고 싶어했던 학자들에게 엄청난 매력으로 작용했다.

수익사업이 전통적으로 파문 선고로 여겨지던 학문적 환경 속에서 B-스쿨은 자신의 브랜드를 출판에서 인터넷 기반 교육에 이르는 모든 분야로 확장하는 방법을 개척해내고야 말았다. 실제로 B-스쿨이 자신의 브랜드를 보살피고 성장시킨 과정은, 대부분 이 학교 졸업생으로 운영되고 있는 여러 기업체에 직접 적용할 수 있는 교훈을 제공한다.

## 민감한 실험

하버드에는 명문 의대와 법대가 있고, 하나의 정당화된 학업으로 직업적 전문교육을 확립한 역사가 있긴 하지만, 금세기 초 경영대학원을 세우겠다는 발상은 실로 래디컬한 개념이었다. 필라델피아의 철강업자 조지프 와튼(Joseph Wharton)이 1881년 펜실베이니아 대학에 10만 달러의 기부금을 내 최초의 학부 경영학과가 생겨났다. 1900년에는 다트머스 칼리지(Dartmouth College)가 최초의 경영대학원인 에이모스 터크 스쿨(Amos Tuck School)의 문을 열었다. 그러나 당시 엉뚱한 발상으로만 여겨지던 경영대학원 교육에 학문적 합법성의 도장을 찍어주게 된 계기는 8년 뒤 하버드 경영대학원의 설립이었다.

그 때만 해도 기업가들을 악덕 착취자 또는 가게 주인 정도로 치부하던 시대에, 비즈니스와 교육은 한 문장 안에 끼워주지도 않았다. 20세기로 들어서면서 미국 전역에 독립적인 비즈니스 스쿨이 우후죽순 생겨나긴 했지만, 대학은 그렇듯 비과학적이고 비학문적인 연구에 학위를 주기 싫어했다. 기업가들은 도제교육이나 OJT, 그리고 나날의 피땀 어린 분투를 통해 스스로 지식을 늘려갔다. 회계원리를 가르치는 과목도 있기는 했지만, 기업 경영자들은 공장이나 사무실에 들어서서 출세를 위해 싸우는 입장이 되고 나서야 필요한 것을 스스로 배우는 형편이었다.

그럼에도 불구하고 하버드 의대나 법대는 오래 전부터 그들 학문 분야에서 제각기 대들보가 되었다. 직업적인 대학원 교육도 얼마든지 가능하다는 것을 보여준 것이다. 하버드 대학은 찰스 W. 엘리엇(Charles W. Eliot) 총장과 A. 로렌스 로웰(A. Lawrence Lowell) 행정처장(후에 총장이 됨) 재임시절, 경영학 분야에서도 법대·의대와 같은 대학원급 교육기관을 세운다는 계획을 거의 10년 가까이 신중히 검토했다. 몇몇 교수들과 학생들은 경영관리 이론연구는, 특히 철도와 섬유 등 당시의 주력 업종에 커다란 도움이 될 것이라며 강력한 옹호론을 폈다.

초창기 래디컬 마케터였던 로웰 행정처장은 자신의 결정이 어떤 논란을 일으킬지 잘 알고 있었다. 1907년 그는 이렇게 썼다.『우리 대학은 남들이 하지 않는 것을 해야 한다고 생각한다. 그러나 기왕할 거면 반드시 성공할 수 있는 여건에서 해야 한다.』

이를 위해 새로운 대학원은 문학·과학·공학 학사학위를 받은 사람에게는 하버드 경영학 석사학위를 수여하기로 했다. 교육목표는 지도자를 교육·양성하는 것으로 하고, 단지 전문직업인 교육은 피하기로 했다. 마케팅이나 재무·영업을 다루는 학교가 아니라 최고경영자를 위한 학교로 만들기로 했다.

로웰이 더욱 래디컬했던 것은, 교수진이 경영 현장의 문제 자체에 깊숙이 관여하게 한다는 구상이었다. 로웰은 스스로에게 물었다. 교수들을 실제 기업현장에 관여하게 함으로써 쓸모 있는 직업적 교육을 제공하면서도 동시에 하버드에 공존하게 할 수 있을까? 학문적으로 신뢰할 만하고 존중받을 만할까? 기업경영과 고상한 학구적

연구와 교육의 이상을 뒤섞는 것은 당시에는 거의 이단에 가까운 발상이었다. 로웰이 이를 「민감한 실험(the delicate experiment)」이라고 부른 것은 놀랄 일이 아니었다.

그럼에도 불구하고 1908년 가을 기업체에서 초빙한 강사들을 포함한 교수진 15명과 학생 24명으로 하버드 경영대학원(Graduate School of Business Administration)이 문을 열었다. 하버드 사상 처음으로 경영대학원 과정을 밟기 위한 별도의 학생들이 모였던 것이다.

이 새로운 대학원은 출발 초기부터 재정적으로나 학문적으로 스스로를 방어해야만 했다. 하버드 대학에서는 오랜 전통상 각 단과대와 대학원들이 「독립채산제」 방식을 취하고 있었다. 따라서 하버드라는 이름을 쓴다는 이점에도 불구하고 경영대학원은 스스로 성장해 재정적 안정과 학문적 인정을 얻어내야 했다.

## 경영대학원 시장 차지하기

다른 이점도 많지만 경영대학원은 지적으로 왕성하고 활기 넘치는 교수와 학생들의 핵심집단으로 시험되는 전인미답의 새로운 시장이었다. 다른 명문 대학들이 수십 년 동안 경영대학원 시장을 무시해온 반면, 하버드는 이들보다 앞서 자신의 제품을 갈고 닦았고, 시장점유율을 확보했으며, 경솔해보일 수 있는 위험까지 감수했다.

MBA 학위는 1950년대까지도 상대적으로 생소하고 난해한 학위로 남아 있었다. 그러나 이 때쯤 되자 하버드는 전체 MBA 시장의 25%를 배출한 상태였고, 마치 시장의 지배자인 코카콜라나 GM처럼 이를 토대로 브랜드에 힘을 더할 수 있었다. 이를테면 1949년,

전국적으로 100개 경영대학원에서 3,900명만 MBA 학위를 취득했으며, 하버드는 이들 중 6분의 1을 차지하고 있었다. 여기에서 또 10년이 지나자 MBA는 당시 욱일승천하던 미국 경제처럼 그 가치가 하늘을 찌르기 시작했다.

1997년 한 해만도 거의 1,000개에 이르는 경영대학원에서 8만 500명이 MBA를 취득했다. 1997년 하버드는 882명에게 MBA 학위를 수여했다. 그리고 점유율은 그 새 1%로 떨어졌지만, 여전히 단일 학교로서는 가장 많은 MBA를 배출했다. 본질적으로 시장의 선두주자였기 때문에 하버드는 전체 점유율에서 타의 추종을 불허했다. 생존해 있는 동문 수는 6만 6,000명(최고경영자 과정도 포함한 수치), 그리고 각종 동문회 조직이 110개에 이른다. 하버드 경영대학원의 동문 인맥은 다른 명문 경쟁학교들의 여섯 배가 넘는 규모다.

이처럼 무수한 대표이사와 회장, 그리고 각계 실력자들의 영향력 있는 인맥이 전세계 기업의 이사회의장과 중역실에서 날마다 브랜드를 확장해주고 있기 때문에 하버드 경영대학원은 광고와 판촉에 돈 한 푼 안 들이고도 학교의 성공을 널리 알리고 있다.

〈비즈니스 위크〉의 번 기자는 예전에 500대 기업 엘리트들의 명단과 그들의 학력을 취재한 적이 있다.『하버드는 늘 많은 격차를 벌리고, 최고 자리를 차지하고 있었습니다. 그들의 동문회 주소록을 보면 믿기지 않을 정도입니다. 하버드 출신들은 경이적으로 똑똑하고 다양한 사람들입니다』라고 번은 말한다.

물론 래디컬 마케터가 다 그렇듯이 하버드는 이런 성공의 토대를 서서히, 이곳 저곳 걸림돌에 걸려가면서 쌓아왔다. 심지어 오늘날에도 그렇다. 하버드가 초기에 거둔 성공은 대부분 새 조직으로 태어나 자신의 정체성을 확립하기 위한 분투 노력으로 특징지어진다.

## 제품 형성

1920년대 B-스쿨은 초창기 래디컬 마케터이자 선견지명이 있는 윌리스 B. 돈햄(Wallace B. Donham) 원장의 지도 아래 굳게 단합해 미국 경영학계의 상징으로 자리를 잡아가기 시작했다. 1925년 돈햄 원장은 은행가 조지 F. 베이커(George F. Baker)가 기부한 500만 달러를 갖고 하버드 메인 캠퍼스가 있는 케임브리지로부터 찰스 강 바로 건너편인 보스턴의 습지대에 방대한 네오 고딕 양식의 B-스쿨 캠퍼스를 짓기 시작했다. 그것은 아마도 자기 과신이었거나, 아니면 브랜드에 대한 위대한 신뢰에서 나온 행동이었을 것이다. 오늘날 하버드 경영대학원은 약 240제곱킬로미터 부지에 건물 29개 동과 자체 도서관과 식당, 운동시설과 기숙사, 교회를 갖추고 세계에서 가장 역동적인 경영대학원 캠퍼스를 뽐내고 있다. 사실 웬만한 종합대학보다 규모가 크기 때문에 최상위권 학생들을 끌어들이는 또 다른 매력이 되고 있다.

돈햄은 또한 자신이 받은 법대의 교육방식에서 착안해 교수방법에서도 하버드가 자랑하는 특유의 사례연구 방식을 도입했다. B-스쿨에 만연한, 건조한 강의 위주 교육에 만족하지 못하고 있던 차에, 학생 상호간에 또 학생과 교수 사이에 현실 기업의 특정 경영문제를 놓고 논쟁을 벌이는 것은 파격적인 변화였다. 이는 이후 하버드 경영대학원 브랜드의 품질인증서가 됐다. 영원한 래디컬 마케터 돈햄은 1922년 〈하버드 비즈니스 리뷰〉를 출간함으로써 브랜드 확장에 나섰다.

제2차 세계대전 기간에 B-스쿨은 문을 닫고 군의 생산관리 교육과 군수물류관리 교육센터로 활용됐다. 하버드 경영대학원의 훈련을 통해 군용기의 중요한 통계학적 통제가 연구되어 독일과의 공중전에도 크게 공헌했다.

심지어 하버드 경영대학원 내의 래디컬 마케터들은 전쟁 승리를 위한 활동에 초점을 맞추면서도 최고경영자 과정을 개시하는 등 새로운 브랜드 확장 방안을 모색하고 있었다. 최고경영자 과정은 점증하는 교육수요에 대응하면서, 동시에 동문 인맥을 증대시키는 방안이기도 했다. 1943년 무용교습 스튜디오 관리자와 예술가까지 포함한 기업인 70명이 처음으로 전쟁수행을 위한 관리기법을 배우기 위해 하버드로 소집됐다.

## 돈벼락 맞은 학번

B-스쿨이 창설 이래 쌓아온 업적에도 불구하고, 실제로 국제적인 브랜드로 전면에 등장한 것은 전쟁이 끝난 뒤부터였다. 전쟁에 참전했던 젊은 귀환병들이 B-스쿨 캠퍼스로 몰려들었고, 이들은 스물다섯의 젊은 나이에 그야말로 세계를 구해낸 노련한 지도자들이었다. 이제는 자신들이 익힌 기량을 새로운 전장, 즉 미국 시장에서 펼쳐보이겠다는 열기로 가득했다. 완강하고 신념에 찬, 그리고 실제 전투까지 경험한 이들 새로운 세대의 경영대학원 졸업생들은 그때까지 생소하고 가치 없는 학위로 여겨지던 MBA를 부귀와 성공의 열쇠로 바꿔놨다.

1986년 작가 로렌스 셰임스(Laurence Shames)는 1949년 하버드 경영대학원 졸업생들의 활약상을 그린 책《빅 타임(The Big Time)》에서 이렇게 썼다.

그 당시 경영관리란 일반 미국인에게 양자물리학만큼이나 난해하지만, 조금은 더 중요해보이는 과목이었다. MBA 학위는 거의 신성해보이는 지식의 몸뚱아리로 뚫고 들어가게 해주는 열쇠였으며, 그 시기는 역사상 경영관리기법이 상업적 가치로나 품위로나 최고의 평가를 누린 시대였다. 믿음이란 한 순간에 찾아오는 법. 반대로 의심이 싹트려면 시간이 걸리는 법. 그래서 1949년에는 합리적 현대 경영, 즉 미국식 경영이 새롭고 자명한, 그리고 지극히 고결한 존재였다.

이렇게 해서 전쟁 이후 경제호황이 미국을 휩쓸었고, 하버드 경영대학원도 뜻하지 않게 유례 없는 인기를 누렸다. 하버드 자신도 입학했다는 우스갯소리도 있었다. 1947년에 입학한 참전 세대는 인재가 워낙 많아 나중에 제록스, 존슨 & 존슨(Johnson & Johnson), 캐피털 시티즈(Capital Cities), 그리고 블루밍데일 백화점 같은 대회사의 중역 몇십 명이 이들 가운데 쏟아져 나왔다. 이들 1949년도 졸업생이 1974년 25회 동문회를 열자, 경제 전문지〈포천〉은 이들의 부와 권력을 빗대어「돈벼락 맞은 학번」이라고 불렀다.

그러나 이것은 시작일 뿐이었다.

이후 10년 동안 B-스쿨의 위세와 영향력은 당시의 경제호황과 함께 맹렬하게 성장했다. 기업인은 이제 변화를 주도하고 발전을 촉발하며, 세상을 재편해가는 사회의 동력이 됐다. 상당히 비중 있는 업계 실력자들이 하버드 경영대학원으로부터 쏟아져 나왔다. 다른 경쟁학교들이 이제 막 경영대학원 시장에 진입하고 있었던 반면, 하버드는 결코 넘볼 수 없는 경쟁력을 형성해놓고 있었다. 이런 과정에서 B-스쿨은 마케터들이 열망하는 해탈의 경지에까지 오르게 되었다. 즉 하버드라는 브랜드는 롤렉스 시계나 메르세데스벤츠 자동차를 일컬을 때와 같은 존경심이 가득한 말투로 불리었다.

하버드의 강점은 상품이었고, 그 상품은 바로 하버드 경영대학원 졸업생들이었다. 이들 졸업생 동문은 세계 도처에서 브랜드를 널리 알렸다. 클라크 원장에 따르면 하버드 대학 졸업생 중 미국 외의 해외에서 거주하는 사람은 6만 명 정도인데, 이 중 절반이 B-스쿨 동문이라고 한다. 하버드 경영대학원과 그 교수들은 외국 경영대학원의 모델이었고, 실제로 교수들이 프랑스의 잉세드(Insead) 등 10여 개 외국 대학원의 설립을 도와주기도 했다.

놀라운 일도 아니지만, 하버드는 자신의 동문들을 면밀히 추적하고 있다. 즉 그들이 어떤 직종을 택해 각각의 직위에 얼마나 머무는지, 그들이 기업과 사회에 어떤 기여를 하는지 등을 살핀다. 클라크 원장은 경영대학원에 대한 다양한 순위 조사결과도 인정하지만, 하버드 경영대학원에서 『동문 인맥은 학교를 평가하는 척도』라고 말한다.

## 브랜드 강화하기 — 최고경영자 과정

래디컬 마케터는 브랜드의 고결성을 잃어버리지 않고도 제품군을 확장해내는 데 천부적인 재질이 있다. 하버드 경영대학원에서는 최고경영자 과정이 가장 완벽한 브랜드 확장이었다. 즉 보완적인 제품 라인을 완벽하게 밀어주면서 지속적인 수입을 창출하고, 여기에 브랜드를 희석시킴 없이 광채를 더했다. 1940년대에 최고경영자 과정(Advanced Management Program : AMP)이 개척된 이래 하버드는 자신의 명성을 십분 활용해서 숙련된 간부급 기업체 지도자들을 다시 학교로 끌어들여 거액의 수강료를 내고 새로운 경영기법을 배우게 했다. 오늘날 이 AMP 과정은 처음보다 더 단기간의 과정(13주에서 9주)으로 개편됐고, 수업료가 4만 500달러인데도 해마다 봄과 가을 학기의 160명 정원이 꽉 찬다.

이와 같은 학위 없이 수료만 시키는 경영자 교육과정은 1990년대 중반 세계경제의 활황세로 인한 수요 폭발로 미국 내에서 연간 40 억 달러짜리 시장으로 성장했다. 한때 시장을 지배했던 경영대학원 의 비중은 이제 겨우 25%에 그칠 뿐이며, 나머지는 기업체 내 연수 부, 사설 연수기관, 그리고 컨설턴트들이 차지한다.

시장의 급격한 변화는 하버드 경영대학원 브랜드에 단호한 도전 이 되고 있다. B-스쿨은 뻔히 보이는 시장 경향과 경영자 교육과정 기회를 무시해오다 시장점유율을 상당 부분 상실했다. 이를테면 기 업체 대표들은 13주씩이나 시간을 낼 수 없다고 분명히 얘기했고, 경쟁학교들의 4주짜리 교육과정이 인기를 끌고 있는데도 하버드는 원래의 기나긴 교육과정을 고집했다. 실제로 이것이 지적인 속물근 성이든 상아탑의 고결함을 지키기 위한 잘못된 노력이든, B-스쿨은 1990년대 초 최고경영자 과정을 적극 마케팅하지 않았다는 비난을 받고 있다.

개개의 기업 사정에 맞게 특정한 교육과정을 제공하는 맞춤식 교 육과정 시장은 10년 전부터 번성하기 시작했다. 그렇지만 하버드는 그러한 상업적 업무는 대학의 순수성을 해칠 것으로 생각하고 딴청 만 피우고 있었던 것이다. 대부분 수익성 높은 컨설팅 사업을 하고 있던 교수들이 나서 맞춤식 교육의 장점을 주장할 무렵 와튼, 노스 웨스턴, 듀크 대학 같은 경쟁자들은 적극적인 마케팅으로 시장의 상당 부분을 확보했다. 『하버드는 전체 시장을 장악할 수도 있었습 니다』라고 〈비즈니스 위크〉의 번 기자는 지적한다.

그러나 래디컬 마케터가 다 그렇듯이 B-스쿨은 나름대로의 복안 이 있었다. 아이러니컬하게도 경영대학원에서 돈벌이는 이제 결정적인 요소가 아니었다. 그보다 학교의 사명, 그리고 브랜드 그 자체가 바로미터였다. 어떤 교육 프로그램이 그 사명을 다하지 못한다면 그것은 채택되지 않았다. B-스쿨은 양을 위해 질을 희생할 수 없었다. 교과과정은 B-스쿨 교수진이 가르쳐야 했으며, 캠퍼스 외부의 용역강사가 가르쳐선 안 되었다. 또 경영자의 교육장소는 반드시 보스턴 캠퍼스 안이어야 했다. 왜냐하면 브랜드의 매력과 힘은 교수와 학생들과의 직접 상호작용에 달려 있기 때문이다. 따라서 원격교육은 채택할 수 없었다.

## 브랜드의 영역을 최대한 늘리기

앞으로 나설 때와 뒤로 물러설 때를 구별하는 지혜는 먼저 사업에 뛰어들어 몇십 년 간 경험을 축적했을 때 얻을 수 있다. 1995년 클라크가 원장에 취임했을 때 MBA 과정의 성장은 가장 최우선적인 과제였다. MBA 과정의 정원을 850명에서 1,200명으로 늘리자는 논의에 참여할 수도 없었던 입학 희망자들이 너무나도 많았다. 클라크는 결국 확대안을 버리고, 대신 하버드 경영대학원의 교무처장이었으며 최고경영자 과정 담장 부원장이었던 얼 새서(W. Earl Sasser)에게 최고경영자 과정을 확대하라고 지시했다.

새서는 매킨지 & 컴퍼니 컨설팅 회사에 용역을 주고 시장조사를 시켰다. 이 학교의 오랜 중추역할을 했던 일반 경영관리 과정은 분명히 더 이상 시장에서 달콤한 부분이 되지 못하는 것으로 드러났다. 성장하고 있는 것은 맞춤식 교육과 기업체에 상당한 보상을 제공해주는 단기간의 직접적인 교육과정이었다.

새로운 교육과정들이 제안됐다. 그 가운데 하나는 「총지배인(The

General Manager)」이라고 불리는 새로 승진한 기업체 부장급 간부 사원들을 학교 캠퍼스로 모아 3주 동안 교육시키는 것이었다. 그 다음 그들 저마다의 사업장으로 보내 두 달 동안 특정한 과제를 해결하게 했다. 그러고는 다시 그들을 하버드로 불러들여 그 동안의 작업 경험을 재검토하고 변화를 단행하게 하는 데 초점을 맞춘 제도였다.

경영자 교육과정에 국제 감각을 더하려는 의도 아래, 이 학교는 1998년 「글로벌 리더를 위한 프로그램(Program for Global Leadership)」이란 과정을 도입했다. 「총지배인」과 교육일정은 비슷했다. 학생들은 3주 동안 싱가포르에서 교육을 받은 뒤 두 달은 각자의 회사로 돌아갔다가——이 기간에 그들은 가상 팀을 만들어 공동연구를 진행한다——B-스쿨 캠퍼스에서의 3주 교육으로 마치는 제도였다.

B-스쿨은 조용히 컴팩 컴퓨터(Compaq Computer), 노바티스(Novartis), 그리고 세계은행(World Bank) 등을 고객으로 삼고 맞춤교육시장으로 조용히 진입해갔다. 새서는 맞춤교육의 규칙은 엄격하다고 지적한다. B-스쿨은 대표이사와 고위 중역이 직접 참여하지 않는 일은 맡지 않는다. 교육과정은 세계화된 성격이어야 하고, 교수진이 교재개발과 연구를 진행할 수 있어야 한다. 앞에서 지적했듯이 하버드 경영대학원은 이러한 요건이 갖춰지지 않으면 아무리 수지맞는 사업이라도 망설임 없이 거절한다.

또 동시에 진행하는 맞춤교육은 15개 이하로 제한한다. 최고경영자 과정의 1997년 수입액은 5,000만 달러였으며, 이는 2년 만에 40%가 늘어난 액수다. 그러나 새서는 대부분의 시간을 브랜드를 걱정하는 데 보낸다.

『저는 매일 스스로 묻습니다. 「이미 한계선에 도달한 것이 아닌가?」』라고 새서는 말한다. 『날마다 브랜드에 대해 생각하고 브랜드의 회석에 대해 생각하고, 고객이 누군지, 그들이 무엇을 원하는지, 연구 프로젝트에 다른 어떤 기관이 파트너로 관계하고 있는지를 생각합니다. 저는 프로젝트를 거절할 때 오만한 모습으로 비쳐지고 싶지 않습니다. 하지만 교수들이 얼마나 시간을 낼 수 있는지도 따져봐야만 합니다.』

## 비즈니스 스쿨이라는 비즈니스

래디컬 마케터는 마케팅 믹스를 끊임없이 재고하며, 비상식적인 생각을 환영한다. 사실 존 H. 맥아더(John H. McArthur) 전 원장 등 예지력 있는 지도자들은 하버드가 그 광활한 캠퍼스에도 불구하고 여전히 접근이 제한된 대상임을 직관적으로 통찰하고 있었다. 강의실이 너무 많았다. 정규 MBA 과정과 경영자 과정, 그리고 컨설팅 업무에 대한 수요가 많다 보니 교수들은 거의 한계에 봉착하게 됐다.

그럼에도 불구하고 B-스쿨 브랜드에 대한 수요는 끝이 없었다. 맥아더는 출판활동과 비디오에서 인터랙티브 CD, 인터넷에 이르는 새로운 기술을 이용하면 대학원의 영역을 캠퍼스 울타리 밖으로 확장할 수 있다고 생각했다. 학교에 다닐 시간이 없거나 B-스쿨 입학 자격이 안 되지만 그 지식에 접근하고 싶어하는 사람은 무수히 많았다. 하버드 경영대학원은 1922년 저명한 〈하버드 비즈니스 리뷰〉를 시작으로 일찍이 출판사업에 뛰어들었으나 그것은 자연발생적인 것이었다. 〈하버드 비즈니스 리뷰〉의 재출간과 교수들이 저작한 몇 천 권의 사례연구집 판매는 수익성 높은 사업이었다. 1980년대 중반, 하버드 경영대학원은 자신이 보유한 저명 교수와 그 밖의 인기 있는 전문가, 학자들의 두꺼운 저서들을 출판하는, 뻔히 눈에 보이는 사업을 하지 않고 있음을 깨닫고 자체 출판 사업부를 설립했다.

놀랍게도 이 경영이론의 전당에서 출판업무는 매우 방만하고 비효율적으로 운영되고 있었다. 그런데도 1992년의 연간 매출은 4,000만 달러나 됐다. 출판 관련 사무실은 캠퍼스 여기저기 열다섯 군데에 흩어져 있었고, 맥아더는 이래서는 일이 안 된다고 생각했다. 1992년 그는 이들 다양한 출판업무 부서를 하나의 사업부로 통합하고 하버드 경영대학원 출판부를 설립해 강력한 성장정책을 추진했다. 이에 대해 정치적·조직적인 반발이 불거져 외부로도 널리 알려졌지만, 출판부는 하나의 역동적이고 수익성 높은 사업체로 통합됐으며, 자체에서 생산하는 7,500종의 제품에 B-스쿨 이름을 달고 이전에 시도해보지도 않았던 시장에 진출하기 시작했다. 교수들은 첨단 신기술 덕분에 과거에 전례 없는 방법으로 연구성과를 재현해 널리 보급할 수 있게 되었다.

세계시장의 경영학 학습방법을 바꿔보겠다는 의도 아래, 하버드 경영대학원은 그들의 출판활동을 학생들이 교실에 앉아 공부하는 대체품으로 충분히 활용하고 있다. 확장일로에 있는 제품, 즉 〈하버드 비즈니스 리뷰〉와 저서 출판, 사례연구집의 재출간, 비디오와 멀티미디어 교재, 소식지, 그리고 온라인 학술자료 등을 통해 전세계에 경영학 복음을 전파하고 있다. 하버드 경영대학원 출판부 웹 사이트는 전세계 학자들에게 하버드 경영대학원의 제품을 즉시 입수할 수 있는 배관 역할을 하고 있다.

『이것은 우리 교육사명의 연장선상에 있는 일입니다』라고 출판부 사장인 도일은 말한다.『즉 경영활동을 향상시키기 위한 것이며, 모든 사람들을 학교 건물에 모아놓을 수는 없어도 직장과 가정으로 브랜드를 확장할 수 있는 것입니다.』

출판부는 야심찬 계획을 갖고 있다. 하버드 경영대학원은 총 3부작으로 구성된 열다섯 시간 분량의 상호대화 가능한 CD롬 교재 「인터랙티브 매니저(The Interactive Manager)」를 출시했다. 이 교재는 하버드 경영대학원 린다 힐(Linda Hill) 교수가 고안한 것으로, 「경영관리의 변화」, 「리더십」, 「문제해결사 관리」 등의 소제목으로 이루어져 있다. 하버드 경영대학원 강의실에서 하는 사례연구와 똑같은 기법으로 작성됐으며, 학습자와 상호작용이 가능하도록 비디오 영상이 들어 있고, 음성과 문자로 가상 종업원들과 대화하도록 꾸며져 있다. 경영자가 자신의 학습진도에 맞춰 스스로 교육과정을 이끌어가도록 설계하기는 했지만, 경영관리상의 특정 딜레마를 다루는 방법에 대한 힐 교수의 도움말도 포함돼 있고, 〈하버드 비즈니스 리뷰〉에 게재됐던 관련 기사 목록도 제공된다. AT&T, 피델리티, 모건 스탠리 딘 위터(Morgan Stanley Dean Witter), IBM, 그리고 체이스 맨해튼 은행 같은 회사들이 이 교재를 만드는 데 협력했다. 또 그들은 자사 내부의 경영관리 교육용으로 구입해갔다.

급변하는 최신 기술 경향에 발맞춰, 이러한 교재들은 또한 인트라넷——정보교환을 더 빠르게 해주는 인터넷상의 기업체 자체 통신망——형태로도 제공된다. 도일은 새로운 기술 때문에 기존에 투자한 것들이 더 빨리 진부해질 것이라는 점을 인정한다. 『누군가 그것들을 진부한 것으로 만들 수밖에 없다면, 우리 자신이 그렇게 하기를 바랍니다』라고 그녀는 말한다. 아직까지 출판부의 주된 수입은 과거의 경영자료집 및 〈하버드 비즈니스 리뷰〉와 사례연구집 등이라고 그녀는 지적한다.

출판부가 연간 판매하는 사례연구집은 600만 권이나 된다. 이 분야의 시장을 너무 완벽하게 지배하고 있어 사례연구를 교수방법으로 채택하고 있는 거의 모든 경영대학원에서 사실상 표준 교재로 사용되고 있다. 이 가운데 2,500여 가지 사례는 디지털화되어 있으며, 출판부 웹 사이트에서 구할 수 있다.

〈하버드 비즈니스 리뷰〉는 1990년대 초 대중에게 알려진 내부 분쟁과 편집자들의 이탈에도 불구하고, 세계 최고의 이미지에 이렇다 할 오점 없이 정상궤도를 되찾았다. 그리고 여전히 맞상대할 경쟁자는 떠오르지 않고 있다. 신규 구독과 기존 독자의 연장 비율은 어느 때보다 높고, 경영학 이론의 지평을 열어가는 챔피언으로서의 역할을 계속하고 있다고 도일은 말한다. 〈하버드 비즈니스 리뷰〉는 단순히 간행물로 그치는 것이 아니라 하버드 경영대학원의 강력한 교육수단 가운데 하나로 이용되고 있다. 『우리 사명의 일부분은 경영자들이 당면한 가장 중요한 문제에 가장 중요한 아이디어를 찾아 상호교류하게 하는 것, 즉 아이디어 시장에서 출판자와 편집자가 되는 것입니다』라고 클라크 원장은 말한다.

이런 목적에 따라 출판부는 또 하나의 강력한 브랜드 확장을 시도했다. 기라성 같은 스타급 교수들이 다른 출판사에서 책을 낼 수 있도록 계속 허용하면서도, 하버드 경영대학원은 학술서적 분야에서 자체 깃발을 내걸기로 했다. 다른 출판사와 경쟁을 벌인 결과, 이제 포터, 존 코터(John Kotter) 등 스타급 교수들이 하버드 경영대학원 출판부를 통해 책을 내고 있다. 래디컬 마케터가 다 그렇듯이 출판부는 자신의 권위와 영향력을 활용해 게리 하멜(Gary Hamel), C. K. 프라할라드(C. K. Prahalad), 찰스 핸디(Charles Handy), 그리고 벤저민 잰더(Benjamin Zander) 등 하버드 외부의 저자들도 끌어들였으며, 기어이 베스트셀러를 내고야 말겠다는 기세다.

도일은 출판부의 다른 업무와 마찬가지로, 서적출판은 경제적 동기만으로 결정되는 것이 아니라고 말한다. 품질과 고결성을 유지해야 하며, 따라서 경영활동을 향상하고 개선하기 위해 극히 제한된 독자층만을 대상으로 책을 내야 한다. 그리고 이는 끊임없이 하버드라는 상표를 달기 위한 목적으로 들어오는 출판 의뢰나 잠재적인 베스트셀러를 거절해야 한다는 의미다. 『우리는 《딜버트[ 역주 Dilbert : 스콧 애덤스(Scott Adamas)의 연재만화 주인공. 딜버트는 똑똑하지만 주위의 상황 제약 때문에 성공하지 못하는 인물로 그려지고 있다]》 책은 내지 않을 것입니다』라고 도일은 말한다.

## 2류로 미끄러지지 않기

하버드 경영대학원의 지도자들은 학교의 브랜드가 기술지향적으로 확장될 가능성이 있음을 예리하게 인식하고 있다. 전자 교재는 더욱더 강력하고 상호 대화적이어서, 하버드 경영대학원의 교육을 디지털 방식으로 전달하는 능력은 하버드 브랜드를 시험할 것이다. 브랜드를 확장하면서도 희석시키지 않는 긴장관계가 최고의 관심사다. B-스쿨은 한 순간에 1류에서 2류로 미끄러질 수 있다는 것을 기도문처럼 염두에 두고 있다.

사실 출판부의 수입은 전체 학교운영에서 결정적 요소로 작용한다. 특히 학교의 적자와 흑자를 판가름하는 요소라고 도일은 말한다(엄청난 액수의 기부금이 들어오지만, 이는 그 규모와 상관없이 전체 운영비의 25%밖에 충당이 안 되며, 따라서 학교측은 더욱더 수익사업을 지원해야만 한다).

클라크 원장은 〈하버드 비즈니스 리뷰〉를 구독하는 것이나 상호 대화식의 멀티미디어 교재를 사용하는 것은 아직까지 실제 입학해서 교육받는 것을 대체할 수 없다고 강조한다. 캠퍼스와 강의실에서의 경험은 다른 데서 얻을 수 없는 독특한 것으로 남아 있다는 것이다. 또 공동체의 일원이 된다는 것과 교수진과의 대면접촉 등은 당장 가상경험으로 대체되지 않을 것 같다고 클라크는 말한다. 클라크는 실제로 그러한 교재를 사용한 경우, 오히려 대학 캠퍼스에서 대인접촉을 통해 친분을 쌓기 위해 학교에 더욱더 입학하고 싶은 욕구가 강해진다는 것이 입증됐다고 주장한다.

하버드 경영대학원 브랜드가 몇천 가지 상품에 부착되고 인터넷 상으로도 제공되고 있는 오늘날, 아직도 브랜드의 신비로움이 위험에 처해 있다. 브랜드의 고결성이 위태로운 지경에 와 있는 것이다. 하버드 경영대학원도 이를 인식하고 있다. 교수위원회가 모든 학교 사업을 감독하고 있고, 문제의 소지를 안고 있는 모든 사안에 대해 견제와 균형을 제공하고 있다.

『우리의 과제는 브랜드를 희석시키지 않고 우리의 영역을 확장시킬 수 있느냐입니다』라고 클라크 원장은 말한다. 『그러나 외부로부터의 위험이나 아무것도 안 하고 여전히 앉아 있는 위험이나 위험하기는 마찬가지입니다.』

# 보스턴 맥주

## 성공적인 마케팅 빚어내기

변화하고 성장하려면

스스로의 정체성에 대해 올바른 결정을

내려야 한다. 그 점에서

타협이란 있을 수 없다.

성공은, 다른 어떤 요소보다 래디컬 마케터에게 궁극적인 도전목표를 안겨준다. 새로 시장에 들어온 작고 진지한 기업이 래디컬한 마케팅을 앞세워, 거인 같은 경쟁자의 레이더 아래에서도 강하고 빠르게 날 수 있으며, 더 큰 경쟁자들이 미처 눈치채기도 전에 일정 수익을 올릴 수 있는 틈새시장을 개척할 수 있다. 그 기업이 정말 래디컬 마케터인가를 판가름하는 시험은 사실, 이렇듯 곰 같은 경쟁자들을 깨울 때부터다. 1996년 쿡은 바로 이런 덩치 큰 곰들과 대면했다.

쿡은 새뮤얼 애덤스 보스턴 라거 등 15종이 넘는 크라프트(craft) 맥주 양조업자인 보스턴 맥주사의 창업자이자 대표이사다. 크라프트 맥주 또는 특수 맥주란 오로지 맥아(malt)만을 원료로 만들어진 것으로, 몇백 개의 독립된 미세한 양조기계에서 소량 단위로 양조되는 맥주를 가리킨다. 쿡은 6대째 양조업을 해온 가문 태생으로 하버드 경영대학원을 졸업한 뒤, 제조업 분야의 컨설턴트로 일한 경력이 있다. 그는 또한 전형적인 래디컬 마케터다.

1984년 설립 이래 쿡의 회사는 수익성 높은 기업으로 고속성장했으며, 누구나 부러워하는 틈새시장을 개척했다. 크라프트 맥주시장을 개척함으로써 쿡과 새뮤얼 애덤스 맥주는 미국 맥주시장의 판도를 바꿔놨다고 해도 과언이 아니다. 생산량에서는 그렇지 못할지라도 분위기 면에서는 확실히 그렇다. 새뮤얼 애덤스 맥주의 변함 없는 고품질과 프리미엄 가격, 부드럽고 깊은 맛, 그리고 전국적인 공급망으로 크라프트 맥주에 대한 신용이 쌓여 이제 어느 술집에서나 크라프트 맥주가 한 공간을 차지한다. 새뮤얼 애덤스 맥주가 히트를 치자 새로운 맛과 향취를 가진 맥주와 계절별 맥주가 미친 듯이 쏟아져 나왔다. 콜로라도 주 볼더 소재 양조산업연구소(Institute for Brewing Studies)에 따르면 크라프트 맥주시장은 이제 30억 달러짜리 시장이 되었다고 한다.

처음 사업계획을 세우면서 쿡은 해마다 5,000배럴씩 팔려야 이익이 날 것이며, 이 정도 매출에 도달하려면 2, 3년은 걸릴 것으로 추산했다. 보스턴 맥주는 그 목표를 8개월 만에 초과달성했다.

복음을 설파하듯이 고객과 얼굴을 마주보고 하는 판매를 좋아하는 쿡 자신은 마케팅이라는 개념을 목청 높여 경멸한다. 그럼에도 불구하고 보스턴 맥주는 무수한 마케팅 교훈을 주고 있고, 그 중 다수가 심지어 경쟁사 가운데 가장 크고 보수적인 회사에 채택되었다. 참으로 쿡은 새뮤얼 애덤스 맥주 덕분에 시장을 지배하는 경쟁자들의 집중적 주목을 받으면서, 래디컬 마케터가 받을 수 있는 최상의 찬사를 받았다.

크라프트 맥주 시장에서 보스턴 맥주는 매출 2억 1,000만 달러의 최대 업체로서, 5개 경쟁사가 주조하는 양보다 더 많은 맥주를 양조하고 있다. 쿡이 처음으로 크라프트 맥주를 상업화한 장본인은 아니지만, 제품에 대한 강렬한 확신과 역경에 굴하지 않는 정신, 그리고 재정적인 자원부족에서 얻은 혁신적인 판매개념이 있었기 때문에 가히 그가 최고였다고 말할 수 있다.

래디컬 마케터가 다 그렇듯이, 쿡은 마케팅 기능을 직접 관장하고, 보스턴 맥주의 마케팅 조직을 소규모 단층 조직으로 유지하면서, 또한 고객과의 대면접촉을 마케팅 활동의 요체로 삼았다. 초창기에는 불가능에 가까운 일이 많았지만, 쿡은 그것을 하나의 사업 기회로 간주하고, 시장과 충성스런 공동체를 구축하기 위해 혁신적인 전략을 구사했다.

쿡은 얼마 되지도 않는 자본을 자체 양조장을 건축하기 위해 벽돌과 회반죽에 붓기보다는, 피츠버그에 있는 피츠버그 양조〔Pitts-burgh Brewing Company : 아이언 시티 맥주(Iron City Beer)의 제조원〕 등 기존 업체의 양조설비 일부를 빌렸다. 자기 자신만의 원료와 맥주 양조방법을 살리면서도 이들 양조업체의 잉여설비를 활용함으로써 더 많은 이익을 남길 수 있었다. 이런 종류의 「계약」 양조생산은 음식이란 자신의 주방에서 요리해야만 제맛이 난다고 생각해온 크라프트 맥주 제조업체들에게는 금시초문이었다.

일찍이 쿡은 오래 전에 파산한 보스턴의 한 양조장 창고를 빌려 일부 생산설비를 갖추었다. 그는 나중에 이 양조장을 재건축해 신제품 연구·개발 사무실로 사용했고, 호기심 많은 고객들을 위해 견학 코스로도 활용했다. 그 장소는 대량생산보다는 마케팅에 적합한 곳이었고, 새뮤얼 애덤스 제품이 전통 있는 보스턴산 맥주라는 인상을 심어줬다. 그러나 쿡은 그의 제품을 잠재 고객들 앞에 대량으로 제공하는 데, 그것이 어디에서 생산되느냐는 크게 문제가 되지 않는다는 것을 직관적으로 이해하고 있었다. 어디에서 생산되든 자신만의 제조비법과 원료, 그리고 고품질을 유지할 수만 있다면 그는 자랑스럽게 팔 수 있었다.

10년이 조금 넘는 동안, 그는 최소한의 광고 판촉만으로 인지도 높은 브랜드를 만들었다. 다른 경쟁사들 같으면 몇십 년 동안 수억 달러의 마케팅 비용을 들여야 달성할 수 있는 위업이었다. 성공적인 보스턴 지역 맥주회사로 만들겠다는 당초 쿡의 계획을 훨씬 앞질러서, 이제 새뮤얼 애덤스 브랜드는 미국의 50개 모든 주와 해외에서 인기 있는 브랜드가 됐다. 어느 술집에서든 맥주 애호가들은 「샘」을 주문하면, 깊은 맛의 호박색 병맥주를 맛볼 수 있다. 브랜드 구축의 꿈이 실현된 것이다.

　그러나 1997년에 1억 9,200만 배럴이 팔린 미국 맥주시장에서, 크라프트 맥주는 시장의 아주 작은 6%만을 차지했다. 보스턴 맥주의 125만 배럴은(안호이저부시의 9,600만 배럴에 비해) 500억 달러 시장의 1%도 안 된다. 크라프트 맥주 시장에서 보스턴 맥주는 작은 연못의 소문난 큰 물고기와 다름없다.

### 곰을 깨워 몰아내다

　그럼에도 불구하고 보스턴 맥주의 성공은 연 매출액 110억 달러의 대회사인 세인트루이스의 안호이저부시의 주목을 받았고, 대형 경쟁사들을 겨냥했을 때나 발동돼던 열기를 불러일으켰다. 김빠진 맥주만큼이나 성장률이 정체돼 있는 미국 내 맥주시장에서, 그 이전 10년 동안 연평균 25~30%의 성장을 구가해온 크라프트 맥주시장을 안호이저부시가 놓칠 리 없었다. 그리고 그 크라프트 맥주 무리 가운데 가장 눈에 띄게 깃발을 흔들던 사람은 쿡이었다. 일부에서는 오만하다고도 이야기하지만 그는 「더 좋은」 맥주에 대한 적극적인 옹호자였다. 즉 그것은 버드와이저보다 더 좋은 맥주라는 것이다.

안호이저부시는 현재 미국 맥주시장의 45%를 차지하고 있으며, 앞으로 10년 안에 60%를 달성하는 것이 목표라고 공공연히 밝혀왔다. 안호이저부시라는 불가항력 앞에 수백 개의 경쟁사가 쓰러져 갔다. 유명한 업계 출판물인 〈셀러브레이터 비어 뉴스(Celebrator Beer News)〉지의 발행인 톰 돌도프(Tom Dalldorf)에 따르면, 미국에는 금세기 초 3,000개의 맥주 양조업체가 있었으며, 안호이저나 밀러 같은 거인들이 등장해 「미국 맥주 문화를 균질화되게 한」 이후로 50개 이하로 격감했다고 한다.

1970년대에 이르면 특정 지역 내에 단골고객을 지닌 수백 개의 지방 맥주회사들이 사라지거나 대형 업체에 인수됐다. 국내 「맥주 전쟁」은 안호이저부시, 필립 모리스의 밀러 양조, 그리고 쿠어스(Coors)사의 3파전으로 전개됐다. 맥주 애호가들의 선택은 간단했다. 그냥 맥주냐, 라이트 맥주냐였다. 버드와이저는 막강한 광고 공세에 힘입은 화려한 전통적 마케팅으로 코카콜라나 코닥에 필적하는 브랜드 인지도를 달성했다. 1970년대 말에서 1980년대 초에 이르자 버드와이저를 필두로 한 이들 빅3가 맥주시장을 쥐지 유지했다. 1960년대 이래 버드와이저의 대표적 광고인 『버드라고 말하면, 할 말 다한 것(When you say Bud, you've said it all.)』은 더 이상 정확할 수 없는 문안이었다.

그러나 버드와이저는 최근 6년 연속 판매 감소에 시달려왔다. 그리고 1997년에는 과거 절정기에서 20%나 감소했다. 안호이저부시의 경영진은 시장점유율을 다시 높이려는 열망으로, 개구리 등의 양서류를 주인공으로 하는 시리즈 광고에 엄청난 돈을 들였다. 그런 그들이 크라프트 맥주 부문이 빠르게 성장하는 것을 모를 리 없었다.

안호이저부시는 거인 골리앗처럼 소년 다윗에게 쓰러질 수 있다는 시나리오에 개의치 않고 크라프트 맥주시장을 겨냥하기 시작했으며, 특히 보스턴 맥주를 정조준했다. 맥주업계 전문가들은 안호이저부시가 단순히 이 시장을 휩쓰는 것이 목적이 아니라, 계약생산에 크게 의존하는 잔존 지방 맥주업체에 더 큰 압력을 가하려는 것이라고 분석했다. 안호이저부시의 법정 상속인이며 브랜드 관리담당 부사장인 서른네 살의 오거스트 부시 4세(August Busch IV)는 1996년 4월 〈브랜드위크(Brandweek)〉지와의 회견에서 자체 품질 여론조사 결과 소비자들은 새뮤얼 애덤스를 최고로 꼽았다고 말했다. 더욱이 부시는 군소 양조업체들이 누가, 어디에서 맥주를 빚어내는지에 대해 소비자에게 나쁜 인상을 주고 있으며, 이에 따라 버드와이저 브랜드에 손해를 입히고 있다고도 덧붙였다. 드디어 곰이 깨어났으며, 게다가 화까지 난 터였다.

『우리 제품의 품질에 대한 인식이 일부 군소 양조업체들로 인해 손상되었습니다. 아주 영리한 신사이며 매우 훌륭한 마케터인 쿡은 작은 것이 좋고 소량씩 손으로 양조된 맥주가 더 품질이 좋다고 말하고 다니겠죠. 술집에서는 그런 얘기가 좋은 대화를 이어가게 하는 발판이 되겠지만, 그것은 우리에게 해를 끼치고 있어요. 그들 상품의 출처와 양조업체를 밝히는 것이 크라프트 맥주 제품에 대해 교활한 마케팅을 전개하고 있는 양조업자의 의무라고 생각합니다』라고 부시는 말했다.

안호이저부시는 막강한 홍보력을 총동원해 이들 수제 양조업체들, 특히 보스턴 맥주가 스트로스(Stroh's) 같은 지방 맥주업체의 설비로 제품을 계약생산함으로써 소비자를 오도하고 있다고 비난하면서, 이에 대한 폭넓은 언론매체 보도를 이끌어냈다. 특히 1996년 월드 시리즈 기간 중 방송된 NBC의 〈데이트라인(Dateline)〉 뉴스 기사가 결정적인 타격을 가했다.

〈데이트라인〉 기자는 보스턴 맥주가 새뮤얼 애덤스 맥주를「한 번에 소량씩 손으로 빚은」맥주이고, 매사추세츠 주 보스턴에 있는 보스턴 맥주사에 의해 양조됐다고 마케팅했다는 점을 지적했다. 맥주 병에 붙어 있는 라벨에는 심지어 고객들에게 보스턴에 있는 작은 전통적 방식의 양조장에 초대하는 내용이 있었다.

『그래서 그 곳을 찾아갔더니…』라고 기자는 이어갔다.『작은 벽돌 건물과 쿡 집안 선조들의 사진, 그리고 새뮤얼 애덤스 광고에서 본 것과 똑같은 작은 구리 솥단지들과 맥주 주조용 설비들이 발견되었습니다. 그러나 여기에는 작은 문제가 있습니다. 새뮤얼 애덤스 맥주 가운데 적어도 95%는 이 곳에서 생산되지 않고 있으며… 그리고 심지어 보스턴 근처 어디에서도 양조되지 않는다는 것입니다.』

기자는 계속해서 이 맥주가 뉴욕 주 펜실베이니아 등 다른 곳에 있는 양조장에 위탁생산계약 아래 제조되고 있음을 지적했다. 기자는 말했다.『그렇습니다, 소비자가 구매하는 새뮤얼 애덤스 맥주는 올드 밀워키(Old Milwaukee)나 스트로스, 아니면 리틀 킹스(Little Kings)처럼 더 격이 떨어지고 덜 비싼 제품을 생산하는 공장에서 양조된 듯합니다.』

회사의 초창기부터 새뮤얼 애덤스 맥주가 위탁생산된다는 사실을 한번도 숨긴 적이 없었던 쿡이 카메라에 나타나 자신의 입장을 설명했다. 그러나 그는 초조해보이고 뭔가 꿀리는 듯한 표정이었는데, 홍보전략의 측면에서 판단하자면 그런 인터뷰에 응한 것 자체가 대재앙이었다. 안호이저부시의 차분하고 아주 사리에 밝은 여성 대변인은 자신의 회사가 원하는 것은 광고와 라벨이 진실해야 한다는 것뿐이라고 말했다. 이 보도는 공정성에 의문의 여지가 있기는 했지만, 방송이 나간 이후 새뮤얼 애덤스뿐만 아니라 전체 크라프트 맥주시장에 엄청난 타격을 안겨주었다. 크라프트 맥주의 매출과 보스턴 맥주의 주가는 급격하게 추락했다.

## 곰의 습격 이후

래디컬 마케터에게는 값비싼 교훈이었다. 쿡은 보스턴 맥주 초창기부터 돈으로는 살 수 없는 인지도를 높이기 위해 신문사를 활용하면서 훌륭한 언론홍보를 능숙하게 이끌어왔다. 그토록 오랫동안 언론매체의 총아였던 쿡이 〈데이트라인〉에 허를 찔린 것이다. 뒤늦게야 그는 안호이저부시측의 홍보력을 과소평가했다면서, 그 때 카메라 앞에 선 것이 전술적 실수였음을 인정한다.

〈데이트라인〉의 보도 자체가 전체 시장을 정체시켰다고 보기는 힘들지만, 하나의 요소로 작용한 것은 사실이었다. 1997년 수백 가지 제품이 넘쳐나는데다 외국 업체들까지 경쟁에 뛰어든 가운데 크라프트 맥주시장은 거의 그 성장을 멈추고 있었다. 쿡은 1995년 기업을 상장한 이래 최대의 도전을 받고 있었다. 주가는 상장 당시 가격 밑으로 곤두박질했고, 수익 성장은 사라진 상태에서 그는 특유의 마케팅 능력으로 대응해야 했다.

진정한 래디컬 마케팅적인 방식으로, 쿡은 경쟁자와 똑같은 방식으로 싸우기를 거부했다. 비록 〈데이트라인〉 건 때문에 골탕을 먹기는 했지만, 그는 즉각 안호이저부시 같은 거물과 법적인 논쟁이나 홍보경쟁을 벌여봐야 소용이 없다는 것을 금방 깨달았다. 보스턴맥주는 역사가 15년도 되지 않았기 때문에 쿡과 그의 판매 마케팅 직원들이 자신의 뿌리를 기억해내는 것은 그리 어렵지 않았다. 새뮤얼 애덤스 맥주가 성공한 이유는 적극적인 밑바닥 판매전으로 고객

앞에 가까이 가는 작전을 지독하게 펼쳤기 때문이다.

비록 경쟁 현장은 크게 변했지만, 쿡은 과거의 래디컬 마케팅이 미래로 통하는 길이라고 확신했다. 즉 맥주를 판매할 정열적인 전도사들을 채용하고, 마케팅 믹스를 항상 검토·재고하고, 대면적인 접촉 판매를 늘리는 데 집중하는 일이었다. 이제는 매체 광고에 사용할 돈도 어느 정도 있지만, 그 광고의 목표는 여전히 또 한 명의 맥주 애호가를 새뮤얼 애덤스 단골 고객들의 공동체에 참여시키는 것이었다. 국내 맥주시장의 1%도 안 된 터에 새뮤얼 애덤스 맥주를 좋아하도록 해야 할 고객은 무수히 많았다.

『변화란 좋은 것입니다. 그렇다고 본디 모습을 잃고 싶지 않습니다』라고 쿡은 말한다. 『다른 거대 브랜드의 경우도 그렇습니다. 그 브랜드가 무엇인지 보여주는 핵심이 있는데 그것은 변치 않습니다. 만약 맥주 소비자가 그 핵심에 만족한다면 그는 그것이 변하지 않기를 바랄 것입니다. 그래서 새뮤얼 애덤스가 갑자기 변해 유행을 좇아, 요즘 광고에 나오는 말하는 파충류나 양서류가 되지는 않을 것입니다.』

그 동안 끊임없이 들어오는 인수합병 제의를 물리쳐온 쿡에게는 갈수록 경쟁이 심해지는 시장에서 지속적으로 수익을 확대하는 것이 당면과제였다. 래디컬 마케터가 다 그렇듯이 고객과의 허심탄회한 유대관계가 있었기 때문에 그는 앞으로 어떤 길이 어느 쪽으로 전개될지를 깊이 이해하고 있었다. 중역실에 틀어박혀 5개년 계획을 짜기보다는 쿡은 자신을 성공으로 이끈 뿌리, 즉 고객과 이야기하고 그들을 관찰하기 위해 술집과 레스토랑, 그리고 주류판매상으로 돌아갔다.

일부 시장을 선정해 보스턴 맥주로선 파격적으로 텔레비전 광고에 1,500만 달러를 지출하기로 했지만, 그의 최대 투자는 잘 훈련된 판매원들을 거리로 내보내는 것이었다. 그는 3년 간 판매인력을 갑절 이상 늘렸으며, 특히 적극적인 젊은 사람들을 더 많이 추가해서 열여섯 시간 동안 열심히 뛰면서 고객들에게 가까이 가도록 했다. 보스턴 맥주는 75명 이상의 판매인력을 현장에 투입하고 있다. 이는 전체 맥주 산업에서 세번째로 많은 영업력이고, 2위인 밀러 맥주에 크게 뒤지지 않으며, 그 정도 규모의 회사에는 무척 걸맞지 않은 엄청난 숫자다.

쿡은 설명한다.『기본적으로 우리가 더 좋은 맥주를 갖고 있다고 늘 믿어왔습니다. 그러므로 가장 중요한 것은 그것을 고객들 앞에 가져다 주는 것이고, 술집과 레스토랑, 그리고 주류판매 가게에 잘 보이도록 진열해 사람들이 이를 시음해보고 다시 찾게 만드는 것입니다.』

그러나 그의 공격적인 사업방식은 크라프트 맥주업계의 많은 사람들의 비위를 거슬리게 해 쿡은 자신이 난처한 형편에 빠진 것을 깨달았다. 즉 앞에서는 거대한 적이 헐뜯고 있고, 자신이 지배하고 있는 부문에서는 주위의 질시를 받고 있었다. 〈데이트라인〉이 그나마 긍정적인 역할을 했다면, 크라프트 맥주업체들이 일제히 보스턴 맥주 편을 들도록 만든 것이다. 문제의 방송이 나간 후, 음료산업 출판물들은 진짜「적」이 누구인지를 크라프트 맥주 양조업자들에게 일깨우고, 한편으로는 더 좋은 맥주를 확산시키는 데 쿡이 기여한 바를 칭송하는 사설을 실었다.

쿡은 또한 이 때의 사태로 인해 지난 13년 동안 해마다 35%씩 성장해왔음에도 불구하고 기업의 운명이란 순식간에 딴판으로 뒤바뀔 수 있다는 것을 깨달았다. 최고의 래디컬 마케터는 미래에 대한 시야를 잃지 않으면서도 언제나 과거와의 연결점을 유지한다.

『「드디어 우리도 여기까지 왔다, 이제 남들처럼 해보자. 큰 회사들이 하는 것처럼 해보자』라는 유혹을 받을 수 있습니다』라고 쿡은 말한다. 『저에게는, 그것이 파멸로 가는 전략입니다. 왜냐하면 제가 큰 회사만큼 될 수는 있지만, 그들은 그보다 더 잘 할 수 있기 때문입니다.』

『상당히 유기적인 관계에서 비롯되는 불가피한 기복에 너무 과잉반응을 하는 경향이 있습니다. 새뮤얼 애덤스와 함께 성장해온 주위 사람들이나 다른 일부 사람들은 이제 새뮤얼 애덤스도 새로운 국면에 이르렀다면서 지금까지의 성공비결을 내던지고 다른 방향으로 나가야 한다고 말합니다. 저는 그렇게 생각하지 않습니다. 사실 저는 이 회사를 성공으로 이끌어온 요소를 계속 유지해야 한다고 믿습니다.』

쿡의 성공을 이해하려면, 보스턴 맥주식 판매 모델의 발전과정을 되짚어볼 필요가 있다. 쿡의 성공비결은 래디컬 마케팅의 입문서라고 해도 과언이 아니다.

## 자신이 사랑하는 사업을 하면 돈이 굴러들어온다

1984년 보스턴 맥주 설립 당시 그는 서른네 살로 명문 보스턴 컨설팅에서 연봉 25만 달러를 받는 제조업 전문 컨설턴트였다. 래디컬 마케터가 다 그렇듯이 그는 단순히 사업기회를 포착한 것이 아니라 그것을 소명으로 받아들였다. 만약 그가 컨설팅직에 계속 있었다면 그는 지난 150년 간의 쿡 가문에서 양조업을 계승하지 않은 첫번째 세대가 됐을 것이다.

쿡은 하버드 대학 출신으로 같은 대학원 경영학과 법학 석사학위를 받았다. 처음에 그는 양조업을 전망이 없는 사업으로 봤다. 그러나 1970년대 말에서 1980년대 초 미국 서해안 일대에서 크라프트 맥주시장이 그 꽃을 활짝 피우자, 흥미를 느끼기 시작했다. 그는 메이태그(Maytag)사의 2세 경영자이자 1965년 샌프란시스코에서 앵커 양조회사(Anchor Brewing Company)를 인수한 프리츠 메이태그(Fritz Maytag)에 대한 이야기에 매료됐다. 메이태그는 전통적인 증기식 양조방법을 재창조해 샌프란시스코 만 일대에 맥아만으로 맥주를 빚는 양조방법을 재도입했다.

안호이저부시와 밀러, 쿠어스의 맥주시장 체제가 고착화된 1970년대 말, 규모는 작지만 굳은 결의에 찬 맥주 애호가들이 캘리포니아와 오리건, 콜로라도 주 등지에서 우후죽순처럼 일어나 저마다의 진하고 독특한 맛을 지닌 소량 양조 맥주를 빚기 시작했다. 1977년 소량생산 양조 맥주업체가 캘리포니아 소노마에서 처음으로 문을 열었다. 2년 뒤 집에서도 맥주를 빚을 수 있게 허용하는 연방법안이 통과되자, 새로운 맛과 향취의 혁신적 맥주에 대한 관심이 폭발했다. 1982년에는 「브루펍(brewpubs)」, 즉 자체적으로 맥주를 빚어서 파는 업소가 합법화됐다. 새로운 업종이 탄생한 것이다.

양조업계의 혁명 발상지에서 멀리 떨어져 있던 보스턴에서도 쿡은 그 여진을 느낄 수 있었다. 원래 오하이오의 양조업체 가문 태생인 그는 예전부터 미국 맥주시장이 획일적으로 치닫는 것이 마음에 들지 않았다. 그의 아버지와 할아버지는 몇몇 거대 양조업체들이 업계를 집어삼키기 이전 신시내티 근처에서 지방 양조장을 소규모로 운영했다. 낮은 가격에 초점을 맞춘 맥주만 대량생산하는 대형 양조업체들은 더 맛있고 구미를 당기는 맥주를 원하는 맥주 애호가들을 무시해왔다. 이들은 오랫동안 웃돈을 주고 수입 맥주를 마셔왔지만, 쿡이 보기에 수입 맥주 또한 가격이 비싼 만큼의 가치는 없었다. 거의 차이가 없는 맛과 신선하지 않은 맥주였다.

래디컬 마케터가 다 그렇듯이 쿡은 하나의 기회, 즉 신선하고 맛있는 맥주로 채울 수 있는 시장의 구멍을 포착했다. 쿡은 아버지 집 다락에서 오래 된 〈로드 앤 트랙(Road & Track)〉지 뭉치 곁에서 그의 아버지가 고조부 때부터 물려받은 가전의 맥주 양조비법이 담긴 책 상자를 우연히 발견한 것을 흐뭇하게 회상한다. 그 중 한 가지가 특별히 관심을 끌었다. 1960년대에 그의 아버지가 독일산 특수 호프를 사용해 맥주를 빚은 양조기법이었다.

흥미를 느낀 쿡은 매사추세츠 뉴턴의 자기 집 주방에서, 가마에서 솟는 김에 벽지까지 그을려가며 직접 맥주 한 가마를 빚어봤다. 그 짙고 깊은 맛은 충격적이었다. 그는 「물건」을 만났다는 것을 즉각 알아차렸다. 만약 이것을 시장에 내놓을 수 있다면…. 그러나 이것을 팔기 위해 회사를 차린다는 것은 또 다른 문제였다. 하버드 경영대학원은 그에게 단순하지만 매우 중요한 교훈을 일깨워주었다. 즉 어떤 회사가 시장에 새로 진입하려면 싸거나 더 좋은 제품을 생산해야 한다. 둘 중 하나라도 없으면 안 된다는 것이다. 고조부 시절부터 세인트루이스 일대에 양조장 13개를 갖고 있던 가문의 역사가 이를 입증했다. 그들은 모두 실패했다.

1970년대 초 3년 동안 아웃워드 바운드( 역주 Outward Bound : 리더십 · 용기 · 자연친화 등의 교육 프로그램을 실시하는 학생과 성인 대상의 자선교육단체)에서 강사시절을 경험했던 쿡은 생존기술에 대해 잘 알고 있었다. 첫번째 교훈은 뻔한 것이었다. 즉 버드와이저나 밀러 같은 거인들을 상대하지 마라. 대신, 그는 수입 맥주시장은 충분히 상대할 만하다고 생각했다. 하이네켄(Heineken)이나 벡스(Beck's) 소비자들은 값이 좀 비싸더라도 맛이 더 좋으면 미국산 맥주를 마실 것이라고 믿었다.

래디컬 마케터에게 나타나는 위협적인 공통점은, 외부인과 달리

시장을 수정처럼 속속들이 들여다보고 있다는 점이다. 사실 래디컬 마케커는 불가능을 기회로 간주한다. 자신에게는 사람들이 익숙해진 기존 제품들보다 훨씬 더 좋은 제품이 있으며, 따라서 고객과 수요를 창출할 수 있다는 것을 쿡은 빨리 알아차렸다. 대형 양조업체와 달리 대량판매를 위해 품질을 희생시킬 필요도 없었다. 대신 그는 더 맛있는 맥주를 원하는 소비자층에 초점을 맞춰 제품을 팔 수 있었다. 쿡은 시장이 있다는 것을 알고 있었다. 단지 그가 몰랐던 것은 그 시장이 엄청난 규모라는 사실뿐이었다.

컨설팅 회사에 계속 몸담고 있는 상태에서 쿡은 조용히 새 회사를 설립했다. 그는 자신의 돈 10만 달러를 투입하고 친구와 친척들로부터 14만 달러를 모아들였다. 그는 서류가방에 얼음주머니와 함께 아직 이름도 없는 맥주 몇 병을 채워 초조하게 동네의 술집에 쏙 들어가서는, 카운터 뒤에 있는 남자에게 자신이 빚은 맥주 얘기를 꺼냈다. 그 사람은 바 백(bar back : 잔을 쌓고, 선반을 채우는 사람)이었는데, 영어를 못 알아듣는 사람이었다. 『그는 마치 머리가 둘 달린 괴물처럼 저를 쳐다보더군요.』쿡은 회상했다.

매니저가 다가왔고 쿡은 그래도 자신의 얘기를 계속했다. 그는 매니저에게 맥주 맛이나 한번 보라고 졸랐다. 매니저는 그 맥주의 향을 맡고, 몇 모금 마신 뒤 고개를 끄덕이면서 스물다섯 상자를 주문했다. 보스턴 맥주가 영업을 시작한 순간이었다. 쿡에게 그것은 일 대 일 판매의 위력을 극적으로 설명해준 카타르시스적 순간이었다. 마케팅이란 사기협잡이라고 그는 생각했다. 모든 멋진 광고, 인구통계학적 조사, 그리고 판촉활동은 고객의 얼굴을 직접 보고 제품을 판매할 의지가 없다면 쓸모가 없다고 생각했다. 쿡은 몇 년 후 〈잉크(Inc.)〉지에 이렇게 썼다.

『그 날 저녁 귀가했을 때, 내 머리 속에는 사업을 움직이는 가장 중요한 것이 판매라는 확고한 전망이 자리잡았다. 즉 제품과 고객 사이의 직접접촉이며 중요한 피드백 연결고리였다. 기업체 대표들이 직접 밤낮없이 제품을 판매해보면 자신이 만드는 제품에 더 주의를 기울이게 될 것이다. 밖에서 물건을 팔 때, 고객과 얼굴을 대하고 있으면 숨을 곳이 없다.』

단호한 우상파괴자인 쿡은 전통적 마케팅 기법은 「허튼소리」라고 내쳐버린다. 한번은 워싱턴 의회도서관에서 열린 기업가 만찬모임에서 연설하다가, 그는 이런 비유를 사용했다.『판매와 마케팅의 비교는 섹스와 자위행위의 비교와 같습니다. 마케팅은 캄캄한 방 안에서 여러분 혼자서도 할 수 있습니다. 판매는 다른 사람과의 대화가 개입되고, 실제적인 결과물을 낳습니다.』쿡은 마케팅 교과서를 탐독하기보다 고객에 대한 통찰력을 얻기 위해 《오디세이(The Odyssey)》나 T. S. 엘리엇(T. S. Eliot)의 시를 뒤적인다. 그는 하버드 경영대학원에서 첫 1년만 마케팅 과목을 수강한 것을 흐뭇하게 생각한다. 그나마 1년도 선공필수였기 때문이다. 그의 컨설팅 경력은 오로지 가치가 있다고 생각한 제조분야에 집중돼 있었다.

쿡은 말한다.『처음 회사를 시작했을 때, 그런 딱딱한 인구통계학적 개념이나 시장조사를 통해 사물을 파악해야 한다는 식의 생각은 전혀 머리에 떠오르지 않았습니다. 그리고 그럴 여유도 없었습니다. 지금까지도 저는 많은 시간을 시장에서 보냅니다. 그래서 제 고객이 어떤 사람들인가를 파악하기 위해 포커스 그룹을 관찰할 필요가 없습니다. 그저 밤중에 술집을 찾아가 판촉을 좀 하고 스무 명 남짓한 이들과 얘기하곤 합니다. 몇백 번 그 일을 하고 나면 고객이 무엇을 원하는지 기막힌 아이디어를 얻게 됩니다.』

쿡은 코카콜라나 버드와이저, 또는 크레스트 치약 같은 대형 브랜드에는 전통적 마케팅이 들어맞을지 모른다고 생각한다. 그러나 그는 대개 전통적 마케팅은 『소비자들에게 무슨 일이 일어나고 있는지 정말 이해하지 못하는 무능력을 가리기 위한 연막일 뿐』이라고 확신한다. 비용이 많이 드는 마케팅 조사를 통해 고객과의 관계를 이해한다는 생각은 논리적이지 않다. 왜냐하면 부정확한 학문이기 때문이다. 마케팅 연구는 실제적 지식이라기보다 체계적인 추측에 더 가깝다. 『점을 치는 것이나 마찬가지다』라고 그는 단언한다.

공식적인 마케팅을 경멸하긴 해도 쿡의 사업계획은 대개, 단순히 필요에 따라 일련의 혁신적 마케팅 활동과 함께 펼쳐졌다. 독자적인 자체 양조장을 소유하는 것이 오랜 숙원이긴 했으며, 실제로 나중에 300만 달러를 투자해서 건축하다가 중도에 그만두기도 했지만, 쿡의 제1 목표는 고객의 맥주잔을 새뮤얼 애덤스로 채우는 것이었다. 그는 맥주란 아무리 고급 맥아와 호프를 사용하더라도 제조원가가 상대적으로 싸기 때문이라고 말한다. 양조 원료는 95%가 물이기 때문에 다른 크라프트 맥주업체가 그랬듯이 자체 양조장을 지어 사업을 정체시키느니, 쿡은 타업체에 양조를 아웃소싱하기로 결정했다.

쿡은 곧 초기단계에 있는 크라프트 맥주업계 사람들로부터 격렬한 비난을 받았다. 자신의 설비로 주조하지 않는 한 그 맥주를 자기 것이라고 말할 수 없다는 게 그들의 통념이었다. 래디컬 마케터가 다 그렇듯이 쿡은 자신의 제품에 대해 종교적 열정을 품고 있었다. 일관성 있는 맛과 품질야말로 고객들이 원하는 것이었다. 맥주가 어디에서, 누구에 의해 빚어지는가는 그에게 전혀 문제가 되지 않았다.

컨설턴트를 고용하거나 시장조사에 투자할 돈이 없었기 때문에 쿡은 맥주의 이름을 짓기 위해 맥주 애호가들을 상대로 비과학적이지만 나름대로의 여론조사를 실시했다. 그는 원래 뉴 월드 보스턴 라거(New World Boston Lager)라는 이름에 마음이 끌렸지만, 모조 라벨을 인쇄해, 심지어 비행기 옆 좌석 승객에게까지 여러 가지 이름을 시험해보고 나서, 보스턴 출신의 유명한 애국자이자 역시 양조업자였던 새뮤얼 애덤스를 이름으로 쓰기로 마음을 바꿨다. 1,000명 이상을 상대로 조사한 결과를 종합해보니 대다수가 새뮤얼 애덤스를 선호하는 것이 명백했다.『여론을 조사하기 위해 비행기보다 더 좋은 장소가 어디 있습니까. 이렇게 저렴한 방법이 있었구나 하고 생각했습니다.』쿡은 〈잉크〉와의 회견에서 이렇게 말했다.『승객들은 제게 인구통계학적 조사대상이었으며, 그들 중 대다수는 더 좋은 맥주에 관심이 있었습니다.』

## 언론홍보 화로에 연료를 지피며

쿡은 동업자를 원했고 그 말을 널리 퍼뜨렸다. 보스턴 컨설팅 그룹의 동료 몇몇이 이력서를 보내왔다.『그러나 그들은 모두 저처럼 보였습니다.』쿡은 말한다. 대신에 문득 떠오른 영감대로 보스턴 컨설팅에서 자신의 비서로 일했던 스무세 살의 론다 콜먼(Rhonda Kallman)을 첫 직원으로 고용했다. 콜먼은 젊고 매력적이고 외향적이었으며, 밤에는 바텐더와 웨이트리스처럼 일하고 있었다. 그녀는 보스턴의 술집문화에 대해 수줍음 많은 쿡과는 또 다른 시각에서 잘 알고 있었고, 값비싼 시장조사 비용을 치르지 않고도 시장으로의 접근과 통찰력을 그에게 가져다 주었다. 비서학교를 졸업한 지 4년이 된 콜먼은 스스로 구매권한을 지니고 있었기 때문에 술집이 어떻게 운영되는지, 누가 구매결정을 하는지, 무엇에 이끌려 맥주를 사게 되는지 알고 있었다.

창업자는 언제나 그렇듯이, 쿡과 콜먼은 일인 다역으로 일했다. 쿡은 스스로 지게차 운전을 배워 창고에서 배달용 트럭으로 맥주상자를 실어 옮겼다. 콜먼은 밤늦게까지 술집에 맥주 상자를 배달한 뒤 매일 아침 6시 반에 출근했다. 하루 종일 세일즈를 마치고 나면 쿡은 비행기를 타고 피츠버그로 가 야간 양조작업을 감독하고 나서, 홀리데이인 호텔에서 잠깐 샤워를 하고 옷을 갈아입은 후 다시 비행기를 타고 보스턴으로 돌아와 판매활동을 했다.

쿡은 콜먼을 고용한 후 지역 홍보전문가로 샐리 잭슨(Sally Jackson)을 고용했다. 그녀는 레스토랑과 호텔 회계 전문이었는데, 쿡은 그녀에게 연봉 3만 6,000달러를 제시하며 신생회사의 홍보를 맡아달라고 했다. 잭슨은 그 정도라면 보수로는 충분하나 홍보 비용으로는 부족하다고 말했다. 더 이상의 현금은 없었기 때문에 회사 지분의 2%를 줬다.

잭슨은 대충 짐을 챙겨 쿡의 회사로 옮겨오자마자 일상적인 홍보 방법론을 뒤집자고 제안했다. 만약 그녀가 보도 관계자용 자료집과 우편물을 챙겨 직접 언론인들을 접촉했다면 그들은 아마 보스턴 맥주가 커다란 회사인 줄로 추측했을 것이다. 그러나 그러한 일은 직원 두 명짜리에 이제 신발끈을 매고 나선 근면한 신생기업에게 어울리지 않았다. 대신 그녀는 쿡에게 직접 언론인들에게 전화를 걸어 자신의 이야기를 하라고 시켰다. 그들은 인쇄매체의 「생활」 면이나 「음식」 면보다는 직접 경제 면을 겨냥했고, 이를 통해 두 가지 효과를 얻을 수 있다고 확신했다. 21~49세 사이의 남성 맥주 애호가들 사이의 인지도와 관심이 바로 그것이었다. 이들은 경제 면의 주요 독자층이기도 하다.

제품에 대한 열정과 흥미로운 이야기로 쿡은 보스턴 맥주에 대한 꾸준한 보도를 이끌어냈다. 그 시작은 〈비즈니스 위크〉 기사였다. 『나의 가문은 에버하드 안호이저(Eberhard Anheuser)가 비누를 팔고 있을 때 맥주를 만들고 있었습니다』라고 쿡은 그 기사에서 의기 양양하게 말했다. 쿡은 이후 잭슨의 전략적 도움 속에 남은 10년 동안 유명한 언론의 총아가 됐다. 〈피플(People)〉, 〈뉴욕 타임스〉, 〈포천〉, 〈월 스트리트 저널〉, 〈USA 투데이〉, 〈뉴스위크〉, 〈포브스〉, 그 밖에도 전국의 신문과 잡지 수십 군데에 기사가 실렸다. 그것은 래디컬 마케팅의 원형이었다. 잠재적 고객 수천만 명에게 공짜로 이야기를 전하는 것이었다.

회사 설립 후 6주 만에 쿡과 콜먼, 그리고 잭슨은 처음으로 덴버에서 열린 맥주 전시회 (Great American Beer Festival)에 새뮤얼 애덤스를 출품했다. 돌도프에 따르면 이 행사는 크라프트 맥주업체의 잔치격으로 시작됐으며, 30개 양조업체에서 300명 정도가 참여했다. 이후 이 행사는 크라프트 맥주업계에서 가장 중요한 품질인증서가 됐다. 1997년에는 사흘 동안의 축제에 3만 5,000명이 참석한 가운데 430개 양조업체가 1,400종 이상의 맥주를 선보였다.

쿡에게는 그 축제가 유례 없는 마케팅 기회였다. 최고경영자를 파견한 양조업체가 거의 없었던 반면, 쿡은 직접 새뮤얼 애덤스를 상세하게 설명하기 위해 그 자리에 참석했다. 그들은 무수한 맥주 샘플을 나눠줬으며, 모든 사람에게 이 맥주의 우수한 원료와 양조기술에 대해 들려줬다. 이러한 프로 근성과 쿡의 집중력은 효과를 나타냈다.

전시회가 끝날 무렵 축제 참석자들의 투표로 「최우수 맥주」를 뽑는 「애주가들의 선택(people's choice)」 시상식이 열렸다. 처음으로 참가한 새뮤얼 애덤스가 그 상을 받았고 쿡은 기뻐 날뛰었다. 그는 맥주병에 첫 라벨을 붙이자마자 「그레이트 아메리칸 비어 페스티벌」이 수여하는 「미국 최고의 맥주」상을 받은 것이다. 그 행사가 이제 막 탄생한 크라프트 맥주업계의 자체 행사이며, 외부인들은 거의 들어보지도 못했다는 것쯤은 쿡에게 문제가 되지 않았다. 그것은 즉각적으로 신용을 더해주는 명예훈장이었으며, 결국 엄청난 마케팅 효과를 보았다.

다음 날 아침 덴버 공항에서 보스턴으로 돌아가는 비행기가 연착되자, 잭슨은 빈 공중전화 하나를 붙잡고 업무를 보기 시작했다. 먼저 〈보스턴 글러브(Boston Globe)〉 신문사에 전화를 해서 한 기자로 하여금 그 자리에서 쿡을 인터뷰하게 설득해냈다. 쿡이 전화로 얘기하는 동안, 잭슨은 또 다른 보스턴 지역 매체에 계속 전화를 했다. 로건 공항에서 회사로 돌아오는 택시 안에서 그들은 보스턴의 지방 맥주회사가 「미국 최고의 맥주」로 선정됐다는 라디오 뉴스를 들을 수 있었다.

쿡은 이 상을 최대한 활용했다. 새뮤얼 애덤스 라벨에 이를 인쇄해 넣었고, 포스터와 현수막, 그 밖의 판촉물에도 눈에 띄게 인쇄했다. 창업 첫 해 이런 승리를 맛보자 쿡은 계속 승리를 거두기로 작정했다. 돌도프는 말했다. 『쿡은 그 상을 탐냈습니다. 그는 다음 해, 또 그 다음 해에도 그 상을 받는 것을 사명으로 삼았습니다.』 회사가 커지면서 보스턴 맥주는 한떼의 열광적인 맥주판매원들을 이끌고 그 축제에 참석했다. 맥주 판매원들의 절반은 매력적인 젊은 여성들이었다. 그들은 더 큰 잔에 맥주를 부어주며 참석자들을 맞이하고, 자신들의 이야기를 마케팅했다.

『쿡은 완벽한 맥주 장사꾼이었습니다.』 돌도프는 덧붙인다. 『그는 이것이 회사 내에서 우선 순위가 되도록 원동력을 확립했습니다. 유능한 마케터가 하는 일을 했습니다. 즉 들고 뛰었습니다.』 새뮤얼 애덤스는 4년 연속 그 상을 받았고, 이후 주최측은 다른 크라프트 맥주업자들의 압력으로 그 상을 폐지했다(지금은 전문가로 구성된 심사위원회가 눈을 가리고 시음하여 일련의 금메달 수상자들을 선정해 수상한다. 1997년 보스턴 맥주는 3개 부문의 금메달을 차지했다).

이렇듯 공격적인 마케팅 때문에 다른 경쟁 크라프트 맥주업체와는 편안한 관계가 되지 못했고, 쿡은 업계에서 달갑지 않은 평판을 들었다. 느긋한 분위기의 서부 해안 크라프트 맥주업계는 쿡에 대해 같은 부류로 넣어줄 가치도 없는 위탁생산 맥주로, 시장을 빼앗아가는 계산적인 외부 침략자로 인식했다. 그가 더욱 화려한 조명을 받고 새뮤얼 애덤스의 매출이 치솟자, 왜 저런 사람에게 인과응보의 천벌이 내리지 않나 하고 바라는 사람이 많아졌다.

그러나 쿡은 그런 시시한 데 신경 쓸 겨를이 없었다. 혁신을 계속했고 브랜드를 강화했다. 새로운 가능성을 구상하느라 밤마다 그는 마음 속에서 줄달음쳤다. 그는 자신이 맥주 애호가들에게 더 맛좋은 고품질 맥주의 잠재력에 대해 가르치는 교사라고 생각했다. 매출은 계속 치솟았고, 이익이 쏟아져 늘어오기 시작했다.

## 신선함이 중요하다

회사의 성장을 통해 쿡이 깨달은 가장 단순하고도 심오한 이치는 중요한 문제에 완벽하게 몰입해 다른 소소한 문제에 신경 쓰지 않는 것이다. 쿡은 말한다. 『우리 회사의 경우 그것은 두 가지를 의미합니다. 모든 가마에서 우수한 맥주를 만드는 것과 모든 역량을 총동원해 그것을 팔면 우리는 괜찮을 겁니다. 둘 중 한 가지라도 타협한다면 우리는 망합니다.』

새뮤얼 애덤스에 들어갈 특별한 호프를 구매하기 위해 독일을 방문했을 때 그는 세계에서 가장 까다로운 시장, 맥주의 본산인 독일 시장에 진출하기로 결정했다. 새뮤얼 애덤스는 원료와 양조기법에서 오로지 대맥과 이스트, 물, 호프만 넣도록 규정한 까다로운 독일 법규를 뚫고 합격 판정을 받았다. 독일은 맥주의 순수성을 법으로 규정하고, 버드와이저 등이 사용하는 옥수수나 쌀 같은 첨가물을 넣지 못하게 돼 있다. 새뮤얼 애덤스는 독일로 수입된 최초의 미국 맥주가 됐으며, 쿡은 이를 언론에 적극 홍보했다.

그리고 1987년 쿡은 위탁 양조의 장점을 마케팅에 활용하기로 결정했다. 그는 서해안 지역의 양조장과 계약을 맺고 전국 어디에서나 24시간 이내에 신선한 맥주를 구입할 수 있게 했다. 맥주에 방부제를 첨가하지 않았기 때문에 제품이 4~5개월 지나면 신선도가 떨어진다는 것을 그는 잘 알고 있었다. 또 한 차례 마케팅 공세로 보스턴 맥주는 병에 신선 기간을 인쇄하고 주조한 지 24시간이 지나면 바꿔주겠다고 약속한 첫번째 맥주회사가 됐다.「~까지 판매」날짜가 지난 새뮤얼 애덤스 병 또한 회수됐다. 이렇게 해서 연간 100만 달러어치가 다시 회수되었지만, 이에 대한 반향은 비용을 감당하고도 남았다. 소비자의 반응은 실로 대단해서, 결국 안호이저부시를 포함한 거의 모든 경쟁사가 뒤를 따랐다.

쿡은 지독하기 짝이 없었다. 대형 양조업체와 같은 두둑한 재원이 없기 때문에 그는 광고에서도 새로운 발상을 만들어냈다. 그는 라디오를 가장 선호했는데, 그 이유는 청취층이 20대 남성으로 맥주의 주 소비층과 일치했기 때문이다. 그는 돈을 아끼기 위해 광고 문안작성과 녹음도 직접 했다. 광고 문안에는 언제나 언중유골의 가시 돋친 메시지가 들어갔다.

1987년 자유의 여신상 100주년 기념행사 기간에 방송된 최초의 라디오 광고는 이렇게 시작됐다.『미국이 유럽에 대해 어찌 이리 쇠락하고 형편없느냐고 물었다면, 맥주를 가리켜 물은 것이 아닙니다.』그는 또한 하이네켄과 벡스 같은 경쟁사를 실명으로 직접 거론하면서 그들의 수출용 맥주에는 첨가물이 들어 있어 독일에서는 판매할 수 없다고 지적했다. 이 같은 따가운 지적에 밀려 그 맥주회사들은 수출용 제품의 내용물을 바꿔야만 했다.

쿡은 논쟁을 즐겼고, 관심을 끌 수 있다고 믿었다. 이 점에 있어 그는 광고의 대가 데이비드 오길비(David Ogilvy)의 말을 인용한다.『텅 빈 교회에서는 영혼을 구원할 수 없습니다.』사실 그의 마케팅은 그의 성격과 격렬함을 반영한다. 쿡은 마케팅 기능을 소유했을 뿐만 아니라, 그것을 즐기고 키우고 제품을 팔 수 있는 모든 기회로 활용했다. 1992년 12월 31일 그는 히말라야 산맥을 제외하고 가장 높은 산인 남미 아콩카과 산의 약 7만 311km 정상에 올라가 새뮤얼 애덤스 맥주 한 병을 꺼내 높이 치켜들었다. 겨울철에는 에베레스트의 등반 시즌이 아니었기 때문에, 그는 그 날 지구상의 어떤 사람보다 높이 있다는 것을 알았다. 이런 유명세를 노리는 행동은 버진 애틀랜틱 항공의 브랜슨이 장기로 삼는 것이기도 하다. 쿡은 그 산에서 돌아와 자신의 애기를 열심히 언론에 선전했다.

규칙을 깨고 울타리를 밀어젖히겠다는 의지 없이 보스턴 맥주 같은 회사를 창업할 수는 없다고 쿡은 확신한다. 그가 도입해 성공시킨 대체 마케팅 기법 중에는 맥주의 인지도를 촉진하는 영악한 점두(point of sale) 판촉기법도 포함된다. 그는 보스턴 지역에서 시작해 나중에 전국의 술집으로 확대한 새뮤얼 애덤스 시음행사와 고급 레스토랑의 맥주 정식을 처음 도입했다. 대형 경쟁사들도 이를 모방했음은 물론이다.

1986년 쿡은 술집과 식당에 맞춤식 플라스틱 메뉴꽂이와 카드를 만들어줬다. 이 후 10년 이상 보스턴 맥주는 이들 업소의 메뉴와 맥주 목록을 도맡아 제작해줬다. 메뉴와 맥주 목록을 새뮤얼 애덤스 메뉴 카드에 인쇄하고, 이를 자신들이 아는 모든 술집 테이블에 깔았다. 지금은 200만 개 이상의 메뉴 카드를 생산하고 있으며, 대부분의 양조업계는 이후 보스턴 맥주를 따라했다. 『1985년에는 이것만이 새뮤얼 애덤스 맥주도 시장에 나와 있다는 사실을 알리는 유일한 길이었습니다』라고 콜먼은 말한다.

## 고객에게 좀더 가까이

보스턴 맥주의 본거지인 보스턴 지역 술집과 레스토랑을 담당하는 직원은 서른 살의 영업사원 크리스 키델(Kris Keidel)이다. 그녀의 거래처 방문은 언제나 술집과 식당에 카드와 메뉴 스탠드를 돌리는 것으로 끝난다. 그녀의 체로키 지프에는 종이 카드에서부터 40달러짜리 거대한 현수막까지 고객에게 공짜로 나눠주는 온갖 새뮤얼 애덤스 판촉물이 가득 차 있다.

지금은 날로 늘어나는 보스턴 맥주의 판매인력을 총괄하고 있는 콜먼에 따르면, 영업사원들은 새뮤얼 애덤스를 위해 한 가지라도 유익한 일을 하지 않고는 절대 고객 곁을 떠나지 못하도록 교육받는다고 한다. 즉 카드를 나눠주든가, 잘못된 생맥주 호스를 제대로 작동하게 거들어준다거나, 거래처 직원들에게 보스턴 맥주의 신제품에 대해 설명을 해주도록 하는 것이다. 키델의 목표는 새로 거래하는 업소마다 새 고객의 점포 내 수공업 맥주 공간의 30%를 얻는 것이다. 과거 몇 년 간 새로운 경쟁이 증폭되면서 맥주 종류가 다양해질수록 어려워지고 있다. 본사가 있는 보스턴에서도 새뮤얼 애덤스는 압력을 받고 있다. 『병맥주로 앞서가자!(Lead with Lager!)』는 것이 영업사원들의 구호이며, 이것은 원래의 새뮤얼 애덤스 보스턴 라거야말로 회사의 주력상품임을 상기시켜주고, 결코 품질이 떨어지면 안 되는 브랜드라는 것이다.

키델은 젊고 매력적이며 적극적이다. 보스턴 맥주의 영업사원 중 40%는 여성이다. 안호이저부시나 밀러가 도매상을 이용하는 반면, 보스턴 맥주는 직거래를 선호한다. 키델이 보스턴 시내의 한 술집을 방문해 보스턴 맥주의 신제품 보스턴 크림 에일(Cream Ale)을 파는 생맥주 기계가 제대로 작동하는지 확인한다. 그녀는 또 지배인에게 새로운 제품에 대한 설명회를 하겠다고 요청한 뒤 다음 날 이를 실행하기 위해 다시 방문한다. 그 지역 대학생과 관광객들의 명소인 이 술집에는 길다란 사각형 바가 있는데, 놀랍게도 에일과 여러 가지 상표의 생맥주를 뽑는 기계가 열여덟 개나 된다. 키델은 이 곳에서 자신의 임무를 완수했다. 네 개는 보스턴 맥주 것이고 버드 라이트(Bud Light)는 한 개뿐이다.

실제로 월가의 업계 분석가들은 보스턴 맥주가 최고로 훈련된 가장 효율적인 판매인력을 보유하고 있다는 데 동의한다. 영업사원은 석 달이나 넉 달 만에 한 번씩 꼬박 1주일 동안 판매기법과 거래처 관리 등에 대한 교육을 받는다. 『우리의 판매직원들은 우리 경쟁력의 무기입니다』라고 콜먼은 말한다. 이들 보병사단은 모르몬교 선교사들처럼 열정적이라고 〈셀러브레이터 비어 뉴스〉의 돌도프는 말한다. 똑똑하고 헌신적이며 열성적인 이들은 하루에 열여섯 시간 근무도 마다하지 않으면서 맥주의 밤 행사를 개최하기도 하고, 쿡과 콜먼이 검토할 수 있도록 그들의 모든 활동을 상세히 기록해둔다.

『짧은 시간에, 쿡은 크라프트 맥주를 전국 모든 소매점과 술집에 확산시켰습니다. 왜냐하면 그는 맥주 양조기법과 마케팅에 정통했고 그것을 또한 훌륭하게 실천했기 때문입니다』라고 돌도프는 말한다. 『크라프트 맥주업계는 쿡에게 맥주 파는 방법을 가르쳐준 데 대해 감사해야 할 빚이 있습니다. 일부 히피들이 맥주를 빚어 동네사람들과 돌려 마신다 해도 그렇게 하는 기간보다 훨씬 앞당겨 크라프트 맥주시장을 형성해주었습니다.』

## 브랜드 완성도를 높이면서 브랜드 확장하기

보스턴 맥주는 또한 브랜드를 확장하면서 회석시키면 안 된다는 것을 잘 알고 있다. 주력품목 새뮤얼 애덤스의 첫 성공 이후 회사는 실험을 시작했고, 다양한 맛의 맥주를 출시했다. 특히 계절에 따른 양조방법으로 매우 성공적인 브랜드 확장을 이뤄냈다. 하니 포터스(Honey Porters)에서부터 크림 스타우트(Cream Stout)까지, 가을의 옥터버페스트(Octoberfest)에서 겨울의 윈터 라거(Winter Lager)에 이르기까지 새로운 맥주맛을 즐기는 다양한 고객층을 창출하기 위해 회사는 생산제품을 계속 확장한다.

1994년 쿡은 또 한 번 한계를 벗어나, 세계에서 가장 독한 알코올 35도의 코냑 비슷한 트리플 복(Triple Bock)이라는 맥주를 내놨다. 이 맥주는 고급 포도주나 셰리주와 맛이 비슷하며, 한 병에 4달러, 한 상자에 100달러다. 250밀리미터들이의 작은 병은 코발트빛이며, 24캐럿 금색 잉크로 새뮤얼 애덤스 문장이 양각돼 있다. 아직은 트리플 복으로 이익을 내고 있지는 못하지만, 쿡은 이 맥주에 특별한 자부심을 갖고 생산을 독려하고 있다. 그는 라디오에 시리즈 광고를 내고, 트리플 복은 그 알코올 도수 때문에 아홉 개 주에서 판매

금지 품목이 됐다고 으스댄다.

『사람들이 한 상자에 100달러짜리 맥주를 사 한 번에 1온스 반씩 마실 거라는 사실을 확인해주는 마케팅 조사는 절대 하지 못합니다.』쿡은 말한다. 『맥주 소비자 100만 명을 조사해 그들에게 이런 것을 구입하겠냐고 물으면, 아무도 아니라고 말할 것입니다. 그러나 중요한 것은 그게 아닙니다. 이상하게 보일지 모르지만 우리는 원래 이런 맥주를 만들 수밖에 없었습니다. 우리가 하겠다고 약속한 일 중에 하나가 맥주의 한계를 넓혀가는 것이고, 또 다른 하나는 양조업자로서의 자존심 때문입니다. 맥주를 진지하게 생각하고 도전적인 맥주를 만들기로 했다면, 이런 물건을 만들 수밖에 없습니다.』

쿡에게 가능성은 끝이 없다. 1995년 그는 「자가 양조맥주 경연대회」를 생각해냈다. 참가자들은 저마다 집에서 담근 맥주를 제출했고, 우승자의 맥주는 실제로 병에 포장되어 롱샷(Longshot)이라는 브랜드로 판매했다. 무려 1,600종의 맥주가 출품됐으며, 전문 심사위원 65명이 선정한 우승자 세 명에게는 상금 5,000달러와 맥주에 대한 로열티 증서가 수여됐다.

쿡은 새뮤얼 애덤스의 범주에 적합하지 않다고 판단되는 제품을 팔기 위해 자회사를 만드는 것도 꺼리지 않았다. 보스턴 맥주의 한 양조전문가는 몇 년 동안 쿡에게 미국산 호프와 서북지역 맛을 지닌 오리건 주 스타일의 에일 맥주를 만들자고 열심히 촉구해왔다. 쿡은 마음이 흔들렸지만, 새뮤얼 애덤스 브랜드에 추가시키기보다 오리건의 포틀랜드에 「오리건 에일 앤드 비어 캠퍼니(Oregon Ale and Beer Company)」라는 자회사를 세웠다. 새 제품은 그 지방과 전국 대도시 시장에서 잘 팔리기는 했지만, 이로 인해 결속력이 높은 오리건 주 양조업자들의 분노를 샀다. 이들은 보스턴 맥주의 위

탁 양조방식에도 불구하고 오리건 크라프트 맥주라고 자처하는 뻔
뻔함에 정면 공격하고 나섰다.

## 성공에도 잘 대처해야

회사가 커질수록 찬사와 비난이 함께 커졌고, 쿡은 래디컬 마케터
들이 부딪칠 수밖에 없는 딜레마에 빠졌다. 급격한 성장은 시장의
판도를 바꿔놨고, 따라서 경쟁의 규칙도 변화시켰다. 보스턴 맥주
는 맥주에 대한 미국인들의 새로운 성향을 만들기 위해 10년 넘게
공을 들였고, 그 결과 폭발적인 성장을 기록했다. 쿡이 보기에도,
회사를 더 이상 고속성장시키기보다 이미 확보한 고객층을 바탕으
로 서서히 안정적인 성장전략을 구사할 시점이었다.

『이것은 틈새시장이고 틈새시장에는 울타리가 있습니다』라고 쿡
은 말한다.『그러한 울타리는 우리를 대기업으로부터 보호해주기도
하지만, 우리에게 한계로 작용하기도 합니다.』쿡은 그와 콜먼이 더
좋은 맥주를 원하는 사람들을 겨냥하는 전략으로는 회사가 곧 이
한계에 부딪힐 것임을 잘 알고 있었다고 주장한다.『괜찮습니다.』
쿡은 말한다.『저는 시장의 9 %에서 다섯번째 회사가 되느니 1%의
시장에서 최고가 되고 싶습니다. 그 다섯번째에 해당되는 회사가
스트로스일 겁니다.』

그러나 크라프트 맥주 고객은 새로운 맛을 시험하는 것이 하나의
생활방식이기 때문에 많은 경쟁자로 시장이 혼잡해지자 새뮤얼 애
덤스에 나쁜 영향을 미쳤다. 쿡은 새로운 고객을 찾아내는 것 못지
않게 이들「시음자(triers)」들을 계속 끌어안는 방법을 찾아낼 필요
성을 느꼈다. 콜먼은 1990년대 말 회사가 이런 질문에 답해야 할 기

로에 섰다고 여겼다. 즉 이제 어떻게 할 것인가? 새뮤얼 애덤스가 대단히 훌륭한 맥주라는 것은 모든 사람이 다 알고 성공을 거둬왔다. 그러면 그 다음은 무엇인가?

콜먼은 이 브랜드를 새로운 젊은 고객들을 겨냥해 다시 위치를 바꿔야 할 필요가 있다고 믿었다. 그녀는 쿡이 언제나 재무에서 양조까지 회사의 모든 분야에 관여하고 있으며, 이런 정도의 정력과 통찰력을 지닌 사장이 있다는 것도 복이라는 생각은 했지만, 동시에 브랜드의 전진을 오로지 쿡의 직관에만 의존해서는 더 이상 일관성 있는 마케팅 전략을 구사할 수 없다고 생각했다.

이렇게 해서 그 뒤에 일어난 일은 래디컬 마케터에게 중요한 교훈이 된다. 쿡은 마음이 내키지 않았지만, 전통적 마케팅에 대한 강경 노선을 누구려뜨렸다. 10년 동안 정식 마케팅 부서조차 두지 않다가 쿡은 4년 전 전통적 맥주 마케팅 분야에 경력이 있는 사람을 브랜드 개발담당 부사장으로 채용해 회사의 마케팅 활동을 확장해도 좋다는 권한을 줬다. 쿡은 10년 전만 해도 생각할 수조차 없었던 일련의 발상에 동의했으며, 그 발상은 자신이 그토록 혐오했던 시장조사연구와 포커스 그룹, 값비싼 외부 마케팅 컨설턴트 용역, 그리고 1,500만 달러짜리 텔레비전과 라디오 광고 등으로 나타났다. 이 대목에서는 대표이사가 마케팅을 직접 통제하고 마케팅 조직을 작은 단층조직으로 유지한다는 래디컬 마케팅의 신조를 버리고 전통적 발상을 따랐다.

별로 놀랄 일도 아니지만, 이러한 전통적 방식의 노력은 실패했다. 1998년 그 전통적 마케터는 좌절 속에 보스턴 맥주를 떠났다. 그는 마케팅 부서를 구축하고 막대한 돈을 외부용역에 쓰고 강력한 광고대행사를 고용하는 데는 유능했다. 그러나 맥주를 파는 데는 실패했다. 쿡은 이렇듯 더 전통적인 방법을 받아들이는 시도로, 대기업들이 흔히 대규모 마케팅 부서로 인해 부딪치는 문제에 봉착했다. 즉 마케팅 부서의 하부단위마다 서로 자신의 업무만 최적화하려고 노력하지만, 이는 대개 브랜드의 독자성을 훼손시키고 만다.

이를테면 마케팅 부서가 눈사람이나 범선 그림을 넣은 포장을 만들고 위성방송 수신기를 경품으로 내건 판촉행사를 벌이자 쿡은 기겁하고 말았다. 『이건 내가 아니야. 이것은 새뮤얼 애덤스가 아니야.』쿡은 단언했다. 『고객들에게 뭐라고 얘기할 것인가? 우리가 위성수신 안테나야? 우리가 눈사람이야? 어떤 라디오 광고는 한 놈이 바닥에서 벗어나 맥주를 소리내어 마시고 또 한 놈이 숟가락으로 장단을 맞추더구만. 그건 우리가 아냐!』

쿡은 자신이 모든 것을 다 했을 때는 로고 디자인이 투박하고 광고는 세련되지 못했지만, 분명하고 단순한 정체성을 전달했으며 브랜드에 충실했기 때문에 효과가 있었다고 말한다.

쿡의 직관은 그에게 마케팅이 해야 할 것은 「더욱 우리다워지는 것」임을 말해주고 있다. 이를 위해 그는 다시 권한을 회복해 모든 마케팅 활동은 자신을 통해 승인받도록 했다. 『새뮤얼 애덤스를 정말로 이해하는 유일한 사람입니다. 제가 만들었으니까요.』그는 말한다. 『위원회에서 일치를 얻어내기는 어렵다. 위원회는 타협을 위한 것이고, 새뮤얼 애덤스는 타협과는 상관없는 물건이다.』

래디컬 마케터는 자신의 영역을 쉽사리 포기하지 않는다. 그리고 상처를 입었을 경우 쿡이 그랬듯이 그들을 성공으로 이끌어온 신조로 되돌아가는 경향이 있다. 쿡은 이제 마케팅 기능을 다시 소유하고 있고, 강화된 경쟁과 험난한 기업환경에 대해 철학적 학습방법을 채택하고 있다. 예컨대 안호이저부시가 1996년 허를 찌르는 홍보전을 전개했을 때, 쿡의 대응은 영화〈스타워즈〉3부작 비디오 테이프를 사다 그 세 편을 한 번에 다 보는 것이었다. 그는 그 영화의 줄거리가 크라프트 맥주 업계의 안호이저 부시를 상대로 한 전쟁과 비슷하다고 생각했다. 즉 한 무리의 반란군이 죽음의 별을 폭파한다. 죽음의 별이란, 모든 사람이 버드와이저나 버드 라이트 마시기를 강요하는 안호이저부시를 상징한다. 악당들(안호이저부시)은 2편 〈제국의 역습(The Empire Strikes Back)〉에서 반격을 감행한다.

쿡은 특히 세번째 편을 흥미롭게 봤다. 배워야 할 교훈이 있다면 이 3편에서 얻을 수 있을 것이다. 쿡이 보기에 다스 베이더(Darth Vader)와의 싸움에서 한 수 밀린 루크 스카이워커(Luke Sky - walker)의 분투는 보스턴 맥주가 당면한 도전을 상징했다. 처음의 성공을 가져다 준 우주의 힘은 아직 그 다음의 새롭고 더 높은 단계에 도달하기엔 충분치 않았다. 즉 루크는 길을 잃고 우주의 힘으로부터 고립되어 활로를 찾지 못했다. 쿡은 다시 처음으로 돌아가 새로운 싸움기술을 배워오려는 마음, 「겸손」이 그 교훈이라고 결론을 내렸다.

『처음으로 돌아가서 겸손해질 때입니다.』 쿡은 말한다. 『우리는 태어날 때부터 잘나서 성공한 것이 아닙니다. 무언가의 힘을 빌렸기 때문에 성공한 것입니다. 우리는 그것을 이끌면서 동시에 그 기세에 올라탔을 뿐입니다. 앞으로 제가 이 회사를 책임지려면 뭔가를 배워야 할 필요가 있고, 동시에 변화하고 성장하려면 우리의 정체성에 대해 올바른 결정을 내려야 합니다. 그 점에서 타협이란 있을 수 없습니다.』

그의 생각이 난해하다는 점은 자신도 인정하지만, 해답은 마케팅 교과서가 아니라 은유법에 있다고 말한다. 『이 점을 이해하고 싶다면 《오디세이》의 처음 네 개 장을 읽고, 텔레마커스(Telemachus)가 처음 부친을 찾아나설 때 무슨 생각을 했는지를 찾아보는 게 좋을 것입니다. 또는 엘리엇의 시 〈J. 알프레드 프루프록의 연가(The

Love Song of J. Alfred Prufrock)〉를 읽고 무엇이 프루프록을 별로 호감이 가지 않게 만드는지 그 이유를 찾아보세요. 맞습니다, 난해합니다. 그러나 사람들이 이성적으로 생각을 하는데도 왜 흡연을 하는지 그 이유를 파악할 수는 없습니다. 그것은 은유적인 것입니다. 그래서 여러분은 마케팅적으로 주식을 거래하는 사람이 아니라, 은유적으로 하는 사람들에게 갈 겁니다.』

쿡의 좌우명은 이것이다. 『전통적인 방식의 해결책을 거부하라.』 누구나 사용할 수 있는 전통적 방법을 쓴다면 누구나 얻을 수 있는 해답을 얻는 데 그칠 것이다. 도구는 쓸모 있고 정보를 제공하며, 정보는 여러 가지 소스에서 올 수 있다. 그러나 쿡은 궁극적으로 말한다. 『해답은 우리의 정신 가운데 영혼과 은유와 상상과 신화에 지배당하는 부분으로부터 나옵니다. 그리고 자신의 정열로부터 나옵니다. 저는 특히 새뮤얼 애덤스 같은 것에 대한 해답은 거기에서부터 나온다고 깊이 확신합니다.』

# 13

## 래디컬 마케팅의 교훈을
## 전통적 마케팅에 적용하기

새턴은 점점 GM다워질 것이다.

그러나 그 반대도 성립할 것이다.

새턴 또한 GM에 영향을 미칠 것이다.

이제 가장 중요한 의문 한 가지가 남았다. 즉 래디컬 마케팅의 교훈은 오로지 소규모 틈새 기업들의 창업단계에만 적용되는 것인가? 아니면 성숙한, 잘 발전된, 집중적 광고가 전개되는 업종의 좀더 전통적인 마케터에게도 적용 가능한가? 우리는 물론 어디에나 적용 가능하다고 확신한다. 그리고 전통적 마케터들이 래디컬 마케팅 기법을 채택하지 않는다면, 자기 자신을 공격적인 래디컬 마케터들의 공세 앞에 무방비로 놔두는 것이자 새로운 사업의 구축 기회 또한 상실할 것으로 믿는다.

실제로 통과의례를 치러낸 전통적 마케터들도 있다. 우리는 이들을 「전통 · 급진파」라고 부른다. 왜냐하면 이들은 래디컬 마케팅 모델의 가장 훌륭한 요소와 전통적 마케팅의 막강한 힘을 결합시켜 업계 선두를 질주하고 있기 때문이다. 예를 들어 나이키는 전형적인 래디컬 마케터로 출발했다. 즉 육상선수들이 왜건 차량에 와플(석쇠무늬) 모양의 창이 깔린 운동화를 싣고 다니며 자신의 동료 육상선수들에게 팔던 회사였다. 나이키는 1997년 현재 매출액 90억 달러에 1억 5,000만 달러 이상을 광고에 지출한다. 그러나 나이키 대표이사 나이트는 지금도 마케팅에 대한 의사결정을 내린다. 「나이키 타운스(Nike Towns)」는 사실 판매는 뒷전이고 오히려 고객과의 접촉이 더 큰 임무다. 그리고 이 회사의 영업사원 「Ekins(「Nike」를 거꾸로 쓴 것)」는 용솟음치는 듯한 로고 문신으로 쉽게 구별이 된다.

버드와이저도 또 다른 전통·급진파다. 거대한 규모와 엄청난 마케팅 예산에도 불구하고, 그 곳에는 여전히 여러 대에 걸쳐 회사를 운영해온 부시 가문의 정열이 있다. 이 가문 사람들은 갓난아이가 태어난 날 아주 소량의 맥주를 먹인다. 대표이사 부시 3세는 물론 자기 자신도 적극적으로 개입하고 관여하지만, 경영 후계자인 자신의 아들을 마케팅 최고책임자로 임명함으로써 마케팅의 중요성을 강조했다.

새뮤얼 애덤스와 여타 크라프트 맥주 업체를 치밀한 홍보작전을 통해 공개적으로 공격할 때에도 버드와이저는 보스턴 맥주가 먼저 그들을 상대로 써먹었던 래디컬 마케팅 기법을 그대로 채택했다. 이 회사의 마케팅 담당 부사장 부시 4세는 술집과 레스토랑에서 고객들의 의견을 듣는 데 많은 시간을 할애한다. 버드와이저는 보스턴 맥주의 유명한 신선도 날짜 전술을 금방 모방해 성공적으로 이용했고, 심지어 양서류 주인공을 내세우지 않고 버드와이저의 품질에 대한 약속을 강조하는 광고를 대대적으로 방송하기까지 했다. 쿡의 입장에서 볼 때는 이러한 모방은 자신에 대해 가장 진정한 아부였던 것이다.

아직도 수긍하지 않는 독자는 버드와이저나 나이키는 다같이 매우 래디컬한 뿌리가 있지 않느냐고 주장할 것이다. 무엇보다 대표이사들이 전문경영인이 아니라 실제 기업주다. 여기에서 진짜 의문이 생긴다. 즉 뿌리가 래디컬하지 않은 진짜 전통적 마케터도 전통·급진파가 될 수 있는가?

얼마 전「백열전구」유머가 유행했다. 그 중 하나는 이렇다.『백열전구를 갈아 끼우는 데 정신과 의사 몇 명이 필요할까?』대답은 물론 이렇다.『한 명.』하지만 그 백열전구가 스스로 정말 바꾸고 싶어야만 한다.

이 얘기는 전통적 마케터에게도 그대로 통한다. 단 한 가지, 자신이 진정 변화하고 싶어해야 한다. 불행하게도 래디컬 마케팅 기법의 수용 실적은 썩 대단치 않다. 버드와이저나 나이키 같은 성공적인 전통·급진파들이 있는가 하면, 많은 기업들이 래디컬 마케팅을 이해하려고조차 하지 않는다.

자신의 래디컬한 뿌리를 망각하고 1984년 펩시 출신의 스컬리를 대표이사로 앉힌 애플 컴퓨터를 예로 들어보자.

스컬리는 완벽한 전통적 마케터다. 그는 애플을 전문화하고 래디컬 마케팅적 발상을 일소해버렸다. 애플의 문제점에 대해서는 많은 연구가 이루어졌으며, 그러한 문제점에 영향을 미친 요소는 매우 다양했다. 그리고 이들을 모두 성공적 래디컬 마케팅에서 비성공적인 전통적 마케팅으로 어리석게 돌아섰기 때문이라고 몰아붙일 수는 없다. 그러나 공식화된 전통적 마케팅으로 애플을 구해낼 수 없었다는 점은 부인할 수 없다. 그리고 회사를 침몰 위기에서 건져내기 위해 애플의 공동설립자이면서 원조 래디컬 마케터인 잡스에게 구조요청을 했다는 것은 전혀 이상한 일이 아니다.

만약 지난 20년 동안 위대한 전통적 마케터였던 스컬리가 래디컬 마케팅을 전통적 마케팅으로 대체하는 데 실패했다면 오히려 양자에 대해 뭔가 말해주는 바가 있었을 것이다.

확신에 찬 전문 마케터가 래디컬 마케팅을 일소하겠다는 계획을 품고 발을 들여놨다가 성공이 그들로부터 저 멀리 사라진 사례는 매우 많다. 퀘이커 오츠(Quaker Oats)와 스내플(Snapple)사의 예를 들어보자.

이 경우 확신에 찬 대표이사는 퀘이커 오츠의 윌리엄 스미스버그(William Smithburg)다. 겉보기에도 스미스버그는 확신을 가질 만한 근거가 있었다. 1983년 퀘이커 오츠는 스토클리스(Stokely's)를 2억 3,800만 달러에 인수했는데, 이를 통해 상대적으로 작은 음료 브랜드인 게토레이(Gatorade)가 딸려왔다. 한때 업계 전문가들은 퀘이커 오츠가 바가지를 썼다고 비웃었다. 그러나 퀘이커 오츠는 게토레이 사업부를 불과 10년도 안 돼 1억 달러에서 13억 달러짜리 사업으로 키워냈다. 지금은 미국에서 세번째로 큰 음료회사다. 퀘이커 오츠의 성공은 전형적인 전문적 마케팅에 기초했다. 그 회사는 마케팅이 덜 된, 틈새 슈퍼마켓 브랜드를 인수해 수억 달러를 광고와 협찬에 쏟아 부었다. 슈퍼마켓의 진열대에서 그들의 공간을 확보하기 위해 방대한 판매인력을 동원하고, 새로운 제품을 줄줄이 선보였다. 경영대학원 마케팅 교과서에서 배운 모든 변수, 즉 맛·색깔·포장·크기 등을 체계적으로 변화시켰다. 확고한 스포츠 음료의 경쟁이 없었던 미국시장에서 게토레이는 적어도 놀라운 성공작이었다.

그래서 퀘이커 오츠는 1994년 11월 17억 달러라는 거금을 주고 스내플을 인수했다. 전문가들은 이번에도 과잉지출이라고 비난했지만, 스미스버그는 끄떡도 하지 않았다. 그 해 초 〈비버리지 월드

(Beverage World)〉 잡지에 펩시와 코카콜라가 2,500만 달러에 인수해달라는 스내플측 제의를 거절했다는 기사가 실렸다는 것에도 퀘이커 오츠는 개의치 않았다. 스내플 인수계약이 완료됐을 당시, 차 음료 시장이 마침내 펩시와 콜라의 주의를 끌 만큼 충분히 성장했고, 이들이 각각 경쟁제품을 내놨다는 사실에도 이 시카고에 본사를 둔 식품 대기업은 전혀 흔들림이 없었다.

퀘이커 오츠는 게토레이를 변화시킨 공식이 스내플에도 통할 것으로 믿었다. 그러나 그것은 매우 잘못된 생각이었다. 결국 이 때문에 스미스버그와 그의 2인자 필 매리노(Phil Marineau), 그리고 스내플 사업부의 책임자 돈 우지(Don Uzzi)가 일자리를 잃었다. 또 퀘이커 오츠의 주주들은 큰 손실을 입었다. 스내플 매출은 인수 전 연간 7억 달러에서 1년 뒤 5억 달러로 내려앉았다. 이 사업부는 퀘이커 오츠가 브랜드를 운영하기 시작한 이후 2년 동안 이익이 1억 달러나 감소했다. 1997년 주위의 압력으로 스미스버그가 사임하면서 퀘이커 오츠는 결국 백기를 들고 스내플을 트라이아크(Triarc)에 팔아 넘겼다.

애플의 스컬리 경우처럼, 잘못된 마케팅 탓은 아닌 것처럼 보인다. 퀘이커 오츠는 전에도 그랬거니와 지금도 상당히 성공적인 소비재 제조업체다. 매출 수입의 4분의 1 이상은 판매와 마케팅에 투자하여 게토레이가 호평을 얻은 것처럼 일련의 마케팅 성공을 거두고 있다. 퀘이커 오츠는 의심할 바 없이 노련하고 숙련된 직업적 마케터로 구성된 참모들을 지니고 있다. 이들이 음료시장을 잘못 이해한 것도 아니었다. 실제로 매리노가 퀘이커 오츠를 떠나자 그는 곧바로 승승장구를 거듭했다. 먼저 딘 푸드(Dean Foods)가 그를 채용했고 뒤이어 펩시가 그를 받아들여 엔리코 대표이사의 후계자로 점찍었다. 따라서 문제는 차별화된 마케팅의 관점으로 귀결된다. 퀘이커 오츠가 시도한 광고, 제품, 공급망을 포함한 모든 변화가 전혀 먹혀들지 않았던 것이다.

스내플의 사례는 〈다이렉트 마케팅(Direct Marketing)〉지에서 〈뉴욕 타임스〉에 이르기까지 여러 번 기사화됐다. 이 회사의 설립과정은 기업가 사회에 하나의 교훈이다. 1972년 뉴욕의 소꿉친구 세 명이 3만 달러를 모아서 100% 천연과일 주스를 파는 회사를 만들기로 결정했다. 6년 뒤 그들은 독자적인 자체 브랜드, 스내플을 만들었으며 제품도 직접 생산하기 시작했다. 1987년에 이르러 그들은 천연 소다수와 천연 홍차를 선보이고 동북부 지역을 벗어나 서부 해안지역으로 진출을 시도했다. 퀘이커 오츠가 그들을 인수했을 때는 농장 50개를 지니고 있었고, 빠르게 성장하는 천연 홍차 부분을 장악하면서 해외시장 진출을 시작하고 있었다.

거기까지는 전형적인 래디컬 마케팅이었다. 스내플과 그 고객들은 거의 사랑에 가까운 정서적 공감대를 강하게 지니고 있었으며, 이는 래디컬 마케터와 고객 사이에서는 흔히 나타나는 관계다. 스내플은 심지어 「문신의례」마저 거쳤다. 〈다이렉트 마케팅〉은 두번째 우드스톡 행사장에서 스내플 문신이 흔하게 목격됐을 뿐만 아니라, 뉴저지의 한 부부가 갓난아기의 이름 가운데 글자를 스내플을 사용했다고 보도한 바 있다.

퀘이커 오츠는 별로 강한 인상을 받지 못했다. 그들이 스내플의 래디컬한 공식을 전혀 무시했다는 첫번째 증거로는, 인수하자마자 270명의 직원을 24명으로 감축해버린 것이며, 더욱 결정적인 것은 유통망까지 바꿔버렸다는 점이다. 〈포브스〉에 따르면 퀘이커 오츠는 인수한 이후까지도 스내플이 게토레이와는 전혀 다른 유통체계를 사용하고 있음을 깨닫지 못했다고 한다. 래디컬하게 다르다는 사실을….

게토레이가 거대한 트레일러의 조직적 네트워크를 통해 소매형 슈퍼마켓 체인의 창고에 화물차 단위로 공급을 한 반면, 스내플은 소형 밴을 이용하는 300여 개의 독립적 도매상 군단을 통해 소비상들에게 공급되었다. 퀘이커 오츠가 가장 먼저 한 일은 거래량이 많은 중요한 슈퍼마켓 거래처를 스내플 도매상으로부터 떼어내, 거대하고 세련되고 컴퓨터화된 게토레이 유통망에 넘겨버린 것이다. 대신 퀘이커 오츠는 스내플 도매상들에게 작은 거래처들을 상대로 게토레이를 팔 수 있게 해줬다. 이들 도매상에게 이 같은 변화는 재정상의 재난을 가져왔다. 슈퍼마켓에서 노점상에 이르기까지 다양한 거래처에 하루 열두 시간 스내플을 배달하던 열성은 점점 사그라져 갔다. 슈퍼마켓 고객들을 위해 퀘이커 오츠는 또한 제품군을 50가지에서 35가지로 줄이고 포장방식을 멀티팩이나 플라스틱 병 등으로 다양화했다. 이 모든 변화는 매우 논리적이며 전문적으로 들렸으나 스내플이 고객과 직원들과 맺고 있던 조약의 심장부를 정면으로 찌르는 것이었다.

스내플 매출은 이내 떨어지기 시작했다. 유통망을 바꾼 것이 가장 큰 원인이었다. 그리고 퀘이커 오츠는 인내심마저 금방 잃어버리고 말았다. 퀘이커 오츠 인수 이전에는 끊임없이 편지하고 전화해준 열성적인 고객들이 실제적으로 스내플의 마케팅 아이디어와 제품개발을 이루어낸 것이다. 〈다이렉트 마케팅〉의 편집장 그레그 가투소(Greg Gattuso)는 이렇게 말했다.『열성 팬들은 스내플에게 대다수의 마케팅 조사기관을 몇 년 간 바쁘게 하고도 남을 만큼의 시장조사를 해준 것입니다. 이를테면 고객들은 무 카페인 음료, 다이어트 음료, 더 큰 용기, 12개짜리 포장, 그리고 라벨에 풀기를 줄여달라는 제안까지 해주었습니다.』

스내플은 게토레이의 조던 광고처럼 멋진 스타를 내세우기보다는 수주관리 부서의 관리자인 웬디 카우프먼(Wendy Kaufman)을 내세웠다. 그녀는 썩 세련되지는 않았지만, 누가 봐도 진실해보였다. 그녀가 저렴하게 제작된 텔레비전 광고에서 팬들이 보내온 편지에 답을 하면서 「웬디 스내플 레이디(Wendy the Snaple Lady)」로 유명해지는 동안, 정말로 그녀에게 편지가 오기 시작했다. 감당 못 할 분량이 되기 전까지 오랫동안 그녀는 모든 편지를 손수 뜯어 읽어봤다. 스내플의 국내 마케팅 이사였던 메리앤 패럴(Maryanne Farrell)에 따르면 마케팅 전략은 「제품에 대한 소비자의 사랑」이라는 개념에 기초했다고 한다.

이렇듯 고객과의 가까움을 살리는 길은 퀘이커 오츠에 인수된 초기에도 스내플을 있게 한 중요한 요소였다. 1995년 스내플의 마케팅 매니저 데이브 엘징어(Dave Elzinga)는 이렇게 말했다. 『우리의 광고 대부분은 매주 3,000여 건이 넘는 팬레터와 비디오테이프, 그리고 공예품에 답례하는 데 그 기초를 두었습니다.』 퀘이커 오츠는 일찌감치 스내플이 보유한 25만 명의 고객 데이터베이스를 이용했고, 한 고객이 손으로 직접 쓴 제안에 따라 스내플 회의를 성공적으로 주최하기도 했다. 이 행사에는 전국에서 팬들이 몰려들었다.

그러나 스내플식의 광고는 곧 좀더 세련되고 전통적인 방식에 자리를 내줬다. 그 결과는 성공과는 거리가 먼 광고 공세였다. 기존 고객의 관심을 끌지 못했을뿐더러 어느 누구의 관심도 끌지 못했다. 스파이크 리(Spike Lee) 감독이 제작한 「스리돔 이즈 프리덤(Threedom is Freedom)」 광고는 전문적 마케터인 스미스버그에 따르면, 스내플의 기상천외한 이미지를 살리면서도 브랜드를 넓히려는 의도였다. 이는 고객에 대한 진정한 이해를, 아는 체하는 거만하고 피상적인 이해로 대체하는 위험성을 잘 보여주는 교과서적인 사례다.

메시지가 바뀌니 매체도 바뀌었다. 래디컬 마케터가 다 그렇듯이 퀘이커 오츠 인수 전의 스내플은 외과수술적 타격 광고를 했다. 1993년 광고예산은 3,000만 달러였으며, 그 전 12년 동안 늘 같은 액수였다. 텔레비전을 이용한 쓸어가기식 광고보다 스내플은 케이블 텔레비전처럼 타깃이 좀더 분명한 매체를 이용했고, 하워드 스턴(Howar Stern)과 러시 림보(Rush Limbaugh) 등 라디오 쇼에 광고를 냈다. 스내플과 비슷한 제품을 광고하는 데 열 배의 돈을 쓰는 퀘이커 오츠가 보기에 이런 방식은 적절치 못했다. 퀘이커 오츠가 인수하자마자 하워드와 러시 쇼는 너무 논쟁적이라는 이유로 광고가 중단됐다. 대신 주류 네트워크 방송 광고가 시작됐다. 광고비는 금방 갑절이 됐다. 외과수술적 타격 광고가 사라지고 폭탄 광고가 시작됐다.

다시 한번 확인하자면, 스내플의 비운을 단지 래디컬 마케팅에서 전통적 마케팅으로 바꾼 것에 원인을 돌리는 것은 지나친 단견이라는 것이다. 공정성을 기하기 위해 밝히지만 스내플은 퀘이커 오츠의 인수 이전에도 성장의 고통을 안고 있었다. 그것이 회사를 매각한 이유이기도 하다. 그러나 마케팅 방식의 변화는 분명히 한 가지 역할을 했다. 퀘이커 오츠의 오만은 확실히 문제를 더 가중시켰다. 〈포브스〉가 지적했듯이, 스내플식의 마케팅 방법이 인수 전에 비밀로 감춰졌던 것도 아니었다.

1994년 5월 〈비버리지 월드〉의 브루스 오먼(Bruce Oman)은 스내플의 「비인습적 지혜」에 대해 사려 깊은 분석기사를 썼다. 실제로 이 잡지는 1993년 「올해의 브랜드」로 스내플을 꼽기도 했다. 업계 사람들 누구나 왜 스내플이 성공을 거뒀는지, 그 비결이 뭔지 잘 알고 있었다. 퀘이커 오츠의 마케팅 엘리트들은 그 정보를 그만 손에서 흘려버린 것이다.

스내플 사례에 대한 가장 훌륭한 사후 분석은 로버트 M. 맥매스 (Robert M. McMath)가 〈아메리칸 데모그래픽스(American Demographics)〉에 쓴 칼럼 「그들은 무엇을 생각하고 있었나?」일 것이다. 그는 스내플 사례를 그가 젊었을 때 직접 목격했던 한 사례와 비교한다. 『1950년대 고다드(Goddard)사의 은 광택제는 고객들과 유대관계를 구축했습니다. 광고의 양은 많지 않았고 요란하지 않았지만, 사려 깊은 것이었죠. S. C. 존슨(S. C. Johnson)이 경영권을 인수해 자신의 브랜드 마케팅 기법인 대량생산, 화물차 단위 수송 등의 대량 사고방식을 적용할 때까지 매출액은 해마다 갑절이 됐습니다. 고다드 광택제는 지금도 시장에서 팔리고 있지만 과거 그들 성장의 그림자일 뿐입니다.』 그는 계속 말한다. 『소비자들은 아직도 거짓과 참된 인간관계를 구별할 수 있어요. 가끔은 그냥 지나치지만 가끔은 신경 씁니다.』

끝으로 〈뉴욕 타임스〉의 글렌 콜린스(Glenn Collins)는 스내플의 새 주인 트라이아크가 슈퍼마켓들을 도매상에서 빼앗아갔던 정책에서 정반대로 선회했으며, 퀘이커 오츠의 느린 제품 개발주기 1년을 몇 달로 줄였고, 웬디를 다시 고용했다고 보도했다. 그는 이렇게 결론내린다. 『음료시장 전문가들은 트라이아크가 이제 스내플을 정상 궤도에 올려놓은 것 같다고 말합니다.』

## 새턴 시나리오

스내플 사례는 직업적 마케터가 그들의 사고를 전환해 래디컬 마케팅으로 돌아서거나, 또는 래디컬 마케팅이 대규모 사업에서 작동하는 것이 불가능하다고 보일 수도 있다. 사실은 그 어느 쪽도 옳지 않다. 그리고 그 증거는 가장 뜻밖의 곳에서 제기된다.

1994년 〈비즈니스 위크〉는 주목할 만한 사건을 보도했다. 6월 24~25일 사이에 새턴(Saturn) 자동차 4만 4,000대가 테네시 주 스프링힐에 모여들었다. 그런데 그 곳은 미국 내 첫번째 새턴 자동차 공장으로, 새턴 자동차의 고향이었다. 〈브랜드위크(Brandweek)〉는 나중에 10만 명이 그 지방에서 열린 행사에 참석했다고 보도했다. 스프링힐에 모인 3만 명은 2,000개 공장의 8,700명 근로자들과 만났다. 이들 직원은 스스로 셔틀버스를 운전하고 디스플레이 부스의 지원인력을 맡고 방문자들을 새턴 문신을 할 수 있는 텐트로 안내했다(이들 문신은 일시적이고, 금방 물로 씻을 수 있었다. 새턴은 가정용 세단이지 할리데이비슨의 「hog」가 아니었다). 새턴의 돈 허들러(Don Hudler)에 따르면 방문자들은 멀게는 알래스카와 하와이, 그리고 대만에서도 찾아왔다.

우리는 왜 10만 명의 사람들이 자신의 모터사이클을 자랑하기 위해 멀리 데이토나 해변이나 오스틴 또는 밀워키로 여행하는지 그 이유를 대략 이해할 수 있다. 그러나 어째서 이들 3만 명이 GM이 만든 중형 미제 자동차(솔직히 특징 없는 작은 차인데)가 주최하는 바비큐 행사에 참석하려고 미국 대륙을 횡단하는지를 이해하기란 사뭇 어려운 일이다.

새턴 현상을 가장 철저히 연구해온 버클리 대학의 데이비드 아커(David Aaker) 교수에 따르면, 그 이야기는 1985년 1월 7일 GM의 회장 로저 스미스(Roger Smith)가 『품질과 원가, 그리고 고객만족 면에서 세계 선두급인 차를 미국에서 제조하겠다』고 발표했을 때로 거슬러올라간다. 그 차는 5년 뒤인 1990년 처음으로 공개되었다.

1992년 출시한 지 2년밖에 안 된데다 상대적으로 작은 딜러 망에도 불구하고 새턴은 미국에서 팔리는 200여 모델 중에서 열번째로 인기 있는 차종이 됐다. 현금 리베이트식 판매분을 제외하면 순위는 4위로 껑충 오른다. 새턴이 렉서스에 이어 미국 내에서 두번째로 가치 있는 딜러 망을 지니고 있다는 것이 서로 다른 연구 두 건으로 확인됐다. 미국민들 사이에 이 차에 대한 인지도는 출시 첫해 1%에서 1년 뒤 79%까지 뛰어올랐다. 새턴 구매자의 95%는 이 차를 다른 사람에게도 열렬히 추천할 것이라고 말했다. 이것은 렉서스나 심지어 메르세데스벤츠보다 높은 수치다. 즉 새턴은 지난 10년 간 GM의 최대 성공작이며, 업종을 통틀어 브랜드 구축의 성공담 가운데 하나다. 이 차는 미국의 성공이라는 점에서 더욱 놀랍다. 특히 보수적이고 전통적인 회사 GM에서 거둔 것이라는 점에서 또한 그렇다. 진실로 새턴은 전형적·전통적 마케팅 조직이 창출한 래디컬 마케팅의 슈퍼스타다.

아커는 새턴의 성공을 크게 두 가지 요인 때문이라고 본다. 첫째, 이유가 충분히 되고도 남듯이 새턴은 좋은 차다. 『너무 자주, 실제로 품질과 가치를 전달하는 제품이나 서비스 없이도 광고로 브랜드가 만들어질 수 있다는 착각이 있습니다. 그러한 이미지는 바로 광고의 「문제점」입니다』라고 아커는 쓴다. 『실상은 제품이 이미지를 결정하는 것입니다. 1950년대의 에드셀(Edsel)이 그 첫 해에 품질만 겸비했더라면 오늘날 품질의 상징이 됐을 것입니다. 어떤 허울뿐인 제품 때문에 훌륭한 마케팅과 광고가 쓸모 없게 되기도 합니다.』

새턴은 매우 독특한 제품기획이었다. 〈오토모티브 뉴스(Automotive News)〉지는 완전한 재활용이 보장된 차가 처음으로 나왔다고 보도했다. 그리고 새턴은 훌륭한 차일 뿐 아니라 회사가 그 뒤를 받치고 있었다. 이 회사는 환불보증제도를 실시했다. 그들은 그것이 실제든 가상이든 결함을 보완하는 데 아주 신속했다. 실제로 이들은 결함 있는 차를 신속히 리콜하고, 심지어 외딴 장소에 비행기로 엔지니어를 보내 차를 고쳐주는 등의 행동으로 광고와 구전에서 엄청난 효과를 보았다.

그러나 두번째 원인은 래디컬 마케팅이다. 새턴의 마케팅 전략은 단순했다. 이 차의 출시에 관계했던 할 리니(Hal Riney) 광고대행사의 핵심 팀원에 따르면, 『우리는 두 가지 원칙을 갖고 시작했습니다. 첫째, 우리는 자동차뿐만 아니라 소프트웨어를 판다는 것. 소프트웨어란 자동차 구매라는 전체적 경험을 말하는 것입니다. 둘째, 우리는 결코 고객과의 의사소통에서 자동차에 관한 애기는 넣지 않았습니다. 사람들에게 지적이고 솔직한 태도로 말하려고 노력했습니다. 우리 회사가 디트로이트식의 사고방식에서 벗어나 캘리포니아에 자리잡고 있다는 점이 분명히 도움이 됐습니다.』

아커가 지적하듯이 새턴 사업부는 캘리포니아에 본사를 둠으로써, 일본산 차의 공격을 최일선에서 맞이했다. 고객과 긴밀히 연결되면서, 아직도 미제 자동차가 지배하는 미국에서 몇 안 되는 지역인 디트로이트에 격리되지 않았다.

새턴 마케팅에서의 열쇠는 고객과의 관계와 브랜드에 대한 충성도를 만드는 데 전념했다는 점이다. 새턴의 슬로건 「다른 종류의 회사, 다른 종류의 차」는 단순한 말뿐인 서비스와는 거리가 멀었다. 이 회사는 래디컬 마케터의 자질을 설득력 있게 보여왔다. 고객에 대한 애정과 긴밀한 유대, 사활을 건 직원 채용, 장기적인 약속, 그리고 자동차 브랜드로서는 가장 래디컬한 것이지만, 고객과의 의사소통을 위해 밑바닥 민심과 전통적 광고를 병행했다는 점이 그것이다.

새턴의 오늘날이 있게 한 순간은 아마도 1993년의 리콜 사태일 것이다. 즉 이 회사는 1993년 4월 이전에 제조된 차량 35만 대의 한 전선이 잘못 접지된 것을 발견했다. 하마터면 고객관계의 재난이 될 뻔한 이 사건이 도리어 리콜 제도로 대인기를 끄는 계기가 됐다. 첫째, 새턴은 정부의 명령이 있기 전에 자발적으로 문제차량을 리콜했다. 2주일 만에 50%가 수리를 마쳤다. 한 경쟁사의 정부 지시에 따른 리콜 수선율은 1년 동안 33%였다고 아커는 지적한다. 무엇보다도 중요한 것은 새턴 딜러들이 이 리콜을 하나의 축제로 승화시켜 이것을 고객과 시간을 갖기 위한 마케팅 행사와 그 계기로 영리하게 활용했다는 것이다. 고객들을 야구장에 데려가기도 하고 바비큐 파티를 열거나 수선한 차를 세차해주기도 했다. 새턴 고객들에게는 따분한 일이 될 수도 있었던 리콜이 브랜드의 신뢰를 재확인하는 계기가 됐으며, 이것은 장단기에 걸쳐 새턴 브랜드가 자신들에게 봉사하고 있다는 완벽한 증거가 됐다.

새턴이 마케팅과 광고를 사용한 방식도 재미있는 요소다. 〈애드 에이지(Ad Age)〉지는 새턴이 차량 출시 29개월 전에 할 리니를 대행사로 선정했으며, 이는 할 리니측에 고객을 이해하고 새턴이 무엇을 전하려 하는지를 이해할 시간을 주기 위해서였다고 보도했다. 이는 극적으로 훌륭한 효과를 발휘해 할 리니는 그야말로 브랜드의 수호신이요, 고객의 옹호자가 됐다. 흥미롭게도 할 리니는 원래 이 일에 입찰했던 50개의 광고대행사에도 끼여 있지 않았다. 사실 리니는 입찰을 해볼까 고려하기도 했다. 당시 새턴의 판매 마케팅 담당 부사장 허들러에 따르면, 『그는 우리가 진실한지 알고 싶어했습니다.』리니는 새턴의 출시에 맞춰 기획된 1억 달러의 광고비는 래디컬 마케팅의 관점에서는 엄청난 액수이지만, 자동차의 이름을 알리는 데는 부족한 금액이며, 더구나 새로 출시하는 입장에서는 더욱 그러하다는 점을 잘 알고 있었다.

사실 이 예산만으로도 충분했던 유일한 이유는, 거듭 지적하지만 새턴이 엄청난 구전 효과를 노린 래디컬 마케팅 기술을 이용했기 때문이다. 새턴은 또한 전체 의사소통 믹스 가운데 상대적으로 적은 광고를 사용했다. 이 회사는 자동차 업계에서 홍보를 가장 노련하게 사용하는 회사로 판명됐다. 허들러에 따르면『이는 절대 우연이 아니었습니다.』

그러나 상대적으로 적은 예산과 다른 의사소통 수단의 높은 비중에도 불구하고 광고는 믹스 중에서 중요한 부분이었다. 그리고 할 리니에 관해 새턴은 자신의 역할과 자동차 업계의 전략에 대해 매우 빨리 이해하는 마케팅 파트너를 찾아낸 셈이었다. 사실 할 리니는 차를 팔아야 한다는 강박관념에 쫓기지 않았다. 대신 이 광고대행사는 특정 고객들과 의미 있는 대화를 하는 것을 목표로 삼았다. 즉 이들 고객은 신차 구매에 흔히 나타나는 지방 특유의『야, 이 물건 정말 좋네. 하지만 상관과 이 거래의 승인문제를 상의해봐야겠는데요』식의 입씨름과 흥정을 즐기지 않는 사람들이었다. 할 리니는 이해력이 빨랐다. 그리고 모든 종류의 의사소통 방법, 즉 전국적인 광고부터 지방 딜러용 광고, 회사 내 직원 의사소통에 이르기까지 모든 방법에 관여하고 있었기 때문에 조직 전체에서 자연스럽고 소박한, 그리고 일관성 있는 어조를 창출해낼 수 있었다. 잘 알려진 예지만, 할 리니는 자동차를 무료로 주는 이벤트를 하겠다는 한 딜러의 의견에 대해 새턴 스타일에 맞지 않는다는 이유로 거부권을 행사했다. 대신에 그들에게 콘테스트를 개최해주었다. 이 콘테스트에서 현재 새턴을 갖고 있거나 앞으로 구입할 고객들은 그들의 차를 조립하는 데 도움이 되도록 스프링힐로 가는 여행권을 탈 수 있었다.

리니는 또한 새턴측으로 하여금 전형적인 GM이나 도요타식의 진부한 자동차 이름, 즉 크레시다(Cressida)니 루미나(Lumina)니 하는 이름을 쓰지 못하게 했다. 대신에 새턴은 단순 명료한 모델 번호를 사용했다. 이 결정은 그렇지 않아도 적은 예산을 제품별로 나누지 않아도 되기 때문에 실용적일 뿐만 아니라 원칙적이었다. 즉 새턴은 요란한 과대선전이 아닌, 솔직한 대화를 중시하는 회사라는 것이다.

이러한 모든 공헌 못지않게 중요한 것은 할 리니가 제작한 광고 자체였다. 할 리니의 광고는 고객들, 진짜 고객들이 말하는 장면을 보여줬다. 배우가 아니라 실제 고객을 사용한 점은 지각변동을 일으키기에 충분했다. 그러나 그보다 놀라운 사실은 할 리니가 대량 판매시장 가운데에서 고객을 선정하지 않았다는 점이다. 남성 베이비 붐 세대를 사용하는 대신 다양하게 혼합된 사람들을 보여줬다. 이를테면 친구들을 빙고 게임에 태우고 가는데, 새턴 차를 이용하는 할머니 등이었다. 감히 대량 판매시장의 중심 고객을 직접 겨냥하지 않고 허식과 요란 없이 고객에게 말하는 광고로 할 리니와 새턴은 놀라운 고객 유대관계를 구축할 수 있었다. 전직 할 리니 직원은 이런 고객과의 허심탄회한 관계는 예전에 단 한 번 봤는데, 초창기 애플에서 그랬다고 한다.

아는 것 많은 마케터들은 새턴의 성공에 아연실색했다. 〈브랜드 위크〉의 칼럼니스트 존 비셀(John Bissell)은 이 회사가 개최한 우드스톡 스타일의 축제를 「새턴스탁(Saturnstock)」이라고 이름 붙이고 「뛰어난」 행사라고 감탄했다. 『더욱 믿을 수 없는 것은, 이러한 대성공이 저 보수적이고 전통적 마케팅의 본산인 GM에서 나왔다는 것입니다.』 그는 새턴의 성공에서 가장 중요한 것은, 종전의 발상대로 아직 고객이 아닌 사람을 상대로 차를 사달라고 조르는 마케팅이 아니라, 이미 존재하는 고객을 겨냥해 충성도를 구축하고 이들 고객으로 하여금 다른 고객을 끌어오게 하는 마케팅을 구사했다는 사실을 잘 알고 있다. 새턴은 베인 & 컴퍼니가 발견한 바 있는, 이익의 80%는 기존 고객으로부터 나오는데, 이들을 겨냥해 쓰고 있는 마케팅 비용은 20%에 불과하다는 사실을 이해하고 실천에 옮긴 최초의 자동차 회사다. 그는 랩 콜린스 월드와이드(Rapp Collins Worldwide)의 데이비드 숄스(David Sholes)의 말을 인용한다.『그들은 우리 모두가 해보고 싶어하는 것을 해서 성공했습니다.』허들러는 새턴의 혁신 가운데 가장 중요한 한 가지로서『광고의 첫번째 청중은 차 소유주들과 딜러 망, 그리고 직원들이라는 사실을 깨달은 것입니다. 그들이 같이 공감할 수만 있다면, 그들은 구전을 만들어낼 것입니다』라고 말한다.

당시 〈애드 에이지〉에 있다가 지금은 DMB & B에서 일하는 레이먼드 세라핀(Raymond Serafin)도 비슷한 결론을 내렸다.『새턴은 하나의 터무니없는 마케팅 성공작입니다. 고객이 어떻게 제품과 관련되는지, 회사가 어떻게 그 뒤에 있는지에만 일관된 마음으로 전념하여 브랜드를 어떻게 확립하는지를 보여주는 교과서적 사례입니다. 빈약한 경제환경과 40개 이상의 다른 브랜드들과의 경쟁에도 불구하고 이를 해냈습니다.』

## 여기 교훈이 있나요?

새턴의 성공이 다른 전통적 마케터에게 사례가 될 수 있나? 일부는 여전히 회의적이다. 많은 사람들이 공공연히 새턴의 방식을 반대한다. GM은 분명히 자신의 전통적 광고에 대해 계속 고수할 것을 선택했다. 〈애드 에이지〉에 실린 후속 기사는 새턴의 성공을 반박하면서『아직도 전통적 광고를 대체할 것은 존재하지 않는다』고 주장했다. 자동차 제조회사들은「그들의」구매자 부류와 어떻게 친분을 맺을 것인지 잘 알고 있다. 사실 어쩌면 그들은 구매자와 어떻게 친분을 갖는지 모른다. 1998년 초 GM의 미국 시장점유율은 비록 곧 반등했지만, 10년 만에 처음으로 30% 이하로 떨어졌다.

물론 광고를 다루는 잡지에서 새턴식 접근방법에 저항하는 것은 어떤 면에서는 당연하다. 그러나 직접적 이해관계가 덜한 쪽에서도 래디컬한 접근에 대해 무관심한 태도를 보여왔다. 1994년 〈세일즈 앤드 마케팅 매니지먼트(Sales and Marketing Management)〉지의 잭 펄비(Jack Falvey)는 이렇게 반론을 종합했다. 『고객을 끌어들이는 것, 그리고 애정과 방만한 고객 서비스 예산으로 고객만족지수를 사들이는 것은 지속 불가능한 일이다.』 그의 결론은 『「꽤 괜찮은」 대안을 고안해낼 필요는 없다』는 것이다. 이런 결론은 놀라운 것이다. 노련한 전문가가 1990년대 자동차 업계의 대표적 성공 스토리를 완전히 배척하고 있는 셈이다.

심지어 아커마저도 낙관적이지 않다. 『GM 내에서는 새턴에 과도한 재원이 돌아갔다는 분노가 꽤 있습니다. 새턴이 성공한 원인을, 그 돈을 어떻게 썼느냐보다 돈 자체에 돌리는 경향이 있습니다. 어떤 조직이든 조직을 변화시키기란 쉬운 일이 아니며, GM은 더욱이 그 어떤 조직이 아닙니다. 그들이 변화할 동기와 그럴 능력이 있는지 진정 의심스럽습니다.』 GM의 한 직원은 투덜거린다. 『진실을 말하자면, 그 회사가 수익성 높은 한 해의 열 배 정도를 곱한다 해도 투자 재원을 회수하지 못할 겁니다.』 그들은 또한 새턴이 더 이상 캘리포니아에 있지 않고 이미 디트로이트로 이전했음을 지적한다.

우리는 아커 교수와 다른 회의론자들보다 더 낙관적이다. 마케팅, 특히 광고는 혁신과 창의성을 바탕으로 발전한 산업치고는 이상하게 보수적이다. 하나의 조직 모델, 브랜드 관리에 68년 동안 매달려왔고 낡고, 누가 봐도 부적절한 광고대행사 보수체제는 그보다 더 오래 지속돼왔다. 혁신은 예외 없이 서서히 일어나고, 거대한 저항에 부딪치며 다가온다. 슬픈 일이지만, 많은 대화에도 불구하고 대부분의 획기적인 마케팅 혁신이 지난 20년 간 주류 마케팅 사회에서 주변적 아이디어로 취급되고 있다. 이를테면 데이터베이스로 움직이는 「인사이드아웃(inside-out)」 마케팅이라든지, 일 대 일 고객 충성도 프로그램 등이 그렇다.

그럼에도 불구하고 변화는 일고 있다.

서서히, 그렇지만 확실하게 최고의 전통적 마케터들이 래디컬해지고 있다. 자신을 스스로 래디컬하다고 할 사람은 별로 없겠지만, 아이엄스의 맥리어드나 버진의 테이트는 그럼에도 불구하고 개심자들이다. 많은 컨설턴트들은 자신의 많은 클라이언트에게 오래 된 저인망식으로 고객을 끌겠다는 낡은 발상에서 깨어나라고 설득한다. 클라이언트들은 귀를 기울인다.

작은 혁명의 실례는 어디에나 있다. 세계적 대형 식품회사인 네슬레는 회사의 마케팅 전략을 래디컬하게 변화시킨 전 냉동식품 세일즈맨 피터 브러벡레트메이드(Peter Brabeck-Letmathe)를 대표이사로 임명했다. 브러벡레트메이드는 몇 년 전, 진략사업의 부사장으로 카사 뷔토니 클럽(Casa Buitoni Club)을 만들었다. 이것은 전형적인 「대량시장」에서의 일 대 일 커뮤니케이션을 성립하기 위한 네슬레의 대담한 경험이었다. 런던에서 시작된 카사 뷔토니 클럽은 네슬레의 파스타 브랜드인 뷔토니 주변에 고객공동체를 형성하기 위한 전략적 구상이었다. 네슬레는 이탈리아 음식을 좋아하는 사람들에 대한 방대한 데이터베이스를 구축해 이들 고객과 활발한 대화를 전개했다. 〈애드 에이지〉가 1998년 1월 보도했듯이 브러벡레트메이드는 『클럽 회원들은 이탈리아 음식의 모든 면을 충고할 유익한 전문가로, 뷔토니에 주의를 기울이도록 장려되었습니다. 게다가

조리방법과 신제품 개발에 참여하도록 초청되었습니다』라고 말했다. 여기에서 멈추지 않는다. 브러벡레트메이드는 네슬레의 다른 사업과 똑같은 목표를 갖고 있다. 「고객을 좀더 상세히 아는 것.」 네슬레에서는 현재 다른 제품과 국가들로부터 제기되는 비슷한 발상이 속출하고 있다.

카사 뷔토니 클럽은 새턴 다음으로 고전적 대량판매 마케터가 실행한, 아마 가장 야심찬 래디컬 마케팅 실험일 것이다. 그러나 유일한 것은 아니다. R. J. 레이널즈(R. J. Reynolds)와 필립 모리스는 가장 충성도 높은 고객의 방대한 데이터베이스를 구축했으며, 특별 프로그램을 개발했다. 벨사우스(BellSouth)는 작게 세분화된 조직 구조를 새로이 실험해왔다. 그리고 새턴에서 훈련받은 사람들은 이제 GM의 주류로 돌아가 디트로이트에서 도쿄에 이르기까지 각 부문의 핵심 마케팅 직책을 수행하고 있다. 그들은 모두가 래디컬한 눈빛으로 무엇을 할 수 있는지 잘 이해하고 있다. 「마케팅 혁명가」라는 라벨을 붙이면 매우 불편해할 허들러는 래디컬 마케팅은 딱 버틸 것이라고 믿는다. 『그렇습니다. 새턴은 점점 GM다워질 것입니다. 그러나 그 반대도 성립할 것입니다. 새턴 또한 GM에 영향을 미칠 겁니다.』 그는 비록 자신의 사무실은 디트로이트에 있지만 스프링힐에도 사무실이 있음을 지적한다.

그리고 만약 GM이 새턴과 같은 래디컬 마케터를 무수히 길러낸다면… 여러분은 무엇을 할 수 있을지 잠깐 생각해보기 바란다.

# 맺는말

  이 책에서는 열 개 회사를 집중 조명했지만, 이들만이 오늘날 활동 중인 래디컬 마케터가 아님은 분명하다. 사실 래디컬한 면으로의 움직임은 단단히 진지를 구축하고 빠르게 확산되고 있다. 우리가 목록을 더 넓히지 않은 주된 이유는 대상 기업이 없어서가 아니라 이런 사례들을 연구조사할 시간과 자원의 문제 때문이었다.

  원래의 목록은 저자들의 경험에 주로 기초했다. 컨설딩과 저널리즘 활동 과정에서 자연발생적으로 나온 것이다. 그러나 우리가 좀 더 조직적으로 2차 자료를 통해 탐색해본 결과 무수한 가능성을 만났다. 프린트마크 인터내셔널(Printmark International), 야후, 세이프스킨(Safeskin), 소닉 투스브러시(Sonic Toothbrush), 사우스웨스트 항공사(Southwest Airlines), 엠진(Amgen), 메이요 클리닉(the Mayo Clinic), 브로커 레스토랑(Broker Restaurants), IDG 북스(IDG Books), 아마존, 컨슈머 파이낸셜 서비스(Consumer Financial Services), 웨어마트 푸드(Waremart Foods), 뱅크 오브 볼더(Bank of Boulder), 레드먼드 프로덕트(Redmond Products). 특히 충격적인 것은 보건에서 하이테크, 유통, 금융 서비스에 이르는 그 다양성이다. 하이테크 업종에서와 같은 지역적 집중도 없다. 래디컬 마케터들은 보스턴에서 샌프란시스코 만 일대, 샌안토니오에서 텍사스, 로체스터, 미네소타에 이르는 지역에서 활기차게 브랜드를 구축해가고 있다.

또 다른 래디컬 마케터의 원천은 예상하지 못한 것이었는데, 그것은 바로 우리가 이 책의 전제들을 놓고 토론했던 경영자와 학자들이다. 거의 모든 사람들이 또 다른 후보들을 거명했다. 보험회사의 한 중역은 뉴 밸런스 애슬레틱 슈즈(New Balance Athletic Shoes)를 댔다. 런던의 한 컨설턴트는 빌리 그레이엄(Billy Graham) 목사를 우리에게 추천했으며, 700클럽 같은 전통적 마케터와 그가 보여준 개혁운동의 차이점을 역설했다. 한 헤드헌터는 케임브리지 테크놀로지 파트너(Cambridge Technology Partners)를 귀띔했다. 그 회사의 마케팅 책임자는 전직 선물중개인이며 연설문 작성자를 거쳤고 브랜드 구축에 뛰어난 재간을 보이고 있다는 얘기였다. 전직 컨설턴트이자 하버드 경영대학원 교수인 섀피로는 델 컴퓨터에 대한 사례연구집을 냈다. 이처럼 모든 사람이 래디컬 마케터 하나씩은 알고 있는 듯했다. 우리의 결론은 책 두 권, 아니 세 권도 쓸 수 있을 만큼 래디컬 마케터가 도처에 널려 있다는 것이다.

갈수록 의식이 깨어가는 소비자와 치솟는 광고비, 그리고 다양한 전통적 마케팅 기법으로 넘쳐나는 세상에서 낡은 공식으로는 온갖 소음과 경쟁적 굉음을 뚫고 자신의 목소리를 내기가 점점 더 어렵다. 실로 우리가 지금 래디컬하다고 부르는 것도 언젠가 주류로 포함될 것이다. 그렇다면 그것은 좋은 일이다. 왜냐하면 최고의 마케팅은 창의력과 정열로 가득 찬, 지속적이고 허심탄회한 유대감을 만드는 고객과의 대화이기 때문이다.

# 감사의 글

어떤 책도 진공상태에서는 만들어지지 않는다. 크든 작든 무수한 사람들이 기여하고 그들로부터 영감을 얻는다. 저자들은 이 연구의 촉매 역할을 했으며 〈스트래티지 & 비즈니스〉에 이 책으로 연결된 기사를 쓴 조엘 커츠먼에게 감사를 전하고 싶다. 또한 우리의 편집 자이며 열광적 옹호자인 하퍼비즈니스(HarperBusiness)의 로린 롤랜드(Laureen Rowland)에게 감사하고 싶다. 실로 하퍼비즈니스의 모든 분들이 하나같이 지원을 아끼지 않았으며 따라서 우리의 감사를 받아 마땅하다. 애드리언 잭하임(Adrian Zackheim), 조디 앤더슨(Jodi Anderson), 미슐레 야콥(Michele Jacob), 에이미 램보(Amy Lambo), 그리고 우수한 리사 버코위츠(Lisa Berkowitz)에게도 감사를 전한다.

또한 재키 콜레트(Jackie Collette), 샐리 잭슨(Sally Jackson), 로레토 크레인(Loretto Crane), 브라이언 브라운(Bryan Brown), 개레트 존스(Garreth Jones), 조이스 가드라(Joyce Gadra), 크리스 로모저(Chris Romoser), 릭 세커(Rick Secor), 피터 랜드(Peter Land),

마크 프레드릭슨(Mark Fredrickson), 데니스 맥널리(Dennis McNally), 가이 워싱턴(Guy Washington), 조지 하라(George Harrar), 린다 하라(Linda Harrar), 재니 모스(Janie Morse), 배리 애들러(Barry Adler), 레오너드 깅골드(Leonard Gingold), 로리 세이블(Lorie Savel), 마크 보레스(Mark Borges), 밥 버데이(Bob Buday), 성 박(Sung Park), 리사 피글리올리(Lisa Figlioli), 리처드 리프킨(Richard Rifkin), 빌 해니(Bill Haney), 크리스 레테러(Chris Lederer), 레이 세라핀(Ray Serafin), 리치 굴드(Rich Gould), 브라이언 피셔(Brian Fischer), 그리고 존 콜라산티(John Colasanti) 등에게도 고마움을 전하고 싶다. 스티브 그레이저(Steve Greyser), 벤 섀피로(Ben Shapiro), 데이비드 뉴커크(David Newkirk), 밀린드 렐레(Milind Lele), 그리고 프라풀라 굽타(Prafulla Gupta)는 우리가 전통적 마케팅의 개념을 정의하고 래디컬 마케팅과의 비교를 정밀하게 하는 데 도움을 줬다. 바바라 마츠(Barbara Martz)는 전체 집필과정에서 명석한 도움과 격려를 아끼지 않았다.

부즈앨런 & 해밀턴의 전문가들은 이 책에서 이름을 거명했다. 그러나 힐은 그의 모든 전직 동료와 그 회사에, 그들이 베풀어준 뛰어난 여건과 래디컬 마케팅이라는 주제에 대해 생각하도록 밀어준 데 감사를 전하고 싶어한다.

마지막으로 리프킨은 가족의 놀라운 애정과 지원에 감사하고 싶어한다. 힐은 리즈 업설(Liz Upsall)에게 감사와 그 이상의 것을 전하고 싶어한다. 그녀는 그 이유를 알고 있다.

# 돈안쓰고 돈버는 래디컬 마케팅

지은이 / 샘 힐 · 글렌 리프킨
옮긴이 / 姜明周
펴낸이 / 김경태
펴낸곳 / 한국경제신문 한경BP
등록 / 제2-315(1967. 5. 15)
제1판 1쇄 인쇄 / 2001년 7월 10일
제1판 1쇄 발행 / 2001년 7월 20일
주소 / 서울특별시 중구 중림동 441
기획출판팀 / 3604-553~6
영업마케팅팀 / 3604-595, 7
FAX / 3604-599

* 파본이나 잘못된 책은 바꿔 드립니다.
ISBN 89-475-2331-3

값 13,000원

## 강대국의 흥망

폴 케네디 지음 / 이왈수 외 옮김

역사학자이자 미국 예일대 교수인 저자는 이 책에서 지난 5세기 동안에 전개되었던 강대국들의 흥망성쇠는 그들의 경제력과 군사력의 변화 추이에 따라 좌우되어 왔다고 진단하면서 다가오는 21세기에는 미국·소련·서유럽 등의 쇠퇴와 중국·일본 등 아시아 강국들의 부상을 예언하고 있다. 〈뉴욕 타임스〉 선정 최우수 도서.

양장 / 13,000원

## 21세기 준비

폴 케네디 지음 /
변도은·이왈수 옮김

우리에게 충격을 던졌던 「강대국의 흥망」 저자 폴 케네디 교수가 다가올 21세기 문명세계의 각종 위기를 명쾌히 분석·정리한 역저. 향후 30년 사이 우리에게 닥칠 도전들과 그 대응방법 그리고 인구폭발, 환경오염, 생명공학, 로봇, 통신수단, 가공할 파워의 양태 등을 특유의 통찰력으로 분석·예견하고 있다.

양장 / 11,000원

## 메가트렌드 2000

존 나이스비트 외 지음 /
김홍기 옮김

90년대는 정치개혁과 경이적인 기술혁신 등으로 인류에게 지금까지와 전혀 다른 변화양상을 안겨줄 것이다. 이 책은 90년대의 변화로 경제호전, 예술의 번영, 시장사회주의의 출현, 복지국가의 쇠퇴 등을 예시하고 있다. 과거 어둡고 비관적인 세기말적 변화보다는 밝고 새로운 흐름을 부각시키고 있다.

양장 / 9,800원

## 메가트렌드 아시아

존 나이스비트 지음 / 홍수원 옮김

미래예측가로 세계적 명성을 떨치고 있는 나이스비트는 21세기에는 아시아가 미국주도의 상품과 소비시장에 가장 중요한 경쟁자로 떠오를 것으로 내다보고 현재 역동적으로 변화하는 아시아의 모습을 8가지 트렌드로 분석했다. 특히 아시아와 세계라는 맥락 속에서 한국에 나타나고 있는 폭넓은 변화들을 살펴보고 한국이 아시아에 기여할 수 있는 방안도 짚고 있다.

양장 / 9,500원

## 20세기를 움직인 사상가들

기 소르망 지음 / 강위석 옮김

20세기 사상계에 결정적인 영향을 끼친 사람들은 과연 누구인가? 프랑스의 저명한 경제학자이자 사회학자인 기 소르망이 29명의 생존해 있는 현대 최고의 사상가들과 직접 인터뷰를 통해 그들 자신이 선택한 분야에 전생애를 바친 사상과 사색의 놀라운 통찰을 기록·정리한 「살아있는 도서관」.

신국판 / 8,000원

## 자본주의 종말과 새 세기

기 소르망 지음 / 김정은 옮김

세계적인 석학인 저자는 자본주의 체제를 위협하는 것은 「도덕적 불만」과 「자본주의에 대한 몰이해」라고 주장하고 러시아·중국·독일·인도 등 20여개국의 자본주의의 현재 모습을 생생히 그리고 있다. 또한 현재의 자본주의의 위기를 극복하기 위한 구체적인 실천방안에 대해서도 통찰하고 있다. 방대한 분량인데도 르포형식이어서 전혀 지루하지 않다.

양장 / 13,000원

## 열린 세계와 문명창조

기 소르망 지음 / 박 선 옮김

서로 다른 문화가 충돌하는 유럽, 러시아, 중국, 일본, 아프리카, 라틴아메리카의 국경으로 우리를 이끈다. 서양인의 독백이나 나르시시즘이 아니라 바로 한반도에 대한 진단이며 치료제가 될 수 있다. 통독 이후의 문제, 북한의 실상과 우리의 미래, 미국화로 상징되는 맥몽드(McMonde)의 악몽 속에서 나름대로의 대응법을 찾을 수 있다.

양장 / 13,000원

## 편집광만이 살아남는다

앤드류 그로브 지음 / 유영수 옮김

인텔 불패(不敗) 신화의 주인공, 앤드류 그로브의 경영과 인생! 경쟁에서 이기기 위한 키워드 '편집광'을 주목하라. 지루함을 모르는 직장, 도전정신으로 머릿속이 꽉찬 편집광 직원들, 그리고 인텔에 대한 진솔한 이야기가 담겨 있다. 예리한 판단력과 관찰력을 겸비한 그로브는 첨단산업을 경영하는 데 필요한 이론으로 「전략적 변곡점」을 정립해 자세히 설명하고 있다.

양장 / 10,000원

## 미래기업

피터 드러커 지음 / 고병국 옮김

우리 시대의 가장 뛰어난 사회·경영학자이자 미래학자인 드러커의 「변혁시대 기업생존전략 연구서」! 세계경제가 빠르게 바뀌어 감에 따라 기업의 새로운 생존 경영전략 모델, 즉 기업이 살아남기 위한 5가지 변화조건을 예리하게 분석·고찰했다. 특히 사회·경제학 시각에서 세계경제 흐름을 독특하고 분석적으로 통찰했다.

양장 / 9,500원

## 자본주의 이후의 사회

피터 드러커 지음 / 이재규 옮김

사회주의권의 급격한 몰락 이후 탈냉전 분위기가 고조되고 있는 시점에서 향후 세계 변화가 주요 관심사로 떠오르고 있다. 저자는 향후 세계는 자본주의적 시장구조와 기구는 그대로 존속되겠지만 주권국가의 통제력은 약화되고 전문지식을 갖춘 지식경영자 중심의 글로벌화 사회가 될 것으로 예측하고 있다.

양장 / 9,000원

## 미래의 결단

피터 드러커 지음 / 이재규 옮김

현대 경영학의 대부, 피터 드러커는 이 책에서 「스스로를 다시 생각함으로써 회생할 수 있다」고 전제하고 기업의 5가지 치명적 실수, 가족기업을 경영하는 규칙, 대통령을 위한 6가지 규칙, 새로운 국제시장의 개발, 3가지 종류의 팀조직, 오늘날 경영자들이 필요로 하는 정보 등 바람직한 미래를 실현하기 위한 방안을 제시했다. 21세기를 위한 새롭고 시의적절한 경영 지침서.

양장 / 9,000원

## 비영리단체의 경영

피터 드러커 지음 / 현영하 옮김

선진국에서는 학교, 자선단체 등 비영리단체의 경영혁신이 선풍을 일으키고 있다. 이 책은 필자가 교수생활을 하면서 비영리단체에서 봉사했던 경험을 바탕으로 조직관리, 예산 등 경영전반에 대한 문제점을 심도있게 분석하고 개선방안을 제시했다. 전문가들과의 대담을 통해 경영의 효율성을 높이기 위한 여러가지 방안이 눈길을 끈다.

신국판 / 8,000원

## 21세기 지식경영

피터 드러커 지음 / 이재규 옮김

새로운 경영 패러다임이 경영의 원칙과 관련한 기본가정을 어떻게 변화시켜 왔는지, 또 어떻게 계속 변화시킬 것인지에 대해 통찰하고 있다. 앞으로 수십년 아니 수년내에 틀림없이 일어날 여러 문제에 대처하지 못한다면 혼란의 시대, 구조변화의 시대, 전환기의 시대에 생존할 수 없다는 드러커의 마지막 경고는 반드시 귀담아 들어야 할 것이다.

양장 / 13,000원

## 미래의 조직

피터 드러커 외 지음 / 이재규 옮김

경영학의 두 거물인 피터 드러커가 서문을 쓰고 찰스 핸디가 결론을 내린 미래조직의 최종완성판! 당대 최고의 경영학자, 실무자, 컨설턴트가 참여한 이 책에는 미래 조직이 존속하고 번영하려면 조직과 지도자가 어디에 언제, 그리고 어떻게 변해야 하는지 각 분야별로 실질적인 조언을 하고 있다. 특히 정부, 기업, 사회단체 등 모든 인간조직의 미래모습에 대해 통찰력있는 비전을 제시하고 있다.

양장 / 13,000원

## 자본주의 이후 사회의 지식경영자

피터 드러커 지음 / 이재규 옮김

20세기가 낳은 가장 위대한 경영학자인 드러커 교수는 정보(information)가 권위를 대신하고 보고(report)가 사라진 조직에서 적응하기 위해 경영자들이 어떻게 해야 하는지 그 해답을 제시한다. 새롭게 도래하고 있는 미래 조직에서의 효과적인 의사결정방법, 경영혁신의 체계적 관리와 함께 지식경제에서 경영자가 직면할 구체적인 도전, 지식근로자의 생산성 향상을 위한 동기부여에 대해 충고하고 있다.

양장 / 10,000원

## 트러스트

프랜시스 후쿠야마 지음 / 구승회 옮김

한 나라의 경제는 규모만으로는 설명될 수 없고 문화적 요인이 중요하다. 이 문화적 요인이 사회적 자본이며 가장 중요한 덕목이 바로 신뢰다. 저자는 이 책에서 개인주의, 가족주의에 기반을 둔 저신뢰 사회의 특성을 혹독하게 비판하면서 건강한 사회가 되려면 공동체적 연대와 결속의 기술을 터득해야 하며 신뢰는 경제와 사회, 문화를 아우르는 놀라운 가치라고 강조한다.

양장 / 12,000원

## 코피티션

배리 네일버프 외 지음 / 김광전 옮김

비즈니스 게임은 끊임없이 변하므로 전략도 당연히 변해야 한다. 경쟁(competition)과 협력(cooperation)에 관한 과거의 법칙들을 넘어서서 양자의 장점을 결합한 코피티션 전략은 기존의 비즈니스 게임을 혁신할 혁명적인 신사고다. 저자들은 게임 자체를 변화시켜서 이득을 최대화하는 방법을 보여주는 5가지 요소(전략의 PARTS)의 비즈니스 전략을 체계적으로 제시했다.

양장 / 9,000원

---

## 회사인간의 흥망

앤소니 샘슨 지음 / 이재규 옮김

이 책은 17세기 동인도회사에서 현재의 마이크로소프트사에 이르기까지 기업의 변화과정과 직장인들의 문화변천사를 통해 회사인간이란 무엇인가를 규명했다. 생생한 인물묘사와 인터뷰, 사례를 곁들이면서 전혀 도전받을 일이 없을 듯이 보였던「기업관료들」이 어떻게 레이더스, 모험기업가, 일본의 경쟁자들, 컴퓨터, 여자 회사인간들에 의해 차례차례 공격당했는가를 밝히고 있다.

양장 / 9,800원

---

## 팝 인터내셔널리즘

폴 크루그먼 지음 / 김광전 옮김

산업위축과 실업증가, 실질소득 향상의 둔화를 비롯해 소득격차의 확대, 산업시설의 유출 등 선진경제가 지난 문제점을 상세히 분석하고 그 원인이 개발도상국과의 교역에 있는 것이 아니라 선진국의 산업구조 변화와 기술발전에 있다고 밝히고 있다. 레스터 서로에 필적하는 20세기 최고의 경제학자인 저자가 지적하는 개도국 성장 비결은 우리에게 시사하는 바가 크다.

신국판 / 7,000원

---

## 2020년

해미시 맥레이 지음 / 김광전 옮김

다양한 인종만큼이나 상이한 정치·경제체제와 독특한 문화양식을 지니고 있는 세계 각국은 저마다의 주무기를 앞세워 미래를 설계하고 있다. 경제평론가인 저자는 앞으로 국가경쟁력을 결정짓는 요인은 기술이 아니라 문화라고 강조한다. 현재 세계 각국이 처해있는 상황을 바탕으로 치밀하게 전망한 2020년경의 세계 각국의 모습에서 우리의 진로는 어떻게 모색해야 할 것인가?

양장 / 9,000원

---

## 제4물결

허먼 메이너드 2세, 수전 E.머턴스 지음 / 현영환 옮김

21세기 범세계적 기업을 위한 낙관적 비전을 제시하고 있는 이 책은 한마디로 앨빈 토플러의《제3물결》을 넘어 장기적 미래의 비전에 집중하고 있다. 지금 우리는 공업화를 상징하는「제2물결」에서 탈공업화적인「제3물결」로 전이하고 있지만, 머지 않은 곳에서 새로운 차원의「제4물결」이 밀려오고 있다고 진단하고 있다.

양장 / 4×6판 / 5,000원

---

## 소명으로서의 기업

마이클 노박 지음 / 김진현 감역

실업과 빈곤의 해결책은 무엇일까. 마이클 노박은 종교적 윤리 기반위에 선 민간기업만이 그 해결책이 될 것이라고 명쾌하게 주장한다. 민주자본주의하에서 신학적·윤리적 기초를 갖는 기업이야말로 이윤창출기관인 동시에 민주주의와 인권을 증진시키는 기관이며 사회공동체를 만드는 기관이다. 기업의 위치, 정신의 설정과 사회관계 정립에 등불이 될 내용들이 가득하다.

신국판 / 7,000원

---

## 21세기 오디세이

마이클 더투조스 지음 / 이재규 옮김

20년 동안 기술 전도사, 기업가, 경영 컨설턴트로서 정보혁명을 이끌어온 마이클 더투조스는 농업혁명과 산업혁명을 밀어낼 제3의 정보혁명에 대해 보다 폭넓은 관점을 제시한다. 저자는 21세기 글로벌 정보시장의 생생한 모습을 보여 주는 한편, 그 기술적인 문제점들을 폭로하고 한편으로 해결책을 제시하여, 영감에 가득찬 미래의 청사진을 제공하고 있다. 보디넷, 전자 코, 촉각 인터페이스의 미래를……

양장 / 12,000원

---

## 21세기를 여는 7가지 키워드

오마에 겐이치 지음 / 임승혁 옮김

다가오는 21세기에는 서구 선진국의 뒤만을 쫓을 수는 없다. 그들을 앞서 나가기 위해서는 지금까지와는 다른 창의적인 발상, 새로운 전략, 확실한 준비가 필요하다. 21세기를 능동적으로 맞이하려는 사람들에게 띄우는 오마에 겐이치의 독특한 키워드. 1.시간축 발상 2.신커뮤니케이션론 3.자유재량시간 4.글로벌경쟁시대 5.정보발신시스템 6.이미지전략 7.네트워크의 힘

양장 / 4×6판 / 6,500원

## 신창조론

이면우 지음

미증유의 경제위기를 맞은 한국, 한국인, 한국기업은 어디로 가야 하는가? IMF는 변화를 모르는 기업전통, 말만 많은 우매한 현자들의 득세, 재벌의 출혈경쟁, 모방으로 날새는 제조업, 부서이기주의에 찌든 업무절차 등 우리의 병세를 알려 준 고마운 의사다. 난장의 활기, 국가적 비전, 중소기업 활성화, 가상연구소, 동북아 경제 네트워크(신창조론)가 강력한 치료약이 될 것이다.

신국판/8,000원

---

## 내인생 내가 살지

서상록 지음

예순둘의 나이에 대기업 그룹 부회장에서 식당 견습웨이터로 변신한 서상록씨의 자전에세이. 그는 이 책을 통해 왜 최고경영자의 위치에서 모두들 하찮게 여기는 식당 견습웨이터를 하게 되었는지, 그의 평범하지 않은 인생을 감칠맛나게 들려주고 있다. 더불어 인생의 눈높이를 낮춰 하고 싶은 일을 하면서 누구보다 즐겁게 살라는 충고도 들려준다.

신국판/7,800원

---

## 유머인생 1~6

한국경제신문 출판부 편

많은 독자들이 1980년 12월부터 본지에 연재되고 있는 「해외유머」를 책으로 출판하면 어떨지, 그런 계획은 없는지 물어왔다. 이 책은 독자들의 그러한 성원에 보답하자는 취지로 출판되었으며 우스갯소리 가운데서 인생의 묘미도 느끼고 영어공부도 할 수 있게끔 어려운 단어나 어구에는 주석을 달아 독자들의 이해를 돕고자 노력했다.

4×6판/각권 4,500원

---

## 성공적인 점포경영 33선

류광선 지음

5,000만원 정도의 소자본으로, 심지어 무자본으로도 사업을 시작할 수 있는 아이디어를 담았다. 저자가 현장을 발로 뛰면서 바로 개업하기에 유망한 33개 업종을 선별, 입지선정부터 개업절차·경영 비법까지 최신 노하우를 총집결시켰다. 경영지침이나 사업의 성패진단법은 물론 직접 점포를 운영하는 사람들의 현장목소리를 담아 차별화를 꾀했다.

신국판/9,000원

---

## 실전 부동산 경매

전 철 지음

법원경매든 성업공사 공매든 경매는 이제 누구나 쉽게 배우고 참여할 수 있게 되었다. 경매물건에 대한 마음가짐을 얼마나 유연하고 객관적인 자세로 평가할 수 있느냐가 성공의 지름길이다. 이 책은 부동산 경매에 대한 전반적인 원리를 누구나 알기쉽게 배울 수 있도록 설명했다. 실전사례중심으로 실패없는 부동산 경매 방법을 체계적으로 정리한 실전 가이드.

신국판/12,000원

---

## 사장님을 위한 5분 경제

손정식 지음

경영일선에 있는 경영자가 매일매일 직면하는 경제·경영현상에 대해 기본적인 원리를 설명한 이 책은 경제현상을 올바로 이해하여 기업경영의 이론적 토대를 튼튼히 하는 데 보탬이 되는 경제상식들만 모았다. 가격관리와 비용관리에서부터 기업전략, 경쟁과 윤리, 기업과 금융, 국제무역과 국제금융에 이르기까지 꼭 알고 있어야 할 경제원리들을 강의하듯 풀어서 설명했다.

신국판/8,500원

---

## 새노동법 해설
### (개정판)

윤욱현 지음

노동법이 전면 개정되었다. 개정 노동법은 개별적 노동관계법의 대명사인 근로기준법상의 변형근로시간제, 정리해고제 등을 도입하고 집단적 노동관계법에서 금지됐던 복수노조, 제3자개입, 정치활동 등을 허용했다. 이 책은 저자가 현장에서 직접 느끼고 체험한 노사간의 문제점들을 살펴보고 개정 노동법 전반을 알기 쉽게 해설한 책이다.

신국판/11,000원

---

## 금융시장 예측

김성부 지음

주식, 금리, 상품 등의 현물시장은 물론 선물 및 옵션 등의 파생상품시장에서도 생존할 수 있는 방법을 다양하게 제시하고 있다. 20여년간 외환시장 등 다양한 시장에서 딜러, 투자가, 분석가로 활동하며 풍부한 현장경험을 가지고 있는 저자가 시장상황에 따른 기술적 지표의 분석요령과 심리적 동요의 극복방안을 현장사례 중심으로 상세히 설명하고 있다.

양장/12,000원

## 걱정하지 말고 살아라

리처드 칼슨 지음 / 채선영 옮김

스트레스 컨설턴트이자, 강연가인 리처드 칼슨이 풍요롭고 즐거운 인생을 창조하는 100가지 아이디어를 알려준다. 걱정이 사라졌을 때 어떤 멋진 인생이 펼쳐질지 따뜻하면서도 설득력있는 문체로 읽는 사람을 격려하고 있는 이 책은 걱정과 불안으로 마음을 어지럽힐 것이 아니라 결심과 실천으로 이어지도록 마술과도 같은 삶의 방법들을 제공하고 있다.

신국판/8,000원

## 시간이동

스테판 레트사폰 지음 / 형선호 옮김

사람들에게 있어서 시간은 객관적인 것이 아니라 주관적인 것이다. 이 책에서 저자는 시간에 대한 사고방식을 바꿈으로써 자신의 인생에 대한 통제를 되찾을 수 있다고 강조한다. 그 과정을 통해 우리는 인생을 최대한 즐길 수 있으며 많은 시간을 자신과 가족과 함께 더 한층 고양된 삶의 의미를 느낄 수 있다. 이 책은 명상서로서 자신의 삶을 컨트롤하는 방법을 제시한다.

신국판/9,000원

## 마음을 치유하는 79가지 지혜

레이첼 나오미 레멘 지음 / 채선영 옮김

정신분석학자로서 영혼의 연금술사로 평가받는 저자는 보다 큰 평화를 가져다주는 것은 우리가 서 있는 바로 이곳, 또 이곳에서 만나는 사람들을 있는 그대로 받아들일 수 있게 해줄 치료제, 즉 영혼을 위한 약이 필요하다는데 초점을 맞추고 있다. 저자의 따뜻한 식탁 의자에 영혼이 충만한 의사와 환자, 그리고 동료들이 둘러앉아 나누는 그들의 삶은 무한한 가능성의 목소리로 들린다.

신국판/7,500원

## 밀레니엄

펠리프 페르난데스 아메스토 지음 / 허종열 옮김

지난 1000년을 마감하고 다음 1000년을 준비하기 위해, 한 시대를 평가하기 보다는 새로운 시대를 창조하려는 의도로 쓴 이 책은 유럽 중심적인 위장된 세계사가 아닌 진정한 세계사 정립을 위해 역사 이면을 자리매김하려고 노력했다. 인류역사의 주도권, 즉 민족의 힘은 태평양 주변국가에서 대서양으로 다시 태평양으로 옮아가고 있다고 주장하고 있다.

전2권/양장/각권 12,000원

## 복잡계란 무엇인가

요시나가 요시마사 지음 / 주명갑 옮김

『무수한 구성요소로 이루어진 한 덩어리의 집단으로 각 부분의 움직임이 총화이상으로 무엇인가 독자적인 행동을 보이는 것」으로 정의되는 복잡계, 복잡계 과학은 「잃어버린 세계로의 여행」이 될 것이다. 복잡계의 과학은 그 꿈을 현실화시킬지도 모른다. 21세기를 주도하게 될 최첨단 키워드, 복잡계의 모든 것을 담았다.

양장/4x6판/7,000원

## 복잡계 경영

다사카 히로시 지음 / 주명갑 옮김

복잡계 이론이 예언하는 21세기적 경영의 모든 것이 여기 있다. 복잡계는 세기말의 혼돈 속에 지식의 최첨단 이론으로 등장, 구미지역에서 폭발적인 관심을 끌고 있다. 이 이론은 세계를 몇 개의 단순한 요소로 환원할 수 없는 '부분 이상의 총화', 자기조직화의 동적 프로세스로 이해한다. 또 세계관의 근본적인 변화를 통해 탈근대시대의 새로운 경영, 경영자를 위한 경영학의 혁명을 꿈꾼다.

양장/4x6판/6,500원

## 세계를 움직인 경제학 명저 88

네이 마사히로 지음 / 이균 옮김

한치 앞도 예측하기 어려운 경제. 환율, 주가, 금리… 어느 하나 앞을 내다보기 어렵기만 하다. 지금까지의 경제논리로는 더이상 예측하기 불가능하다. 여기 17세기의 페티에서 20세기 경제학의 거두 스티글리츠까지 경제의 흐름을 읽기 위해, 그리고 예측하기 위해 고뇌했던 수많은 경제학자들이 피와 땀으로 써내려간 역작들을 통해 경제의 흐름을 짚어볼 수 있다.

신국판/9,500원

## 비즈니스 사회에서 가르쳐주지 않는 60가지

나카타니 아키히로 지음 / 이선희 옮김

회사에서는 학교처럼 음식을 입에다 떠먹여주듯이 친절하게 가르쳐주지 않는다. 회사는 방대한 교과서와 같다. 그곳에서 배우느냐, 배우지 못하느냐는 것은 모두 이 책을 읽는 당신에게 달려 있다. 이 책에는 회사인으로서 최소한 지켜야 할, 최소한 알아야 할, 그리고 최소한 갖추어야 할 비즈니스 사회에 필요한 성공발상을 저자 특유의 감각적인 문체로 펼쳐보이고 있다.

신국판/7,500원

# 리스크

피터 번스타인 지음 /
안진환 외 옮김

세계적인 경영 컨설턴트인 저자가 리스크의 역사와 발전과정을 담았다. 탁월한 통찰력으로 현재의 시점에서 미래를 다루는 방법을 밝혀낸 여러 사상가들의 이야기가 담겨 있다. 그리스시대부터 현재까지 인류의 다양한 위기의 순간들과 이를 헤쳐나가는 과정을 역사와 철학, 경제학 관점에서 돌아본다. 투자나 선택이 일상인 경영자들을 위한 책이다.

양장 / 12,000원

# 중산층이 살아야 나라가 산다

에드먼드 펠프스 지음/신동욱 옮김

자본주의의 야수성과 복지제도의 단견에서 비롯된 중산층의 붕괴는 우리를 당황하게 한다. 이 책은 바로 중산층이 살아야 내가 살고 지역사회가 살고 나라가 살고 더 나아가 민주주의와 자본주의가 산다는 인식 위에서 씌어졌다. 국민의 정부 제2기 복지정책의 기초가 된 이 책은 장기적으로 인류 모두에게 혜택을 줄 자유시장 경제체제와 기술진보를 가능케 해주는 유일한 길을 설파하고 있다.

신국판 / 8,500원

# 지구의 변경지대

로버트 케이플런 지음/황 건 옮김

베일에 가려져 있던 서아프리카에서 중동을 거쳐 러시아의 외곽지대인 중앙아시아, 중국, 인도를 거쳐 캄보디아, 태국, 베트남에 이르는 대장정을 끝내고 저자가 내린 결론은 한마디로 암울하다는 것이다. 저자는 새로운 분쟁지역으로 떠오르고 있는 지구 곳곳을 다니면서 문제점을 지적하고 혼란에 빠진 이들에게도 따뜻한 시선을 보내자고 제안하고 있다.

양장 / 12,000원

# 대기업을 이기는 벤처비즈니스

마키노 노보루·강동우 지음 /
유세준 옮김

첨단 기술력과 재빠른 정보수집력을 갖춘 모험심 강한 중소기업이 대기업보다 훨씬 더 유연하게 시장상황에 대처하고 있으며 성공하고 있다. 마이크로소프트, 인텔 등이 그 예다. 이 책은 재편되고 있는 경제구조 속에서 앞서 나가고 있는 일본 벤처기업들의 사례와 실리콘밸리의 성공전략을 살펴보고 틈새시장을 공략하는 요령과 아이디어, 국제적 제휴전략 등을 다루고 있다.

신국판 / 5,500원

# 경제학은 없다

미첼 무솔리노 지음 / 김천우 옮김

경제학자들의 수많은 예측의 오류 중에는 몇몇은 유명해졌고 그보다 많은 수의 오류는 잊혀졌다. 프랑스에서 화제를 불러일으켰던 이 책에서 저자는 20세기 모든 위대한 예견과 모든 환상을 신랄하게 공격한다. 주류 경제학의 일반론을 분해하고 실업과 생산성에 대한 허튼소리와 거짓말, 그리고 시장법칙에 이르기까지 현대 초자본주의의 속성들을 발가벗기고 있다.

신국판 / 8,000원

# 기업경영에 창의력을 길러주는 50가지 키워드

톰 램버트 지음 / 정규서 옮김

이 책은 기업에 관여하는 사람이 기회나 문제에 직면했을 때 잘못된 것을 바로잡고 창의력을 고양시킬 수 있게 해주는 문제해결기법으로 가득하다. 경영자들이 최저의 노력과 최저의 비용으로 최단시간내에 필수적인 과제들을 해결하는데 필요한 도구와 점검목록, 직무 지시사항이 담겨 있다. 내일 성공하려면 벤치마킹하지 말고 오늘 도약하라는 것이 이 책의 결론이다.

신국판 / 10,000원

# 골프란 무엇인가

김홍구 지음

세계에서 가장 쉽고 재미있는 골프책을 목표로 연애소설을 쓰듯이 재미있게 쓴 책이다. 80대 초반 굳히기, 70대 진입하기 등 현 수준에서의 구체적 도약 방법이 설명된다. 완결편은 통계나 속성 차원에서 접근한 상당한 수준의 골프 분석이다. 입문자라면 처음부터, 구력이 5년 이상됐고 성질이 급한 골퍼는 13번홀부터, 프로만큼의 플레이를 하려면 16번홀로, 머리가 아프면 4번홀로 가서 마음껏 웃으면 된다.

양장 / 11,000원

# 타이거 우즈 스윙의 비밀

존 안드리사니 지음 / 김홍구 옮김

타이거 우즈의 스윙 테크닉은 너무도 쉽기 때문에 어떤 아마추어 골퍼라도 응용할 수 있다. 우즈는 아놀드 파머와 같은 카리스마와 벤 호건의 집중력, 샘 스니드의 운동 능력, 잭 니클로스의 멘탈 지배력, 닉 팔도의 탁월한 매니지먼트 능력을 그대로 간직하고 있다. 우즈 스윙의 모든 비밀이 담겨 있는 이 책을 통해 우즈 스윙을 카피하게 된다면 당신의 볼은 두말할 것 없이 까마득히 날아갈 것이다.

양장 / 4×6판 / 9,000원

## 주식시장 흐름 읽는 법

우라가미 구니오 지음 / 박승원 옮김

언뜻 보기에 무질서하고 예측이 불가능해 보이는 주식시장도 장기적으로 보면 특정한 네 개의 국면을 반복하고 있다는 것을 알 수 있다. 이 책은 이 네 개의 국면이 어떤 요인에 의해 순환되고 각각의 국면에서 어떤 종목이 활약하는가를 숙지할 수 있는 안목을 제시해주고 주식투자시 리스크를 피하는 방법에 대해서도 설명하고 있다.

신국판 / 5,500원

## 증시테마 알아야 주식투자 성공한다

안창희 지음

이 책은 주식투자자들이 어떤 상황에서 어떤 종목을 사고 팔아야 수익을 올릴 수 있는지 그 구체적인 방법을 제시한다. 더불어 투자이론이 실제 상황에서는 어떻게 적용되고, 앞으로 전개될 상황에서는 어떻게 대응해야 할지를 분석, 정리했다. 특히 실제 일어났던 증시상황에 대한 분석은 물론, 전망까지 곁들여 주식초보자라도 쉽게 이해할 수 있도록 했다.

신국판 / 9,800원

## 주식@ 살 때와 팔 때

한국경제신문 증권부 지음

증권투자는 사는 기술이 아니라 파는 예술이다. 기관투자가를 두려워할 필요는 없다. 수익률이 오르지 않아 밤잠을 못이루는 것은 오히려 그들이다. 단기필마야말로 혼돈의 전쟁터에서 자신을 지키는 방법이며 주식투자로 성공할 확률은 개인투자가들이 높다. 한국경제신문 증권부가 개인투자가들을 지원하기 위해 펴낸 이 책을 통해 확실한 재테크의 길을 찾아보자.

신국판 / 9,000원

## 선물시장 흐름 읽는 법

현대선물 지음

이제 선물을 모르고는 주식, 채권 등 투자를 제대로 할 수 없는 세상이 되었다. 선물시장은 특정상품의 가격 수준에 대해 생각을 달리하는 사람들이 생사를 건 전쟁터다. 그동안 어렵게만 느껴졌던 선물거래를 일반인들이 이해하기 쉽도록 만화로 꾸몄다. 읽다보면 선물거래의 기본개념에서부터 선물거래의 실전투자 및 매매 타이밍까지 단번에 이해할 수 있도록 재미있는 스토리를 곁들여 설명했다.

신국판 / 7,000원

## 금융혁명 ABS

자산유동화 실무위원회 지음

자산유동화(ABS)제도에 대해 자산유동화 거래실무에 종사하는 국내외금융기관의 담당자, 전문변호사, 정책입안을 담당하는 재경부와 금융감독원의 관계자들이 함께 참여하여 알기 쉽게 종합적으로 풀어썼다. ABS에 관련된 각 분야를 사례중심으로 현장감 있게 분석 정리했고 법률 축조해설까지 곁들여 누구나 쉽게 실전에 활용할 수 있도록 했다.

양장 / 20,000원

## 월가 천재소년의 100가지 투자법칙

맷 세토 지음 / 형선호 옮김

10대 천재소년 맷 세토가 세운 뮤추얼 펀드의 연간 수익률은 단연 압도적이다. 이 소년은 〈월 스트리트 저널〉의 표지인물로 등장한 바 있으며, 전세계 투자자들이 조언을 듣기 위해 애쓴다. 17세에 억대 부자가 된 맷 세토가 100가지의 성공적인 주식투자 비법을 소개한다. 신선하고 반짝이는 그의 투자전략은 폭락과 반전을 거듭하는 우리 주식시장에서 성공을 보장할 것이다.

신국판 / 8,500원

## 뮤추얼펀드 투자가이드

한국펀드평가 지음

뮤추얼펀드는 주식형수익증권, 외국인과 함께 주식시장의 큰손이다. 그들이 어떤 종목에 관심을 갖고 매수하며 어느 정도 보유한 뒤 매도하는가? 한국펀드평가(주)가 국내 최초로 뮤추얼펀드 69개를 집중 분석한 이 책은 펀드매니저는 물론이고 증권사 종사자, 뮤추얼펀드에 새로 가입하려는 투자자에게 매우 유익한 지침서가 될 것이다. 국내최초의 펴낸 뮤추얼펀드 종합 분석 전략 가이드.

신국판 / 15,000원

## 맥킨지 금융보고서

맥킨지 금융팀 지음

20년간 아시아 금융시스템을 분석, 컨설팅해온 맥킨지 금융팀은 21세기 한국을 비롯한 아시아의 은행 및 금융시스템이 어떤 도전을 받을 것이며 어떤 새로운 기회가 도래할 것인지 2010년까지의 금융 패러다임을 예측하고 있다. 금융시장의 어제와 오늘 그리고 미래를 열어가는데 없어서는 안될 미래지향적 금융산업 구축에 과연 무엇이 필요한지 그 비결을 담고 있다.

신국판 / 18,000원